Die gleichgeschlechtliche Ehe im Internationalen Privatrecht

Studien zum vergleichenden und internationalen Recht -
Comparative and International Law Studies

Herausgeber: Bernd von Hoffmann, Erik Jayme
und Heinz-Peter Mansel

Band 169

PETER LANG
Frankfurt am Main · Berlin · Bern · Bruxelles · New York · Oxford · Wien

Thomas Spernat

Die gleichgeschlechtliche Ehe im Internationalen Privatrecht

Unter besonderer Berücksichtigung des Einflusses des EG-Vertrages

PETER LANG
Internationaler Verlag der Wissenschaften

Bibliografische Information der Deutschen Nationalbibliothek
Die Deutsche Nationalbibliothek verzeichnet diese Publikation in der Deutschen Nationalbibliografie; detaillierte bibliografische Daten sind im Internet über http://dnb.d-nb.de abrufbar.

Zugl.: Bonn, Univ., Diss., 2010

D 5
ISSN 0930-4746
ISBN 978-3-631-60514-1

www.peterlang.de

Meinen Eltern

Vorwort

Die vorliegende Arbeit wurde im Wintersemester 2009/2010 von der Rechts- und Staatswissenschaftlichen Fakultät der Rheinischen Friedrich-Wilhelms-Universität Bonn als Dissertation angenommen. Für die Drucklegung wurden Rechtsänderungen und Literatur bis Juli 2010 berücksichtigt.

Ein besonderer Dank gebührt meiner Doktormutter Prof. Dr. Nina Dethloff, LL.M. Sie hat mich nicht nur während meiner Arbeit betreut, sondern in mir auch durch ihre Seminare und die Mitarbeit an ihrem Institut für Deutsches, Europäisches und Internationales Familienrecht das Interesse für Internationales Privatrecht, Rechtsvergleichung und Europarecht geweckt.

Ebenfalls möchte ich Prof. Dr. Matthias Leistner, LL.M. für die Übernahme der Zweitkorrektur und die zügige Anfertigung des Zweitgutachtens danken.

Stellvertretend für alle Herausgeber danke ich Prof. Dr. Heinz-Peter Mansel für die Aufnahme in diese Schriftenreihe.

Großen Dank schulde ich auch Dr. Kathrin Kroll-Ludwigs nicht nur für die kritische Durchsicht meiner Arbeit, sondern auch für ihre wertvolle fachliche Unterstützung während der Erstellung dieser Arbeit.

Daneben möchte ich mich auch bei Volker Best für die mühsame Arbeit des Korrekturlesens bedanken.

Ebenfalls danken möchte ich Dr. Eike Wiemer und Christian Meurs für die vielen anregenden und hilfreichen Gespräche über meine Doktorarbeit.

Darüber hinaus möchte ich mich bei Barbara Fromm bedanken, die mir als gute Seele des Instituts immer wieder neue Kraft für die Erstellung der Arbeit gegeben hat.

Schlussendlich möchte ich meiner Freundin Janina Becker danken, die mich während der gesamten Bearbeitungszeit immer unterstützt hat und mich mit unglaublicher Geduld und Nachsicht durch sämtliche Höhen und Tiefen begleitet hat. Zudem hat sie mir durch ihre unbefangene Sicht auf die juristischen Probleme der Arbeit oftmals völlig neue Perspektiven eröffnet.

Eppelheim, im Juli 2010 Thomas Spernat

Inhaltsverzeichnis

Abkürzungsverzeichnis

Die in der Arbeit verwendeten Abkürzungen stammen, soweit im Nachfolgenden nicht gesondert erläutert, aus:

Kirchner, Hildebert/Butz, Cornelie, Abkürzungsverzeichnis der Rechtssprache, 5. Auflage Berlin 2003 und

The Bluebook – A Uniform System of Citation, 16. Auflage Cambridge (Massachusetts) 1996.

AEUV	Vertrag über die Arbeitsweise der Europäischen Union
BOE	Boletín Oficial del Estado
Brüssel IIa-VO	Verordnung Nr. 2201/2003 des Rates über die Zuständigkeit und die Anerkennung und Vollstreckung von Entscheidungen in Ehesachen und in Verfahren betreffend die elterliche Verantwortung und zur Aufhebung der Verordnung Nr. 1347/2000
Brüssel I-VO	Verordnung Nr. 44/2001 des Rates über die gerichtliche Zuständigkeit und die Anerkennung und Vollstreckung von Entscheidungen in Zivil- und Handelssachen
Bsp.	Beispiel
BW1	Burgerlijk Wetboek Boek 1
bzw.	beziehungsweise
c.	Chapter
C.C.S.M.	Continuing Consolidation of the Statutes of Manitoba
CA	Children's Act 2005
Cap.	Capítulo
CCB	Code Civil Belge
CCE	Código Civil Español
CCQ	Civil Code of Québec
CDIPr	Le Code de droit international privé
CE	Constitución Española 1978
CFC	California Family Code
CUA	Civil Union Act
DGRN	Dirección General de los Registros y del Notariado
DNA	Desoxyribonukleinsäure
Doc	Document
EG-Vertrag	Vertrag zur Gründung der Europäischen Gemeinschaft
EheG	Ehegesetz

EMARK – JICRA – GICRA	Entscheidungen und Mitteilungen der Schweizerischen Asylrekurskommission
etc.	et cetera
EWG-Vertrag	Vertrag zur Gründung der Europäischen Wirtschaftsgemeinschaft
Frankfurt a.M.	Frankfurt am Main
ggf.	gegebenenfalls
GRCh.	Europäische Grundrechte-Charta
i.E.	im Ergebnis
IPRG	Schweizer Bundesgesetz über das Internationale Privatrecht
iSd	im Sinne des/der
iSv	im Sinne von
Kap.	Kapitel
LOPJ	Ley Orgánica del Poder Judicial
LPartG	Gesetz über die Eingetragene Lebenspartnerschaft (Lebenspartnerschaftsgesetz)
MPI	Max-Planck-Institut
No.	Number
núm.	número
O.F.L.R.	Ontario Family Law Reporter
R.S.Y.	Revised Statutes of the Yukon
RiLi	Richtlinie
Rn	Randnummer
S.M.	Statutes of Manitoba
S.N.L.	Statutes of Newfoundland and Labrador
S.N.W.T.	Statutes of the Northwest Territories
s.o.	siehe oben
sec.	section
u.a.	unter anderem
US	United States
USA	United States of America
verb.	verbundene
Vol.	Volume
VSA	Vital Statistics Act
WCH	Wet conflictenrecht huwelijk
z.T.	zum Teil

A) Einleitung

I) Problemaufriss

Noch vor zwei Jahrzehnten wäre eine Heirat gleichgeschlechtlicher Paare undenkbar gewesen[1]. Homosexuelle Verbindungen, insbesondere zwischen Männern, wurden sogar in vielen westlichen Staaten lange Zeit verfolgt[2]. Die Einführung der eingetragenen Partnerschaft für gleichgeschlechtliche Paare 1989 in Dänemark war daher eine Errungenschaft. Hiermit wurde gleichgeschlechtlichen Partnern erstmals die Möglichkeit gegeben, die zwischen ihnen bestehende Beziehung rechtlich abzusichern[3]. In den folgenden Jahren folgten viele weitere Staaten diesem Vorbild in der einen oder anderen Variante[4]. Ein gutes Jahrzehnt später jedoch läuteten die Niederlande ein neues Zeitalter für gleichgeschlechtliche Paare ein, indem sie noch einen Schritt weitergingen. So wurde am 01.04.2001 die gleichgeschlechtliche Ehe in den Niederlanden eingeführt[5] und trat neben das bereits mit Wirkung zum 01.01.1998 geschaffene Institut der registrierten Partnerschaft (*geregistreerd partnerschap*)[6]. Diesem Vorstoß der Niederlande schlossen sich alsbald weitere Staaten an. Als Erstes folgte Belgien dem Vorbild seines Nachbarn und öffnete zum 01.06.2003 die Ehe für gleichgeschlechtliche Paare[7]. Ebenfalls im Jahr 2003 befasste sich der *Supreme Judicial Court of Massachusetts* mit dieser Thematik und machte mit seiner Entscheidung im November 2003 den Weg frei für eine gleichgeschlechtliche Eheschließung[8]. In Kanada eröffnete zunächst der *Ontario Court of Appeal* mit seiner Entscheidung vom 10.06.2003 in der Provinz Ontario die Möglichkeit der Eingehung einer gleichgeschlechtlichen Ehe[9]. Durch den am 20.07.2005 in Kraft getretenen *Civil Marriage Act*[10] können gleichgeschlecht-

1 So stellte die Ehe in „jahrtausendealter Tradition“ die dauerhafte Verbindung zwischen Mann und Frau dar (Muscheler Rn 29).

2 § 175 StGB wurde, obwohl er bereits 1969 in eine Jugendschutzvorschrift umgewandelt worden war, erst 1994 vollständig gestrichen.

3 Dethloff § 7 Rn 52; Forkert S. 50; Jakob S. 13; Wellenhofer-Klein Rn 35.

4 Vgl. Jakob S. 13ff.; Wellenhofer-Klein Rn 34ff.; hinsichtlich Europa Dethloff § 7 Rn 51ff.

5 Gesetz vom 21.12.2000, *Staatsblad van het Koninkrijk der Nederlanden* 2001, 9.

6 Gesetz vom 05.07.1997, *Staatsblad van het Koninkrijk der Nederlanden* 1997, 324.

7 Gesetz vom 13.02.2003, *Moniteur belge* 28.02.2003, *Edition 3*, S. 9880.

8 *Goodridge v. Department of Public Health*, 440 Mass. 309, 798 N.E.2d 941.

9 *Halpern v Toronto (City)*, 65 O.R.3d 161, *Ontario Court of Appeal* (10.06.2003).

10 *Civil Marriage Act (2005, chapter 33)*.

liche Paare in jeder kanadischen Provinz und jedem Territorium heiraten[11]. Spanien öffnete die Ehe für gleichgeschlechtliche Paare durch Gesetz vom 01.07.2005 (in Kraft seit 03.07.2005)[12]. In Südafrika trat am 30.11.2006 der *Civil Union Act* in Kraft, der gleichgeschlechtlichen Paaren u.a. die Eingehung einer Ehe ermöglicht[13], nachdem der *Constitutional Court of South Africa* bereits am 01.12.2005 den Ausschluss gleichgeschlechtlicher Paare von der Eheschließung für verfassungswidrig befunden hatte und dem Gesetzgeber 12 Monate Zeit gegeben hatte, die Rechtslage entsprechend anzupassen[14]. Am 15.05.2008 erklärte der *Supreme Court of California* die Begrenzung der Ehe auf verschiedengeschlechtliche Paare im kalifornischen Recht für unvereinbar mit der kalifornischen Verfassung[15]. Im Juni 2008 verabschiedete das norwegische Parlament ein Gesetz, welches den Begriff der Ehe geschlechtsneutral fasst und somit auch gleichgeschlechtlichen Paaren die Schließung einer Ehe mit den gleichen Rechten und Pflichten wie verschiedengeschlechtlichen Paaren ermöglicht[16]. Das neue Eherecht ist seit 01.01.2009 in Kraft[17]. Zum 12.11.2008 eröffnete der *Supreme Court of Connecticut* gleichgeschlechtlichen Partnern die Möglichkeit der Eingehung einer Ehe[18]. Entsprechend entschieden der *Supreme Court of Iowa* am 03.04.2009[19] und der Gesetzgeber von Vermont am 07.04.2009[20]. Ebenfalls 2009 beschlossen das schwedische Parlament die Einführung der gleichgeschlechtlichen Ehe zum 01.05.2009[21], der Gesetzge-

11 Kronby S. 15.

12 *Ley 13/2005* v. 01.07.2005 (*BOE núm. 157*, 02.07.2005, 23632ff).

13 *Government Gazette 30.11.2006 No. 29441, Act. No. 17.2006, Civil Union Act, 2006.*

14 Constitutional Court of South Africa, Case CCT 60/04 (*Minister of Home Affairs v. Fourie*) u. Case CCT 10/05 (*Lesbian and Gay Equality Project v. Minister of Home Affairs*), 2006 (3) BCLR 355 (CC), Rn 75, 78, 114, 162.

15 *Supreme Court of California, In re Marriage Cases*, 43 Cal. 4th 757, 15.05.2008; vgl. *auch Judicial Council of California, News Release Number 26, May 15, 2008*, http://www.courtinfo.ca.gov/presscenter/newsreleases/NR26-08.PDF (abgerufen am 30.07.2010); aufgrund einer Verfassungsänderung durch Volksentscheid ist in Kalifornien dennoch derzeit keine gleichgeschlechtliche Eheschließung möglich (*The Press Enterprise, November 06, 2008 Thursday, Election 2008; State; Official State, County Results*, S. A10; *The New York Times, November 06, 2008 Thursday, Late Edition, Bans in 3 States on Gay Marriage*, S. 1).

16 Rieck/Fritze Norwegen Rn 3; Frankfurter Rundschau, 12.06.2008, Im Zeichen der Liebe, S. 9; *The New York Times, June 12, 2008, Norway: New rights granted to gays*, S. 10.

17 Rieck/Fritze Norwegen Rn 3; *Equal Marriage for same-sex couples, June 17, 2008*, http://www.samesexmarriage.ca/ (abgerufen am 30.07.2010).

18 *Supreme Court of Connecticut, Kerrigan v Commissioner of Public Health*, 957 A.2d 407 (Conn. 2008); *Connecticut Post Online, November 12, 2008 Wednesday, Gay marriage in state starts today.*

19 *Supreme Court of Iowa, Varnum v Brien*, 763 N.W.2d 862, 03.04.2009.

20 *The Boston Globe, April 08, 2009 Wednesday, Vermont legalizes same-sex marriage*, S. 1.

21 *The Associated Press, April 01, 2009 Wednesday, Sweden 5th European Country to allow gay marriage; The New York Times, April 02, 2009 Thursday, Late Edition, Sweden: Same-sex marriage now legal*, S. 6.

ber von New Hampshire zum 01.01.2010[22], die gesetzgebende Versammlung des Distrito Federal (Mexiko-Stadt) zum 04.03.2010[23] und der Rat des Districts of Columbia zum 09.03.2010[24]. Portugal öffnete schließlich zum 05.06.2010 die Ehe für gleichgeschlechtliche Paare[25], Island zum 27.06.2010[26] und Argentinien zum 22.07.2010[27]. Somit ist die Zahl der Rechtsordnungen, die in diesem Jahrzehnt die Ehe für gleichgeschlechtliche Paare geöffnet haben auf mittlerweile siebzehn (zehn Staaten und sieben Bundesstaaten) gestiegen. Dies ist selbstverständlich bezogen auf die Gesamtheit der Staaten nur ein geringer Anteil, jedoch zeigt es die ständig wachsende Verbreitung dieser Lebensform. Allein in Spanien wurden seit Einführung der gleichgeschlechtlichen Ehe im Juli 2005 bis Ende 2009 nahezu 16.000 gleichgeschlechtliche Ehen geschlossen[28].

In Zukunft wird es somit vermehrt zu Situationen kommen, in denen Menschen in einem Staat eine gleichgeschlechtliche Ehe geschlossen haben und anschließend nach Deutschland verziehen bzw. dies zumindest beabsichtigen. Insbesondere in der Europäischen Union wird die Migration durch die bestehenden Personenverkehrsfreiheiten (Art. 39[29], 43 EGV[30]) und die allgemeine Freizügigkeit (Art. 18 EGV[31]) erleichtert. So waren bereits im Jahre 2004 das VG Karlsruhe[32] und der BFH[33]

---

22 *The Boston Globe, June 04, 2009 Thursday, N.H. ties gay-marriage knot*, S. 1.

23 *El Norte (Mexico), March 04, 2010 Thursday, Boda para todos*, S. 6; *The Washington Post, March 03, 2010 Wednesday, Suburban Edition, With gay marriage law, Mexico City enters fray*, S. A08.

24 *Agence France Presse – English, March 10, 2010 Wednesday, "Great step for equality" as gay weddings come to US Capital; The Washington Post, March 10, 2010 Wednesday, Suburban Edition, Saying "I do" to history in D.C.*, S. B01.

25 CasamentoCivil.org por todas as familias, http://casamentocivil.org/casamentocivil/ (abgerufen am 30.07.2010).

26 *Agence France Presse – German, Sonntag, 27.06.2010, Regierungschefin heiratet als eine der ersten Homosexuellen Islands.*

27 *Ley 26.618 (Boletín Oficial de la República Argentina, Año CXVII, núm. 31.949*, 22.07.2010, S. 1); *La Nácion (Argentina), July 21, 2010 Wednesday, Promulgan el matrimonio gay.*

28 Vgl. *Instituto Nacional de Estadística, Matrimonios por Comunidad autónoma de residencia del matrimonio y tipo de matrimonio Año 2005*, http://www.ine.es/jaxi/tabla.do?path=/t20/e301/matri/a2005/l0/&file=14007.px&type=pcaxis; bzw. *Año 2006*, http://www.ine.es/jaxi/tabla.do?path=/t20/e301/matri/a2006/l0/&file=14007.px&type=pcaxis&L=0; bzw. *Año 2007*, http://www.ine.es/jaxi/tabla.do?path=/t20/e301/matri/a2007/l0/&file=14007.px&type=pcaxis&L=0; bzw. *Año 2008*, http://www.ine.es/jaxi/tabla.do?path=/t20/e301/matri/a2008/l0/&file=14007.px&type=pcaxis&L=0; *Matrimonios por Comunidad autónoma de inscripción y tipo de matrimonio, Resultados provisionales 2009*, http://www.ine.es/jaxi/tabla.do?path=/t20/e301/provi/l0/&file=05004.px&type=pcaxis&L=0 (jeweils abgerufen am 30.07.2010).

29 Seit 01.12.2009 Art. 45 AEUV.

30 Seit 01.12.2009 Art. 49 AEUV.

31 Seit 01.12.2009 Art. 21 AEUV.

32 VG Karlsruhe IPRax 2006, 284, 284.

33 BFH IPRax 2006, 287, 287.

sowie im Jahre 2007 das VG Münster[34] mit niederländischen gleichgeschlechtlichen Ehen befasst. In Deutschland ist dieses Institut jedoch unbekannt. Hier wurde 2001 bewusst als *aliud* zur Ehe für gleichgeschlechtliche Paare die Möglichkeit einer eingetragenen Lebenspartnerschaft geschaffen[35], die auch noch nach Inkrafttreten des überarbeiteten Lebenspartnerschaftsgesetzes am 01.01.2005[36] z.T. Unterschiede zur Ehe aufweist[37]. Zudem versteht das Bundesverfassungsgericht in ständiger Rechtsprechung unter einer Ehe iSd Art. 6 I GG eine dauerhafte Verbindung zwischen Mann und Frau[38] und erachtet das Merkmal der Verschiedengeschlechtlichkeit für den Begriff der Ehe iSd Grundgesetzes daher als konstitutiv[39]. Aufgrund dieser Divergenz der materiellen Rechtslage in der inländischen und den benannten ausländischen Rechtsordnungen können sich diverse Schwierigkeiten ergeben. So stellt sich insbesondere in familien- und erbrechtlichen Verfahren für den deutschen Richter das Problem der Qualifikation eines dem deutschen materiellen Recht unbekannten Instituts im deutschen Kollisionsrecht. Hier kommt zum einen eine Einordnung unter die kollisionsrechtlichen Ehevorschriften (insbesondere Art. 13ff. EGBGB) in Betracht, andererseits aber auch eine Anwendung der Normen, die die eingetragene Lebenspartnerschaft regeln (Art. 17b EGBGB). Von der getroffenen Qualifikation hängt oftmals die Frage ab, ob der geltend gemachte Anspruch gewährt bzw. das beabsichtigte Gestaltungsrecht ausgeübt werden kann. So stellt sich häufig in familien- und erbrechtlichen Verfahren die Vorfrage nach dem wirksamen Bestehen einer Ehe bzw. einer eingetragenen Lebenspartnerschaft. Die unterschiedlichen Anknüpfungsmomente in Art. 13 I EGBGB (Staatsangehörigkeit) einerseits und in Art. 17b I 1 EGBGB (Registrierungsort) andererseits führen je nach Einordnung der gleichgeschlechtlichen Ehe dabei oftmals zu entgegengesetzten Ergebnissen. Dies wirkt sich unmittelbar auf die Existenz des begehrten Anspruchs oder des geltend gemachten Gestaltungsrechts aus und zeigt insofern die Tragweite der Qualifikation der gleichgeschlechtlichen Ehe im deutschen IPR.

Zudem stellt sich die Frage, ob eine Anerkennung einer im Ausland geschlossenen gleichgeschlechtlichen Ehe nicht ohnehin aus Gründen des *ordre public* (Art. 6 EGBGB) abzulehnen ist, also auch eine berufene ausländische Rechtsordnung, die die im Ausland geschlossene Ehe als wirksam ansieht, nicht anzu-

---

34 VG Münster, Urteil vom 13.12.2007, Az. 3 K 1845/05.

35 BTDrucks 14/3751 S. 1.

36 BGBl I 2004, Nr. 69, S. 3396.

37 Vgl. Stüber FamRZ 2005, 574ff.; Wellenhofer NJW 2005, 705ff.

38 BVerfGE 10, 59, 66; 53, 224, 245; 62, 323, 330; BVerfG NJW 2002, 2543, 2547/2548.

39 BVerfG NJW 1993, 3058, 3058; BVerfG NJW 2002, 2543, 2547.

wenden ist. Insbesondere das Verständnis des Bundesverfassungsgerichts von Art. 6 I GG[40] könnte einer Anerkennung entgegenstehen.

Neben den zuvor genannten Problemen im Rahmen von familien- und erbrechtlichen Verfahren, existieren auch öffentlich-rechtliche Ansprüche, in denen im Rahmen einer Vorfrage die Problematik des Ehebegriffs auftaucht. Um solche Fälle handelte es sich gerade in den drei angesprochenen Verfahren vor dem VG Karlsruhe, dem VG Münster und dem BFH[41]. Im ersten Fall verlangte ein chinesischer Staatsangehöriger, der mit einem Niederländer in den Niederlanden eine gleichgeschlechtliche Ehe eingegangen war, die Erteilung einer Aufenthaltsgenehmigung[42]. Im zweiten Sachverhalt klagte ein Niederländer, der zunächst in den Niederlanden eine registrierte Partnerschaft begründet hatte, die aber später in eine gleichgeschlechtliche Ehe umgewandelt wurde, auf Erlass einer Zusicherung, dass sein Partner nach seinem Tod einen Anspruch auf Hinterbliebenenrente habe[43]. Im dritten Fall begehrte eine Niederländerin, die in den Niederlanden eine gleichgeschlechtliche Ehe geschlossen hatte, Kindergeld für die Kinder ihrer Ehepartnerin[44]. Solche Fälle erfahren aufgrund ihrer Prägung durch das öffentliche Recht aber eine andere rechtliche Behandlung[45]. Es handelt sich primär um eine Frage der teleologischen Auslegung des nationalen öffentlichen Rechts[46] und nicht um eine Anwendung des Internationalen Privatrechts[47]. Somit werden diese Fälle in der vorliegenden Arbeit nicht behandelt, sondern ausschließlich die zivilrechtlichen Wirkungen der Ehe in den Blick genommen. Ebenfalls nicht thematisiert wird die Frage der internationalen Zuständigkeit deutscher Gerichte in Verfahren, die eine gleichgeschlechtliche Ehe zum Gegenstand haben. In den nachfolgenden Beispielsfällen wird von dieser Zuständigkeit ausgegangen.

Die Nichtanerkennung der im Ausland geschlossenen gleichgeschlechtlichen Ehe wirft aber noch weitere Fragen auf. Mit welchen Problemen werden Partner konfrontiert, die sich in ihrem Leben aufeinander eingestellt haben und möglicherweise sogar gemeinsame Kinder großziehen, und sich nun, nach einem Grenzübertritt nach Deutschland, plötzlich rechtlich unverbunden gegenüberstehen? Je nachdem, wie stark die Belastungen sind, könnte das Paar davon Abstand nehmen,

---

40 Vgl. BVerfG NJW 1993, 3058, 3058; BVerfG NJW 2002, 2543, 2547.

41 Vgl. zu VG Karlsruhe und BFH Röthel IPRax 2006, 250, 251.

42 VG Karlsruhe IPRax 2006, 284, 284.

43 VG Münster, Urteil vom 13.12.2007, Az. 3 K 1845/05.

44 BFH IPRax 2006, 287, 287.

45 Vgl. MüKo/Sonnenberger Einleitung IPR Rn 573ff.; v. Bar/Mankowski I § 4 III Rn 67; Ollick S. 22; Vogel S. 288ff.; Röthel IPRax 2006, 250, 251; Samtleben RabelsZ 52 (1988), 466ff.

46 MüKo/Sonnenberger Einleitung IPR Rn 573ff.; v. Bar/Mankowski I Art. 4 III Rn 67; Holl S. 110 u. 120/121; Ollick S. 22; Röthel IPRax 2006, 250, 251; Samtleben RabelsZ 52 (1988), 466, 488 u. 496.

47 Vogel S. 294; Röthel IPRax 2006, 250, 251; Samtleben RabelsZ 52 (1988), 466, 496.

seinen Heimatstaat in Richtung Deutschland zu verlassen. Dies führt im Europäischen Rechtsraum zu der Frage, ob die Nichtanerkennung einer im Ausland geschlossenen gleichgeschlechtlichen Ehe die Grundfreiheiten der betroffenen Unionsbürger oder aber zumindest ihr allgemeines Freizügigkeitsrecht verletzt. Bejaht man diese Frage, ist zu untersuchen, ob dem EG-Vertrag unmittelbar eine adäquate Kollisionsregel entnommen werden kann, oder aber, ob eine europarechtskonforme Auslegung des bestehenden nationalen Kollisionsrechts möglich ist. Ist beides nicht der Fall, bedarf es einer Lösung *de lege ferenda*. In diesem Zusammenhang erscheint ein Blick auf das in letzter Zeit im Europäischen Rechtsraum immer wieder angesprochene Anerkennungsprinzip angeraten. Möglicherweise lässt sich mit diesem der bestehende Europarechtskonflikt beheben.

II) Gang der Untersuchung

Die Arbeit zeigt zunächst auf, in welchen Staaten Paare die Möglichkeit haben, eine gleichgeschlechtliche Ehe zu schließen, und welche Rechtsfolgen hiermit verbunden sind (B). Im Anschluss daran erfolgt eine eingehende Untersuchung des deutschen Internationalen Privatrechts mit dem Ziel der Qualifikation eines dem deutschen materiellen Recht unbekannten Institutes – der gleichgeschlechtlichen Ehe (C). Danach wird überprüft, ob nicht der Vorbehalt des *ordre public* – insbesondere unter Berücksichtigung des Ehebegriffes aus Art. 6 I GG – der Anerkennung einer im Ausland geschlossenen gleichgeschlechtlichen Ehe in Deutschland entgegensteht (D). Schließlich erfolgt eine Auseinandersetzung mit dem Einfluss des EG-Vertrages auf das bisher gefundene Ergebnis (E). Dabei werden zunächst die Fälle aufgezeigt, in denen es aufgrund der zuvor vertretenen Qualifikation der gleichgeschlechtlichen Ehe im deutschen IPR zu Konflikten im Hinblick auf das EG-Recht kommen kann (E, I). Es folgt eine Überprüfung des Ergebnisses der Qualifikation auf eine Vereinbarkeit mit den Grundfreiheiten (E, II) bzw. dem allgemeinen Freizügigkeitsrecht (E, III). Im letzten Teil (E, IV) geht es um die Frage, wie einer festgestellten Verletzung des EG-Vertrages Rechnung getragen werden kann.

B) Existenz und Wirkungen der gleichgeschlechtlichen Ehe

Zunächst erfolgt eine Darstellung des in- und ausländischen Sachrechts hinsichtlich der Möglichkeit gleichgeschlechtlicher Paare zur Eingehung einer Ehe. Hierbei sind insbesondere die Unterschiede und Gemeinsamkeiten der Rechtsfolgen einer gleichgeschlechtlichen Ehe im Vergleich zur traditionellen Ehe im jeweiligen Land aufzuzeigen. Darüber hinaus ist zu untersuchen, ob in den Staaten, die die Ehe für gleichgeschlechtliche Paare geöffnet haben, zusätzlich die Möglichkeit der Eingehung einer registrierten Partnerschaft besteht und in welchem Verhältnis diese beiden Institute zueinander stehen. Die dabei hervortretenden Divergenzen zwischen dem deutschen Recht und den untersuchten ausländischen Rechtsordnungen zeigen das Konfliktpotenzial der Fälle auf, in denen ein gleichgeschlechtliches Ehepaar nach Deutschland verzieht. Zudem schafft diese Darstellung die Grundlage für die Einordnung dieses dem deutschen materiellen Recht unbekannten Instituts in das deutsche Kollisionsrecht.

I) Rechtslage in Deutschland

Deutschland führte zum 01.08.2001 für gleichgeschlechtliche Partner das Institut der eingetragenen Lebenspartnerschaft ein[48], um die Diskriminierung dieser Paare zu beenden[49]. Hierzu wurde ein spezielles Lebenspartnerschaftsgesetz (LPartG) erlassen, welches dieses Institut grundsätzlich selbstständig regelt, aber in vielen Bereichen auf Vorschriften aus dem Eherecht verweist[50]. In seinem Urteil zur Verfassungsmäßigkeit dieses Gesetzes hat das Bundesverfassungsgericht (BVerfG) erneut festgestellt, dass die Ehe iSd Art. 6 I GG die Verschiedengeschlechtlichkeit der Partner als konstitutives Merkmal erfordert[51]. Folglich ordnet das BVerfG das Institut der eingetragenen Lebenspartnerschaft nur als *aliud* zur Ehe ein und nicht als „Ehe" selbst[52]. Die eingetragene Lebenspartnerschaft ist der Ehe, ins-

48 Gesetz zur Beendigung der Diskriminierung gleichgeschlechtlicher Gemeinschaften: Lebenspartnerschaften, BGBl I 2001, Nr. 9, S. 266, 22.02.2001.

49 BTDrucks 14/3751 S. 1.

50 BGBl I 2001, Nr.9, S. 266ff, 22.02.2001.

51 BVerfG NJW 2002, 2543, 2547; so bereits BVerfGE 10, 59, 66.

52 BVerfG NJW 2002, 2543, 2549.

besondere nach Inkrafttreten des überarbeiteten Lebenspartnerschaftsgesetzes am 01.01.2005[53], in ihren Rechtsfolgen jedoch weitestgehend gleichgestellt[54].

Unterschiede gibt es aber im Hinblick auf das Adoptionsrecht. So erlaubt § 9 VII LPartG n.F. lediglich die Annahme eines Kindes des anderen Lebenspartners (so genannte Stiefkindadoption)[55], wobei wie bei einer Ehe die Zustimmung des anderen Elternteils erforderlich ist (§ 1747 BGB)[56]. Eine gemeinsame Adoption ist indes nicht möglich[57]. Bezüglich der Frage, ob auch eine Kettenadoption zulässig ist, also die Adoption eines bereits durch den Partner adoptierten Kindes, bestehen Unklarheiten im Hinblick auf das Verhältnis von § 1742 BGB zu § 9 VII LPartG[58]. Überwiegend wird jedoch eine Kettenadoption bei Lebenspartnern für nicht möglich gehalten[59]. Die eindeutige Vorschrift des § 1742 BGB wäre sonst zu ändern gewesen[60]. Ferner ist Deutschland 1980 dem Europäischen Übereinkommen über die Adoption von Kindern vom 24.04.1967 beigetreten[61]. Dieses Übereinkommen verbietet in Art. 6 II gerade nationale Regelungen, die eine erneute Annahme bei noch wirksam bestehender Adoption zulassen, sofern es sich nicht um das Adoptivkind des Ehegatten handelt. Der deutsche Gesetzgeber wollte sich durch die Neuschaffung des § 9 VII LPartG wohl nicht in Widerspruch zu diesem Übereinkommen setzen[62].

Ferner gibt es Unterschiede bei der Aufhebbarkeit der eingetragenen Lebenspartnerschaft nach § 15 II 2 1. Hs., IV LPartG und der Ehe nach den §§ 1313ff. BGB. Eine Ehe, die gegen die wesentlichen Ehevoraussetzungen – Ehemündigkeit

53 BGBl I 2004, Nr. 69, S. 3396; Das Lebenspartnerschaftsgesetz wurde nachfolgend insbesondere noch im Bereich des Namensrechtes (BGBl I 2005, Nr. 9, S. 203; BGBl I 2007, Nr. 5, S. 122) und des Unterhaltsrechts geändert (BGBl I 2007, Nr. 69, S. 3189).

54 Dethloff § 7 Rn 1ff.; Rauscher Familienrecht Rn 746a; Schwab § 94 Rn 968.

55 Vgl. Hk-LPartR/Kemper § 9 LPartG Rn 25; vgl. Stüber FamRZ 2005, 574, 576.

56 Hk-LPartR/Kemper § 9 LPartG Rn 35; v. Dickhuth-Harrach FPR 2005, 273, 276; Stüber FamRZ 2005, 574, 576.

57 Hk-LPartR/Kemper § 9 LPartG Rn 26; Dethloff § 15 Rn 19; v. Dickhuth-Harrach FPR 2005, 273, 276; Stüber FamRZ 2005, 574, 577.

58 V. Dickhuth-Harrach FPR 2005, 273, 276; Grziwotz DNotZ 2005, 13, 25.

59 Hk-LPartR/Kemper § 9 LPartG Rn 30; Dethloff § 15 Rn 18; Kemper FF 2005, 88, 94; Stüber FamRZ 2005, 574, 576.

60 Hk-LPartR/Kemper § 9 LPartG Rn 30; Stüber FamRZ 2005, 574, 576.

61 S. BRDrucks 539/79; BGBl II 1980, S. 1093.

62 Am 07.05.2008 verabschiedete das Ministerkommitee des Europarats allerdings eine Änderung des Übereinkommens, wodurch den Staaten in Zukunft die Möglichkeit eingeräumt wird, die Adoption auch für verheiratete oder registrierte gleichgeschlechtliche Paare zu öffnen sowie für alle dauerhaft zusammenlebenden Paare (Art. 7 II n.F.). Das Übereinkommen kann seit 27. November 2008 unterzeichnet werden. Deutschland hat dies jedoch bislang nicht getan. Zudem ist das Abkommen mangels hinreichender Ratifikation noch in keinem Staat in Kraft getreten (vgl. http://conventions.coe.int/Treaty/Commun/ChercheSig.asp?NT=202&CM=8&DF=30/07/2010&CL=GER (abgerufen am 30.07.2010)).

(§ 1303 BGB), Geschäftsfähigkeit (§ 1304 BGB), keine bestehende Ehe/Lebenspartnerschaft (§ 1306 BGB), keine Verwandtschaft (§ 1307 BGB), persönliche Erklärung (§ 1311 BGB) – verstößt, kann aufgehoben werden (§ 1314 I BGB). Gleiches gilt, wenn bestimmte Willensmängel bei der Eheschließung vorlagen (§ 1314 II BGB). Hierbei handelt es sich um Fälle, in denen ein Ehegatte sich im Zustand der Bewusstlosigkeit befand oder vorübergehend in der Geistestätigkeit gestört war (Nr. 1), nicht wusste, dass es sich um eine Eheschließung handelt (Nr. 2), durch arglistige Täuschung (Nr. 3) oder Drohung (Nr. 4) zur Eingehung der Ehe bestimmt wurde oder die Ehegatten nur eine Scheinehe eingehen wollten (Nr. 5). Zu beachten sind jedoch die in § 1315 BGB aufgezählten Ausschlusstatbestände, die eine Aufhebung trotz Verstoß gegen eine wesentliche Ehevoraussetzung oder Vorliegen eines Willensmangels ausschließen. Dieses System führt zu einer gewissen Stabilität der Ehe. Zum einen entfaltet die Aufhebung im Unterschied zur Anfechtung bei Willensmängeln (§ 142 I BGB) und der Nichtigkeit infolge eines Verstoßes gegen ein gesetzliches Verbot oder die guten Sitten (§§ 134, 138 BGB) keine Rückwirkung. Zum anderen können bestimmte Verfahrensfehler geheilt werden (§ 1315 BGB)[63]. § 15 LPartG übernimmt dieses einen gewissen Bestandsschutz gewährende System für einen Großteil der oben dargestellten Willensmängel bei Eingehung einer Lebenspartnerschaft entsprechend (§ 15 II 2 1. Hs., IV LPartG). Nicht erfasst sind allerdings – anders als bei der Ehe – Verstöße gegen die wesentlichen Voraussetzungen zur Eingehung einer Lebenspartnerschaft (z.B. Volljährigkeit, Nichtbestehen einer Ehe bzw. eingetragenen Lebenspartnerschaft, vgl. § 1 LPartG) und der Fall der Scheinpartnerschaft. In diesen Fällen kommt es zur ex-tunc-Nichtigkeit der Lebenspartnerschaft, eine Heilung ist nicht möglich[64]. Diese Ausgestaltung ist unbillig und wenig praktikabel, wenn die Lebenspartnerschaft einmal in Vollzug gesetzt ist. Denn es könnte sich Jahre später herausstellen, dass die Lebenspartnerschaft aufgrund eines Begründungsmangels von Anfang an nichtig war und alles rückabgewickelt werden müsste[65]. Die eingetragene Lebenspartnerschaft genießt daher nicht denselben Bestandsschutz wie die Ehe[66].

Eine weitere Divergenz zwischen den beiden Instituten besteht im zwingenden Erfordernis der Volljährigkeit zur Eingehung einer eingetragenen Lebenspartnerschaft (§ 1 II Nr. 1 LPartG). Eine mögliche Befreiung durch das Familiengericht

---

63 MüKo/Müller-Gindullis § 1313 BGB Rn 3; Muscheler Rn 188.

64 Hk-LPartR/Kemper § 15 LPartG Rn 1 u. 29; Dethloff § 7 Rn 17; v. Dickhuth-Harrach FPR 2005, 273, 277; Wellenhofer NJW 2005, 705, 705/706.

65 V. Dickhuth-Harrach FPR 2005, 273, 277; Kemper FF 2005, 88, 91; Stüber FamRZ 2005, 574, 575; Wellenhofer NJW 2005, 705, 706.

66 Dethloff § 7 Rn 17.

ab einem Alter von 16 Jahren wie bei der Eheschließung (§ 1303 II BGB) ist nicht vorgesehen.

Bis zum 31.12.2007 gab es auch noch einen Unterschied im Hinblick auf das Rangverhältnis mehrerer Unterhaltsberechtigter. Nach § 16 II LPartG a.F. gingen die Unterhaltsansprüche von Ehegatten, gleichgültig, ob aus einer früheren oder nachfolgenden Ehe, denen eines Lebenspartners immer vor. Im Zuge der Unterhaltsreform erfolgte dann aber eine Gleichstellung von Lebenspartnern und Ehegatten[67]. § 16 LPartG n.F. verweist auch hinsichtlich des Ranges auf die Vorschriften über den nachehelichen Unterhalt.

II) Rechtsvergleichender Überblick

1) Europa

a) Niederlande

In den Niederlanden wurde mit Wirkung zum 01.01.1998 das Institut der registrierten Partnerschaft (*geregistreerd partnerschap*) geschaffen[68]. Dieses steht sowohl gleich- als auch verschiedengeschlechtlichen Paaren offen (Art. 80a I *Burgerlijk Wetboek Boek 1* (BW1)) und entfaltet grundsätzlich dieselben Rechtsfolgen wie eine Ehe[69]. Unterschiede gibt es aber z.B. im Abstammungsrecht. Wird in einer registrierten Partnerschaft (auch in einer verschiedengeschlechtlichen) ein Kind geboren, besteht für den Partner keine Vaterschaftsvermutung[70]. Außerdem kommt eine Ehe durch die Abgabe der hierauf gerichteten übereinstimmenden Willenserklärungen zustande (Art. 67 I BW1). Eine registrierte Partnerschaft entsteht hingegen durch das Unterzeichnen der Partnerschaftsregistrierungsurkunde (Art. 80a III BW1). Ein weiterer Unterschied besteht bei der Beendigung der beiden Lebensformen. So kann die registrierte Partnerschaft im Gegensatz zur Ehe im gegenseitigen Einvernehmen durch einen notariell oder rechtsanwaltlich unterzeichneten Vertrag aufgelöst werden (Art. 80c, 80d BW1).

Am 01.04.2001 wurde in den Niederlanden die Ehe auch für Partner gleichen Geschlechts geöffnet[71]. Dies geschah insbesondere durch Änderung des Wortlau-

67 Vgl. Gesetzentwurf der Bundesregierung BTDrucks 16/1830 S. 13, 24, 32.

68 Gesetz vom 05.07.1997, *Staatsblad van het Koninkrijk der Nederlanden* 1997, 324.

69 Bergmann/Ferid/Henrich/Weber Niederlande III A 6 a; Süß/Ring/Vlaardingerbroek/v. Beekhoff Niederlande Rn 92; Boele-Woelki in Legal Recognition of Same-Sex Couples in Europe S. 45; Waaldijk New Eng. L. Rev. 38 (2004), 569, 579.

70 Vgl. Art. 199a BW1.

71 Gesetz vom 21.12.2000, *Staatsblad van het Koninkrijk der Nederlanden* 2001, 9.

tes von Art. 30 I und 33 BW1. Art. 30 I BW1 stellt nun klar, dass eine Ehe von zwei Personen sowohl verschiedenen als auch gleichen Geschlechts eingegangen werden kann. Im Gegensatz zur verschiedengeschlechtlichen Ehe besteht in der gleichgeschlechtlichen Ehe keine Vaterschaftsvermutung für während der Ehe geborene Kinder[72]. Die entscheidende Norm (Art. 199a BW1) ist nämlich nach wie vor geschlechtsspezifisch formuliert[73]. Um das Fehlen des rechtlichen Elternstatus des Ehepartners zu kompensieren, wurde zum 01.01.2002 Art. 253sa BW1 eingeführt[74]. Nach dieser Norm erhalten die Ehepartner für ein während der Ehe geborenes Kind automatisch das gemeinsame Sorgerecht, sofern nicht eine familienrechtliche Beziehung zum anderen Elternteil besteht. Dasselbe gilt nunmehr auch in einer registrierten Partnerschaft[75]. Nach Änderung des Adoptionsrechts zum 01.04.2001 können sowohl verschieden- als auch gleichgeschlechtliche Paare Kinder adoptieren[76]. Auf das Bestehen einer Ehe oder registrierten Partnerschaft kommt es nicht an[77]. Eine Auslandsadoption war allerdings bis 31.12.2008 lediglich verschiedengeschlechtlichen Ehepaaren und Einzelpersonen vorbehalten, da der Gesetzgeber befürchtete, ausländische Stellen könnten ansonsten davon absehen, einer Adoption von Kindern in die Niederlande zuzustimmen[78]. Durch Änderung des Art. 1 des *Wet opneming buitenlandse kinderen ter adoptie*[79] zum 01.01.2009 wurde diese Einschränkung jedoch beseitigt[80].

Obwohl nun also alle Paare eine Ehe eingehen können, existiert in den Niederlanden nach wie vor das Institut der registrierten Partnerschaft. Durch Errichtung einer Urkunde vor dem Standesbeamten kann eine registrierte Partnerschaft in eine Ehe umgewandelt werden (Art. 80g BW1).

---

72 Vonk in Tensions Between Legal, Biological and Social Conceptions of Parentage S. 283; Waaldijk New Eng. L. Rev. 38 (2004), 569, 575.

73 Waaldijk New Eng. L. Rev. 38 (2004), 569, 575.

74 Gesetz vom 04.10.2001, *Staatsblad van het Koninkrijk der Nederlanden* 2001, 468; vgl. Waaldijk New Eng. L. Rev. 38 (2004), 569, 576.

75 Vgl. Art. 253sa BW1.

76 Gesetz vom 21.12.2000, *Staatsblad van het Koninkrijk der Nederlanden* 2001, 10.

77 Vgl. Art. 227 BW1.

78 Vgl. *Kamerstukken Tweede Kamer*, 1996-1997, 22700, Nr. 22; s. auch Boele-Woelki/Schrama in Rechtsstellung gleichgeschlechtlicher Lebensgemeinschaften S. 94 Fn 196.

79 Übersetzt von Bergmann/Ferid/Henrich/Weber als „Gesetz über die Aufnahme ausländischer Kinder zur Adoption".

80 Gesetz vom 24.10.2008, Artikel III, *Staatsblad van het Koninkrijk der Nederlanden* 2008, 425.

b) Belgien

Zum 01.01.2000 führte Belgien die Möglichkeit einer *cohabitation légale* ein[81]. Diese Form des Zusammenlebens steht gleich- und verschiedengeschlechtlichen Paaren offen, aber auch sonstigen Gruppen von zwei Personen wie nahen Verwandten, Verschwägerten und bloßen Freunden, die eine reine Haushalts- und Wirtschaftsgemeinschaft begründen wollen[82]. Sie führt jedoch nur zu geringen Konsequenzen: Der Personenstand der Partner ändert sich nicht. Es entsteht keine Verpflichtung zum Zusammenleben oder zur Treue. Unterhalt wird nicht geschuldet[83]. Ein gesetzliches Erbrecht entsteht nur in sehr begrenztem Umfang[84]. Darüber hinaus kann die Beziehung durch einfache Erklärung eines der Partner vor dem Standesbeamten aufgelöst werden[85]. Es treten nur vermögensrechtliche Wirkungen ein[86]. So müssen sich beide Partner entsprechend ihrer Möglichkeiten an den Kosten des Zusammenlebens beteiligen (Art. 1477 § 3 *Code Civil Belge* (CCB), und Schulden, die ein Partner im Hinblick auf das Zusammenleben oder die Kinder in angemessenem Umfang eingeht, verpflichten beide Partner (Art. 1477 § 4 CCB).

Zum 01.06.2003 wurde in Belgien die Ehe auch für gleichgeschlechtliche Paare geöffnet[87]. Art 143 I CCB stellt dies klar, indem er ausdrücklich bestimmt, dass sowohl Personen verschiedenen wie auch gleichen Geschlechts eine Ehe eingehen können. In beiden Konstellationen gelten somit die gleichen Rechte und Pflichten. Unterschiede gibt es lediglich im Abstammungsrecht[88]. So gilt die Vaterschaftsvermutung für während der Ehe geborene Kinder in gleichgeschlechtlichen Ehen nicht[89]. Außerdem wurde gleichgeschlechtlichen Ehepartnern zunächst die Möglichkeit sowohl der gemeinsamen Adoption als auch der Stiefkindadoption vorenthalten[90]. Seit Inkrafttreten des Gesetzes zur Öffnung der Adoption für gleich-

---

81 Gesetz vom 23.11.1998, *Moniteur belge* 12.01.1999, S. 786; Art. 1475 - 1479 *Code Civil Belge*.

82 Süß/Ring/Hustedt/Sproten Belgien Rn 129; Pintens FamRZ 2000, 69, 71f.; Wautelet „Belgian Report" S. 1.

83 Süß/Ring/Hustedt/Sproten Belgien Rn 132; Fiorini ICLQ Vol. 52 (2003), 1039, 1040f.; Wautelet „Belgian Report" S. 1f.

84 Pintens FamRZ 2007, 1491, 1494 mwN.

85 Art. 1476 § 2 CCB.

86 Dethloff § 7 Rn 54; Fiorini ICLQ Vol. 52 (2003), 1039, 1040; Waaldijk New Eng. L. Rev. 38 (2004), 569, 583; Wautelet „Belgian Report" S. 1/2.

87 Gesetz vom 13.02.2003, *Moniteur belge* 28.02.2003, *Edition 3*, S. 9880.

88 Röthel IPRax 2006, 250, 250; Pintens FamRZ 2003, 658, 658; Waaldijk New Eng. L. Rev. 38 (2004), 569, 582; Wautelet „Belgian Report" S. 3.

89 Art. 143 II CCB.

90 Vgl. die durch das Gesetz zur Öffnung der Ehe für gleichgeschlechtliche Paare veränderten Regelungen, insbesondere Art. 346 und Art. 361 § 2 CCB, Gesetz vom 13.02.2003, *Moniteur belge* 28.02.2003, *Edition 3*, S. 9880; Pintens FamRZ 2003, 658, 658; vgl. Smets „Nouvelle loi sur

geschlechtliche Paare am 30.06.2006 sind diese in adoptionsrechtlicher Hinsicht nun aber verschiedengeschlechtlichen Paaren gleichgestellt[91].

c) Spanien

aa) Gemein-spanisches Recht

Mit Gesetz vom 01.07.2005 (in Kraft seit 03.07.2005) wurde in Spanien die Eingehung einer gleichgeschlechtlichen Ehe ermöglicht[92]. Nach Einschätzung des Gesetzgebers erfasst Art. 32 *Constitución Española 1978* (CE), der das Recht zur Eheschließung beinhaltet, zwar nicht selbst die gleichgeschlechtliche Ehe, aber andere verfassungsrechtliche Prinzipien (das Diskriminierungsverbot und das Recht auf freie Entfaltung der Persönlichkeit Art. 9.2, 10.1 und 14 CE) gebieten es, die gleichgeschlechtliche Ehe einzuführen[93]. Die konservative Oppositionspartei (*Partido Popular*) sah in der Reform hingegen einen Verstoß gegen Art. 32 CE und reichte am 30.09.2005 Verfassungsbeschwerde ein[94], über die bisher noch nicht entschieden ist[95]. Die Öffnung der Ehe für gleichgeschlechtliche Paare erfolgte durch Ergänzung des Art. 44 *Código Civil Español* (CCE) um einen zweiten Absatz. Art. 44 I CCE gewährt Männern und Frauen das Recht der Eheschließung. Abs. 2 ergänzt nun, dass die Voraussetzungen und Wirkungen einer Ehe dieselben sind, unabhängig davon ob es sich um eine gleich- oder verschiedengeschlechtliche handelt. Ferner wurden in allen Vorschriften des CCE, in denen die Begriffe „Mann" oder „Frau" vorkamen, diese durch die Termini „Ehepartner" oder „Eltern" ersetzt[96]. Die einzigen unveränderten Normen sind die Art. 116 - 118 CCE, in denen es um die Vaterschaftsvermutung des Ehemannes geht[97]. Aus faktischen Gründen sah der Gesetzgeber eine solche Vermutung nur

---

l'adoption par les couples homosexuels", 28.06.2006, http://www.droitbelge.be/news_detail.asp?id=339 (abgerufen am 30.07.2010); Waaldijk New Eng. L. Rev. 38 (2004), 569, 582.

91 Gesetz vom 18.05.2006, *Moniteur belge* 20.06.2006, *Edition 2*, S. 31128; vgl. auch Pintens FamRZ 2006, 1312, 1312; dies gilt auch für (gleichgeschlechtliche) Paare, die von der Möglichkeit der *cohabitation légale* Gebrauch gemacht haben (vgl. Art. 343 §1er a), b) CCB).

92 *Ley 13/2005* v. 01.07.2005 (*BOE núm. 157*, 02.07.2005, 23632ff).

93 *Ley 13/2005* v. 01.07.2005 (*BOE núm. 157*, 02.07.2005, 23632, 23632f).

94 *Recurso de inconstitucionalidad núm. 6864-2005, en relación con la Ley 13/2005, de 1 de julio, por la que se modifica el Código Civil en materia de derecho a contraer matrimonio* (*BOE núm. 273*, 15.11.2005); *El País* 01.10.2005 S. 1 u. 38/39.

95 Vgl. zu dieser verfassungsrechtlichen Frage: Hernández Ibáñez Diario La Ley Nr. 6510.

96 *Ley 13/2005* v. 01.07.2005 (*BOE núm. 157*, 02.07.2005, 23632, 23633).

97 González Beilfuss „Spanish Report" S. 2

bei verschiedengeschlechtlichen Ehepaaren als gerechtfertigt an[98]. Ähnlich geschlechtsspezifisch formuliert ist die vergleichbare Regelung im Rahmen einer künstlichen Befruchtung. Gemäß Art. 6.3 *Ley 14/2006*[99] bedarf es, wenn die Frau, bei der der Eingriff vorgenommen werden soll, verheiratet ist, der Zustimmung ihres Ehemannes. Art. 8.1 *Ley 14/2006* erklärt die Frau, die das Kind gebärt, und ihren Ehemann zu den Eltern des Kindes, sofern sie vorher der künstlichen Befruchtung zugestimmt haben. Zum 17.03.2007 wurde jedoch in Art. 7 *Ley 14/2006* ein neuer Abs. 3 eingefügt, der es der Ehefrau der gebärenden Frau ermöglicht, durch Erklärung vor dem Registerbeamten Elternteil des Kindes zu werden[100]. Diese Option des gleichgeschlechtlichen Ehegatten weicht erstaunlicherweise von der Regelung für den verschiedengeschlechtlichen Ehegatten ab, der nach Art. 6.3 *Ley 14/2006* bereits der Durchführung der künstlichen Befruchtung zustimmen muss. Ein Grund hierfür könnte in der Vaterschaftsvermutung des Art. 116 CCE liegen. Wäre es einer Frau möglich, sich ohne das Wissen und Einverständnis ihres Ehemannes künstlich befruchten zu lassen, wäre dieser nach Art. 116 CCE der Vater des Kindes. Da bei gleichgeschlechtlichen Ehegatten diese Vermutung nicht gilt, bedarf es auch keiner vorherigen Einwilligung. Trotz der unterschiedlichen Ausgestaltung ist die Neuregelung geeignet, die Diskriminierung gegenüber den gleichgeschlechtlichen Ehegatten zu beenden[101]. In Spanien besteht somit seit 17.03.2007 auch für gleichgeschlechtliche Partnerinnen die Möglichkeit, ohne den schwierigen Weg einer Adoption, Elternteil des künstlich gezeugten Kindes ihrer Ehepartnerin zu werden.

Im Rahmen der Adoption gibt es keine Unterschiede. So ist auch gleichgeschlechtlichen Ehepartnern sowohl die gemeinsame als auch die Stiefkindadoption möglich[102].

---

98 *Ley 13/2005* v. 01.07.2005 (*BOE núm. 157*, 02.07.2005, 23632, 23633); kritisch im Hinblick auf den Schutz des Kindes González Beilfuss FamPra.ch 2006, 878, 881; dieselbe „Spanish Report" S. 2.

99 *Ley 14/2006, de 26 de mayo, sobre técnicas de reproducción humana asistida (BOE núm. 126,* 27.05.2006*)*.

100 *Ley 3/2007, de 15 de marzo, reguladora de la rectificación registral de la mención relativa al sexo de las personas (BOE núm. 65,* 16.03.2007, S. 11251, 11252/11253), Disposición adicional primera.

101 So auch Navarro Casillas, Sprecherin der Izquierda Unida, die den Vorschlag eingebracht hat, *Cortes Generales – Diario de sesiones del Congreso de los Diputados – Comisiones – VIII Legislatura, 2006, Núm 696, 07.11.2006*, S. 11, 14; dieselbe in „IU aconsegueix modificació de llei de reproducció asistida", 14.11.2006, http://www.eupv.org/web/index.php?option=com_content&task=view&id=832&Itemid=27 (abgerufen am 31.07.2010).

102 González Beilfuss FamPra.ch 2006, 878, 881; dieselbe „Spanish Report" S. 2; Martín Casals/Ribot FamRZ 2006, 1331, 1331.

bb) Recht der Autonomen Gemeinschaften

Bereits vor der Reform des gemein-spanischen Rechts wurden in vielen Autonomen Gemeinschaften Spaniens Regelungen in Bezug auf unverheiratete Paare geschaffen[103]. Diese umfassen meist neben gleich- auch verschiedengeschlechtliche Lebensgemeinschaften[104] und lösen Rechtsfolgen in der Regel sowohl nach einer gewissen Zeit des Zusammenlebens als auch nach erfolgter formeller Registrierung aus[105]. Somit regeln diese Gesetze nicht nur den Fall der registrierten Partnerschaft, sondern auch den der nichtehelichen Lebensgemeinschaft. All diese Institute bleiben aber in ihren Wirkungen hinter der Ehe zurück[106]. So wird z.B. kein eigener Güterstand geschaffen[107]. Außerdem können gleichgeschlechtliche Partner häufig nicht gemeinsam Kinder adoptieren[108]. Auflösen lassen sich die Partnerschaften u.a. durch einseitige Erklärung, durch länger als ein Jahr dauern-

---

103 Katalonien, Aragonien, Navarra, Valencia, Balearische Inseln, Madrid, Asturien, Andalusien, Kanarische Inseln, Extremadura, Baskenland, Kantabrien; in Galicien erst durch Gesetz vom 14.06.2006 (*Ley 2/2006, de 14 de junio, de derecho civil de Galicia (BOE núm. 191,* 11.08.2006, S. 30073, 30099), Disposición adicional tercera).

104 So z.B.: Katalonien *Ley 10/1998, de 15 de julio, de uniones estables de pareja*, Preámbulo; Aragonien *Ley 6/1999, de 26 de marzo, relativa a parejas estables no casadas*, Preámbulo; Navarra *Ley 6/2000, de 3 de julio, para la igualdad jurídica de las parejas estables de Navarra*, Art. 2 Nr. 1.

105 So z.B.: Aragonien *Ley 6/1999* (vgl. Fn 104), Art. 3; Navarra *Ley 6/2000* (vgl. Fn 104), Art. 2 Nr. 2.

106 García Rubio La Ley 2005, 1118, 1127; González Beilfuss „Spanish Report" S. 3; dieselbe Yearbook of PIL 2004, 185, 191; Martín Casals in Legal Recognition of Same-sex Couples in Europe S. 61/62; Schlenker in Die Rechtsstellung gleichgeschlechtlicher Lebensgemeinschaften S. 165 (in Bezug auf Katalonien und Aragonien); vgl. zu Einzelheiten in den verschiedenen autonomen Rechtsordnungen González Beilfuss Parejas de Hecho S. 45ff.; eine Ausnahme bildet Galicien, dort werden die Partnerschaften Ehen in ihrer Wirkung tatsächlich gleichgestellt (*Ley 2/2006, de 14 de junio, de derecho civil de Galicia (BOE núm. 191,* 11.08.2006, S. 30073, 30099), Disposición adicional tercera).

107 Martín Casals in Legal Recognition of Same-sex Couples in Europe S. 61/62; Roca European Journal of Law Reform 2001, 365, 374.

108 Vgl. Art. 175 IV CCE i.V.m. *Ley 21/1987, de 11 de noviembre, por la que se modifican determinados artículos del código civil en materia de adopción* (*BOE núm. 275,* 17.11.1987, S. 269ff), Disposición adicional tercera; Martín Casals/Ribot FamRZ 2006, 1331, 1336; kritisch: Díez-Picazo/Gullón Cap. 22 IV B; unklar: Bergmann/Ferid/Henrich/Daum Spanien Art. 175 CCE Fn 24; anders hingegen in Katalonien (*Ley 3/2005, de 8 de abril, de modificación de la Ley 9/1998, del Código de Familia, de la Ley 10/1998, de uniones estables de pareja, y de la Ley 40/1991, del Código de Sucesiones por causa de muerte en el Derecho Civil de Cataluña, en materia de Adopción y Tutela*), Aragonien (*Ley 2/2004, de 3 de mayo, de modificación de la Ley 6/1999, de 26 de marzo, relativa a parejas estables no casadas*), Navarra (*Ley 6/2000* (vgl. Fn 104), Art. 8 Nr. 1), Galicien (s. Fn 106) und dem Baskenland (*Ley 2/2003, de 7 de mayo, reguladora de las parejas de hecho del País Vasco*, Art. 8).

des Getrenntleben oder durch Eingehung einer Ehe[109]. Es gibt somit mehr Möglichkeiten, eine solche Verbindung zu beenden als bei einer Ehe, bei der zumindest immer ein gerichtliches Verfahren durchgeführt werden muss[110].

d) Norwegen

In Norwegen bestand bereits seit 1993 für gleichgeschlechtliche Paare die Möglichkeit, eine registrierte Partnerschaft einzugehen[111]. Im Juni 2008 verabschiedete das norwegische Parlament ein Gesetz, welches den Begriff der Ehe geschlechtsneutral fasst und somit auch gleichgeschlechtlichen Paaren die Schließung einer Ehe mit den gleichen Rechten und Pflichten wie verschiedengeschlechtlichen Paaren ermöglicht[112]. Im Gegenzug wurde die Möglichkeit der Eingehung einer registrierten Partnerschaft aufgehoben[113]. Das neue Eherecht trat am 01.01.2009 in Kraft[114].

e) Schweden

In Schweden wurde bereits im Jahre 1995 das Institut der registrierten Partnerschaft für gleichgeschlechtliche Paare geschaffen[115]. Durch Gesetz vom 01.04.2009 wurde die Möglichkeit eine registrierte Partnerschaft einzugehen nunmehr aber beseitigt. Stattdessen wurde zum 01.05.2009 die Ehe auch für gleichgeschlechtliche Paare geöffnet, denen somit dieselben Rechte wie verschiedengeschlechtlichen Ehepaaren gewährt werden[116]. Zudem ermöglicht die evangelische Kirche Schwedens seit 01.11.2009 gleichgeschlechtlichen Paaren sogar eine kirchliche Trauung[117]. Bereits registrierte Partnerschaften, werden auf Wunsch der Partner in eine Ehe umgewandelt. Andernfalls gilt für sie das bisherige Recht fort[118].

---

109 González Beilfuss Yearbook of PIL 2004, 185, 191; Martín Casals in Legal Recognition of Same-sex Couples in Europe S. 60.

110 Vgl. zur Scheidung Art. 86 i.V.m. 81 CCE.

111 Bergmann/Ferid/Henrich/Frantzen Norwegen III, A, 1; Rieck/Fritze Norwegen Rn 3.

112 Rieck/Fritze Norwegen Rn 3; *Frankfurter Rundschau*, 12.06.2008, *Im Zeichen der Liebe,* S. 9; *The New York Times, June 12, 2008, Norway: New rights granted to gays*, S. 10.

113 MüKo/Coester Art. 17b EGBGB Rn 143.

114 Rieck/Fritze Norwegen Rn 3; *Equal Marriage for same-sex couples, June 17, 2008,* http://www.samesexmarriage.ca/ (abgerufen am 31.07.2010).

115 Rieck/Firsching Schweden Rn 12; Süß/Ring/Johansson Schweden Rn 65.

116 Bergmann/Ferid/Henrich/Carsten Schweden III, A, 1 u. 6 a; *The Associated Press, April 01, 2009 Wednesday, Sweden 5th European Country to allow gay marriage; The New York Times, April 02, 2009 Thursday, Late Edition, Sweden: Same-sex marriage now legal,* S. 6.

117 *Agence France Presse – German, Donnerstag, 22.10.2009, Schwedische Kirche erlaubt kirchliche Trauung Homosexueller.*

118 Bergmann/Ferid/Henrich/Carsten Schweden III, A, 6 g.

f) Portugal

Auch Portugal öffnete mit Wirkung zum 05.06.2010 die Ehe für gleichgeschlechtliche Paare[119]. Das vom Parlament am 11.02.2010 verabschiedete Gesetz[120] wurde am 08.04.2010 vom portugiesischen Verfassungsgericht für verfassungsgemäß erklärt[121]. Eine Adoption bleibt in Portugal dennoch bislang ausschließlich verschiedengeschlechtlichen Ehepaaren vorbehalten[122].

g) Island

Das Institut der registrierten Partnerschaft führte Island bereits im Jahre 1996 ein[123]. Am 11.06.2010 beschloss das Parlament nun ohne jede Gegenstimme die Öffnung der Ehe für gleichgeschlechtliche Paare[124]. Das Gesetz trat am 27.06.2010 in Kraft[125].

2) USA

a) Massachusetts

In den USA liegt das Familienrecht in der Zuständigkeit der einzelnen Bundesstaaten[126]. Insbesondere im Bereich der gleichgeschlechtlichen Beziehungen ergeben sich hier große Unterschiede zwischen den Staaten[127]. Massachusetts war der erste und lange Zeit einzige US-Bundesstaat, der gleichgeschlechtliche Ehen erlaubte[128]. Nachdem mehreren gleichgeschlechtlichen Paaren die Eingehung einer Ehe ver-

---

119 CasamentoCivil.org por todas as familias, http://casamentocivil.org/casamentocivil/ (abgerufen am 30.07.2010).

120 Vgl. *Lei n.° 9/2010, de 31 de Maio, Permite o casamento civil entre pessoas do mesmo sexo (Diário da República, 1.a série – n.° 105 – 31 de Maio de 2010,* S. 1853).

121 *Tribunal Constitucional, Acórdão n.° 121/2010, Processo n.° 192/2010.*

122 Vgl. Artigo 3.° *Lei n.° 9/2010, de 31 de Maio, Permite o casamento civil entre pessoas do mesmo sexo (Diário da República, 1.a série – n.° 105 – 31 de Maio de 2010,* S. 1853).

123 Bergmann/Ferid/Henrich/Cieslar Island Vorblatt.

124 *The Star Phoenix (Saskatoon, Saskatchewan), June 12, 2010 Saturday, Final Edition, Iceland passes gay marriage law,* S. C18; *Reuters, June 11, 2010, Iceland passes gay marriage law in unanimous vote,* http://www.reuters.com/article/idUSTRE65A3V020100611 (abgerufen am 31.07.2010).

125 *Agence France Presse – German, Sonntag, 27.06.2010, Regierungschefin heiratet als eine der ersten Homosexuellen Islands.*

126 Hay US-Amerikanisches Recht Rn 484.

127 Vgl. Cooper 8 J.L. & Fam. Stud. 325, 337ff. (2006).

128 Vgl. Hay „US Report" S. 2.

sagt wurde, befasste sich dort 2003 der *Supreme Judicial Court of Massachusetts* mit der Problematik[129]. Zunächst stellte das Gericht fest, dass das Erfordernis der Verschiedengeschlechtlichkeit zwar nicht ausdrücklich in den Normen der *General Laws of Massachusetts* (Mass. Gen. Laws) erwähnt werde, sich aber zum einen durch den Bezug zur Ehedefinition des *common law* und zum anderen aus der geschlechtsspezifisch formulierten Regelung der verbotenen Verwandtschaftsgrade (c. 207 § 1 und 2 Mass. Gen. Laws)[130] ergebe. Es sei jedoch mit den Rechten auf persönliche Freiheit und Gleichheit vor dem Gesetz, die durch die Verfassung von Massachusetts gewährleistet würden, unvereinbar, gleichgeschlechtlichen Paaren die Vorteile, den Schutz und die Verpflichtungen der Ehe vorzuenthalten[131]. Anders allerdings als sein Pendant in Vermont ließ der Gerichtshof dem Gesetzgeber nicht die Möglichkeit, die alternative Form einer *civil union* für Paare gleichen Geschlechts einzuführen[132]. Stattdessen definierte er den Begriff der Ehe neu, als eine „*voluntary union of two persons as spouses, to the exclusion of all others*“[133]. Am Verbot der Mehrehe hält der Gerichtshof, geschlechtsneutral formuliert, also fest, genauso wie an den verbotenen Verwandtschaftsgraden[134]. Versuche, die Verfassung durch ein Referendum zu ändern und dadurch gleichgeschlechtliche Eheschließungen in Zukunft zu verhindern, sind im Juni 2007 bis auf weiteres am Widerstand des Staatsgesetzgebers gescheitert[135]. Seit Mai 2004 werden daher in Massachusetts gleichgeschlechtliche Ehen geschlossen[136].

In den Wirkungen kann kein Unterschied zwischen gleich- und verschiedengeschlechtlicher Ehe bestehen, denn das Gericht sah gerade die fehlende Möglichkeit gleichgeschlechtlicher Paare, in den Genuss der Vorteile, des Schutzes und der Verpflichtungen einer Ehe zu gelangen, als Verfassungsverstoß an. Dies gilt auch in Bezug auf das Abstammungsverhältnis zu den Kindern. So bemängelte der Gerichtshof insbesondere, dass gleichgeschlechtliche Partner, anders als Eheleute, den oft schwierigen und langwierigen Weg einer Stiefkindadoption beschreiten müssen, um eine gemeinsame Elternschaft des Kindes zu erreichen[137]. Daher gilt die Vaterschaftsvermutung in c. 209C, § 6 Mass. Gen. Laws auch in gleichge-

---

129 *Goodridge v. Department of Public Health*, 440 Mass. 309, 798 N.E.2d 941.

130 *Goodridge v. Department of Public Health*, 440 Mass. 309, 798 N.E.2d 941, 952/953.

131 *Goodridge v. Department of Public Health*, 440 Mass. 309, 798 N.E.2d 941, 968.

132 Vgl. auch Hay „US Report" S. 11.

133 *Goodridge v. Department of Public Health*, 440 Mass. 309, 798 N.E.2d 941, 969.

134 *Goodridge v. Department of Public Health*, 440 Mass. 309, 798 N.E.2d 941, 969.

135 *The Boston Globe, June 14, 2007, Legislators vote to defeat same-sex marriage ban*, http://www.boston.com/news/globe/city_region/breaking_news/2007/06/legislators_vot_1.html (abgerufen am 31.07.2010); *The Washington Post, June 15, 2007 Friday, Suburban Edition, Nation in Brief*, S. A12.

136 Vgl. Hay „US Report" S. 11/12.

137 *Goodridge v. Department of Public Health*, 440 Mass. 309, 798 N.E.2d 941, 963.

schlechtlichen Ehen[138]. Dies muss erst recht für die entsprechende Regelung in Fällen künstlicher Befruchtung gelten[139]. Im Adoptionsrecht ist ohnehin bereits seit 1993 in Massachusetts eine gemeinsame Adoption auch durch unverheiratete gleichgeschlechtliche Paare möglich[140]. In den grundlegenden Entscheidungen wurde zwar das Kind eines der beiden Partner adoptiert (im Ergebnis also eine Stiefkindadoption durchgeführt)[141], den Urteilen ist aber nicht die Unzulässigkeit einer gemeinsamen Adoption eines „fremden" Kindes zu entnehmen. Genau wie bei Eheleuten wird überprüft, ob eine der fünf Adoptionsvoraussetzungen erfüllt ist. Zu diesen zählt zwar u.a. auch die Blutsverwandtschaft zwischen dem Kind und einem der Partner, hierbei handelt es sich aber nicht um eine zwingende Voraussetzung[142].

Die Entscheidung des Gerichts, dem Gesetzgeber nicht die Möglichkeit zu eröffnen, ein alternatives Institut für gleichgeschlechtliche Paare zu schaffen, zeigt die absolute Gleichstellung in Massachusetts.

b) Kalifornien

Sec. 300 *California Family Code* (CFC) definiert die Ehe ausdrücklich als einen zivilrechtlichen Vertrag zwischen Mann und Frau. Zusätzlich bestimmt sec. 308.5 CFC, dass nur eine Ehe zwischen Mann und Frau gültig ist. Das kalifornische Recht beschränkt die Ehe somit eindeutig auf verschiedengeschlechtliche Paare. In seiner Entscheidung vom 15.05.2008 sah der *Supreme Court of California* in den Bestimmungen des *Family Code* einen Verstoß gegen die kalifornische Verfassung. So gewähre das verfassungsrechtlich geschützte Recht der Eheschließung allen Kaliforniern unabhängig von ihrer sexuellen Orientierung und somit sowohl gleich- als auch verschiedengeschlechtlichen Paaren das Recht zur Gründung einer familiären Beziehung. Darüber hinaus stellten die bestehenden gesetzlichen Regelungen eine nicht zu rechtfertigende Diskriminierung aus Gründen der sexuellen Orientierung dar[143]. Diese Entscheidung wurde am 16.06.2008 rechts-

138 So auch Frelich Appleton 86 B.U.L. Rev. 227, 240/241 (2006).

139 C. 46, § 4B Mass. Gen. Laws.

140 *Adoption of Tammy*, 416 Mass. 205, 619 N.E.2d 315.

141 *Adoption of Tammy* (1993), 416 Mass. 205, 619 N.E.2d 315; *Adoption of Galen* (1997), 425 Mass. 201, 680 N.E.2d 70.

142 Vgl. *Adoption of Tammy* (1993), 416 Mass. 205, 619 N.E.2d 315, 320; vgl. *Adoption of Galen* (1997), 425 Mass. 201, 680 N.E.2d 70, 71/72.

143 *Supreme Court of California, In re Marriage Cases*, 43 Cal. 4th 757, 15.05.2008; vgl. auch *Judicial Council of California, News Release Number 26, May 15, 2008*, http://www.courtinfo.ca.gov/presscenter/newsreleases/NR26-08.PDF (abgerufen am 31.07.2010).

kräftig[144], so dass seit diesem Zeitpunkt auch in Kalifornien zunächst die Möglichkeit der Eingehung einer gleichgeschlechtlichen Ehe bestand. Von den Gegnern wurden jedoch genügend Unterschriften gesammelt, um eine Volksabstimmung über ein in der Verfassung zu verankerndes Verbot gleichgeschlechtlicher Ehen im November 2008 zu erzwingen[145]. Eine Aussetzung des geplanten Volksentscheides wurde vom *Supreme Court of California* am 16.07.2008 abgelehnt[146]. Die Mehrheit entschied sich in der Abstimmung am 05.11.2008 für ein Verbot gleichgeschlechtlicher Ehen in der Verfassung, so dass seitdem keine gleichgeschlechtlichen Ehen mehr in Kalifornien geschlossen werden können[147]. Gegen diese Verfassungsänderung wurden zwar Klagen eingereicht, am 26.05.2009 befand der *Supreme Court of California* die Änderung aber für zulässig. Er stellte jedoch zugleich fest, dass hierdurch bereits geschlossene Ehen nicht berührt werden[148].

c) Connecticut, Iowa, Vermont, New Hampshire und District of Columbia

Mit Urteil vom 28.10.2008 sah auch der *Supreme Court of Connecticut* im Ausschluss gleichgeschlechtlicher Paare vom Institut der Ehe einen Verstoß gegen die durch die Staatsverfassung garantierten Gleichheitsrechte[149] und eröffnete dadurch gleichgeschlechtlichen Paaren zum 12.11.2008 die Möglichkeit der Eheschließung[150]. Entsprechend urteilte der *Supreme Court of Iowa* am 03.04.2009[151]. Nur wenige Tage später am 07.04.2009 überstimmten das Repräsentantenhaus und der Senat von Vermont das Veto ihres Gouverneurs und beschlossen damit die Öffnung der Ehe für gleichgeschlechtliche Paare zum 01.09.2009[152]. Am 03.06.2009 entschied sich ebenfalls der Gesetzgeber von New Hampshire für die Ermöglichung einer Eheschließung gleichgeschlechtlicher Paare ab 01.01.2010[153]. Am

144 *Judicial Council of California, News Release Number 31, June 4, 2008*, http://www.courtinfo.ca.gov/presscenter/newsreleases/NR31-08.PDF (abgerufen am 31.07.2010).

145 *Secretary of State News Release*, DB08:068, June 2, 2008, http://www.sos.ca.gov/admin/press-releases/2008/DB08-068.pdf (abgerufen am 31.07.2010); *Los Angeles Times, June 03, 2008 Tuesday, Home Edition, Voters will decide on gay marriage*, S. 1.

146 *Los Angeles Times, July 17, 2008 Thursday, Home Edition, Gay rights groups lose a round*, S. 3.

147 *The Press Enterprise, November 06, 2008 Thursday, Election 2008; State; Official State, County Results*, S. A10; *The New York Times, November 06, 2008 Thursday, Late Edition, Bans in 3 States on Gay Marriage*, S. 1.

148 *Supreme Court of California, Strauss v Horton*, 46 Cal. 4th 364, 26.05.2009.

149 *Supreme Court of Connecticut, Kerrigan v Commissioner of Public Health*, 957 A.2d 407 (Conn. 2008).

150 *Connecticut Post Online, November 12, 2008 Wednesday, Gay marriage in state starts today.*

151 *Supreme Court of Iowa, Varnum v Brien*, 763 N.W.2d 862, 03.04.2009.

152 *The Boston Globe, April 08, 2009 Wednesday, Vermont legalizes same-sex marriage*, S. 1.

153 *The Boston Globe, June 04, 2009 Thursday, N.H. ties gay-marriage knot*, S. 1.

15.12.2009 votierte auch der Rat des Districts of Columbia für die Einführung einer gleichgeschlechtlichen Ehe[154] und ermöglichte somit die Eheschließung für gleichgeschlechtliche Paare seit dem 09.03.2010[155].

3) Kanada

In Kanada hielten mehrere Gerichte verschiedener Provinzen das Erfordernis der Verschiedengeschlechtlichkeit der Partner einer Ehe für unvereinbar mit sec.15(1) der *Canadian Charter of Rights and Freedoms*. Sie sahen hierin eine Diskriminierung aufgrund der sexuellen Orientierung. Diese Gerichte formulierten die Ehedefinition zwar in eine „*union of two persons to the exclusion of all others*" um, suspendierten aber die Wirkung dieser neuen Definition, um dem Gesetzgeber die Möglichkeit zu geben, auf diese Entscheidungen zu reagieren[156]. Erst der *Ontario Court of Appeal* ordnete im Juni 2003 die unmittelbare Anwendbarkeit der umformulierten Definition an und ermöglichte damit die Eheschließung zwischen gleichgeschlechtlichen Partnern[157]. Die Regierung beschloss, gegen diese Entscheidung keine Revision einzulegen, sondern erarbeitete vielmehr einen Gesetzentwurf zur Öffnung der Ehe auch für gleichgeschlechtliche Paare und legte diesen dem *Supreme Court* zur Überprüfung der Verfassungsmäßigkeit vor[158]. Der *Supreme Court* stellte fest, dass die Kompetenz zur Einführung einer gleichgeschlechtlichen Ehe beim Bundesgesetzgeber liege, auch wenn ein solches Institut mittelbare Auswirkungen auf die Provinzen habe[159]. Registrierte Partnerschaften hingegen seien Beziehungen, die hinter der Ehe zurückstünden und ausschließlich in die Zuständigkeit der Provinzen fielen[160]. Ferner sah der *Supreme Court* in der Öffnung der Ehe auch für gleichgeschlechtliche Paare keinen Verstoß gegen die

---

154 *The New York Times, December 16, 2009 Wednesday, Late Edition, District of Columbia Backs Same-Sex Marriage,* S. 28; *The Washington Post, December 16, 2009 Wednesday, Met 2 Edition, D.C. Council approves same-sex marriage,* S. A01.

155 *Agence France Presse – English, March 10, 2010 Wednesday, "Great step for equality" as gay weddings come to US Capital; The Washington Post, March 10, 2010 Wednesday, Suburban Edition, Saying "I do" to history in D.C.,* S. B01.

156 *Hendricks v Québec (Procureur Général)* [2002] R.J.Q. 2506, *Cour supérieure du Québec* (06.09.2002); *Halpern v Toronto (City)* 60 O.R.3d 321, *Ontario Superiour Court of Justice* (12.07.2002), *EGALE v Canada (Attorney General)* 13 B.C.L.R. 4th 1, *British Columbia Court of Appeal* (01.05.2003).

157 *Halpern v Toronto (City)*, 65 O.R.3d 161, *Ontario Court of Appeal* (10.06.2003).

158 Vgl. Kronby S. 12/13; Wright 20 Int'l J.L. & Pol'y & Fam. 249, 256 (2006).

159 *Same-Sex Marriage, Re* 2004 SCC 79, [2004] 3 S.C.R. 698 (Can.), Rn 31f.

160 *Same-Sex Marriage, Re* 2004 SCC 79, [2004] 3 S.C.R. 698 (Can.), Rn 33; vgl. auch Thomas 22 Can. J. Fam. L. (2006) 223, 252.

Canadian Charter of Rights and Freedoms[161]. Am 20.07.2005 trat der *Civil Marriage Act* in Kraft. Dieser definiert die zivilrechtliche Ehe als „*lawful union of two persons to the exclusion of all others*"[162]. Somit kann eine gleichgeschlechtliche Ehe in jeder kanadischen Provinz und jedem Territorium eingegangen werden[163].

Zu Abweichungen von der verschiedengeschlechtlichen Ehe kommt es bei der Vaterschaftsvermutung. So gilt diese beispielsweise in British Columbia, Ontario, Saskatchewan und Québec aufgrund der geschlechtsspezifischen Formulierung nicht in einer gleichgeschlechtlichen Ehe[164].

Ein anderer Bereich, in dem es Unterschiede zwischen gleich- und verschiedengeschlechtlichen Ehen geben könnte, ist die Frage nach der Elternschaft im Zusammenhang mit einer künstlichen Befruchtung.

Nur zwei Provinzen Kanadas (Québec und Alberta) haben Regelungen zu dieser Thematik erlassen[165]. Art. 538.3 *Civil Code of Québec* (CCQ) ist geschlechtsneutral formuliert und erklärt, bei einem gemeinsamen Entschluss eines Ehepaares, ein Kind durch Spende von genetischem Material einer dritten Person zu erhalten, den Ehepartner der gebärenden Frau zum anderen Elternteil. Eine Klarstellung, dass auch beide Elternteile Frauen sein können, enthält Art. 539.1 CCQ. Insoweit stehen also gleich- und verschiedengeschlechtliche Ehepaare gleich. Anders sieht die Regelung in Alberta aus. Nach sec.13(2)(b) *Family Law Act* wird nur der männliche Ehepartner, auch wenn dessen Sperma nicht zur künstlichen Befruchtung verwendet wurde, er aber diesem Vorgang zugestimmt hat, Vater des Kindes. In Alberta kommt es somit zu einer Differenzierung zwischen gleich- und verschiedengeschlechtlichen Ehegatten. Der *Alberta Court of Queen's Bench* sah in dieser Regelung einen Verstoß gegen das Diskriminierungsverbot in sec.15(1) der *Charter of Rights and Freedoms*[166]. Der Gesetzgeber habe beschlossen, eine Eltern-Kind-Beziehung infolge einer reinen Absichtserklärung ohne genetische Verbindung entstehen zu lassen. Eine Rechtfertigung für eine Beschränkung dieser Regel auf Männer existiere nicht[167]. Als Reaktion auf den festgestellten Ver-

---

161 *Same-Sex Marriage, Re* 2004 SCC 79, [2004] 3 S.C.R. 698 (Can.), Rn 40ff.

162 Sec.2 *Civil Marriage Act (2005, chapter 33).*

163 Kronby S. 15.

164 British Columbia: sec.95 (1) (a) *Family Relations Act [R.S.B.C. 1996] chapter 128*; Ontario: sec.8 (1) Nr. 1 *Children's Law Reform Act, R.S.O. 1990, c. C.12*; Saskatchewan: sec.45(1)(a) *Children's Law Act, 1997, chapter C-8.2 S.S. 1997*; eine Klage, die an der Verfassungsgemäßheit der Norm zweifelte, wurde zurückgewiesen (*C. (P.) v. L. (S.)* 273 Sask. R. 127, *Saskatchewan Court of Queen's Bench* (29.11.2005)); Québec: Art. 525 *Civil Code of Québec* verwendet zwar zum einen den geschlechtsneutralen Begriff *spouse*, vermutet den Ehegatten aber gerade als *father*.

165 Campbell 21 Int'l J.L. & Pol'y & Fam. 242, 248 Fn 21 (2007).

166 *Fraess v Alberta* 278 D.L.R. (4th) 187, *Alberta Court of Queen's Bench* (25.11.2005), Rn 6f.

167 *Fraess v Alberta* 278 D.L.R. (4th) 187, *Alberta Court of Queen's Bench* (25.11.2005), Rn 14.

fassungsverstoß hat das Gericht in sec.13(2) *Family Law Act* eine geschlechtsneutrale Form hineingelesen[168].

In den anderen Provinzen müssen die Gerichte versuchen, die bestehenden Elternschaftsregelungen im Hinblick auf die Probleme, die im Rahmen der neuen Methoden der künstlichen Reproduktion entstehen, anzupassen[169]. Zunächst trafen Partner gleichgeschlechtlicher Beziehungen auf Schwierigkeiten, ihre Elternschaft anders als durch eine Adoption zu erreichen[170]. Das Verständnis der Gerichte hat sich aber in jüngster Zeit gewandelt, wie sich insbesondere an einem Fall in Ontario zeigt. Die erste Instanz hatte im April 2003 noch an dem traditionellen Grundsatz, dass ein Kind keine zwei Mütter haben könne, festgehalten[171]. In der Berufung wurde das Urteil jedoch aufgehoben und der Klage der zweiten Mutter auf Elternschaft stattgegeben[172]. Das Gericht befand den *Children's Law Reform Act*, der nur von „der" Mutter sprach, aufgrund der Fortschritte in der Reproduktionsmedizin und des gewandelten gesellschaftlichen Verständnisses in Bezug auf andere Lebensformen für lückenhaft. Daher könne ein Kind auch zwei Frauen oder aber zwei Männer als Eltern haben[173]. Ein Ausschluss gleichgeschlechtlicher Eltern wäre diskriminierend[174]. Auch der *Ontario Superior Court of Justice* hielt im Juni 2006 sec.9 *Vital Statistics Act* (VSA) für verfassungswidrig, da er lediglich Männern, die mit ihrer Frau die Empfängnis eines Kindes mittels Spendersamen geplant hatten, die Möglichkeit der Registrierung ihrer Elternstellung gab, indes nicht einer Frau in derselben Situation[175]. Für nach wie vor problematisch werden Fälle gehalten, in denen der Samenspender am Leben des Kindes Teil hat. In einer solchen Situation werde er bei lesbischen Paaren von den Gerichten oft als der legale Vater angesehen. Daher käme es zu einem Unterschied in der Behandlung im Vergleich zu verschiedengeschlechtlichen Paaren[176]. Dieser Ansicht kann aber nicht gefolgt werden. In derselben Konstellation mit einem heterosexuellen Paar wäre es ebenfalls schwierig, den Partner als Vater anzusehen. Wenn dieser die biologische Vaterschaft des anderen anerkennt, was in der geschilderten Si-

168 *Fraess v Alberta* 278 D.L.R. (4th) 187, *Alberta Court of Queen's Bench* (25.11.2005), Rn 16.

169 Vgl. Campbell 21 Int'l J.L. & Pol'y & Fam. 242, 248 (2007).

170 *Buist v Greaves* 11 O.F.L.R. 3, *Ontario Court of Justice* (25.06.1997); *A. (A.) v. B. (B.)*, 225 D.L.R. (4th) 371, *Ontario Superior Court of Justice* (11.04.2003).

171 *A. (A.) v. B. (B.)*, 225 D.L.R. (4th) 371, *Ontario Superior Court of Justice* (11.04.2003).

172 *A. (A.) v. B. (B.)*, 278 D.L.R. (4th) 519, *Ontario Court of Appeal* (02.01.2007).

173 *A. (A.) v. B. (B.)*, 278 D.L.R. (4th) 519, *Ontario Court of Appeal* (02.01.2007), Rn 35.

174 *A. (A.) v. B. (B.)*, 278 D.L.R. (4th) 519, *Ontario Court of Appeal* (02.01.2007), Rn 38.

175 *Rutherford v. Ontario*, 270 D.L.R. (4th) 90, *Ontario Superior Court of Justice* (06.06.2006); Sec.9 VSA wurde mittlerweile aufgehoben (*Ontario Regulation 214/07, The Ontario Gazette Vol. 140-23*, 09.06.2007, S. 1974).

176 So Campbell 21 Int'l J.L. & Pol'y & Fam. 242, 256/257 (2007).

tuation der Fall wäre, wäre die Vaterschaftsvermutung widerlegt[177]. Das Problem resultiert somit nicht aus dem Geschlecht der Partner, sondern aus der faktischen Situation. Das solche Schwierigkeiten insbesondere bei lesbischen Paaren auftreten, liegt wohl daran, dass diese, anders als heterosexuelle Paare, oft keine anonyme Samenspende verwenden, sondern auf einen männlichen Freund als Vater des Kindes zurückgreifen, der sich oft in der Zukunft um das Kind kümmert und somit auch als Elternteil in Betracht kommt[178]. Im Hinblick auf die Elternschaft im Rahmen einer künstlichen Befruchtung hat sich in Kanada also eine Angleichung vollzogen.

Im Adoptionsrecht bestehen keine Unterschiede zwischen gleich- und verschiedengeschlechtlichen Ehen. In einigen Provinzen setzen die gemeinsame und die Stiefkindadoption ohnehin nicht das Bestehen einer Ehe voraus[179]. In den anderen Provinzen und Territorien werden nur neutrale Begriffe wie „Ehegatte“ oder „verheirateter Erwachsener“ verwendet[180].

Neben der Ehe besteht in einigen kanadischen Provinzen die Möglichkeit für gleich- und verschiedengeschlechtliche Paare, eine registrierte Partnerschaft einzugehen, so in Nova Scotia[181], Québec[182], Alberta[183] und Manitoba[184]. In der Pro-

---

177 *C. (P.) v. L. (S.)* 273 Sask. R. 127, *Saskatchewan Court of Queen's Bench* (29.11.2005), Attorney General Rn 17.

178 Dies räumt gerade auch Campbell (21 Int'l J.L. & Pol'y & Fam. 242, 250 (2007)) ein.

179 British Columbia: sec.5(1) *Adoption Act [R.S.B.C. 1996], chapter 5*; Québec: Art. 546 CCQ; Newfoundland and Labrador: sec.20 *Adoption Act, S.N.L. 1999, c. A-2.1*; Yukon: sec.96 *Child and Family Services Act, S.Y. 2008, chapter 1*; Alberta: sec.62(1) *Child, Youth and Family Enhancement Act, R.S.A. 2000, chapter C-12* (das Gesetz spricht allerdings nur allgemein vom Recht zur Adoption und erwähnt die Möglichkeit einer gemeinsamen Adoption nicht ausdrücklich).

180 Ontario: sec.146 (2)(c), (4)(b) *Child and Family Services Act R.S.O. 1990, chapter C.11*; Northwest Territories/Nunavut: sec.5 *Adoption Act S.N.W.T. 1998, chapter 9*; New Brunswick: sec.66 *Family Services Act 1983, chapter 16*; Saskatchewan: sec.16(2)(a), 23(1) *Adoption Act, 1998, chapter A-5.2 S.S. 1998*; Prince Edward Islands: sec.15f. *Adoption Act, R.S.P.E.I. 1988, chapter A-4.1*; Nova Scotia (verwendet zwar die Begriffe "Ehemann" und "Ehefrau", jedoch in einer Art und Weise, dass gleichgeschlechtliche Ehepartner nicht ausgeschlossen sind): sec.72 *Children and Family Services Act, chapter 5 of the acts of 1990*; *"Who may adopt" Nova Scotia Department of Community Services*, http://www.gov.ns.ca/coms/families/adoption/WhoMayAdopt.html (abgerufen am 31.07.2010); Manitoba: sec.10, 31(5), 88(a) *Adoption Act (AA) C.C.S.M., chapter A2.*

181 *Vital Statistics Act, chapter 494 R.S.N.S. 1989*; LaViolette 19 Can. J. Fam. L. (2002) 115, 116; Thomas 22 Can. J. Fam. L. (2006) 223, 244.

182 *An Act Instituting Civil Unions and Establishing New Rules of Filiation (Bill 84, 2002, chapter 6), Explanatory notes*; Thomas 22 Can. J. Fam. L. (2006) 223, 244.

183 *Adult Interdependent Relationships Act, chapter A-4.5*; Bala 29 Queen's L.J. (2003) 41, 91.

184 *Common Law Partners' Property and Related Amendments Act (S.M. 2002, c. 48)*; Thomas 22 Can. J. Fam. L. (2006) 223, 245.

vinz Alberta können sogar jedwede Gruppen von zwei Personen, die zusammen leben wollen, eine solche Partnerschaft eingehen, also z.B. auch Geschwister[185]. Die Rechtsfolgen sind unterschiedlich ausgestaltet und reichen von nur geringen Wirkungen in Alberta[186] über eine enumerative Aufzählung der entsprechend anzuwendenden Ehevorschriften in Nova Scotia[187] und im wesentlichen ehegleichen Wirkungen in Manitoba[188] bis zu einer grundsätzlichen Gleichstellung in Québec[189]. In Alberta und Manitoba sind zudem nichteheliche Lebensgemeinschaften nach einem 3-jährigen Zusammenleben einer registrierten Partnerschaft gleichgestellt[190]. Die registrierte Partnerschaft lässt sich in den meisten Provinzen durch eine gemeinsame Erklärung der Partner (ohne das Erfordernis eines vorhergehenden Getrenntlebens)[191] oder z.T. auch durch Eingehung einer Ehe auflösen[192]. Dieser Lebensform kommt somit grundsätzlich nicht dieselbe Bestandskraft wie der Ehe zu[193].

4) Südafrika

Am 01.12.2005 hielt der *Constitutional Court of South Africa* die im *common law* und dem *Marriage Act* fehlende Möglichkeit für gleichgeschlechtliche Paare zu heiraten für unvereinbar mit sec.9(1) (Recht auf gleichen Schutz durch das Gesetz), sec.9(3) (Verbot der Diskriminierung aufgrund sexueller Orientierung) und sec.10 (Schutz der Menschenwürde) der Verfassung von Südafrika[194]. Der Ge-

185 Fisher 49 McGill L.J. (2004) 1183, 1189; Thomas 22 Can. J. Fam. L. (2006) 223, 245.

186 Vgl. *Alberta's Adult Interdependent Relationships Act and you,* http://justice.alberta.ca/programs_services/public_trustee/Documents/ab_adult_interdependent_relationship_act.pdf (abgerufen am 31.07.2010); Conway/Girard 30 Queen's L.J. (2005) 715, 734.

187 Vgl. sec.54 (2) *Vital Statistics Act, chapter 494 R.S.N.S. 1989.*

188 Bala 29 Queen's L.J. (2003) 41, 50; Conway/Girard 30 Queen's L.J. (2005) 715, 733.

189 Art. 521.6ff. *Civil Code of Québec*; *An Act Instituting Civil Unions and Establishing New Rules of Filiation (Bill 84, 2002, chapter 6), Explanatory notes*; LaViolette 19 Can. J. Fam. L. (2002) 115, 122/123.

190 Bala 29 Queen's L.J. (2003) 41, 91; Fisher 49 McGill L.J. (2004) 1183, 1189; Thomas 22 Can. J. Fam. L. (2006) 223, 245.

191 Nova Scotia: sec.55 (1) (a) *Vital Statistics Act, chapter 494 R.S.N.S. 1989*; Québec: Art. 521.12 *Civil Code of Québec*; Alberta: sec.10 (1) (a) *Adult Interdependent Relationships Act, chapter A-4.5.*

192 Nova Scotia: sec.55 (1) (c) *Vital Statistics Act, chapter 494 R.S.N.S. 1989*; Alberta: sec.10 (1) (c) *Adult Interdependent Relationships Act, chapter A-4.5.*

193 Vgl. im Hinblick auf die Auflösung einer Ehe sec.8 *Divorce Act (1985, c.3 (2nd supp.)).*

194 *Constitutional Court of South Africa*, Case CCT 60/04 (*Minister of Home Affairs v. Fourie*) u. Case CCT 10/05 (*Lesbian and Gay Equality Project v. Minister of Home Affairs*), 2006 (3) BCLR 355 (CC), Rn 75, 78, 114.

richtshof erklärte die Ehedefinition des *common law* und sec.30(1) *Marriage Act* insoweit für ungültig. Jedoch suspendierte er diese Folge für 12 Monate, um dem Gesetzgeber die Möglichkeit zu geben, eine verfassungsgemäße Lösung zu erarbeiten. Nach Verstreichen dieser Frist wäre in sec.30(1) *Marriage Act* die neutrale Form „oder Ehegatten" hineingelesen worden mit der Folge der Ermöglichung gleichgeschlechtlicher Eheschließungen[195].

Am 30.11.2006, unmittelbar vor Fristablauf, trat in Südafrika der *Civil Union Act* (CUA) in Kraft[196]. Dieses Gesetz eröffnet sowohl gleich- als auch verschiedengeschlechtlichen Paaren die Möglichkeit, eine *civil union* einzugehen, und zwar entweder in Form einer Ehe oder in Form einer registrierten Partnerschaft (*civil partnership*)[197]. In beiden Fällen verweist sec.13 CUA für die Wirkungen einer solchen Verbindung allgemein auf das Eherecht, jedoch modifiziert in einer Art und Weise, wie es der jeweilige Kontext erforderlich macht. So müssen wohl im Zusammenhang mit einer gleichgeschlechtlichen Ehe die Normen des *Marriage Acts* geschlechtsneutral gelesen werden. Darüber hinaus erfassen die in anderen Gesetzen einschließlich des *common law* verwendeten Begriffe „Ehe", „Ehemann", „Ehefrau" und „Ehepartner" auch die *civil union* bzw. die Partner einer solchen (sec.13(2) CUA).

In Südafrika besteht nach Maßgabe des *common law* eine Vermutung für die Vaterschaft des Ehemanns[198]. Nach sec.13(2) CUA gilt dies auch in gleichgeschlechtlichen Ehen. Die Regelungen im Zusammenhang mit der künstlichen Befruchtung sind geschlechtsneutral formuliert und erfassen aufgrund sec.13(2) CUA auch die Partner einer *civil union*. So wird gemäß sec.40(1)(a) *Children's Act 2005* (CA) ein durch künstliche Befruchtung gezeugtes Kind eines Ehepartners fiktiv als biologisches Kind beider Ehepartner angesehen, wenn beide Partner mit der künstlichen Befruchtung einverstanden waren. Besonders progressiv sind die Regelungen zur Ersatzmutterschaft (sec.292ff. CA). Gemäß sec.297(1)(a) CA werden diejenigen Personen, die der Ersatzmutter wirksam den Auftrag zur Austragung des Kindes erteilt haben, im Zeitpunkt der Geburt die rechtlichen Eltern des Kindes. Aufgrund der geschlechtsneutralen Formulierung erfasst diese Regelung auch gleichgeschlechtliche Paare. Somit ermöglicht Südafrika auch zwei homosexuellen Männern, durch die Inanspruchnahme einer Ersatzmutter unmittelbar eine

---

195 *Constitutional Court of South Africa*, Case CCT 60/04 (*Minister of Home Affairs v. Fourie*) u. Case CCT 10/05 (*Lesbian and Gay Equality Project v. Minister of Home Affairs*), 2006 (3) BCLR 355 (CC), Rn 161f.

196 *Government Gazette* 30.11.2006 No. 29441, Act No. 17.2006, *Civil Union Act*, 2006.

197 Sec. 1 I, sec. 11 I *Civil Union Act*; vgl. auch *Memorandum on the objects of the Civil Union Bill*, 2006, 3.

198 Boberg's Law of Persons and the Family S. 353/354; Spiro Law of Parent and Child §7(2)(a).

Elternstellung für ein Kind zu erhalten, ohne den Weg der Adoption beschreiten zu müssen[199].

Eine gemeinsame Adoption ist durch ein gleichgeschlechtliches Ehepaar ebenfalls möglich, wobei es dahingestellt bleiben kann, ob die Bestimmung sec.231(1)(a)(i) CA „Ehemann und Ehefrau“ aufgrund sec.13(2) CUA bereits als „Partner einer *civil union*“ gelesen werden kann oder aber über sec.231(1)(a)(ii) CA gleichgeschlechtliche Eheleute als „Partner einer permanenten Lebenspartnerschaft“ erfasst werden[200]. Bereits 2002 befand der *Constitutional Court of South Africa* eine Adoption lediglich für (verschiedengeschlechtliche) Eheleute, nicht aber für dauerhafte gleichgeschlechtliche Lebenspartnerschaften, für verfassungswidrig und führte diese Möglichkeit ein[201].

Der *Civil Union Act* ermöglicht es gleichgeschlechtlichen Paaren eine Ehe einzugehen, die in ihren Wirkungen mit denen einer verschiedengeschlechtlichen Ehe übereinstimmt[202].

5) Mexiko-Stadt – Distrito Federal

Am 21.12.2009 beschloss der Gesetzgeber des Distrito Federal die Öffnung der Ehe für gleichgeschlechtliche Paare[203]. Dies erfolgte durch geschlechtsneutrale Fassung der Ehedefinition[204]. Seit dem 04.03.2010 können in Mexiko-Stadt gleichgeschlechtliche Ehen geschlossen werden, die in ihren Rechtswirkungen der verschiedengeschlechtlichen Ehe gleichgestellt sind[205]. Es muss aber die weitere Entwicklung abgewartet werden, da im August 2010 der *Suprema Corte de Justi-*

---

199 Schwenzer in Convergence and divergence of family law in Europe S. 150.

200 Ohnehin können gemäß sec.231(1)(a)(iii) CA alle Personen, die dauerhaft zusammen leben, gemeinsam adoptieren.

201 *Constitutional Court of South Africa*, Case CCT 40/01 (*du Toit*), 2002 (10) BCLR 1006 (CC), Rn 44.

202 So auch Wardle 22 BYU J. Pub. L. 441, Fn 4 (2008).

203 *The New York Times, December 22, 2009 Tuesday, Late Edition, Mexiko: Mexiko City Lawmakers Approve Same-Sex Marriage*, S. 10; *El Norte (Mexico), December 22, 2009 Tuesday, Avala DF uniones gay y les permite adoptar*, S. 1.

204 Vgl. Art. 146 Código Civil para el Distrito Federal.

205 *El Norte (Mexico), March 04, 2010 Thursday, Boda para todos*, S. 6; *The Washington Post, March 03, 2010 Wednesday, Suburban Edition, With gay marriage law, Mexico City enters fray*, S. A08.

cia de la Nación über die Anfechtungsklage der mexikanischen Bundesregierung gegen die neuen Regelungen entscheidet[206]

6) Argentinien

Nach langen Verhandlungen beschloss der argentinische Senat am 15.07.2010 mit 33 zu 27 Stimmen die Öffnung der Ehe für gleichgeschlechtliche Paare, nachdem das Abgeordnetenhaus dem entsprechenden Gesetzentwurf bereits im Mai 2010 zugestimmt hatte. Durch die Reform wird der Ehebegriff geschlechtsneutral gefasst, so dass gleichgeschlechtliche Ehepaare dieselben Rechte und Pflichten wie verschiedengeschlechtliche haben und auch Kinder adoptieren können[207]. Das Gesetz trat am 22.07.2010 in Kraft[208]. Die ersten gleichgeschlechtlichen Ehen wurden am 30.07.2010 geschlossen[209].

III) Ergebnis

Es besteht somit eine stetig wachsende Zahl von Rechtsordnungen, die gleichgeschlechtlichen Paaren die Möglichkeit der Eheschließung eröffnen, wodurch die Partner grundsätzlich dieselben Rechte und Pflichten erwerben wie Partner einer verschiedengeschlechtlichen Ehe.

---

206 *NotieSe, 24.06.2010, Proyecto de Suprema Corte de Justicia avala legalidad de matrimonio gays, http://www.notiese.org/notiese.php?ctn_id=*4027 (abgerufen am 30.07.2010); *Anodis.com, 01.07.2010, Aplaza Suprema Corte discusión sobre matrimonio gay,* http://anodis.com/nota/16601.asp (abgerufen am 30.07.2010).

207 *Agence France Presse – German, Donnerstag, 15.07.2010, Argentinien führt als erstes lateinamerikanisches Land Homo-Ehe ein; Senat stimmt nach studenlangen Debatten Gesetzentwurf zu; The New York Times, July 16, 2010 Friday, Late Edition, Argentinia Approves Gay Marriage, in a First for Region,* S. 3; *Zeit-online, 15.07.2010, Homosexuelle können in Argentinien heiraten,* http://www.zeit.de/gesellschaft/zeitgeschehen/2010-07/argentinien-homo-ehe (abgerufen am 30.07.2010); vgl. auch Art. 42 *Ley 26.618 (Boletín Oficial de la República Argentina, Año CXVII, núm. 31.949,* 22.07.2010, S. 4).

208 *Ley 26.618 (Boletín Oficial de la República Argentina, Año CXVII, núm. 31.949,* 22.07.2010, S. 1); *La Nácion (Argentina), July 21, 2010 Wednesday, Promulgan el matrimonio gay.*

209 *La Nácion (Argentina), July 30, 2010 Friday, Con la nueva ley, se casarán hoy las primeras dos parejas gay.*

C) Qualifikation der gleichgeschlechtlichen Ehe im deutschen IPR

In Zukunft dürfte es somit vermehrt zu Situationen kommen, in denen Menschen in einem Staat eine gleichgeschlechtliche Ehe geschlossen haben und anschließend nach Deutschland verziehen. Insbesondere in der Europäischen Union wird eine solche Migration durch die bestehenden Personenverkehrsfreiheiten (Art. 39, 43 EGV) und die allgemeine Freizügigkeit (Art. 18 EGV) begünstigt. Infolgedessen wird auch die Zahl der Rechtsstreitigkeiten mit Beteiligung gleichgeschlechtlicher Ehegatten in Deutschland steigen. Insbesondere in familien- und erbrechtlichen Verfahren kann sich dann für den deutschen Richter das Problem der Qualifikation der gleichgeschlechtlichen Ehe im deutschen Kollisionsrecht stellen.

Qualifikation im IPR meint die Subsumtion eines Sachverhalts unter den Tatbestand einer Kollisionsnorm, somit also die Ermittlung des sachlichen Anwendungsbereichs der Norm[210]. Das deutsche IPR enthält einerseits kollisionsrechtliche Regelungen für Ehen bzw. Ehegatten (primär in Art. 13 - 17a EGBGB, aber auch in Art. 10 II, 19 I 3 und 22 I 2 EGBGB), andererseits aber auch solche für eingetragene Lebenspartnerschaften (Art. 17b EGBGB). Es stellt sich daher die Frage, unter welche Kollisionsnormen sich die gleichgeschlechtliche Ehe subsumieren lässt. Je nach Einordnung können die zur Entscheidung berufenen Rechtsordnungen divergieren.

> Bsp.: M1 (Deutscher) und M2 (Spanier) gehen im August 2005 in Spanien eine gleichgeschlechtliche Ehe ein. Seit Anfang 2006 lebt das Paar in Deutschland. Ende 2006 begehrt M1 die Scheidung vor einem deutschen Gericht. Der deutsche Richter steht nun vor der Frage, ob er zur „Beendung" dieser Verbindung auf Art. 17 EGBGB oder Art. 17b EGBGB zurückgreifen muss.
>
> Qualifiziert er die gleichgeschlechtliche Ehe als Ehe im Sinne des deutschen Kollisionsrechts, so wendet er Art. 17 EGBGB und damit deutsches Recht an (Art. 17 I 1 i.V.m. Art. 14 I Nr. 2 EGBGB).
>
> Ordnet der Richter die gleichgeschlechtliche Ehe hingegen als eingetragene Lebenspartnerschaft iSd Art. 17b EGBGB ein, so findet spanisches Recht Anwendung (Art. 17b I 1 EGBGB).

Oftmals stellt sich bei der Geltendmachung familien- und erbrechtlicher Ansprüche oder der Ausübung von Gestaltungsrechten die Frage nach dem wirksamen Bestehen einer Ehe bzw. einer eingetragenen Lebenspartnerschaft. Diese

210 V. Hoffmann/Thorn § 6 Rn 2; Kropholler § 15 I 1.

Vorfrage kann einerseits bereits durch eine Norm des deutschen Kollisionsrechts aufgeworfen werden[211] (so in Art. 10 II, 14, 15, 17, 19 I 3, 22 I 2 EGBGB[212] bzw. Art. 17b EGBGB[213]), andererseits aber auch erst durch eine Sachnorm der berufenen materiellen Rechtsordnung (so z.B. im Anschluss an Art. 18 und 25 EGBGB[214] bzw. Art. 17b I 2 EGBGB i.V.m. Art. 18 / 25 EGBGB[215]).

Vorfragen sind nach der ganz h.M. grundsätzlich selbstständig anzuknüpfen[216]. Von diesem Grundsatz werden zwar in bestimmten Bereichen, wie dem Verlust oder dem Erwerb der Staatsangehörigkeit, der Namensbildung oder bei staatsvertraglichen Kollisionsnormen z.T. Ausnahmen gemacht[217], aber auch eine unselbstständige Anknüpfung kann im Endeffekt, nämlich wenn die Hauptfrage deutschem Recht untersteht, das deutsche Kollisionsrecht zur Anwendung berufen. Folglich ist die Vorfrage nach dem wirksamen Bestehen einer Ehe bzw. eingetragenen Lebenspartnerschaft von deutschen Gerichten i.d.R. anhand des deutschen IPR zu beantworten. Die unterschiedlichen Anknüpfungsmomente in Art. 13 I EGBGB (Staatsangehörigkeit) einerseits und in Art. 17b I 1 EGBGB (Registrierungsort) andererseits führen je nach Einordnung der gleichgeschlechtlichen Ehe aber häufig zu entgegengesetzten Ergebnissen. Dies wirkt sich gleichzeitig unmittelbar auf die Existenz des begehrten Anspruchs oder des geltend gemachten Gestaltungsrechts aus und lässt insofern die Tragweite der Qualifikation der gleichgeschlechtlichen Ehe im deutschen IPR erkennen. Die positive Beantwortung der Vorfrage nach dem wirksamen Bestehen der im Ausland geschlossenen gleichgeschlechtlichen Ehe wird im nachfolgenden auch mit dem Begriff der Anerkennung bezeichnet. Dabei ist „Anerkennung“ untechnisch und nicht im Sinne einer verfahrensrecht-

---

211 Taucht eine Vorfrage bereits im Kollisionsrecht des Forums auf, wird sie häufig auch als Erstfrage bezeichnet: Palandt/Thorn Einl v Art. 3 EGBGB Rn 31; v. Bar/Mankowski I § 7 Rn 186; v. Hoffmann/Thorn § 6 Rn 47ff.; Kropholler § 18 II; Rauscher IPR Rn 485; Jochem FamRZ 1964, 392, 393; Neuhaus FamRZ 1965, 541, 543; Winkler v. Mohrenfels RabelsZ 51 (1987), 20, 20/21.

212 Siehe nur AnwKomm/Mankowski Art. 10 EGBGB Rn 16; Staudinger/Mankowski Art. 14 EGBGB Rn 13; Art. 15 EGBGB Rn 14; Art. 17 EGBGB Rn 73; Staudinger/Henrich Art. 19 EGBGB Rn 19; Art. 22 EGBGB Rn 24.

213 AnwKomm/Gebauer Art. 17b EGBGB Rn 49; MüKo/Coester Art. 17b EGBGB Rn 29, 34.

214 Siehe nur Staudinger/Mankowski Art. 18 EGBGB Rn 22; Staudinger[15]/Dörner Art. 25 EGBGB Rn 586f.

215 AnwKomm/Gebauer Art. 17b EGBGB Rn 51 i.V.m. 42, Rn 56; MüKo/Coester Art. 17b EGBGB Rn 49, 59.

216 Erman/Hohloch Einl Art. 3 EGBGB Rn 42; Palandt[67]/Heldrich Einl v Art. 3 EGBGB Rn 29, 31; Staudinger/Sturm/Sturm Einl zum IPR Rn 240; v. Bar/Mankowski I § 7 Rn 192ff.; Kegel/Schurig § 9 II 1; Kropholler § 32 IV 2; Rauscher IPR Rn 495ff.; a.A. v. Hoffmann/Thorn § 6 Rn 71-72.

217 Vgl. Erman/Hohloch Einl Art. 3 EGBGB Rn 43f.; Staudinger/Sturm/Sturm Einl zum IPR Rn 245ff.

lichen Anerkennung zu verstehen. Nichtanerkennung meint dementsprechend die Verneinung der entsprechenden Vorfrage[218].

Bsp.: Nachdem der Richter sich für die Einordnung als Ehe und damit für die Anwendung des Art. 17 EGBGB entschieden hat, muss er die Vorfrage klären, ob überhaupt eine wirksame Ehe besteht, die auch geschieden werden kann. Aufgrund der selbstständigen Anknüpfung der Vorfrage ist nach Art. 13 EGBGB zu prüfen, ob die gleichgeschlechtliche Ehe auch wirksam zustande gekommen ist. Dies wäre im obigen Beispielsfall aber zu verneinen, da das berufene deutsche Heimatrecht von M1 (Art. 13 I EGBGB) eine gleichgeschlechtliche Ehe nicht zulässt. Somit scheitert die von M1 begehrte Scheidung bereits aus diesem Grund.

Hätte der Richter sich indes für eine Einordnung unter Art. 17b EGBGB entschieden, wäre die Frage nach dem wirksamen Bestehen der gleichgeschlechtlichen Ehe nach Art. 17b I 1 EGBGB zu beantworten. Da die Ehe in Spanien geschlossen wurde, wäre spanisches Sachrecht als Recht des Registrierungsortes maßgebend. Nach diesem kann eine Ehe auch von Personen des gleichen Geschlechts geschlossen werden. Somit wäre die aufgeworfene Vorfrage positiv zu beantworten, die im Ausland geschlossene gleichgeschlechtliche Ehe also anzuerkennen, und die Scheidung würde sich nach spanischem Recht richten (Art. 17b I 1 EGBGB).

Zum Teil wird eine im Ausland geschlossene gleichgeschlechtliche Ehe als Ehe iSd deutschen Kollisionsrecht angesehen[219] bzw. zumindest für eine analoge Anwendung der Art. 13ff. EGBGB plädiert[220]. Hierfür spreche, dass die ausländischen Rechtsordnungen dieses Institut bewusst als Ehe und nicht lediglich als registrierte Partnerschaft einordnen. Dies müsse auch im deutschen Kollisionsrecht respektiert werden[221]. Andere hingegen halten auch für den kollisionsrechtlichen

---

218 Ebenso Hk-LPartR/Kiel Art. 17b EGBGB Rn 75; Brandt S. 85ff.; Forkert S. 79ff.; Röthel IPRax 2002, 496, 497ff.; Wasmuth in Liber Amicorum Gerhard Kegel 2002, 237, 243.

219 AnwKomm/Gebauer Art. 17b EGBGB Rn 18; Hk-LPartR/Kiel Art. 17b EGBGB Rn 75; MüKo^4/Coester Art. 13 EGBGB Rn 5, Art. 17b EGBGB Rn 148; Brandt S. 85; Forkert S. 80; Jakob S. 177 u. 285; Gebauer/Staudinger IPrax 2002, 275, 277; Röthel IPRax 2000, 74, 76; dieselbe IPRax 2002, 496, 498; Thorn in Legal Recognition of Same-sex Couples in Europe S. 161; Winkler v. Mohrenfels in Liber Amicorum Tuğrul Ansay 2006, 527, 537 u. 539.

220 Palandt/Thorn Art. 13 EGBGB Rn 3, Art. 17b EGBGB Rn 1; v. Hoffmann/Thorn § 8 Rn 73b; Thorn in Festschrift Jayme Bd. I 2004, 955, 958 („Einer direkten Anwendung der Norm steht nach zutreffender Auffassung der Ehebegriff des Grundgesetzes entgegen") (für eine direkte Anwendung war Thorn jedoch 2003, vgl. vorige Fn).

221 AnwKomm/Gebauer Art. 17b EGBGB Rn 18; MüKo^4/Coester Art. 17b EGBGB Rn 145f.; Brandt S. 82 u. 84; Thorn in Legal Recognition of Same-sex Couples in Europe S. 161; derselbe in Festschrift Jayme Bd. I 2004, 955, 957; Winkler v. Mohrenfels in Liber Amicorum Tuğrul Ansay 2006, 527, 537 u. 539.

Ehebegriff am Erfordernis der Verschiedengeschlechtlichkeit der Partner fest. Daher sei die gleichgeschlechtliche Ehe, wie alle rechtlichen Beziehungen gleichgeschlechtlicher Paare im deutschen Recht, als eingetragene Lebenspartnerschaft zu qualifizieren und es komme Art. 17b EGBGB[222] (analog)[223] zur Anwendung.

Ausgangspunkt für die Durchführung der Qualifikation ist nach h.M. die lex fori. Dieser entstammen die Kollisionsnormen, unter die subsumiert werden soll; und es ist jeder Rechtsordnung selbst zu überlassen, über die Auslegung ihrer Normen zu entscheiden[224]. Da das Kollisionsrecht aber einen eigenen Rechtsbereich darstellt, muss die Begriffsbestimmung nicht zwingend mit der des Sachrechts übereinstimmen. Andernfalls ließen sich ausländische Rechtsinstitute, die keinesfalls deutschen entsprechen müssen, nicht einordnen[225]. Die im Kollisionsrecht verwendeten Begriffe sind daher grundsätzlich weit auszulegen[226] und insbesondere bei in Deutschland unbekannten Rechtsinstituten bedarf es einer funktionellen Qualifikation[227].

> „Die dem deutschen Richter dabei obliegende Aufgabe ist es, die Vorschrift des ausländischen Rechts, insbesondere wenn sie eine dem deutschen Recht unbekannte Rechtsfigur enthält, nach ihrem Sinn und Zweck zu erfassen, ihre Bedeutung vom Standpunkt des ausländischen Rechts zu würdigen und sie mit den Einrichtungen der deutschen Rechtsordnung zu vergleichen. Auf der so gewonnenen Grundlage ist sie den aus den Begriffen und Abgrenzungen der deutschen Rechtsordnung aufgebauten Merkmalen der deutschen Kollisionsnormen [...] zuzuordnen."[228]

Es muss somit neben der Funktion und der Bedeutung des ausländischen Rechtsinstituts auch der Zweck und der Umfang der deutschen Kollisionsnorm unter-

---

222 AnwKomm/Andrae Art. 13 EGBGB Rn 1; Bamberger/Roth/Mörsdorf-Schulte Art. 13 EGBGB Rn 17, 20; Looschelders Art. 17b EGBGB Rn 3; MüKo/Coester Art. 13 EGBGB Rn 5, 17b EGBGB Rn 146f.; Staudinger/Mankowski Art. 17b EGBGB Rn 22ff.; Hausmann/Hohloch/Martiny Kap. 12 Rn 62; Dörner in Festschrift Jayme Bd. I 2004, 143, 150/151; Henrich in Familienrecht im Brennpunkt 2004, 259, 260/261; derselbe FamRZ 2002, 137, 138; Jayme/Kohler IPRax 2001, 501, 513; Martiny „German Report" S. 8; von Sachsen Gessaphe in Aspects de droit international privé des partenariats enregistrés en Europe 2004, 9, 20; Sieberichs IPRax 2008, 277f.; Wasmuth in Liber Amicorum Gerhard Kegel 2002, 237, 241ff.

223 MüKo⁴/Siehr Art. 14 EGBGB Rn 143, Art. 15 EGBGB Rn 201; die Frage, ob Art. 17b EGBGB direkt oder analog anzuwenden ist, offenlassend: Bamberger/Roth/Heiderhoff Art. 17b EGBGB Rn 11f.; Rauscher IPR Rn 840f.

224 Staudinger/Sturm/Sturm Einl zum IPR Rn 211; v. Hoffmann/Thorn § 6 Rn 12f.; Kropholler § 16 I; Rauscher IPR Rn 459f. u. 464.

225 MüKo/Sonnenberger Einleitung IPR Rn 496; Kropholler § 16 II 2.

226 BGHZ 47, 324, 336; Koch/Magnus/Winkler v. Mohrenfels § 1 D II 3 a cc Rn 28.

227 V. Hoffmann/Thorn § 6 Rn 27; Kropholler § 17 I.

228 BGHZ 29, 137, 139; so auch schon RGZ, 163, 367, 375f.; s. auch BGHZ 47, 324, 332.

sucht werden[229]. Hierbei ist auch das Anknüpfungsmoment der Kollisionsnorm, z.B. Registerort oder Staatsangehörigkeit, zu berücksichtigen[230].

I) Funktionelle Vergleichbarkeit der gleichgeschlechtlichen Ehe in der jeweiligen ausländischen Rechtsordnung[231] mit den Einrichtungen des deutschen Rechts[232]

1) Intention der Gesetzgeber und der Gerichte

Die Einführung der gleichgeschlechtlichen Ehe sollte die Diskriminierung gleichgeschlechtlicher Paare beseitigen[233]. Einen vergleichbaren Zweck verfolgte der deutsche Gesetzgeber mit Einführung des Instituts der eingetragenen Lebenspartnerschaft[234]. Anders als in Deutschland war es jedoch das erklärte Ziel in den ausländischen Staaten, die Ehe auch für Paare des gleichen Geschlechts zu öffnen und nicht lediglich ein Institut zu schaffen, das neben oder im Rang unterhalb der Ehe steht[235]. Der spanische Gesetzgeber sah sich hierzu bereits aus verfassungsrecht-

---

229 MüKo/Sonnenberger Einleitung IPR Rn 501; Staudinger/Sturm/Sturm Einl zum IPR Rn 210; v. Hoffmann/Thorn § 6 Rn 30; Kropholler § 17 I.

230 V. Bar/Mankowski I § 7 Rn 176; Kropholler § 17 I.

231 Zum Inhalt der materiellen ausländischen Rechtsordnungen s. oben B, II. Im Rahmen der nachfolgenden Ausführungen bleiben das Recht Kaliforniens, Connecticuts, Iowas, Vermonts, New Hampshires, des Districts of Columbia, des Distrito Federal, Argentiniens, Norwegens, Schwedens, Portugals und Islands außer Betracht, da in diesen Staaten die Entscheidung zur Öffnung der Ehe für gleichgeschlechtliche Paare erst kürzlich gefallen ist, bzw. in Kalifornien nicht mehr besteht.

232 Zu den Regelungen der materiellen deutschen Rechtsordnung s. oben B, I.

233 Vgl. z.B. Massachusetts: *Goodridge v. Department of Public Health*, 440 Mass. 309, 798 N.E.2d 941; Kanada: *Halpern v Toronto (City)*, 65 O.R.3d 161, *Ontario Court of Appeal* (10.06.2003); *Civil Marriage Act*, Preamble; Spanien: *Ley 13/2005* v. 01.07.2005 (*BOE núm. 157*, 02.07.2005, 23632, 23632/23633); Südafrika: *Constitutional Court of South Africa*, Case CCT 60/04 (*Minister of Home Affairs v. Fourie*) u. Case CCT 10/05 (*Lesbian and Gay Equality Project v. Minister of Home Affairs*), 2006 (3) BCLR 355 (CC); *Memorandum on the objects of the Civil Union Bill*, 2006, 1.

234 BTDrucks 14/3751 S. 1.

235 Niederlande: MüKo[4]/Coester Art. 17b EGBGB Rn 145f.; Thorn in Legal Recognition of Same-sex Couples in Europe S. 161; Belgien: *Sénat de Belgique 2-1173/1, Session de 2001-2002*, 28.05.2002, S. 2ff.; Massachusetts: *Goodridge v. Department of Public Health*, 440 Mass. 309, 798 N.E.2d 941; Kanada: *Halpern v Toronto (City)*, 65 O.R.3d 161, *Ontario Court of Appeal* (10.06.2003); *Civil Marriage Act*, Preamble; Spanien: *Ley 13/2005* v. 01.07.2005 (*BOE*

lichen Gründen gezwungen[236]. In Belgien wurde noch vor Verabschiedung des Gesetzes über die *cohabitation légale* ein Gesetzesvorschlag eingebracht, der eine registrierte Partnerschaft einführen sollte, die grundsätzlich der Ehe nachgebildet ist[237]. Eine derartige Regelung hielt man aber lediglich für eine Ehe zweiter Klasse. Die Erfahrungen in den Niederlanden hatten gerade gezeigt, dass eine bloße Anpassung der Rechtsfolgen noch keine wirkliche Gleichstellung bedeutet. Daher entschied man sich gegen die Schaffung eines derartigen Institutes und für die Öffnung der Ehe für gleichgeschlechtliche Paare[238]. Der *Supreme Judicial Court of Massachusetts* räumte dem Gesetzgeber gerade nicht die Möglichkeit ein, eine registrierte Partnerschaft einzuführen[239]. In Kanada kam bereits aus kompetenzrechtlichen Gründen für den Bundesgesetzgeber nur die Möglichkeit in Betracht, die Ehe auch für Paare gleichen Geschlechts zu öffnen und nicht bloß eine registrierte Partnerschaft zu schaffen. Der Bundesgesetzgeber, der den *Civil Marriage Act* erlassen hat, ist nämlich lediglich für die Einführung einer gleichgeschlechtlichen Ehe zuständig. Das Institut der registrierten Partnerschaft fällt hingegen ausschließlich in die Zuständigkeit der Provinzen[240]. In Südafrika wollte der Gesetzgeber den Vorgaben des Verfassungsgerichts gerecht werden[241]. Eine bloße Gleichstellung in den Wirkungen hätte aber nicht gereicht, um einen Verfassungsverstoß zu verhindern. Erforderlich war darüber hinaus die Schaffung eines gleichen Status[242]. Ein „*separate but equal*"-Konzept hielt der *Constitutional Court* für nicht ausreichend, die Missstände zu beseitigen[243].

Die ausländischen Gesetzgeber und Gerichte verfolgten also mit der Öffnung der Ehe für gleichgeschlechtliche Paare einen weitergehenden Zweck als der deut-

---

núm. 157, 02.07.2005, 23632, 23633); Südafrika: *Constitutional Court of South Africa*, Case CCT 60/04 (*Minister of Home Affairs v. Fourie*) u. Case CCT 10/05 (*Lesbian and Gay Equality Project v. Minister of Home Affairs*), 2006 (3) BCLR 355 (CC); *Memorandum on the objects of the Civil Union Bill, 2006, 1*; Deutschland: BTDrucks 14/3751 S. 1.

236 *Ley 13/2005* v. 01.07.2005 (*BOE núm. 157*, 02.07.2005, 23632, 23632/23633).

237 *Proposition de loi organisant le partenariat enregistré, Chambre des Représentants de Belgique, 1417/1 - 97/98*, 10.02.1998.

238 Fiorini ICLQ Vol. 52 (2003), 1039, 1041 u. Fn 22.

239 *Goodridge v. Department of Public Health*, 440 Mass. 309, 798 N.E.2d 941, 968f.; Hay „US Report" S. 11.

240 *Same-Sex Marriage, Re* 2004 SCC 79, [2004] 3 S.C.R. 698 (Can.), Rn 31ff.; vgl. auch Thomas 22 Can. J. Fam. L. (2006) 223, 252.

241 *Memorandum on the objects of the Civil Union Bill*, 2006, 1.

242 *Constitutional Court of South Africa*, Case CCT 60/04 (*Minister of Home Affairs v. Fourie*) u. Case CCT 10/05 (*Lesbian and Gay Equality Project v. Minister of Home Affairs*), 2006 (3) BCLR 355 (CC), Rn 81.

243 *Constitutional Court of South Africa*, Case CCT 60/04 (*Minister of Home Affairs v. Fourie*) u. Case CCT 10/05 (*Lesbian and Gay Equality Project v. Minister of Home Affairs*), 2006 (3) BCLR 355 (CC), Rn 150.

sche Gesetzgeber mit der Einführung der eingetragenen Lebenspartnerschaft. Sie wollten eine Gleichstellung zwischen verschieden- und gleichgeschlechtlichen Paaren auch dem Status nach erreichen. Dies spricht gegen eine Vergleichbarkeit mit der deutschen eingetragenen Lebenspartnerschaft, die gezielt als *aliud* zur Ehe eingeführt wurde[244].

2) Formale Konzeption der gleichgeschlechtlichen Ehe

Einige Autoren sehen in der in einigen ausländischen Staaten möglichen Eheschließung zwischen Partnern des gleichen Geschlechts lediglich die in diesen Staaten vorgesehene Form zur Eingehung einer registrierten Partnerschaft[245]. Dies würde für eine Vergleichbarkeit mit der deutschen eingetragenen Lebenspartnerschaft sprechen.

In den Niederlanden, Belgien, Massachusetts, Kanada und Spanien wurden aber, anders als in Deutschland bei Einführung der eingetragenen Lebenspartnerschaft, keine Sondergesetze geschaffen, in denen die gleichgeschlechtliche Ehe geregelt ist. Stattdessen wurden einfach die bestehenden Ehedefinitionen derart verändert oder ergänzt, dass diese nun auch gleichgeschlechtliche Paare erfassen[246]. So wurde auch kein neuer Begriff für diese Lebensform und die Personen, die sie eingehen, gebildet[247]. Es wird konzeptionell keine Unterscheidung zwischen einer gleich- und einer verschiedengeschlechtlichen Ehe getroffen. Daher erscheint es zweifelhaft, überhaupt von einer „gleichgeschlechtlichen" Ehe zu sprechen[248]. Die Ehe wird als einheitliches Institut zur Verfügung gestellt[249]. Besonders deutlich wird dies am Beispiel der Niederlande. Dort können gleich- und verschiedengeschlechtliche Paare sowohl eine Ehe schließen als auch eine registrierte Partnerschaft eingehen. Aufgrund dieses Nebeneinanders der beiden Institute kann es sich bei der gleichgeschlechtlichen Eheschließung nicht lediglich um eine spezielle Form der Eingehung einer registrierten Partnerschaft handeln[250].

---

244 BTDrucks 14/3751 S. 1.

245 Dörner in Festschrift Jayme Bd. I 2004, 143, 151; Henrich in Familienrecht im Brennpunkt 2004, 259, 260; derselbe FamRZ 2002, 137, 138; von Sachsen Gessaphe in Aspects de droit international privé des partenariats enregistrés en Europe 2004, 9, 20.

246 Vgl. Niederlande (Art. 80a I BW1); Belgien (Art. 143 I CCB); Massachusetts (neue Definition durch den *Supreme Judicial Court of Massachusetts*); Kanada (sec.2 *Civil Marriage Act*); Spanien (Art. 44 II CCE).

247 Wie z.B. in Deutschland „Lebenspartnerschaft", bzw. „Lebenspartner".

248 So bereits in Bezug auf die Niederlande Forkert S. 78.

249 MüKo/Coester Art. 17b EGBGB Rn 145.

250 AnwKomm/Gebauer Art. 17b EGBGB Rn 18 Fn 52; MüKo[4]/Coester Art. 17b EGBGB Rn 145; Brandt S. 84; Coester in Festschrift Sonnenberger 2004, 321, 333 Fn 70.

Vielmehr steht die gleichgeschlechtliche Ehe auf derselben Stufe wie die verschiedengeschlechtliche, wohingegen die registrierte Partnerschaft (ob gleich- oder verschiedengeschlechtlich) ein *aliud* zur Ehe darstellt[251]. Die formale Konzeption der gleichgeschlechtlichen Ehe in diesen ausländischen Rechtsordnungen weist ihr daher dieselbe Stellung wie der verschiedengeschlechtlichen Ehe zu. Diese Ausgestaltung passt somit nicht zur eingetragenen Lebenspartnerschaft in der deutschen Rechtsordnung. Diese wurde gerade als *aliud* zur Ehe in einem Sondergesetz geschaffen und somit klar von der Ehe geschieden[252].

Etwas anderes könnte jedoch für Südafrika gelten. Dort wurde die Ehedefinition im *Marriage Act* nicht geändert. Dieser gibt daher nach wie vor nur verschiedengeschlechtlichen Paaren die Möglichkeit zu heiraten[253]. Der Gesetzgeber führte eine weitere Ehe und eine registrierte Partnerschaft unter dem Oberbegriff *civil union* ein, die jeweils nicht nur verschieden-, sondern auch gleichgeschlechtlichen Paaren offen stehen. Diese Ausgestaltung könnte Zweifel wecken, ob die „auch gleichgeschlechtliche" Ehe in Südafrika tatsächlich auf derselben Stufe wie die rein verschiedengeschlechtliche steht[254]. Das Nebeneinander von registrierter Partnerschaft und „auch gleichgeschlechtlicher" Ehe zeigt aber, dass der Gesetzgeber diese neue Möglichkeit der Ehe von der registrierten Partnerschaft gerade abgrenzt und ihr nicht bloß die Stellung einer registrierten Partnerschaft einräumt. Der Begriff *civil union* ist nicht als neues Institut zu verstehen, sondern nur als eine gesetzgeberische Technik, um die Institute der „auch gleichgeschlechtlichen" Ehe und der registrierten Partnerschaft einführen zu können, ohne den bestehenden *Marriage Act* ändern zu müssen[255]. In Südafrika existieren ohnehin eine Mehrzahl von Eheformen und diese betreffenden Gesetzen[256]. In diesem Zusammenhang bezeichnete die südafrikanische Innenministerin den *Civil Union Act* nur als eine vorübergehende Regelung, um den Vorgaben des Verfassungsgerichts Rechnung zu tragen. In Zukunft werde aber die Schaffung eines einzelnen Gesetzes angestrebt, das alle Eheformen Südafrikas erfassen solle[257]. Aus der derzeitigen Konzeption in Südafrika kann somit nicht geschlossen werden, dass der „auch gleichgeschlechtlichen" Ehe dort eine geringere Bedeutung als der verschiedengeschlechtlichen beigemessen wird.

---

251 Süß/Ring/Vlaardingerbroek/v. Beekhoff Niederlande Rn 89; Post StAZ 2002, 335, 335; Röthel IPRax 2002, 496, 498.

252 BTDrucks 14/3751 S. 1; das Bundesverfassungsgericht bestätigt gerade den *aliud*-Charakter der eingetragenen Lebenspartnerschaft, BVerfG NJW 2002, 2543, 2549.

253 Vgl. sec.13(2) *Civil Union Act*.

254 Vgl. Robinson ISFL 2007, 271, 288.

255 Vgl. auch Smith/Robinson 22 BYU J. Pub. L. 419, 426 (2008).

256 Vgl. neben dem *Marriage Act 1961* auch den *Recognition of Customary Marriages Act 1998*.

257 *SABC News*, 28.11.2006, http://www.sabcnews.com/south_africa/social/0,2172,139205,00.html (abgerufen am 27.08.2008).

3) Voraussetzungen und Wirkungen der gleichgeschlechtlichen Ehe

In allen oben dargestellten Rechtsordnungen gelten für gleichgeschlechtliche Ehen grundsätzlich dieselben Voraussetzungen und Wirkungen wie für verschiedengeschlechtliche. Dies ergibt sich z.T. ausdrücklich aus dem Gesetz[258], z.T. auch einfach aus der neuen Definition des Ehebegriffes, der gleichberechtigt gleich- und verschiedengeschlechtliche Paare umfasst[259]. Unterschiede gibt es nur im Abstammungsrecht.

a) Vaterschaftsvermutung

In einem Großteil der Staaten gilt die Vaterschaftsvermutung nicht in einer gleichgeschlechtlichen Ehe[260]. Hierin könnte eine fortdauernde Diskriminierung aufgrund des Geschlechts oder der sexuellen Orientierung gesehen werden[261]. Der Ehepartner, der das Kind mit großzieht, ohne Elternteil zu sein, stünde nach einer Trennung ohne Rechte in Bezug auf das Kind da und könnte möglicherweise noch nicht einmal ein Besuchsrecht erhalten[262]. Aber auch während des Bestehens der Beziehung steht ihm rechtlich betrachtet aufgrund seiner fehlenden Elternstellung in der Regel kein Sorgerecht in Bezug auf das Kind zu, solange keine Adoption durchgeführt wird[263].

Die Vaterschaftsvermutung basiert aber weder auf Vorurteilen gegenüber gleichgeschlechtlichen Paaren noch versucht sie gezielt, solche Beziehungen zu benachteiligen. Es handelt sich um eine Beweiserleichterung bezüglich einer Frage, die insbesondere in der Vergangenheit (mangels DNA-Tests) nur schwer zu beantworten war. Die Regelung zielt darauf ab, den wahren Vater zu bestimmen[264]. Daher ist die Vermutung auch gerade widerlegbar ausgestaltet und kann durch den Nachweis fehlenden Geschlechtsverkehrs mit der Frau im Zeitraum der Empfäng-

---

258 So in Spanien (Art. 44 II CCE) und Südafrika (sec.13 CUA).

259 Niederlande (Art. 80a I BW1); Belgien (Art. 143 I CCB); Massachusetts (neue Definition durch den *Supreme Judicial Court of Massachusetts*); Kanada (sec.2 *Civil Marriage Act*).

260 Niederlande (Art. 199a BW1); Belgien (Art. 143 II CCB); Spanien (Art. 116ff. CCE) und in einigen Provinzen Kanadas, z.B. British Columbia, Ontario, Saskatchewan und Québec.

261 So die Klägerin in *C. (P.) v. L. (S.)* 273 Sask. R. 127, *Saskatchewan Court of Queen's Bench* (29.11.2005), Rn 4.

262 So im Hinblick auf Fälle künstlicher Befruchtung: Navarro Casillas, *Cortes Generales – Diario de sesiones del Congreso de los Diputados – Comisiones – VIII Legislatura, 2006, núm. 696*, 07.11.2006, S. 11, 14; der Gedanke gilt aber allgemein, wie gerade die angesprochene Entscheidung in Saskatchewan zeigt (Fn 261).

263 Vgl. für Spanien González Beilfuss „Spanish Report" S. 2.

264 *C. (P.) v. L. (S.)* 273 Sask. R. 127, Saskatchewan Court of Queen's Bench (29.11.2005), Rn 20; *Resolución de 5 de junio de 2006, DGRN, BOE núm. 205*, 28.08.2006, S. 31280f.

nis bzw. fehlender genetischer Verbindung zu dem Kind zum Erlöschen gebracht werden[265]. Die Bestimmung beruht auf der zutreffenden Annahme, dass ein in der Ehe geborenes Kind grundsätzlich vom Ehemann abstammt[266]. Bei einem gleichgeschlechtlichen Paar weist hingegen nichts auf eine derartige genetische Verbindung zum Ehepartner hin. Würde man die Vermutung daher ausweiten, würde die Diskrepanz zwischen Realität und Gesetzeslage einfach zu groß[267]. Es handelt sich insofern um ein biologisches Faktum, welches gegen eine Erweiterung der Vaterschaftsvermutung auf gleichgeschlechtliche Paare spricht[268]. Die Ungleichbehandlung muss daher hingenommen werden und führt nicht zu einer verbotenen Diskriminierung gleichgeschlechtlicher Paare[269]. In der Unanwendbarkeit der Vaterschaftsvermutung kann somit auch keine Geringerschätzung der gleichgeschlechtlichen Ehe gegenüber der verschiedengeschlechtlichen in den betroffenen ausländischen Rechtsordnungen gesehen werden.

b) Elternfiktion bei künstlicher Befruchtung

Von der soeben untersuchten Vaterschaftsvermutung ist die Fiktion der Elternschaft in Fällen künstlicher Befruchtung zu trennen. So existieren – wie in den Länderberichten dargestellt – in einer Vielzahl von Staaten Sonderregelungen, die einem Ehepartner auch dann die Elternstellung zuweisen, wenn das Kind zwar überhaupt nicht von ihm abstammt, er aber mit der künstlichen Befruchtung einverstanden war[270]. Maßgebliches Kriterium dieser Bestimmungen ist insofern nicht die genetische Herkunft des Kindes, sondern die Intention der Eheleute. Diese Regelungen gelten wie ausgeführt sowohl in verschieden- als auch in gleichgeschlechtlichen Ehen.

In Belgien und den Niederlanden besteht indes keine spezielle Norm zur Bestimmung der Elternschaft bei künstlicher Befruchtung. Daher muss auf die allgemeine Vaterschaftsvermutung auch in Fällen zurückgegriffen werden, in denen die

---

265 Kanada: *C. (P.) v. L. (S.)* 273 Sask. R. 127, *Saskatchewan Court of Queen's Bench* (29.11.2005), Rn 20; Niederlande: Art. 200 I BW1, vgl. auch Chorus/Gerver/Hondius/Vlaardingerbroek Chapter 6, § 10, Rn 30; Belgien: Art. 318 CCB, vgl. auch Rieck/Markus Belgien Rn 31f.; Spanien: vgl. Martín Casals/Ribot FamRZ 2004, 1433, 1436; Südadrika: Boberg's Law of Persons and the Family S. 354ff.; Spiro Law of Parent and Child §7(2)(c).

266 Díez-Picazo/Gullón Cap. 19 I.

267 *Kamerstukken Tweede Kamer 1998-1999, 26672, Nr. 3*, S. 4-5 (Niederlande).

268 *Ley 13/2005* v. 01.07.2005 *(BOE núm. 157*, 02.07.2005, 23632, 23633).

269 Vgl. *C. (P.) v. L. (S.)* 273 Sask. R. 127 (*Saskatchewan Court of Queen's Bench*, 29.11.2005), Rn 20.

270 So in Massachusetts, Kanada (ausdrücklich nur in Québec und Alberta, aber auch in den anderen Provinzen und Territorien lassen sich in der Praxis entsprechende Ergebnisse erreichen, vgl. oben B, II, 3), Spanien und Südafrika.

Frau mit Samen, der nicht von ihrem Ehemann stammt, befruchtet wurde (heterologe Insemination) und somit überhaupt kein genetischer Bezug zwischen Ehemann und Kind bestehen kann[271]. Es stellt sich die Frage, ob es in diesen Ländern in einem solchen Fall zu einer Schlechterstellung der gleichgeschlechtlichen Ehe kommt, da in dieser eine entsprechende Vermutung nicht besteht.

Die Möglichkeit von Abweichungen zwischen dem Ergebnis der Vaterschaftsvermutung und der biologischen Wirklichkeit ist grundsätzlich zu akzeptieren. Dies liegt in der Natur einer Beweiserleichterung. Ihr Zweck erfordert eine generalisierende Bestimmung, die sich mit einer bloßen Näherung begnügt. Ein Insistieren auf hundertprozentig exakten Ergebnissen macht die Erleichterung zunichte. Folglich kann bei einer solchen Regelung nie ausgeschlossen werden, dass im Randbereich auch Fälle erfasst werden, in denen keine genetische Abstammung besteht. Somit ist die in verschiedengeschlechtlichen Ehen bestehende Vaterschaftsvermutung als solche nicht zu beanstanden.

Entscheidet sich der Gesetzgeber indes, eine Fiktion zu schaffen, die Personen im Rahmen einer heterologen Insemination die Elternstellung aufgrund ihres bloßen Willens und unabhängig von der biologischen Abstammung zuweist, dann ist nicht erkennbar, wieso eine derartige Fiktion nur in verschiedengeschlechtlichen Ehen gelten soll[272]. Einen solchen Willen können gleichgeschlechtliche Paare genauso aufweisen wie verschiedengeschlechtliche. Entscheidend ist daher, ob in Belgien und den Niederlanden mit einer solchen Fiktion gearbeitet wird.

In beiden Staaten kommt es, wenn der Ehemann einer künstlichen Befruchtung seiner Frau, bzw. generell einer Handlung, die zur Zeugung des Kindes führen konnte, zugestimmt hat, zu Besonderheiten hinsichtlich der Anfechtbarkeit der vermuteten Vaterschaft. So können in den Niederlanden in einer solchen Situation weder Vater noch Mutter anfechten[273]. In Belgien ist sogar jedwede Anfechtung ausgeschlossen[274]. Wie oben dargelegt, zeichnet eine reine Beweiserleichterung und Vermutung gerade die Möglichkeit der Widerlegbarkeit aus. Durch den völligen Ausschluss des Anfechtungsrechts in einer Konstellation, in der es sich biologisch betrachtet grundsätzlich nicht um ein Kind des Ehemannes handelt, dieser aber der künstlichen Befruchtung zugestimmt hat, wird faktisch eine Abstammungsfiktion geschaffen[275]. Es steht nicht mehr der Zweck der Beweiserleichterung und die Nachzeichnung der genetischen Herkunft im Vordergrund,

271 Belgien: vgl. Rieck/Markus Belgien Rn 31ff.; Niederlande: vgl. Chorus/Gerver/Hondius/Vlaardingerbroek Chapter 6, § 10, Rn 30.

272 Vgl. *Fraess v Alberta* 278 D.L.R. (4th) 187, *Alberta Court of Queen's Bench* (25.11.2005), Rn 14.

273 Art. 200 III BW1.

274 Art. 318 § 4 CCB.

275 So auch *Chambre des Représentants de Belgique, Doc 51 0597/032 - 2004/2005*, 21.09.2005.

sondern, genau wie bei den oben angesprochenen gesetzlichen Sonderregelungen im Bereich der künstlichen Befruchtung in den anderen Ländern, die endgültige Zuweisung des Kindes zu einem Mann, der nicht der leibliche Vater des Kindes ist, der aber die Zeugung dieses Kindes wünschte. Es findet hier ebenfalls eine Abkehr von der Anknüpfung an die genetische Herkunft des Kindes zu Gunsten einer Anknüpfung an den Willen der Beteiligten statt. In den Niederlanden wird das Anfechtungsrecht zwar nur eingeschränkt, so dass das Kind noch die Möglichkeit hätte, die biologische Abstammung auch rechtlich durchzusetzen[276]. Dennoch ist auch hier die Absicht erkennbar, die Abstammung an die Intention der Eheleute zu knüpfen. Eine solche Anknüpfung wäre aber auch bei gleichgeschlechtlichen Paaren möglich.

In den Niederlanden und Belgien kommt es daher in Fällen heterologer Insemination zu einer rechtlichen Schlechterstellung gleichgeschlechtlicher Ehepaare. Diese müssen den zwar möglichen, aber schwierigeren Weg der (Stiefkind-)Adoption wählen, wohingegen in einer verschiedengeschlechtlichen Ehe der Ehemann unmittelbar Vater des Kindes wird. In den Niederlanden wird diese Benachteiligung aufgrund des neu geschaffenen Art. 253sa BW1, der den Ehepartnern automatisch ein gemeinsames Sorgerecht zuweist, allerdings abgemildert.

c) Adoption

Im Bereich des Adoptionsrechts bestanden in Belgien zunächst deutliche Unterschiede zwischen den Partnern einer gleichgeschlechtlichen Ehe und denen einer verschiedengeschlechtlichen. Wie bereits dargestellt wurde die Rechtsstellung gleichgeschlechtlicher Paare jedoch zum 30.06.2006 angeglichen. In den Niederlanden existierten bis zum 31.12.2008 Abweichungen im Bereich der Auslandsadoption. Zum 01.01.2009 wurde diese Benachteiligung gleichgeschlechtlicher Ehepaare jedoch beseitigt. Es bestehen somit keine Unterschiede mehr im Adoptionsrecht zwischen gleich- und verschiedengeschlechtlichen Ehen.

d) Ergebnis zu 3)

In Massachusetts, Kanada, Spanien und Südafrika entfalten gleich- und verschiedengeschlechtliche Ehen dieselben Wirkungen. Daneben existieren auch noch andere familienrechtliche Institute, die allerdings durchweg weniger weitreichende Rechtsfolgen als die Ehe auslösen und sich auch leichter auflösen lassen. Eine Ausnahme stellt die *civil partnership* in Südafrika dar, die in ihren Wirkungen der Ehe gleichgestellt ist. Die (sowohl verschieden- als auch gleichgeschlecht-

276 Vgl. Art. 200 I b, VI BW1.

liche) Ehe ist somit in diesen Rechtsordnungen das familienrechtliche Institut, an das die umfassendsten Rechtsfolgen geknüpft werden[277], und stellt daher die wichtigste Form dauerhaften Zusammenlebens dar. In Deutschland ist die Ehe das familienrechtliche Institut, welches die umfangreichsten Wirkungen entfaltet. Die eingetragene Lebenspartnerschaft löst zwar viele vergleichbare Rechtsfolgen aus, fällt aber insbesondere im Bereich des Adoptionsrecht und des Bestandsschutzes hinter der Ehe zurück. Die (gleichgeschlechtliche) Ehe in Massachusetts, Kanada, Spanien und Südafrika ist somit aufgrund ihrer Wirkungen in ihrer Bedeutung mit der deutschen Ehe vergleichbar. Die gleichgeschlechtliche Ehe in Belgien und den Niederlanden bleibt in geringem Maße in ihren Rechtsfolgen hinter der verschiedengeschlechtlichen Ehe in den jeweiligen Staaten zurück. Die Niederlande versuchen allerdings durch die Regelung des Art. 253sa BW1, die effektiven Unterschiede zwischen verschieden- und gleichgeschlechtlicher Ehe in Fällen eines während der Ehe geborenen Kindes weiter zu verringern. Darüber hinaus stehen den Partnern einer niederländischen und belgischen gleichgeschlechtlichen Ehe Rechte zu, die in Deutschland ausschließlich Ehen vorbehalten sind, wie das Recht auf gemeinsame Adoption. Dies und die ohnehin nur geringen Unterschiede zwischen verschieden- und gleichgeschlechtlicher Ehe in den beiden Rechtsordnungen sprechen somit auch in Bezug auf diese Staaten für eine Vergleichbarkeit der Wirkungen der gleichgeschlechtlichen Ehe mit denen der deutschen Ehe.

4) Ergebnis zu I)

Die Betrachtung der Intention der Gesetzgeber und der Gerichte sowie der formalen Konzeption und der Voraussetzungen und Wirkungen der gleichgeschlechtlichen Ehen in den ausländischen Rechtsordnungen hat gezeigt, dass diese in ihrer Funktion und Bedeutung mit der deutschen Ehe vergleichbar sind.

II) Einordnung unter die Rechtsbegriffe des deutschen Kollisionsrechts

Das deutsche IPR enthält einerseits kollisionsrechtliche Bestimmungen für Ehen bzw. Ehegatten (insbesondere in den Art. 13ff. EGBGB), andererseits aber auch solche für eingetragene Lebenspartnerschaften (Art. 17b EGBGB).

277 In Südafrika zusammen mit der *civil partnership*.

1) Gleich- bzw. Verschiedengeschlechtlichkeit der Partner als maßgebliches Unterscheidungskriterium zwischen Art. 17b und den Art. 13ff. EGBGB

Art. 17b EGBGB wurde im Zuge der Einführung der (gleichgeschlechtlichen) eingetragenen Lebenspartnerschaft geschaffen[278]. Z.T. wird in dieser Vorschrift daher eine Sonderregelung für alle Fälle gleichgeschlechtlicher Beziehungen gesehen, die somit auch die gleichgeschlechtliche Ehe erfasse[279]. Art. 13 I EGBGB verlange demgegenüber die Geschlechtsverschiedenheit der Partner[280]. Die Gleich- bzw. Verschiedengeschlechtlichkeit der Partner sei daher das maßgebliche Unterscheidungskriterium zwischen den beiden Kollisionsnormen und die gleichgeschlechtliche Ehe folglich als eingetragene Lebenspartnerschaft iSd Art. 17b EGBGB zu qualifizieren[281].

a) Art. 17b EGBGB als Sonderregelung für gleichgeschlechtliche Paare

Im Wortlaut des Art. 17b EGBGB taucht eine Eingrenzung auf Fälle gleichgeschlechtlicher Verbindungen nicht auf[282]. Es wird aber vorgebracht, Art. 17b EGBGB müsse aufgrund der Verwendung der deutschen Terminologie „eingetragene Lebenspartnerschaft“ und seiner Einführung als Art. 3 § 25 des „Gesetzes zur Beendigung der Diskriminierung gleichgeschlechtlicher Gemeinschaften: Lebenspartnerschaften“ im Sachzusammenhang mit der durch dasselbe Gesetz eingeführten eingetragenen Lebenspartnerschaft gesehen werden, die ausschließlich gleichgeschlechtlichen Paaren offen steht (§ 1 I 1 LPartG)[283]. Nähme man tatsächlich eine derartig enge Verbindung zum Begriff des deutschen LPartG

278 BGBl I 2001, Nr. 9, 266, 279, 22.02.2001, Art. 3 § 25, damals noch als Art. 17a EGBGB.

279 Staudinger/Mankowski Art. 13 EGBGB Rn 177, Art. 17b Rn 23, 26; Dörner in Festschrift Jayme Bd. I 2004, 143, 151; von Sachsen Gessaphe in Aspects de droit international privé des partenariats enregistrés en Europe 2004, 9, 20; Wasmuth in Liber Amicorum Gerhard Kegel 2002, 237, 241/242.

280 AnwKomm/Andrae Art. 13 EGBGB Rn 1; Bamberger/Roth/Mörsdorf-Schulte Art. 13 EGBGB Rn 17; Erman/Hohloch Art. 13 EGBGB Rn 13, Art. 17b Rn 6; Staudinger/Mankowski Art. 13 EGBGB Rn 177.

281 Staudinger/Mankowski Art 13 EGBGB Rn 177, Art. 17b Rn 23, 26; Hausmann/Hohloch/Martiny Kap. 12 Rn 2, 62f.; Wasmuth in Liber Amicorum Gerhard Kegel 2002, 237, 241/242.

282 AnwKomm/Gebauer Art. 17b EGBGB Rn 10; Frank MittBayNot 2001 SH Lebenspartnerschaften, 35, 36; Wasmuth in Liber Amicorum Gerhard Kegel 2002, 237, 242.

283 Erman/Hohloch Art. 17b EGBGB Rn 6; Palandt/Thorn Art. 17b EGBGB Rn 1; Staudinger/Mankowski Art. 17b EGBGB Rn 7; Jakob S. 214/215; Frank MittBayNot 2001 SH Lebenspartnerschaften, 35, 36; Hohloch/Kjelland Yearbook of PIL 2001, 223, 226 u. 229; Wagner IPRax 2001, 281, 288; Wasmuth in Liber Amicorum Gerhard Kegel 2002, 237, 242.

an, läge es nahe Art. 17b EGBGB lediglich als einseitige Kollisionsnorm anzusehen, die ausschließlich auf das deutsche Institut der eingetragenen Lebenspartnerschaft Anwendung findet[284]. Die Gesetzesbegründung weist Art. 17b EGBGB aber ausdrücklich als allseitige Kollisionsnorm aus, die auch bei vergleichbaren ausländischen Instituten eingreifen soll[285]. Um dieser Aufgabe aber gerecht zu werden und auch dem deutschen Recht unbekannte Rechtsinstitute erfassen zu können, muss die Kollisionsnorm gerade weit ausgelegt werden[286]. Der Umfang des kollisionsrechtlichen Begriffs „eingetragene Lebenspartnerschaft" ist daher nicht bereits durch die Definition in § 1 LPartG vorgegeben[287].

Für eine Beschränkung auf gleichgeschlechtliche Verbindungen wird jedoch die Funktion des Art. 17b EGBGB angeführt. Die Vorschrift solle die Begründung gleichgeschlechtlicher Partnerschaften erleichtern, um deren Diskriminierung zu beenden[288]. Da verschiedengeschlechtliche Paare aber die Möglichkeit der Eheschließung haben, passe dieser Zweck nicht auf sie[289]. Darüber hinaus sei Art. 17b EGBGB auch sonst gerade auf gleichgeschlechtliche Paare zugeschnitten. Dies zeige insbesondere die Kappungsregel in Abs. 4[290]. Würde man auch verschiedengeschlechtliche registrierte Partnerschaften unter Art. 17b EGBGB subsumieren, würde diese Verbindung an Abs. 4 scheitern, da in Deutschland eine solche Lebensform nicht eingegangen werden kann[291]. Somit passe die Vorschrift nicht auf heterosexuelle Partnerschaften[292].

Es ist zuzugeben, dass Art. 17b EGBGB im Zusammenhang mit dem Gesetz zur Beendigung der Diskriminierung gleichgeschlechtlicher Gemeinschaften eingeführt wurde und es der Wille des Gesetzgebers war, die Ungleichbehandlung

284 Im Ansatz so auch Rauscher IPR Rn 840.

285 Vgl. BTDrucks 14/3751 S. 60.

286 Vgl. dazu bereits allgemein C.

287 Bamberger/Roth/Heiderhoff Art. 17b EGBGB Rn 9; Brandt S. 71/72; v. Hoffmann/Thorn § 8 Rn 73b; Thorn in Legal Recognition of Same-sex Couples in Europe S. 160; derselbe in Festschrift Jayme Bd. I 2004, 955, 956.

288 Looschelders Art. 17b EGBGB Rn 5; Staudinger/Mankowski Art. 17b EGBGB Rn 101; Hausmann/Hohloch/Martiny Kap. 12 Rn 63.

289 Looschelders Art. 17b EGBGB Rn 5.

290 MüKo/Coester Art. 17b Rn 132; Forkert S. 73 u. 312f; Hausmann/Hohloch/Martiny Kap. 12 Rn 63.

291 AnwKomm/Gebauer Art. 17b EGBGB Rn 16 (der deswegen lediglich diesen Absatz nicht auf heterosexuelle Partnerschaften anwenden will); MüKo/Coester Art. 17b EGBGB Rn 134 (der eine analoge Anwendung des Art. 17b EGBGB auf verschiedengeschlechtliche registrierte Partnerschaften vertritt, Art. 17b IV aber in diesen Fällen unangewendet lässt, s. Rn 135); Forkert S. 312; Hausmann/Hohloch/Martiny Kap. 12 Rn 63; Jakob S. 215/216.

292 Staudinger/Mankowski Art. 17b EGBGB Rn 101; Forkert S. 312f.; Hausmann/Hohloch/Martiny Kap. 12 Rn 63; Jakob S. 215/216.

zwischen gleich- und verschiedengeschlechtlichen Paaren zu beseitigen[293]. Gerade aufgrund dieser Intention beabsichtigte der Gesetzgeber aber wohl kaum, im Bereich des Kollisionsrechts ausgerechnet die Gleich- bzw. Verschiedengeschlechtlichkeit des Paares zu einem maßgeblichen Unterscheidungskriterium zu erheben und damit neue Ungleichbehandlungen in diesem Bereich zu schaffen. Möglicherweise läge in einer derartigen Regelung sogar ein Verstoß gegen Art. 3 GG[294]. Auch die Konzeption des Art. 17b EGBGB passt durchweg auf verschiedengeschlechtliche registrierte Partnerschaften. So knüpft Art 17b EGBGB gerade an den Registrierungsort an, um Komplikationen zu vermeiden, die aufgrund der (bislang) geringen Verbreitung des Instituts der eingetragenen Lebenspartnerschaft entstünden, wenn auf das jeweilige Heimatrecht verwiesen würde[295]. Nicht anders ist die Situation bei verschiedengeschlechtlichen registrierten Partnerschaften. Diese sind noch seltener als gleichgeschlechtliche[296] und es käme zu identischen Problemen mit ablehnendem Heimatrecht[297]. Ferner dient die Anknüpfung der allgemeinen und güterrechtlichen Wirkungen einer eingetragenen Lebenspartnerschaft an den Registrierungsort (Art. 17b I 1 EGBGB) dem Zweck, den vielfältigen Formen registrierter Partnerschaften Rechnung zu tragen und den Partnern insofern Rechtssicherheit zu bieten, als sie sich nur auf das Recht des Registrierungsortes einstellen müssen[298]. Bei verschiedengeschlechtlichen registrierten Partnerschaften herrscht nicht weniger Regelungsvielfalt.

Die Kappungsregel in Art. 17b IV EGBGB soll das vom Gesetzgeber aus Art. 6 I GG hergeleitete Abstandsgebot zur Ehe wahren[299]. Nach Ansicht des Bundesverfassungsgerichts stellt eine Verbindung gleichgeschlechtlicher Paare aber überhaupt keine Konkurrenz zur Ehe dar, da diese nur verschiedengeschlechtlichen Paaren offen steht[300]. Dem Gesetzgeber ist es hingegen untersagt, verschiedengeschlechtlichen Paaren eine Alternative zu eröffnen, die die Ehe austausch-

---

293 BTDrucks 14/3751 S. 1, 33.

294 So Thorn in Festschrift Jayme Bd. I 2004, 955, 957; a.A. insoweit Rauscher IPR Rn 840, der eine Aufspaltung zwar für verfehlt hält, in Art. 3 GG indes kein Verbot einer Differenzierung aufgrund der sexuellen Orientierung sieht; BVerfG (NJW 2002, 2543, 2549) sieht in der Bevorzugung einer bestimmten Geschlechterkombination zumindest keine Diskriminierung aufgrund des Geschlechts nach Art. 3 III 1 GG; ebenso Wasmuth Der Staat 2002, 47, 68; Richterin Haas hält dies in ihrem Sondervotum jedoch für nicht überzeugend (NJW 2002, 2543, 2552).

295 BTDrucks 14/3751 S. 60.

296 Vgl. gerade BTDrucks 14/3751 S. 33.

297 AnwKomm/Gebauer Art. 17b EGBGB Rn 14f.; MüKo/Coester Art. 17b EGBGB Rn 131; Brandt S. 69.

298 BTDrucks 14/3751 S. 60.

299 Staudinger/Mankowski Art. 17b EGBGB Rn 84; Brandt S. 73; v. Hoffmann/Thorn § 8 Rn 73j; Henrich FamRZ 2002, 137, 140; Thorn in Legal Recognition of Same-sex Couples in Europe S. 159; derselbe IPRax 2002, 349, 355.

300 BVerfG NJW 2002, 2543, 2548f.

bar machen würde. Dies wäre z.B. bei Einführung eines Instituts mit „gleichen Rechten und geringeren Pflichten" gegenüber der Ehe der Fall[301]. Somit erscheint die Anwendung des Art. 17b IV EGBGB gerade bei verschiedengeschlechtlichen Partnerschaften angezeigt[302].

Im Übrigen ist es fraglich, ob dies tatsächlich wie vorgebracht zur völligen Wirkungslosigkeit dieser Verbindungen führt. Z.T. wird vertreten, mit „Wirkungen" iSd Art. 17b IV EGBGB müssten sämtliche Bereiche erfasst sein, die nach Art. 17b I EGBGB an den Registrierungsort angeknüpft werden[303] und somit auch die Begründung einer Partnerschaft[304]. Eine derart weite Auslegung würde aber dem Sinn der Vorschrift zuwiderlaufen. Art. 17b I 1 EGBGB soll gerade auf die Regelungsvielfalt Rücksicht nehmen und dem Vertrauensschutz der Parteien Rechnung tragen[305]. Wenn nun alle Institute, die in ihren Begründungsvoraussetzungen in irgendeiner Form vom deutschen Recht abweichen, als nicht wirksam angesehen würden, wäre zum einen die Regelungsvielfalt hierdurch drastisch eingeschränkt und zum anderen würden die Parteien in ihrem Vertrauen vollständig enttäuscht. Art. 17b IV EGBGB soll aber einen Kompromiss zwischen dem „Vertrauensschutz für die Beteiligten einerseits und Sicherheit und Leichtigkeit des Rechtsverkehrs im Inland andererseits" bieten[306]. Auch die Wortlautgrenze spricht gegen diese Ansicht. So handelt es sich beim Umstand der Verschiedengeschlechtlichkeit der Partner nicht um Wirkungen einer Partnerschaft, sondern um eine Eingehungsvoraussetzung[307]. Art. 17b IV EGBGB steht einer Anerkennung daher nicht im Wege. Der ausländischen verschiedengeschlechtlichen registrierten Partnerschaft kommen lediglich nicht mehr Rechtsfolgen zu als der inländischen gleichgeschlechtlichen[308].

Z.T. wird Art. 17b IV EGBGB aber im Hinblick auf verschiedengeschlechtliche registrierte Partnerschaften für konzeptionell unpassend erachtet. Die vom Bundesverfassungsgericht angesprochene Gefahr der Austauschbarkeit gehe gerade nicht von den weitergehenden Wirkungen einer ausländischen verschiedengeschlechtlichen Partnerschaft aus, sondern von einem Zurückbleiben ihrer Pflichten hinter denen der Ehe (z.B. leichtere Auflösbarkeit)[309]. Aber auch dieser Gefahr kann mittels der Kappungsregel entgegengewirkt werden. Art. 17b IV EGBGB be-

301 BVerfG NJW 2002, 2543, 2549f.

302 Brandt S. 73.

303 MüKo/Coester Art. 17b EGBGB Rn 98.

304 MüKo/Coester Art. 17b EGBGB Rn 98; Martiny „German Report" S. 12.

305 BTDrucks 14/3751 S. 60.

306 BTDrucks 14/3751 S. 61.

307 Brandt S. 74; v. Hoffmann/Thorn § 8 Rn 73j.

308 V. Hoffmann/Thorn § 8 Rn 73j; i.E. auch Rauscher IPR Rn 847.

309 MüKo/Coester Art. 17b EGBGB Rn 135; Coester in Festschrift Sonnenberger 2004, 321, 329.

schränkt die Wirkungen des ausländischen Instituts auf diejenigen einer deutschen eingetragenen Lebenspartnerschaft, die hinter denen der deutschen Ehe zurückbleiben. Wenn aber die Wirkungen nicht mehr identisch sind, schaden auch geringere Pflichten nicht. Dies ist gerade der Mechanismus, mit dem der Gesetzgeber eine zu starke Annäherung an die Ehe und damit eine Austauschbarkeit verhindern wollte. Die Kappungsregel spricht somit sogar eher für eine Einbeziehung von verschiedengeschlechtlichen Paaren als dagegen. Eine Ausgrenzung verschiedengeschlechtlicher registrierter Partnerschaften wäre auch im Ergebnis verfehlt. So käme es zu einer willkürlichen Spaltung von im Ausland einheitlich zur Verfügung gestellten Instituten[310].

Art. 17b EGBGB kann daher keine ausschließliche Anwendbarkeit auf gleichgeschlechtliche Beziehungen entnommen werden und stellt damit auch keine Sonderregelung solcher Lebensformen dar. Somit ist es nicht zwingend, gleichgeschlechtliche Ehen unter Art. 17b EGBGB einzuordnen.

b) Verschiedengeschlechtlichkeit als konstitutives Merkmal in Art. 13 EGBGB

Nach einer Ansicht verlangt Art. 13 EGBGB die Geschlechtsverschiedenheit der Partner[311]. Es sei nicht erkennbar, weswegen von der Maßgabe abzuweichen sei, dass die Ehe Geschlechtsverschiedenheit voraussetze, insbesondere im Hinblick auf Art. 6 I GG[312]. Jeder Staat bemesse den Ehebegriff seines Internationalen Familienrechts nach Maßgabe seiner eigenen Wertungen und Vorstellungen. Folglich wirke sich die Grundvorstellung der deutschen Rechtsordnung auch auf der Ebene des Internationalen Privatrechts aus[313]. Diese Meinung verkennt jedoch die grundsätzliche Prämisse der funktionellen Qualifikation. Die Begriffe des Kollisionsrechts müssen gerade nicht mit dem inländischen Sachrecht übereinstimmen, sondern sind weit auszulegen. Andernfalls lassen sich dem deutschen Recht unbekannte ausländische Rechtsinstitute nicht einordnen[314]. Aufgabe des Kollisionsrechts ist es nicht, das nach unserer Rechtsordnung vorhandene Verständnis der Ehe durchzusetzen, sondern vielmehr, das anzuwendende Recht sachgerecht zu ermitteln[315]. Die Bewahrung nationaler Vorstellungen ist eine Frage des *ord-*

310 AnwKomm/Gebauer Art. 17b EGBGB Rn 14; Rauscher IPR Rn 840.

311 AnwKomm/Andrae Art. 13 EGBGB Rn 1; Bamberger/Roth/Mörsdorf-Schulte Art. 13 EGBGB Rn 17; Erman/Hohloch Art. 13 EGBGB Rn 13, Art. 17b EGBGB Rn 6; Staudinger/Mankowski Art. 13 EGBGB Rn 177.

312 Erman/Hohloch Art. 17b EGBGB Rn 6; Staudinger/Mankowski Art. 13 EGBGB Rn 177.

313 Staudinger/Mankowski Art. 13 EGBGB Rn 179, Art. 17b EGBGB Rn 24.

314 Vgl. bereits C.

315 Röthel IPRax 2000, 74, 76.

re public (Art. 6 EGBGB)[316]. Die Loslösung der kollisionsrechtlichen Begriffe von nationalen Wertvorstellungen zeigt sich auch in der Behandlung polygamer Ehen[317]. Diese verstoßen – genau wie gleichgeschlechtliche Ehen – gegen ein Wesensmerkmal der Ehe iSd Art. 6 I GG, nämlich gegen das Prinzip der Einehe[318]. Nach deutschem Sachrecht ist daher die Schließung einer Mehrehe ebenso wenig zulässig wie die Eingehung einer gleichgeschlechtlichen Ehe[319]. Dennoch wird im Rahmen der Qualifikation eine polygame Ehe aufgrund ihrer funktionellen Vergleichbarkeit als Ehe iSd Art. 13ff. EGBGB eingeordnet[320]. Aus dem für den Ehebegriff des Art. 6 I GG konstitutiven Merkmal der Geschlechtsverschiedenheit lässt sich somit kein Schluss auf eine ausschließliche Anwendbarkeit des Art. 13 EGBGB auf verschiedengeschlechtliche Ehen ziehen.

c) Ergebnis

Die Geschlechterkombination des Ehepaares ist nicht das entscheidende Abgrenzungskriterium zwischen Art. 17b EGBGB und den Art. 13ff. EGBGB. Somit gibt der Umstand der Gleichgeschlechtlichkeit der Partner die Qualifikation im deutschen Kollisionsrecht nicht vor.

2) Vor- und Nachteile der Anknüpfungsmomente

Für die Anwendung von Art. 17b I 1 EGBGB auf gleichgeschlechtliche Ehen wird die in dieser Norm verwendete Anknüpfung an den Registrierungsort angeführt. Dadurch würden die Konflikte mit ablehnendem Heimatrecht verringert[321] und somit dem mit der Norm verfolgten Zweck des Gesetzgebers, die Benachteiligung

---

316 MüKo⁴/Coester Art. 17b EGBGB Rn 146; Röthel IPRax 2000, 74, 76.

317 AnwKomm/Gebauer Art. 17b EGBGB Rn 18; MüKo⁴/Coester Art. 17b EGBGB Rn 146; Röthel IPRax 2002, 496, 498; Thorn in Legal Recognition of Same-sex Couples in Europe S. 161.

318 Vgl. BVerfGE 29, 166, 176; 31, 58, 69; 62, 323, 330.

319 MüKo⁴/Coester Art. 17b EGBGB Rn 146; Thorn in Legal Recognition of Same-sex Couples in Europe S. 161.

320 AnwKomm/Gebauer Art. 17b EGBGB Rn 18; MüKo/Sonnenberger Einleitung IPR Rn 512; MüKo/Coester Art. 13 EGBGB Rn 5; Röthel IPRax 2002, 496, 498; Thorn in Legal Recognition of Same-sex Couples in Europe S. 161.

321 MüKo⁴/Siehr Art. 14 EGBGB Rn 143, Art. 15 EGBGB Rn 201; Staudinger/Mankowski Art. 17b EGBGB Rn 25; Dörner in Festschrift Jayme Bd. I 2004, 143, 150/151; Henrich in Familienrecht im Brennpunkt 2004, 259, 260/261; derselbe FamRZ 2002, 137, 138; Wasmuth in Liber Amicorum Gerhard Kegel 2002, 237, 243.

gleichgeschlechtlicher Lebensgemeinschaften zu beenden, bestmöglich Rechnung getragen[322].

a) Kappungsregel in Art. 17b IV EGBGB

Um die Folgen der beiden Anknüpfungsmomente miteinander vergleichen zu können, ist zunächst festzustellen, zu welchem Ergebnis Art. 17b EGBGB überhaupt führt. Hierfür ist entscheidend, ob die Kappungsregel des Art. 17b IV EGBGB zur Anwendung kommt.

aa) Allgemeines zu Art. 17b IV EGBGB

Der genaue Anwendungsbereich der Regelung ist äußerst umstritten. So bestehen Meinungsverschiedenheiten bezüglich der Reichweite des Begriffes „Wirkungen" in Art. 17b IV EGBGB[323]. Ferner ergeben sich auch praktische Schwierigkeiten bei der Rückführung eines ausländischen Instituts auf das Maß einer deutschen eingetragenen Lebenspartnerschaft[324]. Ohnehin ist bereits der zugrunde zu legende Vergleichsmaßstab umstritten. So ließe sich zum einen ein abstrakter Vergleich vornehmen (z.B. ob dem Lebenspartner überhaupt ein Erbrecht zusteht)[325], zum anderen aber auch ein konkreter (ob also auch der Umfang des Erbrechts in den verschiedenen Rechtsordnungen identisch ist)[326]. Die Regelung des Art. 17b IV EGBGB wird durchweg als verfehlt erachtet[327].

bb) Anwendbarkeit des Art. 17b IV EGBGB auf gleichgeschlechtliche Ehen

Nach einer Ansicht ist die Kappungsregel bei gleichgeschlechtlichen Ehen unanwendbar[328]. In der Regelung des Art. 17b IV EGBGB liege ein Verstoß gegen

---

322 Von Sachsen Gessaphe in Aspects de droit international privé des partenariats enregistrés en Europe 2004, 9, 20; Wasmuth in Liber Amicorum Gerhard Kegel 2002, 237, 242/243.

323 Vgl. MüKo/Coester Art. 17b EGBGB Rn 91ff. m.w.N.; Forkert S. 297 m.w.N.; Gebauer/Staudinger IPRax 2002, 275, 276f. m.w.N.; s. hierzu auch bereits oben C, II, 1, a im Zusammenhang mit der verschiedengeschlechtlichen registrierten Partnerschaft.

324 Staudinger/Mankowski Art. 17b EGBGB Rn 88; Gebauer/Staudinger IPRax 2002, 275, 280.

325 Forkert S. 253; Henrich FamRZ 2002, 137, 144.

326 Gebauer/Staudinger IPRax 2002, 275, 276; wohl auch Staudinger/Mankowski Art. 17b EGBGB Rn 84; zumindest zweifelnd Süß DNotZ 2001, 168, 174.

327 Hk-LPartR/Kiel Art. 17b EGBGB Rn 72; MüKo/Coester Art. 17b EGBGB Rn 88; Staudinger/Mankowski Art. 17b EGBGB Rn 87; Jakob S. 186; Gebauer/Staudinger IPRax 2002, 275ff.

328 Coester in Festschrift Sonnenberger 2004, 321, 334/335 (anders jedoch jetzt MüKo^4/Coester Art. 17b EGBGB Rn 145; MüKo/Coester Art. 17b EGBGB Rn 110); Wasmuth in Liber amicorum Gerhard Kegel 2002, 237, 244ff.

Art. 3 I GG, dem im Wege einer verfassungskonformen Auslegung durch Nichtanwendung der Kappungsregel auf gleichgeschlechtliche Ehen Rechnung zu tragen sei[329]. Als unzulässige Diskriminierung wird die Ungleichbehandlung von gleich- und verschiedengeschlechtlichen registrierten Partnerschaften angesehen sowie die Ungleichbehandlung zwischen in- und ausländischen registrierten Partnerschaften[330]. Der Vertreter dieser Ansicht bleibt jedoch die Antwort schuldig, wie diese angebliche Diskriminierung verschiedener Gruppen registrierter Partnerschaften gerade durch Nichtanwendung der Kappungsregel auf gleichgeschlechtliche Ehen vermieden werden kann. Die vorgeschlagene verfassungskonforme Auslegung würde vielmehr zu einer weiteren Ungleichbehandlung führen. Sieht man nämlich in einer gleichgeschlechtlichen Ehe und einer gleichgeschlechtlichen registrierten Partnerschaft vergleichbare Sachverhalte und subsumiert deswegen beide gemeinsam unter Art. 17b EGBGB, entstünde gerade eine Benachteiligung der gleichgeschlechtlichen registrierten Partnerschaft, wenn nur auf sie die Kappungsregel des Art. 17b IV EGBGB angewandt würde.

Darüber hinaus ist ohnehin fraglich, ob überhaupt eine Diskriminierung einzelner Gruppen registrierter Partnerschaften vorliegt. So sollen gleichgeschlechtliche registrierte Partnerschaften gegenüber verschiedengeschlechtlichen benachteiligt sein, da Art. 17b IV EGBGB nur bei ersteren anwendbar sei[331]. Dieser Ansicht kann jedoch, wie bereits dargelegt, nicht gefolgt werden. Art. 17b IV EGBGB ist auch auf die verschiedengeschlechtliche registrierte Partnerschaft anzuwenden[332]. Es wird aber auch auf eine Ungleichbehandlung zwischen in- und ausländischen registrierten Partnerschaften hingewiesen. Art. 17b IV EGBGB sehe für im Ausland registrierte Lebenspartnerschaften eine Begrenzung auf die Regelungen des BGB und des LPartG vor. Daher kämen nur in Deutschland eingetragene Lebenspartnerschaften in den Genuss von Rechten, die der deutsche Gesetzgeber ihnen in anderen Gesetzen eingeräumt hat[333], wie z.B. das Eintrittsrecht in eine Lebensversicherung (§ 170 II VVG). Der Verweis in Art. 17b IV EGBGB auf das BGB und das LPartG muss jedoch umfassend als Bezugnahme auf sämtliche Regelungen des deutschen Rechts, die die eingetragenen Lebenspartnerschaft betreffen, verstanden werden[334]. Wenn ausländischen Partnerschaften Wirkungen zukommen, die das deutsche Recht kennt, und sei es auch außerhalb des BGB

329 Wasmuth in Liber amicorum Gerhard Kegel 2002, 237, 244ff.

330 Staudinger/Mankowski Art. 17b EGBGB Rn 87; Wasmuth in Liber amicorum Gerhard Kegel 2002, 237, 245.

331 Staudinger/Mankowski Art. 17b EGBGB Rn 87; Wasmuth in Liber amicorum Gerhard Kegel 2002, 237, 245.

332 S. oben C, II, 1, a.

333 Wasmuth in Liber amicorum Gerhard Kegel 2002, 237, 245.

334 MüKo/Coester Art. 17b EGBGB Rn 97; Martiny „German Report" S. 12.

oder LPartG, dann kommt es auch nicht zu einer Kappung. Dies wäre nur dann der Fall, wenn es sich um weitergehende Rechte als im gesamten deutschen Recht für eingetragene Lebenspartner vorgesehen handelt. Die vorgebrachte Argumentation ist daher nicht haltbar. Eine Ungleichbehandlung zwischen einer im In- und einer im Ausland registrierten Partnerschaft könnte allenfalls unter einem anderen Aspekt zutage treten. Nach Art. 17b I 2 EGBGB unterliegen sowohl in- als auch ausländische registrierte Partnerschaften in bestimmten Fällen ausländischem Recht, welches möglicherweise weitergehende Wirkungen als das deutsche Recht vorsieht. Nach dem klaren Wortlaut des Art. 17b IV EGBGB sind aber nur die Wirkungen einer im Ausland registrierten Partnerschaft zu begrenzen. Somit würden im Inland registrierte Partnerschaften bevorzugt[335]. In der Literatur wird z.T. versucht, dieses Ergebnis zu vermeiden, indem die Kappungsregel nur auf diejenigen Wirkungen angewendet wird, die dem Registerstatut unterfallen, also nach Art. 17b I 1 EGBGB angeknüpft werden[336]. Durch Einführung der Anknüpfung an den Registrierungsort habe der deutsche Gesetzgeber eine sehr weltoffene und großzügige Anknüpfung eingeführt. Somit habe er sich gezwungen gesehen, als Korrektiv die Kappungsregel in Art. 17b IV EGBGB zu schaffen. Bezüglich der allgemeinen kollisionsrechtlichen Regelungen habe indes kein über Art. 6 EGBGB hinausgehender Bedarf eines Schutzes der deutschen Werteordnung bestanden. Daher solle die Kappungsregel auf diesen Bereich auch nicht erstreckt werden[337]. Aber auch wenn man diese Ansicht nicht teilte und eine Diskriminierung der im Ausland registrierten Partnerschaft in der vorgestellten Konstellation annähme, könnte kein Rückschluss auf die gleichgeschlechtliche Ehe gezogen werden. Diese kann schließlich nur im Ausland geschlossen werden. Somit kann die hier aufgezeigte Ungleichbehandlung überhaupt nicht auftreten.

Z.T. wird die Anwendung der Kappungsregel auf gleichgeschlechtliche Ehen aufgrund ihrer Konzeption für nicht einschlägig erachtet. Das Bedenkliche an einer gleichgeschlechtlichen Ehe sei gerade das Institut als solches und nicht seine Wirkungen. Nur diese würde aber Art. 17b IV EGBGB beschränken[338]. Unter Berücksichtigung der Entscheidung des Bundesverfassungsgerichts zum LPartG[339] mag es zwar zutreffen, dass die weitreichenden Wirkungen der gleichgeschlechtli-

335 MüKo/Coester Art. 17b EGBGB Rn 92; Forkert S. 298ff.; Gebauer/Staudinger IPRax 2002, 275, 281.

336 MüKo/Coester Art. 17b EGBGB Rn 91ff.; i.E. ähnlich Forkert S. 299f., der infolge der Benachteiligung erwägt Art. 17b IV EGBGB nicht auf unterhalts- und erbrechtliche Folgen anzuwenden.

337 MüKo/Coester Art. 17b EGBGB Rn 93.

338 Coester in Festschrift Sonnenberger 2004, 321, 334/335.

339 BVerfG NJW 2002, 2543ff.

chen Ehe gerade kein Abstandsgebot auf den Plan rufen[340], dies wäre bei gleichgeschlechtlichen registrierten Partnerschaften jedoch nicht anders[341]. Auf diese wird die Kappungsregel aber dennoch angewendet. Nichts anderes kann dann für die gleichgeschlechtliche Ehe gelten. Ordnet man die gleichgeschlechtliche Ehe unter Art. 17b EGBGB ein, muss man auch die Konsequenz daraus ziehen und die Kappungsregel des Abs. 4 zur Anwendung berufen[342].

cc) Ergebnis

Gleichgeschlechtlichen Ehen würden daher bei einer Einordnung unter Art. 17b EGBGB nur solche Wirkungen beigemessen, die auch einer deutschen eingetragenen Lebenspartnerschaft zukommen[343]. Dies würde insbesondere zum Verlust des nach ausländischem Recht bestehenden Adoptionsrechts führen[344]. Bei einer bloßen Anwendung des *ordre public* (Art. 6 EGBGB) wäre hingegen eine Einzelfallabwägung unter maßgeblicher Berücksichtigung des Kindeswohls vorzunehmen und es käme nicht zum pauschalen Wegfall des Adoptionsrechts[345]. Dieser Nachteil der Einordnung unter Art. 17b I EGBGB muss daher beim nachfolgenden Vergleich der beiden Anknüpfungsmomente berücksichtigt werden.

b) Registrierungsort versus Staatsangehörigkeit

Als entscheidender Vorteil einer Anknüpfung an den Registrierungsort nach Art. 17b I 1 EGBGB wird die Verringerung der Konflikte mit ablehnendem Hei-

---

340 Das Abstandsgebot wird eingehend in Zusammenhang mit dem *ordre public* behandelt, s. D, II, 1, b, cc, ccc.

341 Dies sieht auch Coester so: Coester in Festschrift Sonnenberger 2004, 321, 325/326; außerdem: Brandt S. 73; von Sachsen Gessaphe in Aspects de droit international privé des partenariats enregistrés en Europe 2004, 9, 25.

342 Staudinger/Mankowski Art. 17b EGBGB Rn 85; von Sachsen Gessaphe in Aspects de droit international privé des partenariats enregistrés en Europe 2004, 9, 20 u. 26; Sieberichs IPRax 2008, 277, 278; Winkler v. Mohrenfels in Liber Amicorum Tuğrul Ansay 2006, 527, 536.

343 MüKo[4]/Coester Art. 17b EGBGB Rn 145; von Sachsen Gessaphe in Aspects de droit international privé des partenariats enregistrés en Europe 2004, 9, 26.

344 MüKo/Coester Art. 17b EGBGB Rn 110; in Bezug auf eine ausländische registrierte Partnerschaft: Hk-LPartR/Kiel Art. 17b EGBGB Rn 73; Staudinger/Mankowski Art. 17b EGBGB Rn 84; Forkert S. 301/302 u. 316/317; v. Hoffmann/Thorn § 8 Rn 73j; Henrich FamRZ 2002, 137, 140; von Sachsen Gessaphe in Aspects de droit international privé des partenariats enregistrés en Europe 2004, 9, 27; a.A. Brandt (S. 120ff.), der eine restriktive Auslegung vertritt, so dass Art. 17b IV EGBGB ein Adoptionsrecht der Partner nicht beschneidet.

345 MüKo/Coester Art. 17b EGBGB Rn 110; Jakob S. 352.

matrecht angeführt[346]. Auf diese Weise werde zum einem dem mit Einführung dieser Norm verfolgten Ziel des Gesetzgebers, die Benachteiligung gleichgeschlechtlicher Lebensgemeinschaften zu beenden, bestmöglich Rechnung getragen[347] und zum anderen die Entstehung von Rechtsverhältnissen verhindert, die in einer Rechtsordnung als gültig betrachtet werden, in einer anderen hingegen nicht (hinkende Rechtsverhältnisse[348])[349]. Im Falle einer Anknüpfung an Art. 13 I EGBGB käme es hingegen zu einer Diskriminierung gleichgeschlechtlicher Ehegatten im Verhältnis zu verschiedengeschlechtlichen. Da die allermeisten Rechtsordnungen die Geschlechtsverschiedenheit der Partner als konstitutives Merkmal der Ehe ansehen, wäre eine Anerkennung der im Ausland geschlossenen gleichgeschlechtlichen Ehe – anders als bei einer verschiedengeschlechtlichen – bei Berufung des jeweiligen Heimatrechts in der Regel nicht möglich[350]. Ferner würden ausgerechnet diejenigen, die im Ausland heiraten, schlechter gestellt als diejenigen, die dort (nur) eine eingetragene Lebenspartnerschaft eingehen[351].

Die Intention des Gesetzgebers, die Diskriminierung gleichgeschlechtlicher Paare zu beenden, ist nicht zu bestreiten[352]. Die Einführung der eingetragenen Lebenspartnerschaft zeigt aber, dass der deutsche Gesetzgeber die Schaffung eines *aliud* für ausreichend hielt, um dieses Ziel zu erreichen. Er wollte gerade nicht die Ehe für gleichgeschlechtliche Paare öffnen. Vor diesem Hintergrund muss auch die zeitgleich eingeführte Kollisionsnorm gesehen werden. Daher kommt die privilegierende Wirkung des Art. 17b EGBGB nur registrierten Partnerschaften, die lediglich ein *aliud* zur Ehe darstellen zu Gute, nicht aber gleichgeschlechtlichen Ehen[353]. Wie gerade die Kappungsgrenze in Art. 17b IV EGBGB zeigt, kann durch Einführung des Art. 17b EGBGB und der dortigen Anknüpfung an den Registrierungsort nicht auf einen allgemeinen Willen des Gesetzgebers geschlossen werden, jeder familienrechtlichen Verbindung, auch wenn sie über die

---

346 MüKo⁴/Siehr Art. 14 EGBGB Rn 143, Art. 15 EGBGB Rn 201; Staudinger/Mankowski Art. 17b EGBGB Rn 25; Dörner in Festschrift Jayme Bd. I 2004, 143, 150/151; Henrich in Familienrecht im Brennpunkt 2004, 259, 260/261; derselbe FamRZ 2002, 137, 138; Wasmuth in Liber Amicorum Gerhard Kegel 2002, 237, 243.

347 Von Sachsen Gessaphe in Aspects de droit international privé des partenariats enregistrés en Europe 2004, 9, 20; Wasmuth in Liber Amicorum Gerhard Kegel 2002, 237, 242/243.

348 Vgl. zum Begriff Kegel/Schurig § 2 II 3 a; Kropholler § 35 I; siehe auch speziell zum Begriff der hinkenden Ehe v. Hoffmann/Thorn § 8 Rn 13ff.

349 Von Sachsen Gessaphe in Aspects de droit international privé des partenariats enregistrés en Europe 2004, 9, 20.

350 Wasmuth in Liber Amicorum Gerhard Kegel 2002, 237, 243.

351 Hausmann/Hohloch/Martiny Kap. 12 Rn 62; Dörner in Festschrift Jayme Bd. I 2004, 143, 151; Martiny „German Report" S. 8.

352 Vgl. BTDrucks 14/3751 S. 1 u. 33.

353 AnwKomm/Gebauer Art. 17b EGBGB Rn 19; Palandt/Thorn Art. 17b EGBGB Rn 1; Brandt S. 84.

Vorstellungen des deutschen Rechts hinausgeht, die weitestgehende Wirksamkeit zu verleihen[354]. Die Entstehung hinkender Rechtsverhältnisse ist zu akzeptieren. Dies ist im Ergebnis bei polygamen Ehen mit deutscher Beteiligung nicht anders, diese sind aufhebbar (§§ 1306, 1314 I BGB)[355]. Ohnehin wäre der Preis für den Schutz vor dem ablehnenden Heimatrecht durch Anknüpfung an den Registrierungsort (Art. 17b I 1 EGBGB) die Herabstufung der Wirkungen auf deutsches Lebenspartnerschaftsrecht (Art. 17b IV EGBGB).

Die Annahme einer Diskriminierung bei kollisionsrechtlich einheitlicher Einordnung von verschieden- und gleichgeschlechtlicher Ehe unter Art. 13 I EGBGB überrascht. Um einen Verstoß gegen Art. 3 I GG zu bejahen, müssten zunächst vergleichbare Sachverhalte unterschiedlich behandelt werden[356]. Im Ausland wird, wie aufgezeigt, das Institut der Ehe gerade als einheitliches Institut zur Verfügung gestellt, welches in seiner Funktion und Bedeutung mit der deutschen Ehe übereinstimmt. Somit handelt es sich bei gleich- und verschiedengeschlechtlichen Ehen um vergleichbare Sachverhalte. Diese werden auf der hier in Frage stehenden kollisionsrechtlichen Ebene bei einer Einordnung unter Art. 13 I EGBGB gerade unter einen gemeinsamen kollisionsrechtlichen Ehebegriff subsumiert. Eine Ungleichbehandlung liegt somit nicht vor. Der Diskriminierungsvorwurf wird daher auch eher auf die z.T. ablehnende Haltung der berufenen materiellen Rechtsordnungen gegenüber gleichgeschlechtlichen Ehen gestützt[357]. Aber selbst wenn hierin ein Verstoß gegen Art. 3 I GG gesehen würde, zwingt dies nicht zu einer abweichenden kollisionsrechtlichen Einordnung der Ehe. Dem Grundrechtsverstoß wäre vielmehr durch Anwendung von Art. 6 S. 2 EGBGB (*ordre public*) Rechnung zu tragen[358].

Andere sehen gerade umgekehrt in der Einordnung der gleichgeschlechtlichen Ehe unter Art. 17b EGBGB mit dem Ziel, ihre Rechtsbeständigkeit zu privilegieren, einen Verstoß gegen Art. 3 I, III GG. Hierdurch würden Partner einer traditionellen Ehe benachteiligt, da sie aufgrund Art. 13 I EGBGB anders als gleichgeschlechtliche Paare immer an die Eheschließungsvoraussetzungen ihrer jeweiligen Heimatrechte gebunden wären[359]. Ob dies jedoch tatsächlich zu einer Benachteiligung führt, ist fraglich. Aufgrund der geringen Verbreitung der gleichgeschlechtlichen Ehe ist für gleichgeschlechtliche Paare eine Anknüpfung an den Regist-

354 Röthel IPRax 2002, 496, 498; i.E. auch AnwKomm/Gebauer Art. 17b EGBGB Rn 19.

355 Winkler v. Mohrenfels in Liber Amicorum Tuğrul Ansay 2006, 527, 537.

356 Jarass/Pieroth/Jarass Art. 3 GG Rn 6.

357 Vgl. Wasmuth in Liber Amicorum Gerhard Kegel 2002, 237, 243.

358 Vgl. BVerfGE 31, 58, 86, das dies zumindest als eine Möglichkeit ansieht; v. Mangoldt/Klein/Starck/Starck Art. 3 GG Rn 362; Looschelders RabelsZ 65 (2001), 463, 472/473.

359 V. Hoffmann/Thorn § 8 Rn 73b; Thorn in Legal Recognition of Same-sex Couples in Europe S. 161; derselbe in Festschrift Jayme Bd. I 2004, 955, 957.

rierungsort tatsächlich günstiger als ein Verweis auf das jeweilige Heimatrecht. Hieraus den Schluss zu ziehen, dass selbiges auch für verschiedengeschlechtliche Paare der Fall sein muss, ist aber voreilig. Bei verschiedengeschlechtlichen Ehen kann eine Anknüpfung an die Staatsangehörigkeit auch gerade vorteilhaft sein. Heiratet z.B. in Spanien ein Österreicher seine österreichische Nichte, kommt es zu einer wirksamen Eheschließung[360]. Aus deutscher Sicht ist dies jedoch, wenn gemäß Art. 17b I 1 EGBGB an den Registrierungsort angeknüpft wird, nicht der Fall. Art. 17b I 1 EGBGB spricht lediglich eine Sachnormverweisung aus[361]. Nach spanischem Recht ist eine Ehe zwischen Onkel und Nichte aber unzulässig[362]. Die in Spanien geschlossene Ehe wäre somit vernichtbar[363]. Beruft man dagegen aufgrund Art. 13 I EGBGB das jeweilige Heimatrecht zur Anwendung, würde die Ehe in Deutschland anerkannt. Eine generelle Schlechterstellung verschiedengeschlechtlicher Paare bei einer Anknüpfung an die Staatsangehörigkeit kann daher nicht angenommen werden.

Art. 3 GG lässt sich nach den bisherigen Erkenntnissen somit weder für eine Einordnung unter Art. 17b EGBGB noch für eine unter Art. 13 EGBGB fruchtbar machen. Wie jedoch bereits zur Frage, ob Art. 17b EGBGB eine Sonderregelung für gleichgeschlechtliche Paare darstellt, ausgeführt, erscheint eine Aufspaltung eines im Ausland einheitlich zur Verfügung gestellten Instituts im deutschen Kollisionsrecht durch Abstellen auf die Geschlechterkombination der Ehepartner im Hinblick auf Art. 3 GG nicht unbedenklich[364]. Zudem ist die Auffassung, die zum Schutz der gleichgeschlechtlichen Ehepartner an Art. 17b EGBGB anknüpfen will, bereits in sich widersprüchlich. So hält sie einerseits das Erfordernis der Verschiedengeschlechtlichkeit im deutschen materiellen Recht für derart entscheidend, dass dies sogar die kollisionsrechtliche Einordnung mitbestimmen soll[365]. Andererseits will sie durch eine Anknüpfung an den Registrierungsort diese aus ihrer Sicht doch so bedeutende Voraussetzung des deutschen materiellen Rechts gerade

---

360 Art. 9 I CCE verweist auf das jeweilige Heimatrecht (also das Recht Österreichs); § 17 I des Gesetzes über das internationale Privatrecht nimmt die Verweisung an; die österreichischen Eheverbote (§ 6 EheG) stehen einer Eheschließung zwischen Onkel und Nichte nicht entgegen.

361 Erman/Hohloch Art. 17b EGBGB Rn 4; MüKo/Coester Art. 17b EGBGB Rn 14; Staudinger/Mankowski Art. 17b EGBGB Rn 48.

362 Art. 47 Nr. 2 CCE.

363 Die von Art. 17b I 1 EGBGB berufene Rechtsordnung entscheidet nicht nur über die sachlichen Begründungsvoraussetzungen einer Lebenspartnerschaft (bzw. im vorliegenden Gedankenspiel einer Ehe), sondern auch über die Folgen bei einem Verstoß gegen diese Vorschriften (AnwKomm/Gebauer Art. 17b EGBGB Rn 41; Staudinger/Mankowski Art. 17b EGBGB Rn 33). Gemäß Art. 73 CCE führt ein Verstoß gegen Art. 47 Nr. 2 CCE zur Vernichtbarkeit der Ehe.

364 S. oben C, II, 1, a.

365 Vgl. C, II, 1, b.

umgehen. Würde man tatsächlich den Aspekt der möglichst weitgehenden Wirksamkeit zum zentralen Punkt der Einordnung im Kollisionsrecht erheben, wären wohl auch andere „problematische Ehen“ unter Art. 17b EGBGB zu subsumieren, wie etwa die polygame Ehe[366]. Dies wird aber zu Recht von niemandem vertreten. Außerdem würden auf diese Weise die in den Kollisionsnormen verwandten Systembegriffe ihrer ordnenden Funktion beraubt[367].

c) Ergebnis

Die Berufung des Rechtes des Registrierungsortes vermeidet zwar Konflikte mit ablehnendem Heimatrecht – allerdings nur zum Preis der Herabstufung der Wirkungen der ausländischen gleichgeschlechtlichen Ehe auf deutsches Lebenspartnerschaftsrecht –, hierin kann jedoch kein tragendes Argument für eine Qualifikation als eingetragene Lebenspartnerschaft iSd Art. 17b EGBGB gesehen werden.

3) Kollisionsrechtliche Nachvollziehung der Trennung zwischen Ehe und eingetragener Lebenspartnerschaft im materiellen Recht

Das deutsche Kollisionsrecht unterscheidet genau wie das deutsche materielle Recht seit Einführung der eingetragenen Lebenspartnerschaft zwischen „Eheschließung“ in Art. 13 EGBGB und „Begründung […] einer eingetragenen Lebenspartnerschaft“ in Art. 17b EGBGB. Die Trennung zwischen Ehe einerseits und dem *aliud* der eingetragenen Lebenspartnerschaft andererseits setzt sich somit auf der Ebene des Kollisionsrechts fort[368]. Wie zuvor dargelegt, stellt die ausländische gleichgeschlechtliche Ehe nicht lediglich ein *aliud* zur (verschiedengeschlechtlichen) Ehe in derselben Rechtsordnung dar. Die Ehe wird dort vielmehr als einheitliches Institut sowohl für gleich- als auch für verschiedengeschlechtliche Paare zur Verfügung gestellt und stellt in diesen Rechtsordnungen (grundsätzlich) die höchste Form eines familienrechtlichen Zusammenlebens dar. Somit ist sie in ihrer Funktion und Bedeutung mit der deutschen Ehe und nicht der eingetragenen Lebenspartnerschaft vergleichbar. Aufgrund dieser funktionalen Vergleichbarkeit ist die Kollisionsnorm zu verwenden, die im deutschen Recht eine „echte“ Ehe erfasst und nicht bloß das *aliud* einer eingetragenen Lebenspartnerschaft. Die ausländische gleichgeschlechtliche Ehe ist daher unter Art. 13 EGBGB zu subsu-

---

366 Brandt S. 84/85; Gebauer/Staudinger IPRax 2002, 275, 277 Fn 46.

367 Brandt S. 85.

368 Hk-LPartR/Kiel Art. 17b EGBGB Rn 2; MüKo/Coester Art. 17b EGBGB Rn 1.

mieren. Andernfalls würde auch gerade ein im Ausland einheitlich zur Verfügung gestelltes Rechtsinstitut auf kollisionsrechtlicher Ebene auseinander gerissen.

III) Ergebnis

Aufgrund der Vergleichbarkeit der ausländischen (gleichgeschlechtlichen) Ehe in Funktion und Bedeutung mit dem deutschen Institut der Ehe sowie aufgrund der dem deutschen materiellen Recht entsprechenden Unterscheidung im deutschen Kollisionsrecht zwischen Ehe und dem *aliud* der eingetragenen Lebenspartnerschaft führt die funktionelle Qualifikation zu einer Einordnung der ausländischen gleichgeschlechtlichen Ehe unter Art. 13 EGBGB. Das dem deutschen Recht unbekannte Institut der gleichgeschlechtlichen Ehe ist somit als Ehe iSd deutschen Kollisionsrechtes zu qualifizieren.

D) Verstoß einer im Ausland wirksam geschlossenen gleichgeschlechtlichen Ehe gegen den deutschen ordre public

Nach erfolgter kollisionsrechtlicher Einordnung der gleichgeschlechtlichen Ehe ergibt sich ein weiteres Problemfeld. So stellt sich die Frage, ob nicht selbst einer im Ausland geschlossenen gleichgeschlechtlichen Ehe zwischen zwei Personen, deren jeweiliges Heimatrecht eine derartige Eheschließung zulässt und die Verweisung des deutschen Kollisionsrechts annimmt, in Deutschland die Anerkennung aus Gründen des *ordre public* (Art. 6 EGBGB) versagt werden müsste.

> Bsp.: M1 (Spanier) und M2 (Spanier) gehen in Spanien im August 2005 eine gleichgeschlechtliche Ehe ein. Seit Anfang 2006 lebt das Paar in Deutschland. Ende 2007 zieht M2 aus der gemeinsamen Wohnung aus und verlangt vor einem deutschen Gericht von M1 Getrenntlebendenunterhalt. Gemäß Art. 18 I 1 EGBGB bestimmt sich die Verpflichtung zum Unterhalt im gebildeten Beispiel nach deutschem Sachrecht. § 1361 BGB wirft die Vorfrage nach dem wirksamen Bestehen einer Ehe auf. Dies ist – nach der hier vertretenen Qualifikation – nach Art. 13 I EGBGB zu prüfen. Das berufene spanische Heimatrecht der Ehepartner nimmt die Verweisung an (Art. 9 I CCE) und lässt eine Eheschließung zwischen gleichgeschlechtlichen Partnern zu (Art. 44 II CCE). Folglich wäre die Vorfrage im Grunde zu bejahen, die gleichgeschlechtliche Ehe zwischen M1 und M2 also anzuerkennen und M2 könnte, sofern die sonstigen Voraussetzungen des § 1361 BGB vorliegen, von M1 Getrenntlebendenunterhalt verlangen. Diesem Ergebnis könnte aber der deutsche *ordre public* (Art. 6 EGBGB) entgegenstehen.

I) Einführung in die Problematik

Ursprünglich wurde in der Literatur durchweg die Verschiedengeschlechtlichkeit der Ehepartner als derart entscheidendes Merkmal in der deutschen Rechtsordnung angesehen, dass es auch international-privatrechtlich zum Zuge kommen müsse und die Anerkennung einer gleichgeschlechtlichen Ehe aufgrund eines Verstoßes gegen den *ordre public* verbiete[369]. Nunmehr mehren sich aber die Stimmen, die

369 Erman[11]/Hohloch Art. 13 EGBGB Rn 27; MüKo[3]/Coester Art. 13 EGBGB Rn 38; Staudinger[13]/v. Bar/Mankowski Art. 13 EGBGB Rn 179.

eine Anerkennung für möglich halten[370] bzw. den *ordre public* zumindest nur noch bei eklatanten Abweichungen von den Wirkungen einer deutschen eingetragenen Lebenspartnerschaft und einem starken Inlandsbezug anwenden wollen[371]. Die Befürworter einer Anerkennung verweisen auf die Einführung des Instituts der eingetragenen Lebenspartnerschaft in Deutschland. Hiermit habe der Gesetzgeber zum Ausdruck gebracht, dass er auch gleichgeschlechtliche Lebensformen als rechtlich geschützt ansehe[372]. Die weiter fortgeschrittene Gleichstellung gleichgeschlechtlicher Paare in ausländischen Rechtsordnungen könne keinen hinreichenden Grund bilden, den *ordre public* zu berufen[373]. Insbesondere wird eine Parallele zur polygamen Ehe gezogen, die gegen das in Deutschland obligatorische Merkmal der Einehe verstößt[374] und nach h.M. in Deutschland zwar nicht geschlossen werden kann, aber grundsätzlich anerkannt wird[375].

II) Grundrechtsverstoß durch Anerkennung einer im Ausland geschlossenen gleichgeschlechtlichen Ehe – Art. 6 S. 2 EGBGB

Bei Art. 6 EGBGB handelt es sich um eine reine Ergebniskontrolle. Entscheidend ist nicht, ob die ausländische Rechtsnorm als solche gegen den *ordre public* verstößt, sondern ob im jeweiligen konkreten Fall die ausländische Norm zu einem Ergebnis führt, welches mit der deutschen öffentlichen Ordnung unvereinbar ist[376]. Hierzu bedarf es als ungeschriebenem Tatbestandsmerkmal eines hinreichenden

---

370 MüKo[4]/Coester Art. 13 EGBGB Rn 51; Coester in Festschrift Sonnenberger 2004, 321, 334f; Gebauer/Staudinger IPRax 2002, 275, 277; Wasmuth in Liber Amicorum Gerhard Kegel 2002, 237, 247ff.

371 Hk-LPartR/Kiel Art. 17b EGBGB Rn 75; Röthel IPRax 2002, 496, 498f.; tendenziell auch Brandt S.85/86 u. S. 86 Fn 480.

372 Hk-LPartR/Kiel Art. 17b EGBGB Rn 75; Gebauer/Staudinger IPRax 2002, 275, 277; Wasmuth in Liber Amicorum Gerhard Kegel 2002, 237, 258.

373 Hk-LPartR/Kiel Art. 17b EGBGB Rn 75; vgl. auch Wasmuth in Liber Amicorum Gerhard Kegel 2002, 237, 258.

374 MüKo[4]/Coester Art. 13 EGBGB Rn 51; Brandt S. 86; Jakob S. 232; Coester in Festschrift Sonnenberger 2004, 321, 334f; Röthel IPRax 2002, 496, 499.

375 LG Frankfurt a.M. FamRZ 1976, 217; Bamberger/Roth/Mörsdorf-Schulte Art. 13 EGBGB Rn 33; Erman/Hohloch Art. 13 EGBGB Rn 32; MüKo/Coester Art. 13 EGBGB Rn 66ff.; Staudinger/Blumenwitz Art. 6 EGBGB Rn 120; Cullmann FamRZ 1976, 313, 313/314; Sonnenberger in Symposium Spellenberg 2006, 29, 36; Spickhoff JZ 1991, 323, 326f.

376 BGHZ 118, 312, 331; Bamberger/Roth/Lorenz Art. 6 EGBGB Rn 9; Erman/Hohloch Art. 6 EGBGB Rn 14; MüKo/Sonnenberger Art. 6 EGBGB Rn 44; Staudinger/Blumenwitz Art. 6 EGBGB Rn 105.

Inlandsbezuges[377]. Art. 6 EGBGB stellt eine Ausnahmeregelung dar, die somit nach ganz h.M. restriktiv anzuwenden ist[378]. Grundsätzlich bedarf es einer „offensichtlichen“ Unvereinbarkeit mit wesentlichen Grundsätzen des deutschen Rechts (Art. 6 S. 1 EGBGB). Führt die Anwendung des ausländischen Rechts im Ergebnis zu einer Grundrechtsverletzung, stellt dies in jedem Fall eine „offensichtliche Unvereinbarkeit“ iSv Art. 6 S. 1 EGBGB dar und der *ordre public* greift ein[379]. Daher stellt sich die Frage, ob die Anerkennung einer im Ausland geschlossenen gleichgeschlechtlichen Ehe gegen Grundrechte verstößt.

1) Art. 6 I GG

In Betracht kommt zunächst eine Verletzung von Art. 6 I GG.

a) Schutzbereich

Zunächst muss der Inhalt dieses Grundrechts ermittelt werden.

aa) Ehebegriff

Das Bundverfassungsgericht versteht unter einer Ehe iSd Art. 6 I GG die aus freiem Entschluss unter Mitwirkung des Staates geschlossene und auf Dauer angelegte grundsätzlich unauflösbare gleichberechtigte Lebensgemeinschaft eines Mannes und einer Frau[380]. Das Merkmal der Verschiedengeschlechtlichkeit ist für den Begriff der Ehe iSd Grundgesetzes daher konstitutiv[381].

377 Staudinger/Blumenwitz Art. 6 EGBGB Rn 154 m.w.N.

378 Erman/Hohloch Art. 6 EGBGB Rn 11; Palandt/Thorn Art. 6 EGBGB Rn 4; Kropholler § 36 II 3.

379 BTDrucks 10/504 S. 44; BTDrucks 10/5632 S. 40; MüKo/Sonnenberger Art. 6 EGBGB Rn 49; Staudinger/Blumenwitz Art. 6 EGBGB Rn 134; Kropholler § 36 IV 1.

380 BVerfG NJW 2002, 2543, 2547/2548; s. auch BVerfGE 10, 59, 66; 29, 166, 176; 53, 224, 245; 62, 323, 330.

381 BVerfG NJW 1993, 3058, 3058; 2002, 2543, 2547; BVerwGE 100, 287, 294; BVerwG DVBl 2001, 223, 224; LG Frankfurt a.M. NJW 1993, 1998, 1999; Dreier/Gröschner Art. 6 GG Rn 43ff.; Jarass/Pieroth/Pieroth Art. 6 GG Rn 2; v. Mangoldt/Klein/Starck/Robbers Art. 6 GG Rn 38; Maunz/Dürig/Badura Art. 6 GG Rn 58; v. Münch/Kunig/Coester-Waltjen Art. 6 GG Rn 5, 9; Sachs/Schmitt-Kammler/von Coelln Art. 6 GG Rn 6; Pauly NJW 1997, 1955; a.A. AG Frankfurt a.M. NJW 1993, 940 (aufgehoben durch LG Frankfurt a.M. NJW 1993, 1998f); Möller DÖV 2005, 64ff.

bb) Aspekte des Eheschutzes

Der Eheschutz schlägt sich in drei Teilbereichen nieder.

Zunächst stellt Art. 6 I GG ein klassisches Abwehrrecht dar, welches den Bürger vor Eingriffen des Staates in die Privatsphäre von Ehe und Familie schützen soll[382]. Dem Grundrechtsträger werden insbesondere die Eheschließungs-[383] und die Ehegestaltungsfreiheit[384] gewährleistet.

Des Weiteren enthält Art. 6 I GG aber auch eine Institutsgarantie. Ehe und Familie werden durch dieses Grundrecht in ihrer wesentlichen Struktur gewährleistet. Folglich können diese Institute zum einen nicht vollständig abgeschafft werden und zum anderen nur insoweit verändert werden, als ihr „Ordnungskern" nicht berührt wird[385]. Zu diesem elementaren Kernbestand zählt in Bezug auf die Ehe wie oben dargelegt gerade die Verschiedengeschlechtlichkeit der Partner.

Art. 6 I GG fungiert darüber hinaus als wertentscheidende Grundsatznorm. Hieraus ergibt sich die Pflicht des Staates zur Förderung von Ehe und Familie und gleichzeitig ein Verbot der Benachteiligung dieser Institute[386].

b) Eingriff

Die Anerkennung einer im Ausland geschlossenen gleichgeschlechtlichen Ehe müsste zu einer Verletzung von Art. 6 GG führen.

aa) Abwehrrecht

In Deutschland steht die Ehe ausschließlich verschiedengeschlechtlichen Paaren zur Verfügung. Die Anerkennung eines Instituts, welches sich nur an gleichgeschlechtliche Paare und somit an einen anderen Adressatenkreis richtet, kann potenzielle Ehepaare in Deutschland daher nicht von der Eingehung einer Ehe

---

382 BVerfGE 6, 55, 71; 6, 386, 388; 31, 58, 67; v. Münch/Kunig/Coester-Waltjen Art. 6 GG Rn 19; Sachs/Schmitt-Kammler/von Coelln Art. 6 GG Rn 20.

383 BVerfGE 31, 58, 67; 76, 1, 42; BVerfG NJW 2002, 2543, 2547; Dreier/Gröschner Art. 6 GG Rn 53ff.; v. Mangoldt/Klein/Starck/Robbers Art. 6 GG Rn 51ff.; v. Münch/Kunig/Coester-Waltjen Art. 6 GG Rn 20ff.

384 BVerfGE 68, 256, 268; Dreier/Gröschner Art. 6 GG Rn 63ff.; v. Mangoldt/Klein/Starck/Robbers Art. 6 GG Rn 75; v. Münch/Kunig/Coester-Waltjen Art. 6 GG Rn 20, 25ff.

385 BVerfGE 6, 71, 72; 76, 1, 49; BVerfG NJW 2002, 2543, 2547/2548; Dreier/Gröschner Art. 6 GG Rn 31; v. Münch/Kunig/Coester-Waltjen Art. 6 GG Rn 12f.; Sachs/Schmitt-Kammler/von Coelln Art. 6 GG Rn 27; Schmidt-Bleibtreu/Hofmann/Hopfauf/Hofmann Art. 6 GG Rn 3.

386 BVerfGE 6, 55, 71ff.; BVerfG NJW 2002, 2543, 2548; BVerfGE 108, 351, 363; Dreier/Gröschner Art. 6 GG Rn 33f.; Maunz/Dürig/Badura Art. 6 GG Rn 67; v. Münch/Kunig/Coester-Waltjen Art. 6 GG Rn 35ff.; Sachs/Schmitt-Kammler/von Coelln Art. 6 GG Rn 30ff.

abhalten und auch bestehende Ehen nicht beeinträchtigen[387]. Erkennt man jedoch eine ausländische gleichgeschlechtliche Ehe an, so stellt diese bei einer weiteren Eheschließung in Deutschland ein Ehehindernis gemäß § 1306 BGB[388] dar[389]. Die Partner der gleichgeschlechtlichen Ehe könnten somit in Deutschland keine Person des anderen Geschlechts mehr heiraten. Möglicherweise verletzt dies die durch Art. 6 I GG garantierte Eheschließungsfreiheit. Dies wird z.T. bejaht, da eine bestehende gleichgeschlechtliche Ehe anders als eine verschiedengeschlechtliche Ehe nicht selbst dem Schutz des Art. 6 I GG unterfalle und somit die Eheschließungsfreiheit auch nicht zulässigerweise einschränken könne[390]. Eine solche Unterscheidung missachtet aber das dem deutschen verfassungsrechtlichen Ehebegriff zugrunde liegende Prinzip der Einehe[391]. Die Ehe zeichnet sich gerade durch ihre „personelle Exklusivität" aus, die gleichzeitig bestehende weitere rechtliche Verbindungen der Partner verbietet[392]. Entscheidend ist die zu schließende Ehe, denn dieser gebührt der Schutz der Eheschließungsfreiheit. Dieser Ehe würde es jedoch sowohl beim Bestehen einer verschiedengeschlechtlichen als auch einer gleichgeschlechtlichen Ehe an der notwendigen „personellen Exklusivität" mangeln. Somit ist die Einschränkung der Eheschließungsfreiheit in beiden Fällen durch das Wesen der Ehe sachlich begründet[393]. Darüber hinaus haben die beiden Partner durch Eingehung einer gleichgeschlechtlichen Ehe freiwillig über ihre Eheschließungsfreiheit disponiert und auf diese für die Dauer der Ehe verzichtet[394]. Dieser Verzicht ist auch zulässig, da eine Auflösung der Ehe möglich ist und die Folgen für den Verzichtenden klar vorhersehbar sind[395]. Eine Verletzung des Art. 6 I GG in seiner Funktion als Abwehrrecht ist folglich nicht ersichtlich[396].

---

387 Ebenso im Hinblick auf die Zulässigkeit der Einführung der eingetragenen Lebenspartnerschaft in Deutschland BVerfG NJW 2002, 2543, 2547; Hk-LPartG/Stüber Einleitung Rn 43; Beck NJW 2001, 1894; 1899; Scholz/Uhle NJW 2001, 393, 396.

388 Oder aufgrund eines entsprechenden Bigamieverbotes einer anderen Rechtsordnung.

389 Vgl. MüKo[4]/Coester Art. 13 EGBGB Rn 66.

390 Ebenso in Bezug auf die eingetragene Lebenspartnerschaft Gade VR 2002, 397, 402; ähnlich auch Sachs JR 2001, 45, 48.

391 Vgl. BVerfGE 29, 166, 176; 31, 58, 69; 62, 323, 330; v. Mangoldt/Klein/Starck/Robbers Art. 6 GG Rn 38; Schmidt-Bleibtreu/Hofmann/Hopfauf/Hofmann Art. 6 GG Rn 5.

392 BVerfG NJW 2002, 2543, 2547; Jarass/Pieroth/Pieroth Art. 6 GG Rn 15; Muscheler[1] Rn 24.

393 Ebenso im Hinblick auf die Zulässigkeit der Einführung der eingetragenen Lebenspartnerschaft als Ehehindernis für die Begründung einer Ehe in Deutschland BVerfG NJW 2002, 2543, 2547; Forkert S. 26; Muscheler[1] Rn 24.

394 Ebenso in Bezug auf die eingetragene Lebenspartnerschaft Hk-LPartG/Stüber Einleitung Rn 45; Forkert S. 26.

395 Ebenso in Bezug auf die eingetragene Lebenspartnerschaft Hk-LPartG/Stüber Einleitung Rn 45; Forkert S. 26; zweifelnd Sachs JR 2001, 45, 48.

396 Ebenso Wasmuth in Liber Amicorum Gerhard Kegel 2002, 237, 249.

bb) Institutsgarantie

Würde der deutsche Gesetzgeber die Ehe auch für gleichgeschlechtliche Paare öffnen, würde er das zum Kernbestand der Ehe zählende Merkmal der Geschlechtsverschiedenheit aufgeben. Die Ehe würde in einem wesentlichen Strukturelement verändert. Dies wäre mit der Institutsgarantie in Art. 6 I GG aber nicht vereinbar[397]. Im zu untersuchenden Fall geht es aber nicht um die Öffnung der Ehe für gleichgeschlechtliche Paare durch den deutschen Gesetzgeber, sondern um die Anerkennung einer im Ausland geschlossenen gleichgeschlechtlichen Ehe. Fraglich ist, ob auch hier ein Verstoß gegen die Institutsgarantie vorliegt.

aaa) Einfluss des Charakters als Vorfrage auf das Eingreifen des *ordre public*

Die Frage nach der Anerkennung einer im Ausland geschlossenen gleichgeschlechtlichen Ehe ist eine so genannte Vorfrage[398]. Nach Auffassung *Lagardes* kann das auf eine Vorfrage anzuwendende ausländische Recht unabhängig von seinem Inhalt nie einen Verstoß gegen den *ordre public* begründen, wenn die Hauptfrage ausländischem Recht untersteht. In diesem Fall entscheide ausländisches Kollisionsrecht über die Vorfrage[399], so dass der *ordre public* des Forums als Bestandteil des inländischen Kollisionsrechts überhaupt nicht zur Anwendung gelangen könne[400]. *Lagardes* Ansicht kann aber nicht gefolgt werden. Auch wenn man von einer unselbstständigen Anknüpfung der Vorfrage ausgeht, ist das inländische Kollisionsrecht an der Falllösung beteiligt, nämlich bei der Anknüpfung der Hauptfrage. Es bestimmt somit auch darüber, welches Kollisionsrecht über die Vorfrage entscheidet. Das Ergebnis der Vorfrage ist maßgebend für die Beantwortung der Hauptfrage, und dieses Endergebnis muss sich am inländischen *ordre public* messen lassen[401]. Zudem würde eine derart starre Differenzierung der Funktion des Art. 6 EGBGB (Korrektiv im Einzelfall) nicht gerecht und in der Praxis zur Gefahr untragbarer Ergebnisse führen[402].

Überwiegend wird angenommen, bei Vorfragen liege lediglich seltener ein Verstoß gegen den *ordre public* vor als bei Hauptfragen[403]. Als Begründung wird

397 Huster S. 602; Scholz/Uhle NJW 2001, 393, 397.

398 Vgl. oben C.

399 Lagarde vertritt somit eine unselbstständige Anknüpfung der Vorfrage.

400 Lagarde Recherches sur l'ordre public Rn 72.

401 Vgl. auch Meise S. 183f.; an Lagardes Meinung zweifelnd Spickhoff S. 100f.

402 Vgl. Meise S. 188f.

403 MüKo/Sonnenberger Art. 6 EGBGB Rn 85; Ferid Rn 3-25 (der wohl bei Vorfragen sogar generell einen Verstoß gegen den ordre public ausschließt); v. Hoffmann/Thorn § 6 Rn 153; Kropholler § 36 II 2; Melchior § 217; Raape/Sturm I § 13 VI 3.

insbesondere auf den geringeren Inlandsbezug in diesen Fällen verwiesen[404]. So liege ein deutlich stärkerer Inlandsbezug vor, wenn das umstrittene Rechtsverhältnis im Inland selbst geschaffen wird (Hauptfrage), als wenn ihm im Forum-Staat lediglich bestimmte Wirkungen zugesprochen werden (Vorfrage)[405]. Diese Fixierung auf den Inlandsbezug verdeckt aber den eigentlichen Unterschied zwischen Vor- und Hauptfragen. Art. 6 EGBGB stellt eine reine Ergebniskontrolle dar. Entscheidend ist, ob im jeweiligen Einzelfall die Anwendung der ausländischen Norm zu einem Ergebnis führt, welches mit dem *ordre public* unvereinbar ist, also z.B. einen Grundrechtsverstoß darstellt[406]. Handelt es sich um eine Hauptfrage, dann wäre das Ergebnis die wirksame Begründung des umstrittenen Rechtsverhältnisses, also der gleichgeschlechtlichen Ehe. Stellt sich hingegen eine Vorfrage, so ist das Ergebnis nicht die Schaffung des Rechtsverhältnisses, sondern lediglich die Zuerkennung bestimmter Rechtsfolgen. Hierin liegt bereits der entscheidende Unterschied begründet. Es handelt sich gerade nicht im Hinblick auf den *ordre public* um dasselbe anstößige Ergebnis und damit nur um eine Abweichung in der Stärke des Inlandsbezuges, sondern das konkrete Ergebnis der Rechtsanwendung divergiert bereits. Es lässt sich somit nicht anhand des Merkmals des Inlandsbezugs ein Stufenverhältnis konstruieren. Entscheidend ist nicht die formale Einordnung als Vor- oder Hauptfrage, sondern ob die Anerkennung einer gleichgeschlechtlichen Ehe im Ergebnis gegen den *ordre public* verstößt.

bbb) Verstoß des Ergebnisses der Anerkennung gegen die Institutsgarantie

Um die Institutsgarantie zu verletzen, müsste die Ehe in ihrer grundlegenden Struktur verändert werden, wenn ein deutsches Gericht einer im Ausland geschlossenen gleichgeschlechtlichen Ehe infolge einer Anerkennung Wirkungen zuspricht. Würde der Richter selbst einen Status begründen, der dem deutschen Verfassungsverständnis zuwiderliefe, wie eine gleichgeschlechtliche Ehe, würde dies durchaus den Ordnungskern der Ehe betreffen. Das Gericht befindet jedoch nur über bestimmte Rechtsfolgen, die einer im Ausland geschlossenen gleichgeschlechtlichen Ehe zuerkannt werden. An der Schaffung des Status selbst ist die deutsche Staatsgewalt somit nicht beteiligt. Vielmehr geht es lediglich um Wirkungen eines Instituts, welches dem deutschen Recht unbekannt ist und nicht von

404 MüKo/Sonnenberger Art. 6 EGBGB Rn 85; Palandt/Thorn Art. 6 EGBGB Rn 6; Ferid Rn 3-25; Kropholler § 36 II 2; Raape/Sturm I § 13 VI 3.

405 MüKo/Sonnenberger Art. 6 EGBGB Rn 85; v. Hoffmann/Thorn § 6 Rn 153; Kropholler § 36 II 2.

406 BGHZ 118, 312, 331; Bamberger/Roth/Lorenz Art. 6 EGBGB Rn 9; Erman/Hohloch Art. 6 EGBGB Rn 14; MüKo/Sonnenberger Art. 6 EGBGB Rn 44; Staudinger/Blumenwitz Art. 6 EGBGB Rn 105.

der Garantie des Art. 6 I GG erfasst ist. Das Gericht ist somit gerade nicht mit einer Entscheidung über die Wirkungen des grundgesetzlich geschützten Instituts der Ehe befasst und daher auch nicht mit dem Institut der Ehe als solcher. Aufgrund dessen scheidet eine Verletzung der Institutsgarantie durch die bloße Anerkennung einer im Ausland geschlossenen gleichgeschlechtlichen Ehe zwingend aus[407].

cc) Wertentscheidende Grundsatznorm

Würde man die im Ausland geschlossene gleichgeschlechtliche Ehe in Deutschland anerkennen und ihr Wirkungen zusprechen, kämen Partnern einer gleichgeschlechtlichen Ehe – einer Institution, die nicht von Art. 6 I GG geschützt wird – die gleichen Rechte und Pflichten zu, wie Partnern einer verschiedengeschlechtlichen Ehe. Dies gilt in jedem Fall, wenn die Hauptfrage einer ausländischen Rechtsordnung untersteht, die die gleichgeschlechtliche Ehe eingeführt hat. In diesen Rechtsordnungen werden verschieden- und gleichgeschlechtliche Ehe als einheitliches Institut gewährleistet, so dass (nahezu) keine Unterschiede in den Wirkungen bestehen. Gleichgeschlechtlichen Ehepartnern stünden somit u.a. gesetzliche Erbrechte, Unterhaltsansprüche sowie ein gemeinsames Adoptionsrecht zu. Darüber hinaus wären sie an einer erneuten Eheschließung im Inland mit einer Person des anderen Geschlechts gehindert[408]. Problematisch ist nach Ansicht *Coesters* hingegen der Fall, in dem deutsches Recht oder eine andere Rechtsordnung, die die gleichgeschlechtliche Ehe nicht eingeführt hat, zur Anwendung berufen ist[409]. Das dem deutschen Recht unbekannte Institut müsse im Wege der Substitution eingeordnet werden. Dazu sei zu ermitteln, welches deutsche Sachrecht am besten auf die ausländische gleichgeschlechtliche Ehe passe. Dies ist nach Ansicht *Coesters* das Recht der eingetragenen Lebenspartnerschaft. Im Rahmen der Qualifikation unter C, I wurde jedoch ausführlich dargelegt, dass die ausländische gleichgeschlechtliche Ehe im Hinblick auf Funktion und Bedeutung eher der deutschen verschiedengeschlechtlichen Ehe entspricht als der eingetragenen Lebenspartnerschaft. Dieses Ergebnis kann nun im Rahmen einer Substitution nicht anders ausfallen. Folglich kommt deutsches Eherecht zur Anwendung. Dies gilt entsprechend auch bei der Berufung ausländischer Rechtsordnungen, die ihre Ehe ebenfalls nicht für gleichgeschlechtliche Paare geöffnet haben. Die sich somit ergebende Wirkungsgleichstellung gleich- und verschiedengeschlechtlicher Ehen in Deutschland könnte mit der aus der wertentscheidenden Grundsatznorm resul-

---

407 Einen Verstoß gegen die Institutsgarantie verneinen i.E. auch Coester in Festschrift Sonnenberger 2004, 321, 334f.; Wasmuth in Liber Amicorum Gerhard Kegel 2002, 237, 255.

408 Zum Bigamieverbot bereits oben D, II, 1, b, aa.

409 MüKo[4]/Coester Art. 13 EGBGB Rn 52.

tierenden Pflicht des Staates, Ehe und Familie zu fördern und diese Institute nicht zu benachteiligen, kollidieren.

aaa) Verbot der Benachteiligung der Ehe

Die Wirkungen der verschiedengeschlechtlichen Ehe werden nicht dadurch reduziert, dass auch ausländischen gleichgeschlechtlichen Ehepartnern dieselben Rechte zuerkannt werden. Insbesondere werden gleichgeschlechtliche Ehen nicht besser gestellt als verschiedengeschlechtliche. Eine Anerkennung würde die bestehende Ehe somit nicht schädigen, sondern lediglich einem anderen Institut dieselben Rechte und Pflichten zuweisen[410].

bbb) Gebot der Förderung der Ehe

Nach einer Ansicht bedeutet Förderung notwendigerweise Bevorzugung[411]. Würde man alle Vorteile, die ursprünglich nur der Ehe vorbehalten waren, auf andere Lebensformen ausweiten, verlören diese Vorteile als solche jegliche Bedeutung. Von einer Förderung ließe sich nicht mehr sprechen, wenn allen alles zusteht[412]. Diese Auffassung übersieht jedoch, dass eine Gleichstellung aller Lebensformen überhaupt nicht zur Debatte steht. Auch wenn gleich- und verschiedengeschlechtliche Ehen in ihren Wirkungen gleichgestellt werden, wird die Ehe, und zwar auch die verschiedengeschlechtliche, nach wie vor gefördert. Sie bleibt schließlich im Vergleich zu anderen Lebensformen wie beispielsweise nichtehelichen Lebensgemeinschaften und Singles privilegiert. Die Anerkennung einer ausländischen gleichgeschlechtlichen Ehe entzieht der verschiedengeschlechtlichen Ehe folglich keine Förderung[413].

ccc) Abstandsgebot

Zum Teil wird dem verfassungsrechtlichen Schutz der Ehe aus Art. 6 I GG die Verpflichtung entnommen, die Ehe immer besser zu stellen, als alle anderen Lebens-

410 So im Hinblick auf die Einführung der eingetragenen Lebenspartnerschaft BVerfG NJW 2002, 2543, 2548.

411 Gade VR 2002, 397, 403; Haas NJW 2002, 2543, 2551 (Sondervotum zur Entscheidung des BVerfG).

412 Kemper FPR 2002, 585, 586.

413 So BVerfG NJW 2002, 2543, 2548 zur Einführung der eingetragenen Lebenspartnerschaft.

gemeinschaften[414]. Die Terminologie ist dabei uneinheitlich. Es finden sich die Begriffe des Abstandsgebots[415], Differenzierungsgebots[416], Abbildungsgebots[417] und Gleichstellungsverbots[418]. Eine andere Ansicht sieht in Art. 6 I GG hingegen nur eine Berechtigung des Staates, die Ehe gegenüber anderen Lebensformen besser zu stellen. Hieraus sei aber kein Gebot ableitbar, gleichgeschlechtliche Lebensgemeinschaften im Vergleich zur Ehe zu benachteiligen[419].

(1) Wortlaut

Dem Wortlaut des Art. 6 I GG zufolge stehen Ehe und Familie unter dem „besonderen“ Schutze der staatlichen Ordnung. Dem Begriff „besonderen“ wird z.T. eine Abstufung dergestalt entnommen, dass die Ehe gegenüber anderen Lebensformen stets zu privilegieren sei[420]. Käme es zu einer Gleichstellung, würde die Ehe nicht mehr „besonders“ geschützt[421]. Art. 6 I GG spricht allerdings lediglich von einem „besonderen“ und nicht von einem „bevorzugten“ Schutz, der auf eine solche Abstufung schließen ließe[422]. Die Besonderheit des Eheschutzes in Art. 6 I GG besteht gerade darin, dass der Ehe im Unterschied zu anderen Lebensformen die För-

---

414 Maunz/Dürig/Badura Art. 6 I GG Rn 56, 58c; Schmidt-Bleibtreu/Hofmann/Hopfauf/Hofmann Art. 6 GG Rn 19; Umbach/Clemens/Umbach Art. 6 GG Rn 66; Braun JZ 2002, 23, 26; Burgi Der Staat 2000, 487, 501ff.; Diederichsen NJW 2000, 1841, 1843; Gade VR 2002, 397, 403; Krings ZRP 2000, 409, 412; Pauly NJW 1997, 1955, 1956; Robbers JZ 2001, 779, 783; Scholz/Uhle NJW 2001, 393, 397ff.; Tettinger JZ 2002, 1146, 1148; tendenziell Kemper FPR 2002, 585, 586.

415 Schmidt-Bleibtreu/Hofmann/Hopfauf/Hofmann Art. 6 GG Rn 19; Krings ZRP 2000, 409, 412; Pauly NJW 1997, 1955, 1956; Scholz/Uhle NJW 2001, 393, 397ff.

416 Maunz/Dürig/Badura Art. 6 I GG Rn 56, 58c; Robbers JZ 2001, 779, 783; Tettinger JZ 2002, 1146, 1148.

417 Burgi Der Staat 2000, 487, 502.

418 Gade VR 2002, 397, 403.

419 BVerfG NJW 2002, 2543, 2548f.; Hk-LPartG/Stüber Einleitung Rn 48ff.; Hk-LPartR/Stüber Einführung Rn 18ff.; Jarass/Pieroth/Pieroth Art. 6 GG Rn 14; Forkert S. 34/35; Muscheler Rn 31, 44; Beck NJW 2001, 1894, 1899; Freytag DÖV 2002, 445, 448ff.; Pieroth/Kingreen KritV 2002, 219, 241; Sachs JR 2001, 45, 49; Stüber KritJ 2000, 594, 600; Wasmuth in Liber Amicorum Gerhard Kegel 2002, 237, 255; Wasmuth Der Staat 2002, 47, 52ff.

420 Hausmann/Hohloch/Vogelgesang Kap. 3 Rn 35; Krings ZRP 2000, 409, 412; Pauly NJW 1997, 1955, 1956.

421 Hausmann/Hohloch/Vogelgesang Kap. 3 Rn 35; Tettinger JZ 2002, 1146, 1151.

422 Freytag DÖV 2002, 445, 449; Pieroth/Kingreen KritV 2002, 219, 241; Wasmuth in Liber Amicorum Gerhard Kegel 2002, 237, 252; Wasmuth der Staat 2002, 47, 56; auch Burgi Der Staat 2000, 487, 502 räumt ein, dass „besonderer“ Schutz nicht „bevorzugter“ Schutz bedeuten muss.

derung und der Schutz vor Benachteiligungen garantiert sind[423]. Der Staat muss somit andere Lebensformen nicht fördern, gehindert wird er hieran aber nicht[424]. Folglich mögen andere Lebensformen zwar zu einem gewissen Zeitpunkt der Ehe gleichgestellt sein, sie haben aber, im Unterschied zur Ehe, keinen Anspruch darauf, dass dies auch in Zukunft so bleibt[425]. Mehr lässt sich aber aus dem Begriff des „besonderen Schutzes" nicht herauslesen.

(2) Entstehungsgeschichte

Im Laufe des Gesetzgebungsverfahrens kam es bei der Erarbeitung des Art. 6 I GG zu einer Vielzahl textlicher Veränderungen. Hierbei wechselte die Formulierung oft zwischen „Schutz" und „besonderem Schutz" hin und her[426]. Eine Ansicht begründet dies mit dem jeweiligen Sprachempfinden und sieht dies nicht als inhaltliche Veränderung der Norm an[427]. Andere halten die Terminologie „besonderer Schutz" hingegen für bewusst gewählt[428]. Dies ergebe sich auch aus Art. 119 Weimarer Reichsverfassung, der Vorgängernorm zu Art. 6 I GG, in der die Ehe ebenfalls unter dem „besonderen" Schutz stand[429]. Aber selbst wenn man die zweite Auffassung teilt, lässt sich hieraus kein Abstandsgebot herleiten. Das „besondere" an der Ehe ist, wie bereits gezeigt, gerade die ihr zukommende Garantie der Förderung und des Schutzes vor Beeinträchtigungen[430].

Es wird jedoch darauf verwiesen, dass dem Gesetzgeber bei Schaffung des Grundgesetzes die Existenz anderer Lebensformen durchaus bekannt gewesen sei und er ausdrücklich darauf verzichtet habe, diese dem Schutz der Verfassung zu unterstellen[431]. Dies zeige den Entschluss, der Ehe eine höhere Stellung als allen anderen Formen des menschlichen Zusammenlebens einzuräumen[432]. Hieraus folge die Pflicht des Staates, der Ehe bestimmte Privilegien vorzubehalten, und somit ein Abstandsgebot in Bezug auf andere Formen des menschlichen Zusammenlebens[433]. Diese Ansicht differenziert jedoch nicht hinreichend zwi-

423 BVerfG NJW 2002, 2543, 2548; Forkert S. 31; Risse S. 303; Pieroth/Kingreen KritV 2002, 219, 241.

424 Pieroth/Kingreen KritV 2002, 219, 241.

425 Forkert S. 31; Risse S. 303.

426 BVerfG NJW 2002, 2543, 2549; Tettinger JZ 2002, 1146, 1148.

427 BVerfG NJW 2002, 2543, 2549.

428 Tettinger JZ 2002, 1146, 1148f.

429 Tettinger JZ 2002, 1146, 1149.

430 S. oben D, II, 1, b, cc, ccc, (1).

431 Burkiczak ThürVBl 2003, 7, 10; Scholz/Uhle NJW 2001, 393, 397.

432 Scholz/Uhle NJW 2001, 393, 397.

433 Scholz/Uhle NJW 2001, 393, 397/398.

schen dem Schutzbereich des Art. 6 I GG und seinen Schutzfunktionen[434]. Die Entscheidung des Parlamentarischen Rates, Art. 6 I GG erfasse nur die Ehe, nicht aber das „Konkubinat", definiert nur den Adressatenkreis der Norm, nicht jedoch, welche Wirkungen sich hieraus ergeben[435]. So wurde eine konkrete Regelung der Rechtsfolgen im Verfassungsgebungsverfahren gerade nicht vorgenommen[436]. Es bestand zwar Einvernehmen, Ehe und Familie verfassungsrechtlichen Schutz zu gewähren, das Verhältnis zwischen den einzelnen Lebensformen war damit aber nicht geklärt[437]. Ferner hat der Verfassungsgeber an gleichgeschlechtliche Partnerschaften ohnehin nicht gedacht und sich daher auch überhaupt nicht mit der Frage auseinandergesetzt, ob diesen Rechte zustehen können und wie sie zur durch Art. 6 I GG geschützten Ehe stehen[438]. Die Konstruierung eines hypothetischen Willens, wie *Burkiczak* sie vornimmt[439], kann für eine historische Auslegung keine Relevanz haben. Entscheidend ist nur der tatsächlich geäußerte Wille des Gesetzgebers[440]. Durch die Schaffung des Art. 6 I GG sollten Paare zur Eheschließung bewegt werden. Diese Intention läuft aber im Hinblick auf gleichgeschlechtliche Partner, die schließlich keine Ehe in Deutschland eingehen können, ins Leere[441]. Somit beabsichtigte der Verfassungsgeber allenfalls ein Abstandsgebot zwischen Ehe und solchen Lebensformen, die tatsächlich in Konkurrenz zu dieser treten können, nicht aber in Bezug auf solche, die einen völlig anderen Adressatenkreis ansprechen[442].

(3) Systematik

In systematischer Hinsicht wird auf die für eine Grundrechtsnorm ungewöhnliche explizite Erwähnung einer Schutzverpflichtung des Staates hingewiesen. Der Ehe werde somit aufgrund dieser Besonderheit im Verhältnis zu anderen Lebensformen ein besonderer Rang zugewiesen[443]. Vergleicht man Art. 6 I GG jedoch mit anderen Grundrechten, erkennt man, dass diese, anders als Art. 6 I GG, nur ein

---

434 So allgemein (nicht explizit im Hinblick auf die historische Auslegung) Pieroth/Kingreen KritV 2002, 219, 240.

435 Wasmuth Der Staat 2002, 47, 54.

436 V. Mangoldt, Anlage zum stenographischen Bericht der 9. Sitzung des Parlamentarischen Rates am 6. Mai 1949, S. 6 u. 9.

437 BVerfG NJW 2002, 2543, 2549.

438 Hk-LPartG/Stüber Einleitung Rn 53; Forkert S. 28; Beck NJW 2001, 1894, 1899; Freytag DÖV 2002, 445, 450; Stüber KritJ 2000, 594, 597.

439 Burkiczak ThürVBl 2003, 7, 10.

440 Larenz Methodenlehre II, Kap. 4, 2, c.

441 Risse S. 304.

442 Forkert S. 28; Muscheler Rn 44; Risse S. 304.

443 Gade VR 2002, 397, 403; Krings ZRP 2000, 409, 412.

Abwehrrecht begründen. Das „Besondere" an Art. 6 I GG ist somit bereits die darüber hinausgehende Funktion einer Institutsgarantie und eines Förderauftrages des Staates zu Gunsten von Ehe und Familie[444]. Ein Abstandsgebot lässt sich aus der Gesetzessystematik hingegen nicht entnehmen.

(4) Sinn und Zweck

Art. 6 I GG dient zunächst dazu, die Bereitschaft zur Eheschließung zu fördern[445]. Dieses Ziel lässt sich grundsätzlich durch eine Besserstellung der Eheleute gegenüber anderen Paaren erreichen[446]. Im Hinblick auf gleichgeschlechtliche Paare ist diese Funktion indes gegenstandslos, da diesen in Deutschland eine Eheschließung gerade verwehrt ist[447].

Des Weiteren wird der Sinn des Eheschutzes in der Sicherung des Fortbestands der Gesellschaft gesehen. Somit sei der Staat nur an der Förderung der verschiedengeschlechtlichen Ehe interessiert, da nur aus dieser eine Familie entstehen könne[448]. Selbst wenn man eine solche Funktion des Eheschutzes annähme[449], würde sie durch die Anerkennung einer ausländischen gleichgeschlechtlichen Ehe nicht beeinträchtigt, denn eine Auswirkung auf die Fortpflanzungswilligkeit verschiedengeschlechtlicher Paare ist nicht ersichtlich. In Zeiten künstlicher Befruchtung werden hingegen durchaus auch in gleichgeschlechtlichen Beziehungen Kinder geboren. Dies kann durch eine rechtliche Absicherung der Partner sowie durch die in ausländischen Rechtsordnungen bestehende Elternvermutung in diesen Fällen gerade gefördert werden. Ein Abstandsgebot ließe sich einer solchen Ehefunktion somit nicht entnehmen.

Nach Auffassung *Burgis* ist entscheidend, dass neben der Ehe einem Paar auch noch andere Formen der Lebensgemeinschaft zur Auswahl stehen. Wenn die Verfassung aber nur eine bestimmte Art dieser Lebensgemeinschaften, nämlich die Ehe, unter besonderen Schutz stelle, dann müsse dem Staat eine Gleichstellung der anderen Lebensformen verwehrt bleiben. Ansonsten würde die verfassungsrechtliche Wertentscheidung zugunsten der Ehe missachtet. Der Gesetzgeber sei daher verpflichtet, diese Vorrangstellung der Ehe im einfachen Recht nachzuvollziehen[450]. Hieraus folgert *Burgi* auch die Verfassungswidrigkeit einer ehegleichen

444 Wasmuth in Liber Amicorum Gerhard Kegel 2002, 237, 252; Wasmuth Der Staat 2002, 47, 56.
445 BVerfGE 28, 324, 347; 55, 114, 126/127.
446 Hk-LPartG/Stüber Einleitung Rn 61; Stüber KritJ 2000, 594, 598.
447 Hk-LPartG/Stüber Einleitung Rn 61; Bruns ZRP 1996, 6, 8; Stüber KritJ 2000, 594, 598/599.
448 Burkiczak ThürVBl 2003, 7, 10.
449 A.A. Freytag DÖV 2002, 445, 450.
450 Burgi Der Staat 2000, 487, 502.

Ausgestaltung gleichgeschlechtlicher Lebensgemeinschaften[451]. Dabei missachtet er aber seine eigene Prämisse. Gleichgeschlechtliche Paare haben in Deutschland nicht die Möglichkeit, eine Ehe zu schließen. Somit stehen gleichgeschlechtliche Lebensgemeinschaften, anders als etwa (verschiedengeschlechtliche) nichteheliche Lebensgemeinschaften, gerade nicht alternativ neben der (verschiedengeschlechtlichen) Ehe[452]. Burgis Übertragung seiner Argumentation auf gleichgeschlechtliche Paare ist daher nicht nachvollziehbar[453].

(5) Ergebnis zu ccc)

Somit lässt sich weder Wortlaut, Historie, Systematik noch Sinn und Zweck des Art. 6 I GG ein Abstandsgebot entnehmen.

ddd) Ergebnis zu cc)

Die Wirkungsgleichstellung zwischen verschieden- und gleichgeschlechtlicher Ehe verstößt somit nicht gegen Art. 6 I GG in seiner Funktion als wertentscheidende Grundsatznorm.

dd) Polygame Ehe

Oftmals wird im Zusammenhang mit der Anerkennung einer ausländischen gleichgeschlechtlichen Ehe auf die Fälle der polygamen Ehe verwiesen[454], die nach h.M. in Deutschland zwar nicht geschlossen werden kann, aber grundsätzlich anerkannt wird[455]. Die Sachverhalte sind hinsichtlich der Institutsgarantie durchaus ähnlich gelagert. Die polygame Ehe verstößt gegen das zum Ordnungskern des verfassungsrechtlichen Ehebegriffs zählende Merkmal der Einehe, die gleichgeschlechtliche Ehe gegen das ebenfalls konstitutive Merkmal der Verschiedengeschlechtlichkeit[456]. Im Hinblick auf die anderen Funktionen des Art. 6 I GG (Abwehrrecht und wertentscheidende Grundsatznorm) gibt es jedoch Unterschiede. Bei einer Mehrehe existiert, anders als bei einer gleichgeschlechtlichen Ehe, immer noch

---

451 Burgi Der Staat 2000, 587, 505.

452 Hk-LPartG/Stüber Einleitung Rn 61; Wasmuth Der Staat 2002, 47, 65.

453 Wasmuth in Liber Amicorum Gerhard Kegel 2002, 237, 254; Wasmuth Der Staat 2002, 47, 65.

454 Vgl. nur MüKo[4]/Coester Art. 13 EGBGB Rn 51; Jakob S. 232; Coester in Festschrift Sonnenberger 2004, 321, 334f.; Röthel IPRax 2002, 496, 499.

455 LG Frankfurt a.M. FamRZ 1976, 217; Bamberger/Roth/Mörsdorf-Schulte Art. 13 EGBGB Rn 33; Erman/Hohloch Art. 13 EGBGB Rn 32; MüKo/Coester Art. 13 EGBGB Rn 66ff.; Staudinger/Blumenwitz Art. 6 EGBGB Rn 120; Cullmann FamRZ 1976, 313, 313/314; Sonnenberger in Symposium Spellenberg 2006, 29, 36; Spickhoff JZ 1991, 323, 326f.

456 So auch Coester in Festschrift Sonnenberger 2004, 321, 334.

eine andere Ehe, die durch Anerkennung der Zweitehe tangiert werden könnte. So könnte z.B. der erste Ehepartner benachteiligt werden, wenn nun noch einer weiteren Person Unterhaltsansprüche zuerkannt werden. Das Konfliktpotenzial ist in den Fällen der Mehrehe somit deutlich höher. Darüber hinaus hat die gleichgeschlechtliche Ehe als soziale Lebensform mehr Ähnlichkeit mit der verschiedengeschlechtlichen Ehe als die Mehrehe[457]. Wenn nun aber polygame Ehen grundsätzlich anerkannt werden, muss dies erst recht für die gleichgeschlechtliche Ehe gelten. Ein Vergleich mit der Behandlung der Mehrehe stützt somit das bisher gefundene Ergebnis.

ee) Ergebnis zu b)

Die Anerkennung einer im Ausland geschlossenen gleichgeschlechtlichen Ehe stellt somit keinen Eingriff in Art. 6 I GG dar.

c) Ergebnis zu 1)

Art. 6 I GG ist somit nicht verletzt.

2) Allgemeines Persönlichkeitsrecht des Kindes (Art. 2 I i.V.m. Art. 1 I GG)

Die Möglichkeit einer gemeinsamen Adoption durch ein gleichgeschlechtliches Ehepaar könnte möglicherweise gegen das allgemeine Persönlichkeitsrecht des Kindes aus Art. 2 I i.V.m. Art. 1 I GG verstoßen, welches eine hinreichende Berücksichtigung des Kindeswohls fordert[458]. Eine Vielzahl von Studien belegt aber, dass gleichgeschlechtliche Eltern genauso gut Kinder erziehen können wie verschiedengeschlechtliche[459]. So engagiert sich in diesen Beziehungen auch gerade der nicht leibliche Elternteil sehr stark im Rahmen der Kindererziehung[460]. Das Erziehungsverhalten gleichgeschlechtlicher Eltern zeichnet sich durch „Wärme, offene Zuneigung und häufiges Loben“ aus[461]. Den Kindern wird ein sehr hoher Stellenwert beigemessen[462]. Zur Entwicklung in einer Familie mit verschiedenge-

---

457 McKenzie Norrie Journal of PIL Vol. 2 (2006), 137, 165.
458 Vgl. BVerfGE 75, 201, 218; 79, 51, 63f.; Jarass/Pieroth/Jarass Art. 2 GG Rn 49; Grehl S. 95f.
459 Pätzold FPR 2005, 269, 270f. m.w.N.; Wellenhofer NJW 2005, 705, 706.
460 Rupp S. 292.
461 Rupp S. 294.
462 Rupp S. 294.

schlechtlichen Eltern lassen sich keine negativen Unterschiede feststellen[463]. Es wird im Gegenteil durch die Offenheit gleichgeschlechtlicher Eltern gegenüber anderen Lebensformen den Kindern bereits früh Toleranz vermittelt[464]. Zudem haben diese Kinder in der Regel ein höheres Selbstwertgefühl[465]. Das Kindeswohl wird somit durch das Aufwachsen in einer gleichgeschlechtlichen Beziehung nicht beeinträchtigt[466]. Vielmehr fördert die Zulassung einer gemeinsamen Adoption für gleichgeschlechtliche Paare und die damit einhergehende rechtliche Absicherung des Kindes das Kindeswohl[467]. Auch der deutsche Gesetzgeber wollte mit Einführung der Stiefkindadoption zum 01.01.2005 für das Kind rechtliche Unsicherheiten beseitigen und seine Stellung gegenüber dem Nichtelternteil verbessern[468]. Eine grundsätzliche Unvereinbarkeit eines gemeinsamen Adoptionsrechts gleichgeschlechtlicher Eheleute mit dem Kindeswohl lässt sich daher nicht begründen[469]. Ein Verstoß gegen Art. 2 I i.V.m. Art. 1 I GG scheidet somit aus[470].

3) Ergebnis

Weitere möglicherweise betroffene Grundrechte sind nicht ersichtlich. Die Anerkennung einer im Ausland geschlossenen gleichgeschlechtlichen Ehe führt daher nicht zu einem Grundrechtsverstoß.

III) Unvereinbarkeit der Anerkennung mit wesentlichen Grundsätzen des deutschen Rechts – Art. 6 S. 1 EGBGB

Entscheidend für ein Eingreifen des allgemeinen *ordre public* ist, „ob das Ergebnis der Anwendung des ausländischen Rechts zu den Grundgedanken der deutschen Regelung und den in ihnen enthaltenen Gerechtigkeitsvorstellungen in so starkem Widerspruch steht, dass es nach inländischer Vorstellung untragbar erscheint."[471]

463 Rupp S, 294, 305 u. 308.
464 Rupp S. 294.
465 Rupp S. 305.
466 Ebenso Pätzold FPR 2005, 269, 271.
467 Vgl. Rupp S. 303.
468 BTDrucks 15/3445, S. 15.
469 So auch Dethloff (ZRP 2004, 195, 199f.) allgemein zu gleichgeschlechtlichen Paaren.
470 Ebenso Pätzold (FPR 2005, 269, 271) in Bezug auf die eingetragene Lebenspartnerschaft.
471 BGHZ 118, 312, 330; 123, 268, 270.

Wie bereits ausgeführt steht nicht die Einführung einer gleichgeschlechtlichen Ehe durch den deutschen Gesetzgeber oder die Begründung dieses Status durch einen deutschen Richter in Frage. Zu untersuchen ist, ob die Anerkennung einer im Ausland geschlossenen gleichgeschlechtlichen Ehe und die daraus resultierenden Wirkungen zu einem Verstoß gegen den *ordre public* führen. In Deutschland wurde mit Einführung der eingetragenen Lebenspartnerschaft für gleichgeschlechtliche Paare ein eigenes Institut geschaffen, das in seinen Rechtsfolgen der Ehe in weiten Bereichen gleichgestellt ist[472]. Viele der Wirkungen, die infolge einer Anerkennung gleichgeschlechtlichen Ehen zuerkannt würden, stehen somit gerade im Einklang mit den deutschen Rechtsvorschriften, da dieselben Rechtsfolgen auch nach deutschem Recht für gleichgeschlechtliche Paare vorgesehen sind. Ein Hauptunterschied liegt nach wie vor im Adoptionsrecht. Aber wie bereits ausgeführt, verstößt ein gemeinsames Adoptionsrecht gleichgeschlechtlicher Ehegatten gerade nicht gegen das aus Sicht des deutschen Rechts entscheidende Merkmal des Kindeswohls (§ 1741 I 1 BGB)[473]. Darüber hinaus wollte der deutsche Gesetzgeber durch Schaffung des Instituts der eingetragenen Lebenspartnerschaft der Diskriminierung gleichgeschlechtlicher Paare entgegenwirken[474]. Dieser Zweck würde durch eine Anerkennung der im Ausland geschlossenen gleichgeschlechtlichen Ehe sogar gefördert[475]. Das Ergebnis der Anerkennung der gleichgeschlechtlichen Ehe steht somit nicht im Widerspruch zu den Grundgedanken und Gerechtigkeitsvorstellungen des deutschen Rechts[476]. Ein Verstoß gegen Art. 6 S. 1 EGBGB scheidet daher aus.

IV) Ergebnis

Die im Ausland geschlossene gleichgeschlechtliche Ehe zweier Personen, deren jeweiliges Heimatrecht eine derartige Eheschließung zulässt und die Verweisung des deutschen Kollisionsrechts annimmt, verstößt somit nicht gegen den *ordre public*. In einer solchen Konstellation kommt es daher zur Anerkennung einer im Ausland geschlossenen gleichgeschlechtlichen Ehe in Deutschland.

472 S. oben B, I.

473 S. oben D, II, 2.

474 BTDrucks 14/3751 S. 1, 33.

475 Wasmuth in Liber Amicorum Gerhard Kegel 2002, 237, 258.

476 Wasmuth in Liber Amicorum Gerhard Kegel 2002, 237, 258; im Grundsatz auch Hk-LPartR/Kiel Art. 17b EGBGB Rn 75.

E) Einfluss des Europarechts

Im Europäischen Rechtsraum kommen alle Unionsbürger in den Genuss der Grundfreiheiten und des allgemeinen Rechts auf Freizügigkeit[477]. Die vorgenommene Einordnung der gleichgeschlechtlichen Ehe unter Art. 13 EGBGB führt dazu, dass grundsätzlich nur solche Ehen in Deutschland anerkannt werden, an denen Staatsangehörige beteiligt sind, deren Heimatstaaten die gleichgeschlechtliche Ehe eingeführt haben[478]. Hat also z.B. ein Spanier (S) in Spanien einen Deutschen (D) geheiratet, ist aufgrund der Anknüpfung an die jeweilige Staatsangehörigkeit nach Art. 13 I EGBGB die Vorfrage nach dem wirksamen Bestehen der Ehe aufgrund des ablehnenden deutschen Heimatrechts von D zu verneinen. Die Partner könnten aus ihrer Ehe in Deutschland somit keine Rechte herleiten. Die damit verbundenen Belastungen könnten diese Paare davon abhalten, aus einem Mitgliedstaat der Europäischen Union nach Deutschland zu verziehen, also von ihren Grundfreiheiten bzw. ihrem allgemeinen Freizügigkeitsrecht Gebrauch zu machen, um einen Verlust ihres Ehestatus zu vermeiden. Die Nichtanerkennung einer im Ausland wirksam geschlossenen gleichgeschlechtlichen Ehe infolge der Einordnung unter Art. 13 EGBGB stellt somit möglicherweise einen Verstoß gegen den EG-Vertrag dar.

I) Zugang zur gleichgeschlechtlichen Eheschließung in der EU – Konfliktpotenzial

Die zu Beginn der Arbeit erfolgten Ausführungen haben gezeigt, dass bisher fünf Mitgliedstaaten der Europäischen Union (die Niederlande, Belgien, Spanien, Schweden und Portugal) die Ehe für gleichgeschlechtliche Paare geöffnet haben[479]. Bisher nicht untersucht wurde, wer in diesen Ländern eine solche Ehe

---

477 Vgl. Haratsch/Koenig/Pechstein Rn 647, 693.

478 Desweiteren käme es zu einer Anerkennung, wenn das Kollisionsrecht des jeweiligen Heimatstaates für das Zustandekommen gleichgeschlechtlicher Ehen auf eine Rechtsordnung weiterverweist, die eine solche Eheschließung zulässt, z.B. durch Anknüpfung an den Eheschließungsort.

479 S. oben B, II, 1, a - c u. e - f.

eingehen kann[480]. Sollte diese Möglichkeit nur Staatsangehörigen offenstehen, deren Heimatrecht selbst eine gleichgeschlechtliche Ehe eingeführt hat, träten keine europarechtlich problematischen Fälle zu Tage, da diese Ehen aufgrund der Anknüpfung an Art. 13 I EGBGB auch in Deutschland anerkannt würden. Konflikte treten jedoch auf, wenn auch solche Staatsangehörige eine gleichgeschlechtliche Ehe schließen können, deren Heimatrecht – wie z.B. das deutsche Recht – diese Möglichkeit nicht vorsieht.

1) Voraussetzungen der Eingehung einer gleichgeschlechtlichen Ehe in den Niederlanden

a) Zuständigkeit

Um in einer niederländischen Gemeinde die Ehe schließen zu können, muss mindestens einer der Eheschließenden seinen Wohnsitz in den Niederlanden haben oder aber Niederländer sein[481].

b) Kollisionsrecht

Nach niederländischem Kollisionsrecht ist es zur Eingehung einer gleichgeschlechtlichen Ehe grundsätzlich ausreichend, wenn jeder Ehegatte die Voraussetzungen seines Heimatrechts im Hinblick auf die Eheschließung erfüllt[482]. Es genügt aber auch, wenn die Ehevoraussetzungen nach niederländischem Recht vorliegen, sofern einer der Eheschließenden niederländischer Staatsangehöriger ist oder seinen gewöhnlichen Aufenthalt in den Niederlanden hat[483].

c) Ergebnis

In den Niederlanden sind somit nicht nur gemischt-nationale Ehen zwischen einem niederländischen Staatsangehörigen und einem gleichgeschlechtlichen Partner aus einem anderen Staat möglich, sondern sogar gleichgeschlechtliche Ehen zwischen zwei Partnern, deren Heimatrecht jeweils die Eingehung einer gleichgeschlechtli-

480 Die nachfolgende Untersuchung beschränkt sich auf die Rechtslage in den Niederlanden, Belgien und Spanien, da Schweden und Portugal erst kürzlich die Möglichkeit der Eingehung einer gleichgeschlechtlichen Ehe geschaffen haben.

481 Art. 43 I BW1.

482 Art. 2b *Wet conflictenrecht huwelijk* (WCH) (übersetzt von Bergmann/Ferid/Henrich/Weber als „Gesetz über das Kollisionsrecht der Eheschließung").

483 Art. 2a WCH.

chen Ehe untersagt, sofern zumindest einer von ihnen seinen gewöhnlichen Aufenthalt und Wohnsitz in den Niederlanden hat.

2) Voraussetzungen in Belgien

a) Zuständigkeit

Die belgischen Behörden sind für eine Eheschließung in Belgien zuständig, sofern einer der Eheschließenden Belgier ist, seinen Wohnsitz in Belgien hat oder zumindest die letzten drei Monate vor der Eheschließung seinen gewöhnlichen Aufenthalt dort hatte[484].

b) Kollisionsrecht

Nach belgischem Kollisionsrecht (Art. 46 I CDIPr) ist es grundsätzlich erforderlich, dass jeder der Eheschließenden die Ehevoraussetzungen seines Heimatrechtes erfüllt. Art. 46 II CDIPr macht hiervon jedoch eine Ausnahme. So ist eine nach Abs. 1 berufene Rechtsnorm nicht anzuwenden, wenn sie die Eingehung einer gleichgeschlechtlichen Ehe verbietet, einer der Partner jedoch einem Staat angehört, dessen Rechtsordnung dies erlaubt, oder in einem solchen Staat seinen gewöhnlichen Aufenthalt hat.

c) Ergebnis

Auch in Belgien können somit zwei Personen jedweder Nationalität eine gleichgeschlechtliche Ehe schließen, selbst wenn keine ihrer Heimatrechtsordnungen dies erlaubt, sofern wenigstens eine von ihnen ihren gewöhnlichen Aufenthalt und Wohnsitz in Belgien hat, bzw. zumindest seit mehr als drei Monaten ihren gewöhnlichen Aufenthalt[485].

---

484 Art. 44 *Le Code de droit international privé* (CDIPr).

485 Rundschreiben über die das Personalstatut betreffenden Aspekte des Gesetzes vom 16. Juli 2004 zur Einführung des Gesetzbuches über das internationale Privatrecht vom 23.09.2004, *Moniteur belge* 26.10.2005, S. 46009, K; Erauw/Carlier Art. 46 CDIPr C.

3) Voraussetzungen in Spanien

a) Zuständigkeit

Um in Spanien eine gleichgeschlechtliche Ehe eingehen zu können, muss mindestens einer der Partner seinen Wohnsitz in Spanien haben[486].

b) Kollisionsrecht

Gemäß Art. 9.1 CCE bestimmt sich die Ehefähigkeit im spanischen Recht nach dem jeweiligen Heimatrecht der Eheschließenden[487]. Angehörigen eines Staates, der die gleichgeschlechtliche Ehe nicht zulässt, würde somit die Eingehung einer gleichgeschlechtlichen Ehe in Spanien versagt[488], selbst wenn der andere Eheschließende einem Staat angehört, der diese Möglichkeit vorsieht. Dieses Problem tauchte bereits kurz nach Inkrafttreten des *Ley 13/2005*, welches die Eingehung der gleichgeschlechtlichen Ehe in Spanien ermöglichte, auf. So wollte im Juli 2005 ein Spanier einen Inder heiraten, beide wohnhaft in Spanien. Der Richter verlangte von dem Inder, ein Ehefähigkeitszeugnis nach indischem Recht vorzulegen. Dies war jenem aber nicht möglich, da das indische Recht eine Ehe zwischen gleichgeschlechtlichen Partnern nicht kennt[489]. Einen ähnlichen Fall gab es auch einige Wochen später, als ein Spanier einen Portugiesen heiraten wollte und dem Portugiesen ebenfalls aufgegeben wurde, ein derartiges Ehefähigkeitszeugnis beizubringen[490]. Anders entschied hingegen ein Richter in *Mollet del Valles (Barcelona)* am 22.07.2005. Dort begehrten eine spanische und eine argentinische Frau die Eheschließung. Der Richter schloss die Ehe, obwohl das argentinische Recht eine Ehe zwischen Personen des gleichen Geschlechts nicht zulässt[491]. Aufgrund dieser Unklarheiten sah sich die *Dirección General de los Registros y del Notariado (DGRN)* veranlasst, ein Rundschreiben (*resolución-circular*) zu dieser Problematik zu verfassen[492]. Die *DGRN* ist ein Organ des Spanischen Justizminis-

486 *Resolución-Circular* v. 29.07.2005, *BOE núm. 188* v. 08.08.2005, S. 27817, 27820, VIII, b; Quiñones Escámez Uniones conyugales o de pareja S. 24; Calvo Caravaca/Carrascosa González Boletín núm. 2007, 671, 695 Rn 48.

487 Vgl. Calvo Caravaca/Carrascosa González DIPr II, Cap. XVI, Rn 21.

488 Sofern nicht das jeweilige Heimatrecht auf spanisches Recht zurück- bzw. auf eine andere Rechtsordnung, die die gleichgeschlechtliche Ehe ebenfalls zulässt, weiterverweist (vgl. *Resolución-Circular* v. 29.07.2005 (*BOE núm. 188* v. 08.08.2005, S. 27817, 27818, III, c).

489 *El País* 06.07.2005 S. 25; vgl. *Resolución* der *DGRN* v. 26.10.2005, *BOE núm. 313* v. 31.12.2005, S. 43435ff.

490 Vgl. *Resolución* der *DGRN* v. 07.04.2006, *BOE núm. 135* v. 07.06.2006, S. 21757ff.

491 *El Mundo* 23.07.2005 S. 21; *El País* 23.07.2005 S. 64.

492 *Resolución-Circular* v. 29.07.2005, *BOE núm. 188* v. 08.08.2005, 27817ff.

teriums, welches u.a. die Funktion hat, alle Personenstandsregister Spaniens zu kontrollieren und zu beaufsichtigen und über Beschwerden gegen Entscheidungen der Registerbeamten zu entscheiden. Die Entscheidungen der *DGRN* sind für alle Registerbeamten verbindlich[493]. Die *DGRN* zeigt in ihrem Rundschreiben zwei alternative Lösungswege auf, um auch Angehörigen eines Staates, der die gleichgeschlechtliche Ehe nicht zulässt, die Eingehung einer solchen Ehe in Spanien zu ermöglichen.

aa) *Ordre public*

Zum einen lässt sich in dem Erfordernis der Verschiedengeschlechtlichkeit der Ehepartner ein Verstoß gegen den spanischen *ordre public* sehen[494]. Die Einführung der gleichgeschlechtlichen Ehe in Spanien beruht auf verfassungsrechtlichen Erwägungen. So fördert sie die freie Entfaltung der Persönlichkeit (Art. 9.2 und 10.1 CE) und schützt die Freiheit hinsichtlich der Wahl der Form des Zusammenlebens (Art. 1.1 CE). Ferner kommen tatsächlich alle Bürger in den Genuss gleicher Rechte, wodurch auch dem Verbot der Diskriminierung aufgrund des Geschlechts, der Meinung oder einer sonstigen persönlichen oder sozialen Bedingung (Art. 14 CE) Rechnung getragen wird[495]. Diese verfassungsrechtliche Verankerung der gleichgeschlechtlichen Ehe macht sie selbst zu einem grundlegenden Bestandteil des spanischen Ehesystems und somit zu einem Teil des spanischen *ordre public*[496]. Die Fälle sind mit Eheverboten aufgrund unterschiedlicher Religionen der Ehegatten oder wegen der Transsexualität eines Ehegatten vergleichbar, bei denen der *ordre public* ebenfalls zur Anwendung gelangt und die Anwendung des ausländischen Rechts abwehrt[497]. Ferner ist es nicht die Aufgabe des spanischen Registerbeamten, die ausländischen Rechtsordnungen und ihre Eheverbote durchzusetzen[498]. Das vom ausländischen Heimatrecht aufgestellte Erfordernis der Verschiedengeschlechtlichkeit ist somit bei einer Eheschließung in Spanien aufgrund des Eingreifens des spanischen *ordre public* nicht zu beachten[499].

---

493 Vgl. González Beilfuss FamPra.ch 2006, 878, 880; dieselbe „Spanish Report" S. 5.

494 *Resolución-Circular* v. 29.07.2005, *BOE núm. 188* v. 08.08.2005, S. 27817, 27818f., V.

495 Vgl. *Ley 13/2005* v. 01.07.2005, *BOE núm. 157*, 02.07.2005, 23632, 23632f.

496 Calvo Caravaca/Carrascosa González Boletín núm. 2007, 671, 694 Rn 47.

497 *Resolución-Circular* v. 29.07.2005, *BOE núm. 188* v. 08.08.2005, S. 27817, 27819, V.

498 *Resolución-Circular* v. 29.07.2005, *BOE núm. 188* v. 08.08.2005, S. 27817, 27819, V.

499 *Resolución-Circular* v. 29.07.2005, *BOE núm. 188* v. 08.08.2005, S. 27817, 27818f., V.

bb) Geschlechtsverschiedenheit als objektives Erfordernis des Instituts der Ehe

Ein anderer Lösungsweg besteht darin, die Geschlechtsverschiedenheit der Partner als objektives Erfordernis des Instituts der Ehe einzuordnen. So entsprach es bis 2005 allgemeiner Ansicht in Spanien, dass es sich bei einer Ehe um eine Verbindung zwischen Mann und Frau handelt. Somit bestand nie ein Eheverbot für gleichgeschlechtliche Paare in den Art. 46, 47 CCE, und eine gesetzliche Bezugnahme auf das Geschlecht der Partner war unnötig. Das Merkmal der Geschlechtsverschiedenheit war ein Bestandteil der Ehe als Institution und kein Erfordernis der Ehefähigkeit der Partner[500]. Die Voraussetzung der Geschlechtsverschiedenheit soll nicht die Eheschließenden schützen, wie andere Eheunfähigkeitsgründe (z.B. Mindestalter), sondern ist ein institutionelles Erfordernis, um ein bestimmtes Konzept der Ehe zu verteidigen und zu schützen[501]. Da viele ausländische Rechtsordnungen die Ehe nicht als eine Institution begreifen, die gleichgeschlechtlichen Paaren offen steht, und mangels spezieller Kollisionsnorm in der spanischen Rechtsordnung für Ehevoraussetzungen, die (wie die Geschlechtsverschiedenheit der Partner) dem Institut der Ehe nach spanischem Recht fremd sind, aber auch nicht der subjektiven Ehefähigkeit der Eheschließenden zuzurechnen sind, besteht eine Gesetzeslücke im spanischen Kollisionsrecht[502]. Art. 9.1 CCE gilt seinem Wortlaut nach nur für die allgemeine Handlungsfähigkeit der Ehegatten[503] und es besteht kein Grund, ihn über Gebühr auch auf die objektiven Erfordernisse des Instituts der Ehe auszudehnen[504]. Die Lücke ist durch materielles spanisches Recht zu schließen, um das Recht auf Eheschließung, die Gültigkeit der Ehe und die freie Entfaltung der Persönlichkeit – alles Prinzipien von (spanischem) Verfassungsrang – zu begünstigen[505].

---

500 *Resolución-Circular* v. 29.07.2005, *BOE núm. 188* v. 08.08.2005, 27817, 27819f., VII; vgl. *Resolución* der *DGRN* v. 26.10.2005, *BOE núm. 313*, 31.12.2005, S. 43435, 43437, VI; *Resolución* der *DGRN* v. 07.04.2006, *BOE núm. 135*, 07.06.2006, S. 21757, 21759, VI.

501 Calvo Caravaca/Carrascosa González Boletín núm. 2007, 671, 698 Rn 51.

502 *Resolución-Circular* v. 29.07.2005, *BOE núm. 188* v. 08.08.2005, 27817, 27819f., VII; vgl. *Resolución* der *DGRN* v. 26.10.2005, *BOE núm. 313*, 31.12.2005, S. 43435, 43437, VII; *Resolución* der *DGRN* v. 07.04.2006, *BOE núm. 135*, 07.06.2006, S. 21757, 21759, VII.

503 Vgl. auch *Resolución-Circular* v. 29.07.2005, *BOE núm. 188* v. 08.08.2005, 27817, 27819, VII: Eine spezielle Kollisionsnorm hinsichtlich der Ehefähigkeit existiert im spanischen Recht nicht.

504 Arenas García AEDIPR 2005, 351, S. 8.

505 *Resolución-Circular* v. 29.07.2005, *BOE núm. 188* v. 08.08.2005, 27817, 27820, VII; vgl. *Resolución* der *DGRN* v. 26.10.2005, *BOE núm. 313*, 31.12.2005, S. 43435, 43437, VII; *Resolución* der *DGRN* v. 07.04.2006, *BOE núm. 135*, 07.06.2006, S. 21757, 21759, VII; Calvo Caravaca/Carrascosa González Boletín núm. 2007, 671, 699 Rn 51.

cc) Ergebnis zu b)

Im Prinzip richten sich die Ehevoraussetzungen somit nach dem jeweiligen Heimatrecht der Eheschließenden. Dieser Grundsatz wird jedoch in Bezug auf das Merkmal der Geschlechtsverschiedenheit nach beiden aufgezeigten Lösungswegen der *DGRN* außer Kraft gesetzt. Ein Verbot der gleichgeschlechtlichen Ehe im Heimatstaat eines oder beider Ehegatten ist somit unbeachtlich.

c) Ergebnis zu 3)

Somit ist in Spanien die Eingehung einer gleichgeschlechtlichen Ehe zwischen Partnern jedweder Nationalität möglich, solange nur einer der Eheschließenden seinen Wohnsitz in Spanien hat[506].

4) Ergebnis zu I)

In den drei untersuchten Mitgliedstaaten der Europäischen Union, die das Institut der Ehe auch für Paare gleichen Geschlechts geöffnet haben (die Niederlande, Belgien und Spanien[507]), sind gleichgeschlechtliche Eheschließungen somit in sämtlichen Staatsangehörigkeitskonstellationen denkbar, sofern zumindest einer der Eheschließenden seinen Wohnsitz und/oder (mindestens dreimonatigen) gewöhnlichen Aufenthalt im Eheschließungsstaat hat. Es können somit viele Fälle entstehen, in denen die in diesen Ländern wirksam geschlossene gleichgeschlechtliche Ehe in Deutschland nicht anerkannt wird, z.B. bei Beteiligung eines Deutschen. Darüber hinaus sind auch Fälle denkbar, in denen die Ehe in einem Drittstaat wirksam eingegangen wurde, das Paar anschließend in einem Mitgliedstaat der Europäischen Union gelebt hat und später nach Deutschland verzieht[508]. Das Konfliktpotenzial innerhalb der Europäischen Union ist daher enorm.

---

506 *Resolución-Circular* v. 29.07.2005, *BOE núm. 188* v. 08.08.2005, S. 27817, 27820, VII; vgl. Quiñones Escámez Uniones conyugales o de pareja S. 24; Calvo Caravaca/Carrascosa González Boletín núm. 2007, 671, 694 Rn 47f., insbesondere Beispiele 697f. Rn 49.

507 Die Rechtslage in den beiden weiteren Mitgliedstaaten der Europäischen Union, in denen die Eingehung einer gleichgeschlechtlichen Ehe möglich ist (Schweden und Portugal), wurde nicht näher untersucht, da die Öffnung der Ehe dort erst kürzlich beschlossen wurde.

508 Vgl. näher zu dieser Fallkonstellation unten E, III, 2, d, aa, hhh, (1) sowie E, IV, 3, b, ee, eee.

II) Verletzung einer Grundfreiheit

Als verletzte Grundfreiheiten kommen die Arbeitnehmerfreizügigkeit (Art. 39 EGV[509]), die Niederlassungsfreiheit (Art. 43 EGV[510]) und die Dienstleistungsfreiheit (Art. 49 EGV[511]) in Betracht.

1) Anwendungsbereich der Art. 39, 43 und 49 EGV

a) Sachlicher Anwendungsbereich

Erfasst werden alle Fälle, in denen jemand die Grenze zu einem anderen Mitgliedstaat überschreitet, um dort einer unselbstständigen Erwerbstätigkeit nachzugehen (Art. 39 EGV)[512], sich dauerhaft (Art. 43 EGV)[513] oder vorübergehend (Art. 49 EGV) selbstständig zu betätigen oder eine Dienstleistung entgegenzunehmen[514]. Die in dieser Arbeit untersuchten Fälle betreffen den dauerhaften Zuzug gleichgeschlechtlicher Paare aus dem europäischen Ausland nach Deutschland. Nur für diese Personengruppe stellt sich eindeutig das Problem des Verlustes des Ehestatus durch Grenzübertritt. Wer sich nur vorübergehend nach Deutschland begibt (z.B. im Rahmen eines Urlaubes) nimmt in der Regel nicht die deutschen Gerichte im Rahmen familien- und erbrechtlicher Verfahren in Anspruch (möglicherweise wären diese auch überhaupt nicht zuständig). Auf diese Personengruppe wirkt sich die „Nichtexistenz" ihres Ehestatus in Deutschland somit regelmäßig nicht aus. Diese Fälle bleiben daher außer Betracht. Wenn gleichgeschlechtliche Paare nach Deutschland kommen, um hier unselbstständig oder dauerhaft selbstständig tätig zu werden, ist der Anwendungsbereich der Art. 39 und 43 EGV eröffnet. Sowohl die aktive als auch die passive Dienstleistungsfreiheit zeichnen sich hingegen durch eine bloß vorübergehende Leistungserbringung bzw. Inanspruchnahme einer Leistung aus[515]. Die untersuchten Ehepaare verziehen aber dauerhaft nach Deutschland,

509 Seit 01.12.2009 Art. 45 AEUV.

510 Seit 01.12.2009 Art. 49 AEUV.

511 Seit 01.12.2009 Art. 56 AEUV.

512 Vgl. Haratsch/Koenig/Pechstein Rn 761ff.

513 Vgl. Haratsch/Koenig/Pechstein Rn 807ff.

514 Vgl. Haratsch/Koenig/Pechstein Rn 847ff.

515 EuGH Gebhard, Rs. C-55/94, Slg. 1995, S. I-4165, Rn 26 (aktive Dienstleistungsfreiheit); EuGH Steymann, Rs. 196/87, Slg. 1988, S. 6159, Rn 15ff. (passive Dienstleistungsfreiheit); EuGH Sodemare, Rs. C-70/95, Slg. 1997, S. I-3395, Rn 38 (passive Dienstleistungsfreiheit); Streinz/Müller-Graff Art. 49 EGV Rn 27; Haratsch/Koenig/Pechstein Rn 853.

so dass sie dort weder nur vorübergehend Dienstleistungen erbringen noch in Anspruch nehmen. Der Anwendungsbereich des Art. 49 EGV ist somit nicht eröffnet.

b) Persönlicher Anwendungsbereich

Berechtigt zur Ausübung der Arbeitnehmerfreizügigkeit und der Niederlassungsfreiheit sind grundsätzlich alle Personen, die die Staatsangehörigkeit eines Mitgliedstaates besitzen[516]. Der persönliche Anwendungsbereich ist somit eröffnet, sofern zumindest einer der beteiligten Ehegatten Staatsangehöriger eines Mitgliedstaates der Europäischen Union ist.

2) Eingriff

a) Diskriminierung

Zunächst enthalten sowohl die Arbeitnehmerfreizügigkeit als auch die Niederlassungsfreiheit ein Diskriminierungsverbot hinsichtlich der Staatsangehörigkeit[517]. Hierbei handelt es sich um eine Konkretisierung des allgemeinen Diskriminierungsverbotes aus Art. 12 EGV[518][519]. Eine Diskriminierung stellt nach ständiger Rechtsprechung des EuGH die Ungleichbehandlung gleicher Sachverhalte bzw. die Gleichbehandlung verschiedener Sachverhalte dar[520].

Die Frage, ob eine im Ausland geschlossene gleichgeschlechtliche Ehe in Deutschland anzuerkennen ist, richtet sich, wie oben dargelegt, nach Art. 13 I EGBGB. Diese Kollisionsregel knüpft an das Merkmal der Staatsangehörigkeit an. Bereits in den 60er Jahren entstand eine Diskussion, ob aufgrund des Verbots der Diskriminierung aus Gründen der Staatsangehörigkeit nicht alle Kol-

516 Calliess/Ruffert/Brechmann Art. 39 EGV Rn 19; Calliess/Ruffert/Bröhmer Art. 43 EGV Rn 7; Streinz/Franzen Art. 39 EGV Rn 39; Streinz/Müller-Graff Art. 43 EGV Rn 26f., 30f.; Haratsch/Koenig/Pechstein Rn 772, 814.

517 Calliess/Ruffert/Brechmann Art. 39 EGV Rn 49; Streinz/Franzen Art. 39 EGV Rn 83; Streinz/Müller-Graff Art. 43 EGV Rn 40; Haratsch/Koenig/Pechstein Rn 780, 828.

518 Seit 01.12.2009 Art. 18 AEUV.

519 Calliess/Ruffert/Bröhmer Art. 43 EGV Rn 20; Geiger Art. 39 EGV Rn 12, Art. 43 EGV Rn 8; von der Groeben/Schwarze/Zuleeg Art. 12 EGV Rn 14, 18; von der Groeben/Schwarze/Wölker/Grill Art. 39 EGV Rn 14; von der Groeben/Schwarze/Tiedje/Troberg Art. 43 EGV Rn 70; Streinz/Müller-Graff Art. 43 EGV Rn 96; Haratsch/Koenig/Pechstein Rn 697, 828.

520 EuGH SCAC, Rs. C-56/94, Slg. 1995, S. I-1769, Rn 27; EuGH National Farmer's Union, Rs. C-354/95, Slg. 1997, S. I-4559, Rn 61; EuGH Garcia Avello, Rs. C-148/02, Slg. 2003, S. I-11613, Rn 31.

lisionsnormen, die dieses Anknüpfungsmerkmal verwenden, europarechtswidrig seien[521].

Nach einer Ansicht ist es aufgrund der ausdrücklichen Normierung der Staatsangehörigkeit in Art. 12 EGV als verbotenes Unterscheidungsmerkmal nicht möglich, Personen verschiedener Staatsangehörigkeit als ungleiche Gruppen anzusehen, die unterschiedlich behandelt werden dürften[522]. Eine Ungleichbehandlung sei aber offensichtlich in Fällen, in denen eine Norm des materiellen Rechts explizit verschiedene Rechtsfolgen je nach Staatsangehörigkeit vorsehe[523]. Nicht anders verhalte es sich, wenn Kollisionsnormen die Staatsangehörigkeit als Anknüpfungsmerkmal verwendeten. Aus ihnen ergebe sich je nach Staatsangehörigkeit die Anwendung unterschiedlicher Rechtsordnungen[524]. Für diese Ansicht spreche zudem der Zweck des Diskriminierungsverbots, gleiche Wettbewerbsbedingungen zu gewährleisten. Denn die Wettbewerbschancen einer Person werden gerade auch durch die jeweilige Rechtsordnung beeinflusst[525]. Die Annahme einer Gleichbehandlung, wenn jeder dem Recht seiner Staatsangehörigkeit unterstellt wird, würde den Wert des Diskriminierungsverbots deutlich abschwächen[526].

Nach überwiegender Ansicht handelt es sich hingegen überhaupt nicht um den Fall einer Ungleichbehandlung. Alle betroffenen Personen würden schließlich gleich behandelt, nämlich entsprechend dem Recht ihrer Staatsangehörigkeit[527]. Die Anwendung des Heimatrechts drücke darüber hinaus gerade die Toleranz gegenüber den ausländischen Rechtsordnungen aus und bezwecke, den Besonderheiten in personenbezogenen Regelungsbereichen Rechnung zu tragen[528]. Um eine Diskriminierung annehmen zu können, müsse die Norm aber gerade den Willen des Staates, zwischen eigenen Bürgern und Ausländern zu unterscheiden, zum Ausdruck bringen. Dies erscheine bei allseitigen Kollisionsnormen jedoch unwahrscheinlich[529].

---

521 Vgl. Beitzke ZfRV 5 (1964), 80, 89; Drobnig RabelsZ 34 (1970), 636ff.; Wengler in Festschrift zum Hundertjährigen Bestehen des Deutschen Juristentages Bd. I 1960, 239, 297.

522 Stern S. 181.

523 Drobnig RabelsZ 34 (1970), 636, 643; Stern S. 188/189.

524 Drobnig RabelsZ 34 (1970), 636, 643; Fischer in Europäisches Gemeinschaftsrecht und Internationales Privatrecht 1990, 157, 161; Stern S. 188/189; i.E. tendenziell für eine Diskriminierung Schmidt-Kessel ecolex 2006, 532, 532f.

525 Drobnig RabelsZ 34 (1970), 636, 643.

526 Bogdan in International Family Law for the European Union S. 313 Rn 24.

527 Bamberger/Roth/Lorenz Einl. IPR Rn 29; MüKo/Sonnenberger Einleitung IPR Rn 160; v. Bar/Mankowski I § 3 Rn 41; Kropholler § 38 IV 3; Rüberg S. 129f.; Benicke/Zimmermann IPRax 1995, 141, 144 Fn 51; Sonnenberger ZVglRWiss 95 (1996), 3, 15; tendenziell auch Kreuzer in Müller-Graff S. 506.

528 BTDrucks 10/504 S. 31; Beitzke ZfRV 5 (1964), 80, 89.

529 Fallon in International Family Law for the European Union S. 160.

Aufgrund der Normierung der Staatsangehörigkeit in Art. 12 EGV als verbotenes Unterscheidungsmerkmal sind Personen verschiedener Staatsangehörigkeit – wie die erste Meinung zutreffend ausführt – als gleiche und nicht als verschiedene Gruppen anzusehen. Dabei darf aber nicht verkannt werden, dass eine Anknüpfung im Kollisionsrecht an die Staatangehörigkeit gerade zu keiner Differenzierung führt. Alle Betroffenen werden in der Rechtsfolge identisch behandelt, nämlich nach ihrem Heimatrecht. Es kommt nicht zu einer Bevorzugung oder Benachteiligung bestimmter Staatsangehöriger[530]. Ein Unterschied entsteht erst im Ergebnis, infolge der Anwendung des jeweiligen Heimatrechtes. So wäre eine in Spanien geschlossene gleichgeschlechtliche Ehe zwischen einem Spanier und einem Belgier in Deutschland anzuerkennen, eine solche Ehe zwischen einem Spanier und einem Deutschen hingegen nicht, da das deutsche Heimatrecht eine solche Eheschließung nicht zulässt. Eine Diskriminierung setzt aber eine unterschiedliche Regelung vergleichbarer Sachverhalte durch ein und denselben Hoheitsträger voraus[531]. Dies ist in der untersuchten Konstellation jedoch nicht der Fall. Weder die Kollisionsnorm nimmt eine Differenzierung vor noch das jeweils anzuwendende materielle Recht. Der Unterschied resultiert schlicht aus der fehlenden Deckungsgleichheit des belgischen und des deutschen Eherechts. Ungleichbehandlungen, die durch divergierende mitgliedstaatliche Rechtsordnungen entstehen, stellen aber gerade keine durch den EG-Vertrag verbotene Diskriminierung dar[532]. Folglich kann sich hieraus auch kein Verbot der Anknüpfung an die Staatsangehörigkeit im Kollisionsrecht ergeben[533].

In jüngster Zeit hat der EuGH in der Rs. Garcia Avello allerdings eine verbotene Diskriminierung von Doppelstaatern bejaht. In diesem Fall wurden Belgier-Spanier genauso behandelt wie Belgier. Hierin sah der EuGH eine Gleichbehandlung von Ungleichem und stellte einen Verstoß gegen Art. 12 EGV fest[534]. In einer solchen Konstellation besteht die Gleichbehandlung ungleicher Sachverhal-

---

530 Bamberger/Roth/Lorenz Einl. IPR Rn 29; MüKo/Sonnenberger Einleitung IPR Rn 160; v. Bar/Mankowski I § 3 Rn 41; Kropholler § 38 IV 3; Rüberg S. 129f.; Benicke/Zimmermann IPRax 1995, 141, 144 Fn 51; Sonnenberger ZVglRWiss 95 (1996), 3, 15.

531 EuGH Smit Transport, Rs. 126/82, Slg. 1983, S. 73, Rn 27; Bamberger/Roth/Lorenz Einl IPR Rn 29; Callies/Ruffert/Epiney Art. 12 EGV Rn 9; Grabitz/Hilf/v. Bogdany Art. 12 EGV Rn 9; von der Groeben/Schwarze/Zuleeg Art. 12 EGV Rn 6; MüKo/Sonnenberger Einleitung IPR Rn 160; Streinz/Streinz Art. 12 EGV Rn 45; Sonnenberger ZVglRWiss 95 (1996) 3, 15/16.

532 EuGH Kenny, Rs. 1/78, Slg. 1978, S. 1489, Rn 18; EuGH Smit Transport, Rs. 126/82, Slg. 1983, S. 73, Rn 27; EuGH Perfili, Rs. C-177/94, Slg. 1996, S. I-161, Rn 17; Callies/Ruffert/Epiney Art. 12 EGV Rn 9; Streinz/Streinz Art. 12 EGV Rn 45; Haratsch/Koenig/Pechstein Rn 635.

533 Bamberger/Roth/Lorenz Einl IPR Rn 29; MüKo/Sonnenberger Einleitung IPR Rn 160; Sonnenberger ZVglRWiss 95 (1996) 3, 15/16; a.A. Drobnig RabelsZ 34 (1970), 636, 643; Stern S. 188ff.

534 EuGH Garcia Avello, Rs. C-148/02, Slg. 2003, S. I-11613.

te (Einstaater einerseits und Mehrstaater andererseits) aber tatsächlich bereits auf der Ebene des Kollisionsrecht, denn in beiden Fällen wird nur auf eine Rechtsordnung verwiesen, da ein Mehrstaater aber denknotwendig mehreren Staaten angehört, wäre in seinem Fall die Einräumung eines Wahlrechts zwischen allen vorhandenen Rechtsordnungen erforderlich gewesen[535]. Aus diesem Sonderfall lässt sich somit nicht der grundsätzliche Schluss ziehen, dass eine Anknüpfung an die Staatsangehörigkeit im Kollisionsrecht verboten sei. Im Gegenteil, der EuGH verlangt in diesem Fall gerade die Eröffnung der Möglichkeit für die Kinder, ihren Namen nach ihrer spanischen Heimatrechtsordnung bilden zu dürfen[536]. Somit akzeptiert er grundsätzlich eine Anknüpfung an die Staatsangehörigkeit[537]. In der Rs. Niebüll sieht Generalanwalt *Jacobs* in der Verweisung des Art. 10 I EGBGB auf das jeweilige Heimatrecht ebenfalls keinen Verstoß gegen Art. 12 EGV[538]. Diese Auffassung teilt auch die Generalanwältin *Sharpston* in ihren Schlussanträgen zur erneut vorgelegten Rechtsfrage; schließlich werde jeder Unionsbürger dem Recht des Staates seiner Staatsangehörigkeit unterstellt[539]. Im jüngst ergangenen Urteil des EuGH in dieser Rechtssache schließt sich der Gerichtshof der Ansicht seiner Generalanwälte an[540]. Problematisch erscheint folglich lediglich eine Regelung wie Art. 5 I EGBGB, die in Bezug auf Mehrstaater grundsätzlich nur eine anwendbare Rechtsordnung vorsieht und im Falle eines Auch-Deutschen die deutsche Staatsangehörigkeit einseitig bevorzugt (Art. 5 I 2 EGBGB)[541]. Hierbei handelt es sich aber um ein generelles Problem bei der Beteiligung von Doppelstaatern, welches nicht unmittelbar aus der Anknüpfung an die Staatsangehörigkeit in Art. 13 I EGBGB resultiert. In der vorliegenden Arbeit soll jedoch nur die Vereinbarkeit von Art. 13 I EGBGB mit dem EG-Vertrag untersucht werden und nicht die besondere Regelung für Doppelstaater in Art. 5 I EGBGB.

Die Nichtanerkennung einer im Ausland geschlossenen gleichgeschlechtlichen Ehe infolge der Anknüpfung des Art. 13 I EGBGB an die jeweilige Staatsangehörigkeit stellt somit keine verbotene Diskriminierung aufgrund der Staatsangehörigkeit dar.

---

535 Vgl. zur Einräumung eines solchen Wahlrechtes Mörsdorf-Schulte IPRax 2004, 315, 323; Quiñones Escámez Revista Jurídica de Catalunya 2004, 851, 868.

536 EuGH Garcia Avello, Rs. C-148/02, Slg. 2003, S. I-11613, Rn 45.

537 Vgl. Bogdan in International Family Law for the European Union S. 313 Rn 23, der selbst die Entscheidung des EuGH aber kritisiert (Rn 24); jedenfalls wird die Anknüpfung nicht in Frage gestellt: Henrich in Festschrift Heldrich 2005, 667, 672.

538 GA Jacobs EuGH Niebüll, Rs. C-96/04, Slg. 2006, I-3561, Rn 52f.

539 GA Sharpston EuGH Niebüll (II), Rs. C-353/06, Rn 60ff.

540 EuGH Niebüll (II), Rs. C-353/06, Rn 19f.

541 So auch v. Bar/Mankowski I § 3 Rn 41; vgl. zu dieser Problematik Mörsdorf-Schulte IPRax 2004, 315, 323ff.; vgl. auch Quiñones Escámez Revista Jurídica de Catalunya 2004, 851, 865ff. zu einer ähnlichen Regelung in Art. 9.9 CCE.

b) Beschränkungsverbot

Der EuGH entnimmt den Grundfreiheiten mittlerweile aber nicht nur ein Diskriminierungsverbot, sondern auch ein Beschränkungsverbot[542].

aa) Gebhard-Formel

Nach der vom EuGH im Rahmen der Niederlassungsfreiheit entwickelten „Gebhard-Formel" liegt eine verbotene Beschränkung vor, wenn die nationale Maßnahme geeignet ist, die Ausübung einer Grundfreiheit zu behindern oder weniger attraktiv zu machen[543]. Die überwiegende Meinung hält diese Definition jedoch für zu weit und ist der Auffassung, dass nicht jede Behinderung einer Grundfreiheit dem Beschränkungsverbot unterfällt und eine Begrenzung des Tatbestandes daher geboten ist[544]. Schließlich sei jede nationale Vorschrift grundsätzlich dazu geeignet, einen Unionsbürger von der Übersiedlung in einen anderen Mitgliedstaat abzuhalten oder diese weniger attraktiv zu machen[545]. Einige Autoren gehen hingegen von einem grenzenlosen Beschränkungsverbot aus und wollen Unterschiede in der Schwere der Belastung ausschließlich im Rahmen der Rechtfertigung über den Verhältnismäßigkeitsgrundsatz berücksichtigen[546]. Eine starre Klassifizierung von Bereichsausnahmen führe nicht in allen Fällen zu einem im Verhältnis zur Wirkung der Maßnahme angemessenen Ergebnis[547]. Ein solches unbeschränktes Beschränkungsverbot würde jedoch alle mitgliedstaatlichen Vorschriften einem

---

542 Allgemein Streinz/Streinz Art. 3 EGV Rn 13; Frenz Bd. 1 Rn 141; Haratsch/Koenig/Pechstein Rn 698; vgl. zu den Personenverkehrsfreiheiten desweiteren Calliess/Ruffert/Brechmann Art. 39 EGV Rn 52; Grabitz/Hilf/Randelzhofer/Forsthoff vor Art. 39-55 EGV Rn 86, Art. 39 EGV Rn 121, 164f., Art. 43 EGV Rn 83; von der Groeben/Schwarze/Wölker/Grill Art. 39 EGV Rn 6, 19; von der Groeben/Schwarze/Tiedje/Troberg Art. 43 EGV Rn 87; Streinz/Franzen Art. 39 EGV Rn 88; Haratsch/Koenig/Pechstein Rn 785, 832; Herdegen § 17 Rn 7, 30; Nettesheim NVwZ 1996, 342, 342; tendenziell für ein Beschränkungsverbot im Rahmen der Niederlassungsfreiheit Streinz/Müller-Graff Art. 43 Rn 57ff.; kritisch zur Niederlassungsfreiheit Calliess/Ruffert/Bröhmer Art. 43 EGV Rn 30ff.

543 EuGH Gebhard, Rs. C-55/94, Slg. 1995, S. I-4165, Rn 37.

544 Grabitz/Hilf/Randelzhofer/Forsthoff vor Art. 39-55 EGV Rn 87; von der Groeben/Schwarze/Wölker/Grill Art. 39 EGV Rn 21; Streinz/Franzen Art. 39 EGV Rn 90; Frenz Bd. 1 Rn 1452; Ganten S. 127; Everling in Gedächtnisschrift Knobbe-Keuk 1997, 607, 619f.; Nettesheim NVwZ 1996, 342, 343/344.

545 Franzen S. 178; Everling in Gedächtnisschrift Knobbe-Keuk 1997, 607, 619f.; Nettesheim NVwZ 1996, 342, 343/344.

546 Lackhoff S. 392 u. 443/444; Magiera in Liber Amicorum Jost Delbrück 2005, 429, 449; Wilmowsky EuR 1996, 362, 374.

547 Magiera in Liber Amicorum Jost Delbrück 2005, 429, 449; Wilmowsky EuR 1996, 362, 374.

gemeinschaftsrechtlichen Rechtfertigungszwang aussetzen[548]. Dies entspricht nicht dem Konzept der Grundfreiheiten, die zwar einen einheitlichen Binnenmarkt verwirklichen sollen, aber nicht die nationalen Rechtsordnungen durch ein einheitliches supranationales Recht verdrängen wollen[549]. Ferner würde ein absolutes Beschränkungsverbot zu einer nicht unbedenklichen Veränderung der Rollenverteilung zwischen Legislative und Judikative führen[550] und dem in Art. 5 EGV[551] verankerten Subsidiaritätsprinzip zuwiderlaufen[552]. Aus diesen Gründen ist ein grenzenloses Beschränkungsverbot abzulehnen und eine Begrenzung des Tatbestandes geboten.

bb) Keck-Rechtsprechung[553]

Im Bereich der Warenverkehrsfreiheit hat der EuGH mit der Entscheidung in der Rs. Keck begonnen, eine tatbestandliche Einschränkung des weiten Beschränkungsbegriffs vorzunehmen[554]. So unterscheidet der EuGH im Zuge dieser Rechtsprechungsentwicklung zwischen produktbezogenen Regelungen und bloßen Verkaufsmodalitäten, wobei nur die erstgenannten dem Beschränkungsverbot des Art. 28 EGV[555] unterfallen[556].

aaa) Übertragbarkeit

Möglicherweise lassen sich die Grundsätze der Keck-Rechtsprechung auch auf die Niederlassungsfreiheit und die Arbeitnehmerfreizügigkeit übertragen. Grundsätzlich besteht eine Konvergenz der Grundfreiheiten[557]. Dies zeigte sich deutlich bei der Ausweitung der Grundfreiheiten über ein bloßes Diskriminierungsverbot hinaus[558]. Die Entwicklung begann im Bereich der Warenverkehrsfreiheit. In der

---

548 Grabitz/Hilf/Randelzhofer/Forsthoff vor Art 39 - 55 EGV Rn 91; Frenz Bd. 1 Rn 1452, 1459; Nettesheim NVwZ 1996, 342, 344.

549 Grabitz/Hilf/Randelzhofer/Forsthoff vor Art 39 - 55 EGV Rn 91f.; a.A. in Bezug auf die Niederlassungsfreiheit Ehlers/Tietje (§ 10 III 2 Rn 56), der eine Verdrängung der nationalen Rechtsordnungen bestreitet und darauf verweist, dass sich lediglich der Rechtfertigungsdruck erhöhe.

550 Grabitz/Hilf vor Art 39 - 55 EGV Rn 92; Frenz Bd. 1 Rn 1459.

551 Seit 01.12.2009 Art. 5 EUV.

552 Everling in Gedächtnisschrift Knobbe-Keuk 1997, 607, 620.

553 EuGH, Rs. C-267/91 u. C-268/91, Slg. 1993, S. I-6097.

554 Frenz Bd. 1 Rn 810; Haratsch/Koenig/Pechstein Rn 733; Herdegen § 16 Rn 9.

555 Seit 01.12.2009 Art. 34 AEUV.

556 EuGH, Rs. C-267/91 u. C-268/91, Slg. 1993, S. I-6097, Rn 15ff.

557 Deckert/Schroeder JZ 2001, 88, 89; Eberhartinger EWS 1997, 43, 43.

558 Grabitz/Hilf/Randelzhofer/Forsthoff vor Art. 39-55 EGV Rn 93; Streinz/Franzen Art. 39 EGV Rn 88; Franzen S. 177.

Rs. Dassonville definierte der EuGH den Begriff der Maßnahmen gleicher Wirkung in Art. 28 EGV als „jede Handelsregelung der Mitgliedstaaten, die geeignet ist, den innergemeinschaftlichen Handel unmittelbar oder mittelbar, tatsächlich oder potentiell zu behindern“[559]. Diese Formel umfasste nicht nur Diskriminierungen, sondern auch sonstige Beschränkungen des Warenverkehrs[560]. Nach und nach wurden auch die anderen Grundfreiheiten entsprechend zu einem Beschränkungsverbot ausgeweitet[561]. Im Rahmen der Warenverkehrsfreiheit sah sich der EuGH jedoch in der Rs. Keck zu einer Einschränkung des Beschränkungsverbotes gezwungen, „da sich die Wirtschaftsteilnehmer immer häufiger auf Art. 30 EWG-Vertrag [Art. 28 EGV] berufen, um jedwede Regelung zu beanstanden, die sich als Beschränkung ihrer geschäftlichen Freiheit auswirkt, auch wenn sie nicht auf Erzeugnisse aus anderen Mitgliedstaaten gerichtet ist“[562]. Dasselbe Risiko besteht aber auch hinsichtlich der ebenso weit reichenden Definition eines Beschränkungsverbotes der Personenverkehrsfreiheiten[563]. Die Konvergenz der Grundfreiheiten spricht somit dafür, diese Einschränkung auch auf die anderen Grundfreiheiten zu übertragen[564]. Nach der erfolgten strukturellen Annäherung der einzelnen Grundfreiheiten durch die Rechtsprechung des EuGH in den letzten Jahren, wäre es unangebracht, diese einheitliche Struktur nun wieder aufzugeben[565].

Gegen eine Übertragung der Keck-Rechtsprechung werden z.T. die Urteile des EuGH in den Rs. Bosman[566] und Alpine Investments[567] angeführt[568]. Würde der EuGH eine derartige Übertragung aber kategorisch ausschließen, hätte er dies knapp in den jeweiligen Urteilen feststellen können[569]. Stattdessen überprüft er in seinen Entscheidungen ausdrücklich die Vergleichbarkeit der angegriffenen Maßnahmen mit bloßen Verkaufsmodalitäten im Sinne der Keck-Rechtsprechung und kommt lediglich zu dem Ergebnis, dass im konkreten Fall die Voraussetzungen für eine Einschränkung nach der Keck-Formel nicht vorlagen[570]. Diese Entscheidungen sprechen somit vielmehr für eine Anwendbarkeit der Grundsätze der

559 EuGH, Rs. C-8/74, Slg. 1974, S. 837, Rn 5.
560 Streinz/Schroeder Art. 28 EGV Rn 39f.; Frenz Bd. 1 Rn 429; Herdegen § 16 Rn 6.
561 Vgl. die Nachweise in Fn 542.
562 EuGH Keck, Rs. C-267/91 u. C-268/91, Slg. 1993, S. I-6097, Rn 14.
563 Ganten S. 127; a.A. GA Alber EuGH Lehtonen, Rs. C-176/96, Slg. 2000, S. I-2681, Rn 49.
564 Grabitz/Hilf/Randelzhofer/Forsthoff vor Art. 39-55 EGV Rn 93; Franzen S. 180.
565 Ganten S. 128.
566 EuGH Bosman, Rs. C-415/93, Slg. 1995, S. I-4921.
567 EuGH Alpine Investments, Rs. C-384/93, Slg. 1995, S. I-1141.
568 Tesauro Yearbook of European Law 1995, 1, 7; Wilmowsky EuR 1996, 362, 370/371.
569 Ganten S. 126.
570 EuGH Alpine Investments, Rs. C-384/93, Slg. 1995, S. I-1141, Rn 33ff.; EuGH Bosman, Rs. C-415/93, Slg. 1995, S. I-4921, Rn 102f.

Keck-Rechtsprechung im Bereich der anderen Grundfreiheiten[571]. Eine Übertragung ist folglich zu befürworten.

bbb) Durchführung der Übertragung

Eine Übertragung der formalen Kriterien der Keck-Formel ist jedoch nicht möglich. Der Mensch ist keine Ware und sowohl im Bereich der Arbeitnehmerfreizügigkeit als auch der Niederlassungsfreiheit lässt sich eine Differenzierung zwischen produkt- und vertriebsbezogenen Regelungen nicht vornehmen[572]. Ohnehin zeigt sich auch für die Warenverkehrsfreiheit, dass der formale Begriff der „Verkaufsmodalitäten" nicht das entscheidende Kriterium für eine Ausgrenzung aus dem Beschränkungsverbot ist[573]. Eine derartige formalistische Unterscheidung könnte der Vielgestaltigkeit der Fallkonstellationen auch nicht gerecht werden[574]. Vielmehr bedarf es einer Rückbesinnung auf den maßgeblichen Grund für die in der Keck-Rechtsprechung erfolgte Differenzierung zwischen produkt- und vertriebsbezogenen Regelungen[575].

Art. 28 EGV dient der Schaffung eines gemeinsamen Binnenmarktes[576]. Dieses Ziel erfordert es, Produkten aus den einzelnen Mitgliedstaaten einen grundsätzlich freien Zugang zu diesem Markt zu ermöglichen[577]. Durch den Begriff der Verkaufsmodalitäten versuchte der EuGH eine Fallgruppe zu kennzeichnen, in der der Marktzugang grundsätzlich nicht versperrt oder stärker beschränkt wird, als für inländische Erzeugnisse[578]. Hierbei handelt es sich jedoch lediglich um eine Vermutung. Kommt es zu einer Beschränkung des Marktzuganges, unterfallen auch „Verkaufsmodalitäten" dem Beschränkungsverbot[579]. Das entscheidende Abgrenzungskriterium in der Rs. Keck ist somit der Marktzugang[580]. Der Zweck der

---

571 Franzen S. 181; Frenz Bd. 1 Rn 1454; Ganten S. 125f.; Deckert/Schroeder JZ 2001, 88, 90; Eberhartinger EWS 1997, 43, 49/50.

572 GA Fennelly EuGH Graf, Rs. C-190/98, Slg. 2000, S. I-493, Rn 18; Grabitz/Hilf/Randelzhofer/Forsthoff vor Art. 39-55 EGV Rn 110.

573 Grabitz/Hilf/Randelzhofer/Forsthoff vor Art. 39-55 EGV Rn 110.

574 GA Fennelly EuGH Graf, Rs. C-190/98, Slg. 2000, S. I-493, Rn 18; Grabitz/Hilf/Randelzhofer/Forsthoff vor Art. 39-55 EGV Rn 111; insoweit ist der Kritik von Wilmowsky (EuR 1996, 362, 374) zuzustimmen.

575 GA Fennelly EuGH Graf, Rs. C-190/98, Slg. 2000, S. I-493, Rn 18; Franzen S. 180.

576 GA Tesauro, EuGH Hünermund, Rs. C-292/92, Slg. 1993, S. I-6787, Rn 28; GA Fennelly EuGH Graf, Rs. C-190/98, Slg. 2000, S. I-493, Rn 19.

577 GA Fennelly EuGH Graf, Rs. C-190/98, Slg. 2000, S. I-493, Rn 19.

578 Vgl. EuGH Keck, Rs. C-267/91 u. C-268/91, Slg. 1993, S. I-6097, Rn 16f.

579 GA van Gerven, EuGH Tankstation 't Heukske vof, Rs. C-402/92, Slg. 1994, S. I-2199, Rn 21; GA Fennelly EuGH Rs. C-190/98, Slg. 2000, S. I-493, Rn 19; Grabitz/Hilf/Randelzhofer/Forsthoff vor Art. 39-55 EGV Rn 111; Ganten S. 133f.

580 EuGH Keck, Rs. C-267/91 u. C-268/91, Slg. 1993, S. I-6097, Rn 17.

Schaffung eines einheitlichen Binnenmarktes liegt auch den anderen Grundfreiheiten zu Grunde (vgl. Art. 3 I c EGV)[581]. Die Personenverkehrsfreiheiten schützen das Recht jedes Marktteilnehmers, in dem Mitgliedstaat einer wirtschaftlichen Tätigkeit nachzugehen, den er hierfür am besten geeignet hält[582]. Die Wahrnehmung dieser Gewährleistung erfordert es, mitgliedstaatliche Regelungen, die den Zugang zum gewünschten Markt behindern, einer Kontrolle durch den EuGH zu unterwerfen[583]. Das hinter der Keck-Rechtsprechung stehende Abgrenzungskriterium des Marktzugangs passt somit auch auf die Personenverkehrsfreiheiten und ist auf diese zu übertragen. Dieses Ergebnis deckt sich mit der Rechtsprechung des EuGH, der in seinen Entscheidungen zu den Personenverkehrsfreiheiten ebenfalls auf das Merkmal des Marktzugangs zurückgreift[584].

cc) Marktzugang

Es ist jedoch genauer zu bestimmen, wann tatsächlich eine relevante Zugangsbeschränkung vorliegt. Nahezu jede Vorschrift wirkt sich irgendwie auch auf den Marktzugang aus. Man bedenke die Wirkung eines allgemeinen Rauchverbots eines Mitgliedstaates auf die Bereitschaft eines Rauchers sich in diesem Mitgliedstaat zu betätigen[585]. Derjenige, der von seiner Personenverkehrsfreiheit Gebrauch macht, integriert sich vollständig in die neue Rechtsordnung[586]. Ihm soll zwar eine freie Standortwahl gewährt werden, jedoch berücksichtigt der Wählende bei seiner Entscheidung auch die Standortbedingungen, die er für seine Tätigkeit als positiv eingeschätzt hat[587]. Regelungen, die lediglich durch eine Gestaltung des Umfelds, in dem der Unionsbürger nach Aufnahme seiner Tätigkeit arbeiten muss, den Marktzugang weniger attraktiv machen, unterliegen somit nicht dem Beschränkungsverbot[588]. Die Notwendigkeit einer derartigen Begrenzung zeigt sich u.a. im privaten Arbeitsrecht. Das deutsche Recht legt dem Arbeitgeber z.T. deutlich mehr Pflichten als ausländische Rechtsordnungen auf. Dies könnte die Bereitschaft zur

---

581 Grabitz/Hilf/Randelzhofer/Forsthoff vor Art. 39-55 EGV Rn 96; Ganten S. 128/129; Füßer DÖV 1999, 96, 98.

582 Franzen S. 180; Nettesheim NVwZ 1996, 342, 344; Roth in Gedächtnisschrift Knobbe-Keuk 1997, 729, 737.

583 Franzen S. 180.

584 EuGH Bosman, Rs. C-415/93, Slg. 1995, S. I-4921, Rn 103; EuGH Pfeiffer, Rs. C-255/97, Slg. 1999, S. I-2835, Rn 19; EuGH Graf, Rs. 190/98, Slg. 2000, S. I-493, Rn 23.

585 Grabitz/Hilf/Randelzhofer/Forsthoff vor Art. 39-55 EGV Rn 116.

586 Grabitz/Hilf/Randelzhofer/Forsthoff vor Art. 39-55 EGV Rn 105f.; Franzen S. 174.

587 Grabitz/Hilf/Randelzhofer/Forsthoff vor Art. 39-55 EGV Rn 106; Franzen S. 174.

588 Grabitz/Hilf/Randelzhofer/Forsthoff Art. 39 EGV Rn 178ff., Art. 43 EGV Rn 100ff.; Franzen S. 180/181; Frenz Bd. 1 Rn 1464; Ganten S. 135; a. A. jedoch ohne nähere Begründung Streinz/Müller-Graff Art. 43 EGV Rn 68.

Niederlassung in Deutschland schmälern, im Gegenzug aber die Bereitschaft der Arbeitnehmer zur Aufnahme einer Tätigkeit in Deutschland steigern. Eine Ausgrenzung dieser Vorschriften ist somit erforderlich, um eine Kollision verschiedener Grundfreiheiten zu vermeiden[589]. Eine Ausnahme besteht jedoch immer dann, wenn es zu Doppelbelastungen durch die Rechtsordnung des Herkunftsstaates und des Aufnahmestaates kommt[590]. Dies ist allerdings bei Umfeldregelungen – insbesondere bei solchen, die nicht den Rechtsrahmen der ausgeübten Tätigkeit betreffen, sondern das allgemeine Lebensumfeld – weitestgehend ausgeschlossen[591]. Art. 39 EGV garantiert lediglich „den unmittelbaren Zugang zum Arbeitsmarkt", wie Art. 39 III a, c EGV zeigt[592]. Verboten sind somit nur derartige Beschränkungen, die geeignet sind, den Arbeitnehmer in spezifischer Weise von der Aufnahme eines Berufes abzuhalten[593], also einen Arbeitgeberwechsel untersagen oder zumindest faktisch unmöglich machen[594]. Dies wäre beim angeführten Rauchverbot aber z.B. gerade nicht der Fall[595]. Entsprechendes muss aufgrund der starken Parallele zwischen den beiden Personenverkehrsfreiheiten[596] für den Niederlassungswilligen gelten. Regelungen, die sämtliche Bürger eines Mitgliedstaates treffen und nicht lediglich Arbeitnehmer oder Niederlassungswillige, werden folglich vom Beschränkungsverbot nicht erfasst[597]. Ausreichend ist somit nicht, dass die beanstandete Maßnahme des Mitgliedstaates sich irgendwie auf die Bereitschaft eines Wirtschaftsteilnehmers auswirkt, Zugang zu einem mitgliedstaatlichen Markt zu suchen, sondern sie muss spezifisch den Zugang behindern[598]. Es muss sich gerade um eine Regelung handeln, die „in spezifischer Weise die grenzüberschreitende Wirtschaftstätigkeit beschränkt"[599].

---

589 Ganten S. 135.

590 Grabitz/Hilf/Randelzhofer/Forsthoff Art. 39 EGV Rn 178ff., Art. 43 EGV Rn 100ff.; Roth in Gedächtnisschrift Knobbe-Keuk 1997, 729, 738.

591 Grabitz/Hilf/Randelzhofer/Forsthoff Art. 39 EGV Rn 138, 181; Frenz Bd. 1 Rn 1464.

592 Callies/Ruffert/Brechmann Art. 39 EGV Rn 54.

593 Callies/Ruffert/Brechmann Art. 39 EGV Rn 54; Frenz Bd. 1 Rn 1465.

594 Streinz/Franzen Art. 39 EGV Rn 92; Frenz Bd. 1 Rn 1464.

595 Frenz Bd. 1 Rn 1465.

596 Von der Groeben/Schwarze/Troberg/Tiedje Vorbem. zu den Artikeln 43 bis 48 EGV Rn 2; Lenz/Borchardt/Scheuer Vorbem. Art 43 - 48 EGV Rn 1; Schwarze/Schneider/Wunderlich Art. 39 EGV Rn 1; Schwarze/Schlag Art. 43 EGV Rn 1; Frenz Bd. 1 Rn 1133, 1137; Nettesheim (NVwZ 1996, 342, 343) spricht von „dogmatische[n] Zwillingen".

597 Frenz Bd. 1 Rn 1463.

598 Grabitz/Hilf/Randelzhofer/Forsthoff vor Art. 39-55 EGV Rn 117, Art. 39 EGV Rn 167, Art. 43 EGV Rn 89; Streinz/Müller-Graff (Art. 43 EGV Rn 62) zur Niederlassungsfreiheit; Frenz (Bd. 1 Rn 1452) zur Arbeitnehmerfreizügigkeit.

599 Nettesheim NVwZ 1996, 342, 342.

c) Beschränkung bei Nichtanerkennung einer im Ausland wirksam geschlossenen gleichgeschlechtlichen Ehe infolge der Einordnung unter Art. 13 EGBGB

In der Literatur wird vorgebracht, dass die Nichtanerkennung einer im Ausland geschlossenen Ehe die Betroffenen entmutige, den Mitgliedstaat zu wechseln und es folglich zu einer Beschränkung komme[600]. Unklar bleibt bei einigen Autoren jedoch, ob sie tatsächlich einen Eingriff in die Personenverkehrsfreiheiten annehmen oder aber von einem solchen in Art. 18 EGV ausgehen[601].

aa) Beschränkung durch Verlust des Ehestatus als solchen

Der Verlust des Ehestatus als solcher könnte bereits eine Beschränkung der Personenverkehrsfreiheiten darstellen. Jedoch setzt weder die Aufnahme eines Berufes noch seine Ausübung in Deutschland das Bestehen einer gleichgeschlechtlichen Ehe voraus. Somit hindert der Verlust des Ehestatus an sich die Betroffenen weder in spezifischer Weise an der Aufnahme eines Berufes in Deutschland noch an der Gründung einer Niederlassung. Hierin liegt daher keine Beschränkung.

bb) Beschränkung durch die Folgen des Ehestatusverlustes

Möglicherweise führen aber die Folgen des Ehestatusverlustes zu einer Beschränkung der Personenverkehrsfreiheiten.

aaa) Unterhalt, Erbrecht, Güterrecht, Abstammung, Scheidung

Wie bereits unter C angesprochen, ist die Vorfrage nach dem Bestehen einer Ehe bzw. eingetragenen Lebenspartnerschaft zwischen den Partnern eine entscheidende Voraussetzung für die Geltendmachung familien- und erbrechtlicher Ansprüche und die Ausübung von Gestaltungsrechten. Zu denken wäre somit zunächst an die Gebiete des Unterhalts-, Erb-, Güter-, Abstammungs- und Scheidungsrechts. Probleme in diesen Bereichen wären möglicherweise auch durchaus geeignet, die Ausübung der Grundfreiheiten (iSd Gebhard-Formel) zu behindern oder weniger attraktiv zu machen[602]. Diese Auswirkungen träfen aber sämtliche aus dem Ausland zugezogenen gleichgeschlechtlichen Ehepaare gleichermaßen, unabhängig

---

600 Fallon in International Family Law for the European Union S. 172; Toner S. 256; tendenziell auch Scherpe FamRZ 2007, 1526, 1526.

601 Fallon und Toner (vgl. Fn 600) nehmen eine Beschränkung des „free movement" an.

602 Ausführlicher zu den Konsequenzen des Verlustes des Ehestatus in diesen Bereichen vgl. unten E, III, 2, d, aa.

davon, ob sie sich in Deutschland wirtschaftlich betätigen oder nicht. Es fehlt an einer Regelung, die gerade Arbeitnehmer von der Aufnahme einer Tätigkeit abhält bzw. Niederlassungswillige von der Gründung einer Niederlassung. Der Umstand, dass den Ehepartnern Unterhalts- und Erbrechte, die Möglichkeit einer Scheidung, der Schutz des Güterrechts und die Anerkennung ihrer gemeinsamen Elternstellung möglicherweise versagt werden, hindert sie regelmäßig nicht an der Aufnahme einer wirtschaftlichen Tätigkeit. Es handelt sich um bloße Auswirkungen auf ihr allgemeines Lebensumfeld. Es wird nicht in spezifischer Weise die grenzüberschreitende Wirtschaftstätigkeit beschränkt.

bbb) Namensrecht

Wenn die Ehepartner bei ihrer Eheschließung einen gemeinsamen Ehenamen gewählt haben, könnte die Nichtanerkennung der im Ausland geschlossenen gleichgeschlechtlichen Ehe zum Verlust dieses Ehenamens führen.

(1) Namenswahl bei einer Eheschließung in Spanien

Die spanische Kollisionsnorm bezüglich Namen ist dem Übereinkommen von München über das auf Namen anzuwendende Recht vom 05.09.1980 zu entnehmen[603]. Gemäß Art. 1 des Übereinkommens ist das jeweilige Heimatrecht anzuwenden. Betrachtet man eine deutsch-spanische Eheschließung, ändert sich für den spanischen Partner aufgrund des in Spanien geltenden Rechts der Name durch die Eheschließung grundsätzlich nicht. Die Wahl eines gemeinsamen Ehenamens ist im spanischen Recht nicht vorgesehen[604]. Für den deutschen Partner hingegen kommt deutsches Recht zur Anwendung[605]. Gemäß § 1355 BGB besteht grundsätzlich die Möglichkeit, einen gemeinsamen Ehenamen zu bestimmen. Verneint jedoch das andere anwendbare Recht (hier das spanische) die Möglichkeit einer derartigen Namenswahl, dann muss auch der deutsche Partner seinen bisherigen Namen behalten. Die in § 1355 BGB eröffnete Wahlmöglichkeit kommt in einem solchen Fall nicht zum Tragen, da diese gerade eine gemeinsame Namenswahl beider Partner voraussetzt[606]. Im gebildeten Beispielsfall ist somit bereits aus die-

603 Calvo Caravaca/Carrascosa González DIPr II, Cap. XV, Rn 49.

604 Vgl. zum spanischen Recht: Bergmann/Ferid/Henrich/Daum Spanien III, A, 8; Süß/Ring/Huzel Spanien Rn 31.

605 Zum einen würde Art. 10 I EGBGB die Verweisung annehmen und zum anderen ist ein Renvoi im Rahmen des Übereinkommens ohnehin ausgeschlossen (vgl. Calvo Caravaca/ Carrascosa González DIPr II, Cap. XV, Rn 53).

606 Vgl. Bamberger/Roth/Mäsch Art. 10 EGBGB Rn 34; Henrich/Wagenitz/Bornhofen/Henrich C III Rn 192f.; Palandt/Thorn Art. 10 EGBGB Rn 12f.

sem Grund für keinen der Ehegatten eine Ehenamenswahl möglich, so dass die Nichtanerkennung in Deutschland auch zu keinen Problemen führen kann.

Es ließen sich aber Fälle denken, in denen z.B. zwei deutsche Frauen in Spanien gleichgeschlechtlich heiraten. In diesem Fall wäre beiden Frauen eine Namenswahl nach ihrem deutschen Heimatrecht möglich. Jedoch wirft § 1355 BGB die Vorfrage nach dem Bestehen einer Ehe auf, denn nur Ehegatten können einen Ehenamen wählen. In Spanien ist diese Vorfrage nach derselben Rechtsordnung zu beantworten, die auch auf den Namen Anwendung findet, somit also nach der jeweiligen Heimatrechtsordnung[607]. Die Vorfrage unterliegt somit der „Lex Materialis Causae" und entscheidet sich also nach dem Sachrecht der hinsichtlich der Hauptfrage anzuwendenden Rechtsordnung[608]. Die Frage nach dem Bestehen einer Ehe in Bezug auf die Namenswahl wäre somit nach deutschem Sachrecht zu beantworten. Dieses lässt aber eine gleichgeschlechtliche Ehe gerade nicht zu. Folglich können auch in diesem Fall die beteiligten Ehegatten mangels wirksamer Eheschließung keinen gemeinsamen Ehenamen wählen. In einer solchen Konstellation treten nach einer Verlegung des Wohnsitzes nach Deutschland ebenfalls keine namensrechtlichen Probleme auf.

Aufgrund der Anwendung der „Lex Materialis Causae", wäre nur solchen Personen eine Namenswahl möglich, deren Heimatrecht eine gleichgeschlechtliche Eheschließung vorsieht. Hierbei handelt es sich in der Europäischen Union aber lediglich um die Niederlande, Belgien, Spanien, Schweden und Portugal. Der Name dieser Staatsangehörigen würde in Deutschland aber anerkannt. Art. 10 I EGBGB verweist auf das jeweilige Heimatrecht. Wenn dieses die Namenswahl bei Eheschließung zulässt, stellt sich die Vorfrage nach einer wirksamen Eheschließung; eine durch Art. 10 I EGBGB aufgeworfene Vorfrage ist aber (ausnahmsweise) unselbstständig anzuknüpfen[609]. Die Frage richtet sich somit gerade nach der Rechtsordnung, die die gleichgeschlechtliche Ehe zulässt. Somit wäre eine solche Namenswahl wirksam, so dass erneut keine namensrechtlichen Probleme auftreten würden.

Bei einer Eheschließung in Spanien können somit keine namensrechtlichen Probleme durch den Umzug nach Deutschland auftreten.

607 Art. 1.1 S. 2 Übereinkommen von München über das auf Namen anzuwendende Recht vom 05.09.1980; vgl. auch Calvo Caravaca/Carrascosa González DIPr II, Cap. XV, Rn 59.

608 Calvo Caravaca/Carrascosa González DIPr I, Cap. VII, Rn 30 Nr. 1; hierbei handelt es sich nicht um eine unselbstständige Anknüpfung nach deutschem Verständnis (vgl. zu dieser nur Staudinger/Sturm/Sturm Einl zum IPR Rn 232; Kropholler § 32 II), da nicht auf das Kollisionsrecht der auf die Hauptfrage zur Anwendung berufenen Rechtsordnung abgestellt wird.

609 Vgl. Bamberger/Roth/Mäsch Art. 10 EGBGB Rn 10; Erman/Hohloch Art. 10 EGBGB Rn 4; MüKo/Birk Art. 10 EGBGB Rn 26; Staudinger/Hepting Art. 10 EGBGB Rn 126; Kropholler § 32 IV 2 b; a.A. Palandt[67]/Heldrich Art. 10 EGBGB Rn 2.

(2) Namenswahl bei einer Eheschließung in den Niederlanden

Das Übereinkommen von München über das auf Namen anzuwendende Recht vom 05.09.1980 gilt auch für die Niederlande[610]. Daher ist auch in den Niederlanden aufgrund der in Art. 1.1 S. 2 des Übereinkommens vorgesehenen Anwendung der „Lex Materialis Causae" in Bezug auf die im Rahmen einer Namenswahl auftretende Vorfrage nach dem Bestehen einer Ehe, nur solchen Personen eine Namenswahl möglich, deren Heimatrecht eine gleichgeschlechtliche Eheschließung vorsieht. In diesen Fällen würde der Name, wie bereits ausgeführt, in Deutschland aber gerade anerkannt. Somit können auch bei einer Eheschließung in den Niederlanden keine namensrechtlichen Probleme durch eine Verlegung des Wohnsitzes nach Deutschland auftreten.

(3) Namenswahl bei einer Eheschließung in Belgien

Belgien hat das Übereinkommen zwar gezeichnet, aber nicht ratifiziert[611]. Die Bestimmung des Namens bzw. des Namenswechsels richtet sich in Belgien jedoch ebenfalls nach der Staatsangehörigkeit (Art. 37 I, 38 I CDIPr). Die Vorfrage nach dem Bestehen einer Ehe wird in Belgien aber selbstständig angeknüpft[612]. Da das belgische IPR eine gleichgeschlechtliche Eheschließung unabhängig von der Staatsangehörigkeit erlaubt, sofern mindestens einer der Partner seinen gewöhnlichen Aufenthalt in einem Staat hat, der eine solche Eheschließung zulässt[613], ist eine Namenswahl bei Eheschließung dem Grunde nach möglich. Sicher ist dies jedoch nur für den Fall einer Eheschließung zweier Staatsangehöriger, deren jeweiliges Heimatrecht eine gemeinsame Ehenamenswahl ermöglicht, z.B. zweier Deutscher. Unklar ist hingegen die Behandlung gemischtnationaler Ehen, bei denen eine Rechtsordnung die Ehenamenswahl erlaubt (z.B. Deutschland), die andere hingegen nicht (Belgien[614]). Wie bereits ausgeführt, kommt die in § 1355 BGB eröffnete Wahlmöglichkeit nach herrschender deutscher Auffassung in solchen Fällen nicht zum Tragen, da diese gerade eine gemeinsame Namenswahl beider

---

610 Vgl. Homepage der CIEC, http://www.ciec1.org/ListeConventions.htm (abgerufen am 31.07.2010).

611 Vgl. Homepage der CIEC, http://www.ciec1.org/ListeConventions.htm (abgerufen am 31.07.2010).

612 Vgl. Erauw/Pintens Art. 37 CDIPr II B; Rigaux/Fallon DIPr 6.33, 12.28.

613 Art. 46 CDIPr.

614 Vgl. Bergmann/Ferid/Henrich/Pintens Belgien III, A, 8; Süß/Ring/Hustedt/Sproten Belgien Rn 46.

Partner voraussetzt[615]. In Belgien wird es jedoch als ausreichend erachtet, wenn nur eine Rechtsordnung die Rechtswahl zulässt[616].

(4) Ergebnis zu bbb)

Die Problematik eines Namenswechsels infolge eines Verlustes des Ehestatus kann somit ausschließlich bei einer Eheschließung in Belgien auftreten. Es gibt jedoch andere Sachverhaltskonstellationen unabhängig vom Eherecht in denen es deutlich häufiger zu einer Namensänderung infolge Grenzübertrittes kommen kann. Bekanntes Beispiel hierfür ist der der Rs. Niebüll zugrunde liegende Sachverhalt[617]. Dort entstand eine Namensdivergenz durch eine unterschiedliche Regelung im Namenskollisionsrecht. Während das dänische Recht insoweit auf das Recht des Wohnsitzes verweist, knüpft die deutsche Rechtsordnung (Art. 10 I EGBGB) an das jeweilige Heimatrecht an. Ein derartiger Sachverhalt dürfte sich durchaus häufig ergeben, schließlich besteht nicht nur zwischen Deutschland und Dänemark in Europa eine Divergenz des Namenskollisionsrechtes[618].

Kommt es zu einem Namenswechsel würden sich im Bereich der Grundfreiheiten der Rs. Konstantinidis[619] vergleichbare Fragen stellen. Hierbei handelt es sich aber um eine Problematik, die primär infolge divergierenden Namenskollisionsrechts entsteht, welches nicht Gegenstand dieser Arbeit ist, und nur am Rande auch im Zusammenhang mit dem hier untersuchten eherechtlichen Status auftaucht. Zur Beantwortung der Frage, ob ein Verstoß gegen die Grundfreiheiten vorliegt, müssten im einzelnen die genauen namensrechtlichen Folgen sowie die konkreten Schwierigkeiten, die sich daraus für die Ehepartner ergeben, untersucht werden[620]. Eine derart eingehende Untersuchung des Namensrechts kann in der vorliegenden Arbeit aber nicht durchgeführt werden und erscheint aufgrund der nur geringen Relevanz eines Namenswechsels infolge des Verlustes des eherechtlichen Status auch nicht angezeigt.

---

615 Vgl. Bamberger/Roth/Mäsch Art. 10 EGBGB Rn 34; Henrich/Wagenitz/Bornhofen/Henrich C III Rn 192f.; Palandt/Thorn Art. 10 EGBGB Rn 12f.

616 Vgl. *Sénat de Belgique, 07.07.2003, 3-27/1, Proposition de loi portant le Code de droit international privé* S. 67/68 (Gesetzesbegründung); Rigaux/Fallon DIPr 12.31.

617 EuGH Niebüll, Rs. C-96/04, Slg. 2006, S. I-3561; bzw. EuGH Niebüll (II), Rs. C-353/06.

618 Es bestehen grundsätzlich drei verschiedene Anknüpfungspunkte: die Staatsangehörigkeit, der Wohnsitz bzw. der gewöhnliche Aufenthalt oder aber eine familienrechtliche Qualifikation (vgl. Staudinger/Hepting Art. 10 EGBGB Rn 154ff.).

619 EuGH, Rs. C-168/91, Slg. 1993, S. I-1191.

620 Vgl. hierzu EuGH Niebüll (II), Rs. C-353/06, Rn 24ff.; GA Jacobs EuGH Niebüll, Rs. C-96/04, Slg. 2006, S. I-3561; MüKo/Birk Art. 10 EGBGB Rn 140ff.; Staudinger/Hepting Art. 10 EGBGB Rn 206ff.; Sommer S. 137ff.; Kroll ZVglRWiss 107 (2008), 320ff.

3) Gesamtergebnis

Die Nichtanerkennung einer im Ausland geschlossenen gleichgeschlechtlichen Ehe infolge der Einordnung unter Art. 13 EGBGB stellt somit, soweit im Rahmen der vorliegenden Arbeit untersucht, keine Verletzung der Grundfreiheiten des EG-Vertrages dar[621].

III) Verstoß gegen Art. 18 EGV

Art. 18 EGV[622] ist im Verhältnis zu den Grundfreiheiten subsidiär[623]. Wie jedoch soeben gezeigt berührt der Verlust des Ehestatus, soweit untersucht, nicht den Tatbestand einer Grundfreiheit. Darüber hinaus gibt es ohnehin Fallkonstellationen, in denen bereits der Anwendungsbereich der Grundfreiheiten nicht eröffnet wäre, weil es sich z.B. um ein Studentenehepaar oder ein sonstiges nicht am Berufsleben beteiligtes Paar handelt[624].

1) Anwendungsbereich

a) Sachlicher Anwendungsbereich

Das Recht auf Freizügigkeit umfasst sowohl den Aufenthalt und die Bewegung in einem Mitgliedstaat als auch die Ausreise aus einem Mitgliedstaat, um in einen anderen einzureisen, sowie die Einreise in einen anderen Mitgliedstaat[625]. Verzieht

---

621 Vgl. zur Frage der hier nicht untersuchten Vereinbarkeit des internationalen Namensrechts mit Europarecht MüKo/Birk Art. 10 EGBGB Rn 140ff.; Staudinger/Hepting Art. 10 EGBGB Rn 206ff.; Sommer S. 139ff. (insbesondere S. 192 und speziell zu den Grundfreiheiten S. 210f.); Kroll ZVglRWiss 107 (2008), 320ff.

622 Seit 01.12.2009 Art. 21 AEUV.

623 Calliess/Ruffert/Kluth Art. 18 EGV Rn 15; Haratsch/Koenig/Pechstein Rn 647; Fallon in International Family Law for the European Union S. 152.

624 Vgl. zur grundsätzlichen Unanwendbarkeit der Arbeitnehmerfreizügigkeit auf Studenten: von der Groeben/Schwarze/Wölker/Grill Vorbem. zu den Artikeln 39 bis 41 EGV Rn 35; Schwarze/Schneider/Wunderlich Art. 39 EGV Rn 16; Streinz/Franzen Art. 39 EGV Rn 25; bzw. bezüglich Personen, die dauerhaft die Ausübung einer Erwerbstätigkeit beendet haben: Streinz/Franzen Art. 39 EGV Rn 34.

625 Calliess/Ruffert/Kluth Art. 18 EGV Rn 4; Grabitz/Hilf/Hilf Art. 18 EGV Rn 7; von der Groeben/Schwarze/Haag Art. 18 EGV Rn 8; Schwarze/Hatje Art. 18 EGV Rn 9; Streinz/Magiera Art. 18 EGV Rn 14; Haratsch/Koenig/Pechstein Rn 649.

ein gleichgeschlechtliches Ehepaar somit innerhalb der Europäischen Union, ist der sachliche Anwendungsbereich eröffnet[626].

b) Persönlicher Anwendungsbereich

Der persönliche Anwendungsbereich erfasst alle Unionsbürger, d.h. alle Staatsangehörigen eines Mitgliedstaates (vgl. Art. 17 I 2 EGV[627])[628], und ist folglich eröffnet, sofern zumindest einer der beteiligten Ehegatten die Staatsangehörigkeit eines Mitgliedstaates besitzt.

2) Eingriff

a) Diskriminierungsverbot

Zum Teil wird aus Art. 18 EGV selbst ein Diskriminierungsverbot aus Gründen der Staatsangehörigkeit herausgelesen und die Vorschrift somit ebenso wie die Grundfreiheiten als spezielle Ausprägung des Art. 12 EGV angesehen[629]. Andere hingegen sehen im Wortlaut des Art. 18 EGV kein Diskriminierungsverbot angelegt, so dass sie ein solches auf Art. 18 EGV i.V.m. Art. 12 EGV stützen[630].

Wie jedoch bereits gezeigt, kommt es zu keiner Diskriminierung aus Gründen der Staatsangehörigkeit durch die Anwendung des Art. 13 I EGBGB[631]. Folglich braucht die Grundlage für ein solches Diskriminierungsverbot auch nicht näher untersucht werden.

---

626 Für die Eröffnung des Anwendungsbereiches ist der Ort der Eheschließung nicht entscheidend. Es scheiden somit nur diejenigen Fälle aus dem Anwendungsbereich aus, in denen ein gleichgeschlechtliches Ehepaar die Ehe in einem Drittstaat geschlossen hat und anschließend nach Deutschland verzieht. Heiratet das Ehepaar hingegen in einem Drittstaat, lebt danach in einem Mitgliedstaat der Europäischen Union und verzieht anschließend nach Deutschland ist der sachliche Anwendungsbereich durchaus eröffnet (s. aber noch unten E, III, 2, d, aa, hhh, (1) zu den Besonderheiten dieser Fallkonstellation).

627 Seit 01.12.2009 Art. 20 I 2 AEUV.

628 Von der Groeben/Schwarze/Haag Art. 18 EGV Rn 13; Streinz/Magiera Art. 18 EGV Rn 13; Haratsch/Koenig/Pechstein Rn 650.

629 Streinz/Magiera Art. 18 EGV Rn 8, 15; Tettinger/Stern/Schöbener Art. 45 GRCh. Rn 12; Frenz Bd. 1 Rn 2978; Schulz S. 245; Becker ZESAR 2002, 8, 11; Scheuing EuR 2003, 744, 783.

630 Calliess/Ruffert/Kluth Art. 18 EGV Rn 6; von der Groeben/Schwarze/Haag Art. 18 EGV Rn 8; Heselhaus/Nowak/Wollenschläger § 15 Rn 41; Dautzenberg BB 1993, 1563, 1565; Pechstein/Bunk EuGRZ 1997, 547, 553/554; Rengeling in Festschrift Maurer 2001, 973, 984; Staeglich ZEuS 2003, 485, 514.

631 Siehe oben E, II, 2, a.

b) Beschränkungsverbot

Umstritten ist, ob Art. 18 EGV den Grundfreiheiten entsprechend ein Beschränkungsverbot enthält.

aa) Literatur und Schlussanträge der Generalanwälte

Weite Teile der Literatur[632] sowie die Generalanwälte in ihren Schlussanträgen[633] bejahen ein solches Beschränkungsverbot. Z.T. wird die Gebhard-Formel direkt übertragen, so dass sämtliche nationale Maßnahmen von Art. 18 EGV tatbestandlich erfasst werden, die geeignet sind, die Ausübung der Freizügigkeit zu behindern oder weniger attraktiv zu machen[634]. Andere verwenden ähnliche Formulierungen[635].

Bereits vor Einführung des Art. 18 EGV ergab sich für den wirtschaftlich tätigen Unionsbürger ein Freizügigkeitsrecht als Annexrecht aus den Grundfreiheiten. Nachfolgend wurde ein solches Recht auch nicht berufstätigen Personen mittels Sekundärrecht gewährleistet. Durch Art. 18 EGV wurde nun ein Recht auf Freizügigkeit allgemein und für alle Unionsbürger primärrechtlich begründet[636]. Warum

---

632 Bode S. 215/216; Frenz Bd. 1 Rn 2994; Heselhaus/Nowak/Wollenschläger § 15 Rn 42ff., 92; Schulz S. 95; Sommer S. 77ff.; Toner S. 216; Wollenschläger S. 303; v. Bogdandy/Bitter in Festschrift Zuleeg 2005, 309, 320/321; Dautzenberg BB 1993, 1563, 1565; Editorial Comments CML Rev. 45 (2008), 1, 1f.; Füßer DÖV 1999, 96, 102; Kokott in Festschrift Tomuschat 2006, 207, 224ff.; Kroll ZVglRWiss 107 (2008), 320, 329; Kruse EuZW 2007, 260, 261; Magiera in Liber Amicorum Jost Delbrück 2005, 429, 448; Scheuing EuR 2003, 744, 779/780; derselbe Freedom of Movement, 145, 186ff.; Ziekow in Symposium Randelzhofer 2004, 101, 106; tendenziell auch Obwexer EuZW 2002, 56, 58; ebenso Spaventa CML Rev. 45 (2008), 13, 25; a.A. Tettinger/Stern/Schöbener Art. 45 GRCh. Rn 15; Kubicki (EuR 2006, 489, 494), der jedoch generell eine „Übertragung der grundfreiheitlichen Kategorien des Diskriminierungs- und Beschränkungsverbotes auf Art. 18 I EGV" ablehnt; allerdings sieht er dennoch einen Eingriff in Art. 18 EGV als gegeben an, wenn „eine der durch diese Bestimmung gewährten Rechtspositionen in irgendeiner Weise beeinträchtigt wird" (S. 495), was im Ergebnis einem Beschränkungsverbot ähnelt; wie Kubicki auch Haratsch/Koenig/Pechstein Rn 651.

633 GA Cosmas, EuGH Wijsenbeek, Rs. C-378/97, Slg. 1999, S. I-6207, Rn 104f.; GA Jacobs, EuGH Pusa, Rs. C-224/02, Slg. 2004, S. I-5763, Rn 20ff.; GA Jacobs, EuGH Niebüll, Rs. C-96/04, Slg. 2006, S. I-3561, Rn 54; GA Geelhoed, EuGH De Cuyper, Rs. C-406/04, Slg. 2006, S. I-6947, Rn 104ff.; GA Kokott, EuGH Tas-Hagen, Rs. C-192/05, Slg. 2006, S. I-10451, Rn 49f.

634 GA Cosmas, EuGH Wijsenbeek, Rs. C-378/97, Slg. 1999, S. I-6207, Rn 105; Wollenschläger S. 305; Kokott in Festschrift Tomuschat 2006, 207, 225; Scheuing Freedom of Movement, 145, 187.

635 GA Jacobs, EuGH Pusa, Rs. C-224/02, Slg. 2004, S. I-5763, Rn 21; GA Kokott, EuGH Tas-Hagen, Rs. C-192/05, Slg. 2006, S. I-10451, Rn 50; Frenz Bd. 1 Rn 2994; Dautzenberg BB 1993, 1563, 1565; Füßer DÖV 1999, 96, 102 (unter Rückgriff auf die Dassonville-Formel).

636 Calliess/Ruffert/Kluth Art. 18 EGV Rn 1.

nun aber diejenigen, die ihr Aufenthaltsrecht aus Art. 18 EGV herleiten, weniger geschützt werden sollen, ist nicht ersichtlich[637]. Dagegen sprechen auch gerade die Erwägungen des Gemeinschaftsgesetzgebers bei Einführung der Freizügigkeitsrichtlinie (2004/38/EG). Die Zusammenfassung des Sekundärrechts sowohl berufstätiger als auch nicht berufstätiger Unionsbürger zeugte von der Absicht der einheitlichen Behandlung der freizügigkeitsrechtlichen Gewährleistungen[638]. Folglich sollte Art. 18 EGV entsprechend den Grundfreiheiten ausgelegt und somit auch als Beschränkungsverbot verstanden werden.

Zudem formulierte der EuGH das Beschränkungsverbot in den Rs. Kraus und Gebhard nicht gezielt für eine spezielle Grundfreiheit, sondern für die „durch den Vertrag garantierten grundlegenden Freiheiten“[639]. Es bedürfte daher einer Begründung und Rechtfertigung, warum ausgerechnet das Recht auf allgemeine Freizügigkeit (Art. 18 EGV) hiervon ausgenommen sein sollte[640].

Darüber hinaus wird ein Beschränkungsverbot z.T. bereits als im Wortlaut des Art. 18 EGV angelegt angesehen[641]. Schließlich käme in den verwendeten Begriffen nicht zum Ausdruck, dass das Vorliegen einer Diskriminierung für eine Verletzung des Rechts auf Freizügigkeit erforderlich sei[642]. Hierfür spricht zumindest ein Vergleich mit der Arbeitnehmerfreizügigkeit. Diese enthält ein ausdrückliches Diskriminierungsverbot in Art. 39 II EGV. Wenn es nun aber möglich ist, Art. 39 EGV auch als Beschränkungsverbot aufzufassen, dann muss dies erst recht für eine Norm wie Art. 18 EGV gelten, die nicht ausdrücklich einen Gleichbehandlungsgrundsatz beinhaltet[643].

Gegen ein Beschränkungsverbot werden jedoch systematische Gesichtspunkte ins Feld geführt. So verkenne eine derart weite Auffassung als Beschränkungsverbot den Regelungszweck des Art. 18 EGV. Die Freizügigkeit gehe mit dem Unionsbürgerstatus einher. Dieser sei aber gemäß Art. 17 EGV strikt an die Staatsangehörigkeit eines Mitgliedstaates gekoppelt. Aufgrund dieser engen Verbindung zur Staatsangehörigkeit könne die Gewährleistung des Art. 18 EGV nicht über ein

---

637 Toner S. 220.

638 RiLi 2004/38/EG, Amtsblatt der Europäischen Union L 158/77, Erwägungsgrund 3.

639 EuGH Kraus, Rs. C-19/92, Slg. 1993, S. I-1663, Rn 32; EuGH Gebhard, Rs. C-55/94, Slg. 1995, S. I-4165, Rn 37.

640 Toner S. 216.

641 GA Jacobs, EuGH Pusa, Rs. C-224/02, Slg. 2004, S. I-5763, Rn 20; GA Geelhoed, EuGH De Cuyper, Rs. C-406/04, Slg. 2006, S. I-6947, Rn 105; Bode S. 216; Schulz S. 95; a.A. Heselhaus/Nowak/Wollenschläger § 15 Rn 42; Kubicki EuR 2006, 489, 494.

642 GA Jacobs, EuGH Pusa, Rs. C-224/02, Slg. 2004, S. I-5763, Rn 20; GA Geelhoed, EuGH De Cuyper, Rs. C-406/04, Slg. 2006, S. I-6947, Rn 105; Bode S. 216; Schulz S. 95.

643 GA Geelhoed, EuGH De Cuyper, Rs. C-406/04, Slg. 2006, S. I-6947, Rn 106ff.; Bode S. 216; Schulz S. 92ff.; Sommer S. 80; dies klingt auch bei GA Jacobs (EuGH Pusa, Rs. C-224/02, Slg. 2004, S. I-5763, Rn 20) an.

Diskriminierungsverbot hinausgehen[644]. Dem ist jedoch zu erwidern, dass sich die Systematik der Grundfreiheiten durch die Annahme eines Beschränkungsverbotes in Art. 18 EGV gerade komplettieren ließe. Zusätzlich zu den speziellen Diskriminierungsverboten in den Grundfreiheiten gibt es schon lange ein allgemeines Diskriminierungsverbot (Art. 12 EGV) als Auffangtatbestand. Mit Art. 18 EGV als Beschränkungsverbot gäbe es nun parallel zu den Beschränkungsverboten der wirtschaftlichen Grundfreiheiten ein Auffangbeschränkungsverbot[645]. Es käme zu einer Abrundung der Schutzrechte im Gemeinschaftsrecht, die offene Schutzlücken schließt[646]. Zudem wurden die Art. 17ff. EGV[647] mit der politischen Intention eingeführt, den Übergang von der Markt- zur Unionsbürgerschaft zu vollziehen[648], wobei die Freizügigkeit gerade als „wichtigstes Merkmal der Unionsbürgerschaft" angesehen wurde[649]. Die besseren Argumente streiten somit für ein Beschränkungsverbot.

bb) Rechtsprechung des EuGH

Zu untersuchen ist noch, ob sich ein derartiges Beschränkungsverbot im Bereich des Art. 18 EGV auch auf die Rechtsprechung des EuGH stützen lässt.

aaa) Rs. Wijsenbeek[650] – 21.09.1999

In der Rs. Wijsenbeek weigerte sich ein Niederländer, der von Straßburg nach Rotterdam geflogen war, dem Grenzbeamten nach Landung seinen Reisepass zwecks Nachweises seiner niederländischen Staatsangehörigkeit vorzulegen. Hiermit verstieß er gegen die niederländische Ausländerverordnung[651].

Der Generalanwalt übertrug in seinen Schlussanträgen die Gebhard-Formel auch auf Art. 18 EGV[652]. Er führte aus, dass derartige Grenzkontrollen zwischen den Mitgliedstaaten ein Hindernis für die Ausübung des Rechtes auf Freizügigkeit darstellen und dieses in seiner Substanz treffen[653]. Mangels einheitlicher Kontrol-

644 Tettinger/Stern/Schöbener Art. 45 GRCh. Rn 15.
645 Füßer DÖV 1999, 96, 101.
646 Füßer DÖV 1999, 96, 101.
647 Seit 01.12.2009 Art. 20ff. AEUV.
648 Streinz/Magiera Art. 17 EGV Rn 1; Füßer DÖV 1999, 96, 101.
649 Zweiter Bericht der Kommision über die Unionsbürgerschaft vom 27.05.1997 KOM (97) 230 endg. S. 19, 4.4.
650 EuGH, Rs. C-378/97, Slg. 1999, S. I-6207.
651 EuGH, Rs. C-378/97, Slg. 1999, S. I-6207, Rn 14f.
652 GA Cosmas, EuGH Wijsenbeek, Rs. C-378/97, Slg. 1999, S. I-6207, Rn 105.
653 GA Cosmas, EuGH Wijsenbeek, Rs. C-378/97, Slg. 1999, S. I-6207, Rn 101f.; zustimmend Streinz/Magiera Art. 18 EGV Rn 16; a.A. Calliess/Ruffert/Kluth Art. 18 EGV Rn 5.

len an den EU-Außengrenzen sah er aber die Überprüfungen an den Binnengrenzen aus Gründen des öffentlichen Interesses („*public interest*") grundsätzlich als gerechtfertigt an[654].

Die Entscheidung des Gerichtshofes zu Art. 18 EGV fällt knapp aus. Er verwies dabei weder – wie der Generalanwalt – auf die Gebhard-Formel noch unterschied er ausdrücklich zwischen einer Beschränkung des Rechts auf Freizügigkeit und ihrer Rechtfertigung. Jedoch hielt der Gerichtshof ebenfalls die fehlenden „gemeinschaftlichen Bestimmungen für die Kontrollen der Außengrenzen der Gemeinschaft" für entscheidend. Mangels derartiger Regelungen sei es erforderlich, sich als Angehöriger der EU auszuweisen, um seine Rechte wahrnehmen zu können[655]. Bei diesen Erwägungen handelt es sich aber gerade um den vom Generalanwalt aufgezeigten Rechtfertigungsgrund[656]. Zudem pflichtete der Gerichtshof in seinen Ausführungen ausdrücklich der Kommission bei[657]. Diese führte aus, dass mangels gemeinschaftlicher Vorschriften für die Kontrolle an den Außengrenzen eine Passkontrolle an den Binnengrenzen keine „missbräuchliche" Behinderung darstelle und nicht „unverhältnismäßig" sei[658]. Die Wortwahl der Kommission spricht somit ebenfalls für eine Lösung des Falles auf der Rechtfertigungsebene. Die Entscheidung des EuGH in der Rs. Wijsenbeek deutet somit auf die Annahme einer Beschränkung hin, die jedoch gerechtfertigt war[659]. Somit lässt sich der Rs. Wijsenbeek die Tendenz zu einem in Art. 18 EGV enthaltenen Beschränkungsverbot entnehmen[660].

bbb) Rs. D'Hoop – 11.07.2002

In der Rs. D'Hoop wurde einer belgischen Staatsbürgerin, die in Frankreich ihr Abitur erwarb und anschließend in Belgien studierte, ein Überbrückungsgeld verweigert, da sie ihre höhere Schulbildung nicht in Belgien erworben hatte[661]. Der EuGH führte aus: „Da ein Unionsbürger in allen Mitgliedstaaten Anspruch auf die gleiche rechtliche Behandlung wie die Staatsangehörigen dieses Mitgliedstaats

654 GA Cosmas, EuGH Wijsenbeek, Rs. C-378/97, Slg. 1999, S. I-6207, Rn 106f.

655 EuGH Wijsenbeek, Rs. C-378/97, Slg. 1999, S. I-6207, Rn 42f.

656 GA Cosmas, EuGH Wijsenbeek, Rs. C-378/97, Slg. 1999, S. I-6207, Rn 106f.; so auch Streinz/Magiera (Art. 18 EGV Rn 16 Fn 48), der diese Ausführungen des EuGH zusammen mit denen des GA als Rechtfertigung einer Behinderung der Freizügigkeit durch Grenzkontrollen anführt.

657 EuGH Wijsenbeek, Rs. C-378/97, Slg. 1999, S. I-6207, Rn 42.

658 EuGH Wijsenbeek, Rs. C-378/97, Slg. 1999, S. I-6207, Rn 35f.

659 So auch Heselhaus/Nowak/Wollenschläger § 15 Rn 43; Scheuing Freedom of Movement 145, 188.

660 Heselhaus/Nowak/Wollenschläger § 15 Rn 43; Wollenschläger S. 289; Scheuing Freedom of Movement 145, 188; Toner E.L.Rev. 2000, 415, 420.

661 EuGH D'Hoop, Rs. C-224/98, Slg. 2002, S. I-6191.

hat, die sich in der gleichen Situation befinden, wäre es mit dem Recht auf Freizügigkeit unvereinbar, wenn der Mitgliedstaat, dessen Staatsangehöriger er ist, ihn deshalb weniger günstig behandeln würde, weil er von den Möglichkeiten Gebrauch gemacht hat, die ihm die Freizügigkeitsbestimmungen des EG-Vertrags eröffnen[662]. Dieses Recht könnte nämlich seine volle Wirkung nicht entfalten, wenn ein Staatsangehöriger eines Mitgliedstaats von der Wahrnehmung dieser Möglichkeiten abgehalten werden könnte, weil ihm bei der Rückkehr in sein Herkunftsland Nachteile entstünden, die eine Regelung an diese Wahrnehmung knüpft."[663]

Diese Entscheidung wird unterschiedlich bewertet. Vielfach wird ihr ein Beschränkungsverbot entnommen[664]. Teilweise hingegen wird dies bezweifelt[665]. So räumt *Epiney* zwar ein, dass Frau *D'Hoop* sich gegen eine Maßnahme ihres eigenen Staates wehrte, dennoch liege eine unzulässige Diskriminierung vor. Im Allgemeinen würden nur Inländer einen höheren belgischen Schulabschluss erwerben, der Voraussetzung für die Gewährung des Überbrückungsgeldes ist. Frau *D'Hoop* wäre somit in derselben Situation wie der durchschnittliche Ausländer, der gegenüber den (normalen) Inländern benachteiligt werde[666]. In einem solchen Fall eine versteckte Diskriminierung anzunehmen, erscheint aber konstruiert[667]. Der EuGH bildete daher eine ganz andere Vergleichsgruppe. Er verglich belgische Staatsangehörige, die wie Frau *D'Hoop* von ihrem Recht auf Freizügigkeit Gebrauch gemacht hatten, mit solchen, die ihre gesamte Schulbildung in Belgien erworben hatten[668]. Diese vom EuGH herangezogenen Vergleichsgruppen zeigen, dass in der Rs D'Hoop weder eine offene noch eine versteckte Diskriminierung aufgrund der Staatsangehörigkeit vorliegt[669]. Nur eine solche wird aber von Art. 12 EGV[670] erfasst[671]. Unklar bleiben insoweit die Ausführungen des Generalanwaltes *Geelhoed*

---

662 EuGH D'Hoop, Rs. C-224/98, Slg. 2002, S. I-6191, Rn 30.

663 EuGH D'Hoop, Rs. C-224/98, Slg. 2002, S. I-6191, Rn 31.

664 Bode S. 215/216; Nettesheim S. 41f.; Wollenschläger S. 284; Scheuing EuR 2003, 744, 780; derselbe Freedom of Movement, 145, 189; Ziekow in Symposium Randelzhofer 2004, 101, 106.

665 Epiney NVwZ 2004, 555, 560; Iliopoulou/Toner E.L.Rev. 2003, 389, 392; Kubicki EuR 2006, 489, 508/509.

666 Epiney NVwZ 2004, 555, 560.

667 Iliopoulou/Toner E.L.Rev. 2003, 389, 393.

668 EuGH D'Hoop, Rs. C-224/98, Slg. 2002, S. I-6191, Rn 33.

669 Bode EuZW 2002, 637, 638; Iliopoulou/Toner E.L.Rev. 2003, 389, 393f.; Scheuing EuR 2003, 744, 780; derselbe Freedom of Movement, 145, 189.

670 Bzw. von Art. 18 EGV unmittelbar, je nachdem welcher Ansicht man unter E, III, 2, a folgt.

671 Schwarze/Holoubek Art. 12 EGV Rn 42; Haratsch/Koenig/Pechstein Rn 638; Schönberger S. 426ff.; Wollenschläger S. 295; Bode EuZW 2002, 637, 638; Düsterhaus Integration 2006, 122, 131/132; a.A. Grabitz/Hilf/v. Bogdandy (Art. 12 EGV Rn 52) und von der Groeben/Schwarze/Zuleeg (Art. 12 EGV Rn 14), die auch eine Ungleichbehandlung aufgrund der Ausübung des Rechts auf Freizügigkeit von Art. 12 EGV als erfasst ansehen.

in seinen Schlussanträgen[672]. So sah er Art. 12 EGV ebenfalls als Diskriminierungsverbot aus Gründen der Staatsangehörigkeit an[673], subsumierte den Sachverhalt aber mittels der auch vom EuGH gebildeten Vergleichsgruppen dennoch unter diese Bestimmung des EG-Vertrages[674]. Zur Stützung seiner Ansicht verwies er auf die Entscheidung des EuGH in der Rs. Kraus[675]. In dieser trug der Kläger eine Verletzung des EG-Vertrages vor, da bei einem im Ausland erworbenen akademischen Grad zur Führung in Deutschland eine Genehmigung des jeweiligen Bundeslandes erforderlich sei, dies jedoch bei an einer deutschen Hochschule erworbenen Titeln nicht der Fall sei. Hierin sah der Kläger eine Behinderung seines Rechtes auf Freizügigkeit[676]. Der EuGH hielt die streitige Regelung für geeignet, die Grundfreiheiten des EG-Vertrages zu behindern oder weniger attraktiv zu machen. Ausdrücklich sah er in dieser Regelung jedoch keine Diskriminierung aufgrund der Staatsangehörigkeit[677], sondern entschied den Fall aufgrund des den Grundfreiheiten zugrunde liegende Beschränkungsverbotes[678]. Die Rs. Kraus spricht somit gegen die Ansicht des Generalanwaltes[679]. Diese Entscheidung des EuGH zu den Grundfreiheiten ist kein Einzelfall. In der Rs. Terhoeve kam es zu einer sozialversicherungsrechtlichen Benachteiligung eines Arbeitnehmers, der von seinem Recht auf Arbeitnehmerfreizügigkeit Gebrauch gemacht hatte, gegenüber einem Arbeitnehmer, der dies nicht getan hatte[680]. Diesen Fall ordnete der EuGH unter Bezugnahme auf die Rs. Bosman als Verstoß gegen das Beschränkungsverbot des Art. 39 EGV ein[681]. Ebenso entschied der EuGH in der Rs. Kranemann[682]. In diesem Fall absolvierte ein deutscher Rechtsreferendar einen Teil seines Vorbereitungsdienstes im Vereinigten Königreich. Das Land Nordrhein-Westfalen verweigerte die Erstattung der Reisekosten, die Herrn *Kranemann* außerhalb der Bundesrepublik Deutschlands entstanden waren. Einem Referendar, der seine Ausbildung im Inland absolviert hätte, wären hingegen die Reisekosten zwischen Wohnsitz und Ausbildungsort unabhängig von der konkreten Entfernung erstattet worden[683]. Ein Vergleich mit den Grundfreiheiten zeigt somit, dass der EuGH die

---

672 Vgl. auch Iliopoulou/Toner E.L.Rev. 2003, 389, 393.

673 GA Geelhoed EuGH D'Hoop, Rs. C-224/98, Slg. 2002, S. I-6191, Überschrift B vor Rn 46.

674 GA Geelhoed EuGH D'Hoop, Rs. C-224/98, Slg. 2002, S. I-6191, Rn 48ff.

675 GA Geelhoed EuGH D'Hoop, Rs. C-224/98, Slg. 2002, S. I-6191, Rn 51ff.

676 EuGH Kraus, Rs. C-19/92, Slg. 1993, S. I-1663, Rn 3f., 10.

677 Dies verkennt GA Geelhoed (EuGH D'Hoop, Rs. C-224/98, Slg. 2002, S. I-6191, Rn 53) anscheinend.

678 EuGH Kraus, Rs. C-19/92, Slg. 1993, S. I-1663, Rn 32.

679 So auch Iliopoulou/Toner E.L.Rev. 2003, 389, 393 Fn 22.

680 EuGH Terhoeve, Rs. C-18/95, Slg. 1999, S. I-345.

681 EuGH Terhoeve, Rs. C-18/95, Slg. 1999, S. I-345, Rn 37ff.

682 EuGH Kranemann, Rs. C-109/04, Slg. 2005, S. I-2421, Rn 25ff.

683 EuGH Kranemann, Rs. C-109/04, Slg. 2005, S. I-2421.

Benachteiligung aufgrund der Ausübung der Freizügigkeit bei diesen als verbotene Beschränkung und nicht als Diskriminierung auffasst[684].

Gegen die Annahme eines Beschränkungsverbotes durch den EuGH in der Rs. D'Hoop wird jedoch angeführt, der Gerichtshof stelle in dieser Entscheidung ausschließlich gleichheitsrechtliche Erwägungen an und sehe den Verstoß letztlich ausdrücklich in einer Ungleichbehandlung[685]. Er baue somit das Diskriminierungsverbot aus Gründen der Staatsangehörigkeit zu einem Verbot der Diskriminierung infolge der Ausübung der unionsbürgerlichen Freizügigkeit aus, nehme aber kein Beschränkungsverbot an[686]. Der EuGH stellte in der Rs. D'Hoop tatsächlich zunächst auf eine „gleiche rechtliche Behandlung" ab. Darüber hinaus führte er aber an, dass das Recht auf allgemeine Freizügigkeit keine volle Wirksamkeit erlange, wenn ein Bürger von der Ausübung dieses Rechtes aufgrund einer drohenden Benachteiligung im Falle seiner Rückkehr abgehalten werde[687]. Diese Ausführungen gehen somit über ein reines Diskriminierungsverbot hinaus und sprechen für ein Beschränkungsverbot[688].

ccc) Rs. Pusa – 29.04.2004

In dem dieser Rs. zugrundeliegenden Sachverhalt verzog Herr *Pusa*, ein finnischer Staatsangehöriger, nach Eintritt in den Ruhestand nach Spanien. Auf ein in Finnland befindliches Konto erhielt Herr *Pusa* eine Rente ausgezahlt. Aufgrund von Schulden gestattete ein Amtsgericht in Finnland die teilweise Pfändung dieser Rente. Bei der Bestimmung der Pfändungsfreibeträge wurde nur der Bruttobetrag zugrunde gelegt, da Herr *Pusa* in Finnland selbst aufgrund eines Doppelbesteuerungsabkommens zwischen Spanien und Finnland keine Steuern zahlen musste. Jedoch musste er an seinem Wohnort Spanien die Rente versteuern. Im Ergebnis hätte Herr *Pusa* daher ein höheres Einkommen zur Verfügung gehabt, wenn er nach wie vor in Finnland wohnen würde, denn dann wäre auf die Nettorente abzustellen gewesen[689].

---

684 Vgl. Grabitz/Hilf/Randelzhofer/Forsthoff Art. 39 EGV Rn 185, Art. 43 EGV Rn 105; Haratsch/Koenig/Pechstein Rn 700, 783, 832; Roloff S. 64ff; zur Rs. Terhoeve: von der Groeben/Schwarze/Wölker/Grill Art. 39 EGV Rn 19 Fn 61; Streinz/Franzen Art. 39 EGV Rn 88 Fn 328.

685 Tettinger/Stern/Schöbener Art. 45 GRCh. Rn 15; Kubicki EuR 2006, 489, 508/509.

686 Haratsch/Koenig/Pechstein Rn 659; Kubicki EuR 2006, 489, 505ff.; nach Auffassung von Iliopoulou/Toner (E.L.Rev. 2003, 389, 392) schwankt der EuGH zwischen der Annahme eines Beschränkungsverbotes und der Einordnung der Ausübung der Freizügigkeit als eigenständiges Diskriminierungsverbot; im Großen und Ganzen entscheide der EuGH sich aber für letzere Ansicht.

687 Vgl. EuGH D'Hoop, Rs. C-224/98, Slg. 2002, S. I-6191, Rn 31.

688 Ebenso Wollenschläger S. 284; Bode EuZW 2002, 637, 638.

689 EuGH Pusa, Rs. C-224/02, Slg. 2004, S. I-5763, Rn 12ff.

In diesem Fall bestätigte der EuGH seine bereits in der Rechtssache D'Hoop gefundene Linie. Die Begründung verläuft parallel. Zunächst nahm der Gerichtshof wieder gleichheitsrechtliche Erwägungen vor[690]. Im Anschluss wies der EuGH aber auch erneut darauf hin, dass das Recht auf Freizügigkeit seine volle Wirkung nicht entfalten könne, wenn ein Unionsbürger, der von der Freizügigkeit Gebrauch macht, benachteiligt werde[691].

Auch in dieser Entscheidung sehen einige Autoren lediglich eine Ausweitung des Diskriminierungsverbotes[692]. Andere bestreiten dies, da es sich bei Finnen, die in Finnland steuerpflichtig sind, und solchen, die im Ausland steuerpflichtig sind, nicht um eine vergleichbare Personengruppe handele. Folglich könne man dem finnischen Zwangsvollstreckungsrecht auch keine Ungleichbehandlung gleicher Sachverhalte vorwerfen[693]. Dies überzeugt jedoch nicht. Die Gemeinsamkeit ist gerade, dass es sich um finnische Vollstreckungsschuldner handelt, denen auch derselbe Vollstreckungsschutz mittels der Pfändungsfreigrenzen zukommen sollte. Die unterschiedliche Steuerpflichtigkeit lässt sich allenfalls als Rechtfertigungsgrund anführen. Der Rs. Pusa lassen sich somit keine neuen Erkenntnisse entnehmen.

ddd) Rs. Zhu/Chen[694] – 19.10.2004

Im Jahre 2000 reiste die Chinesin *Chen* in das Vereinigte Königreich ein und brachte ihr Kind (*Catherine*) in Belfast zur Welt[695]. Hierdurch beabsichtigte die Mutter, ein Aufenthaltsrecht für sich und ihre Tochter in Großbritannien zu erhalten[696]. Nach damaliger Rechtslage erwarben alle auf der Insel Irland geborenen Personen mit Geburt die irische Staatsangehörigkeit[697]. Eine Aufenthaltserlaubnis wurde jedoch weder Mutter noch Tochter von den zuständigen Behörden verliehen[698].

Der EuGH sprach sowohl Mutter als auch Tochter ein Aufenthaltsrecht zu. Das Recht der Tochter resultierte aus ihrer Stellung als Unionsbürgerin, die über ausreichend Existenzmittel verfügt, unmittelbar aus Art. 18 EGV[699]. Und auch das Aufenthaltsrecht der Mutter leitete der EuGH aus dem Recht der Tochter auf Freizügigkeit her. Denn das Freizügigkeitsrecht der Tochter, welche auf die Betreuung

690 EuGH Pusa, Rs. C-224/02, Slg. 2004, S. I-5763, Rn 18.
691 EuGH Pusa, Rs. C-224/02, Slg. 2004, S. I-5763, Rn 19.
692 Haratsch/Koenig/Pechstein Rn 659; Kubicki EuR 2006, 489, 505ff.
693 Nettesheim S. 43f.
694 EuGH Zhu/Chen, Rs. C-200/02, Slg. 2004, S. I-9925.
695 EuGH Zhu/Chen, Rs. C-200/02, Slg. 2004, S. I-9925, Rn 8.
696 EuGH Zhu/Chen, Rs. C-200/02, Slg. 2004, S. I-9925, Rn 11.
697 EuGH Zhu/Chen, Rs. C-200/02, Slg. 2004, S. I-9925, Rn 9f.
698 EuGH Zhu/Chen, Rs. C-200/02, Slg. 2004, S. I-9925, Rn 14.
699 EuGH Zhu/Chen, Rs. C-200/02, Slg. 2004, S. I-9925, Rn 26ff.

durch ihre Mutter angewiesen war, wäre praktisch wertlos, wenn die Mutter ausgewiesen würde[700].

Der EuGH übertrug in diesem Fall somit zwar nicht ausdrücklich die Gebhard-Formel auf Art. 18 EGV und verwendete auch nicht den Begriff der Beschränkung, jedoch stützte er seine Entscheidung gerade nicht auf gleichheitsrechtliche Erwägungen, sondern maßgeblich auf den Umstand, dass durch die Ausweisung der Mutter „dem Aufenthaltsrecht des Kindes jede praktische Wirksamkeit genommen" werde[701]. Diese Feststellung lässt sich problemlos unter die Definition des Beschränkungsverbotes aus der Gebhard-Formel subsumieren. Es handelt sich nämlich um eine Maßnahme, die die Ausübung der Freizügigkeit behindert. Die Begründung des EuGH ist somit auf die Annahme eines Beschränkungsverbotes zurückführbar.

Generalanwalt *Tizzano* hat in seinen Schlussanträgen darüber hinaus vorgebracht, dass der Mutter ein Aufenthaltsrecht als Drittstaatsangehörige zugestanden hätte, wenn *Catherine* nicht irische Staatsbürgerin, sondern Staatsangehörige des Vereinigten Königreiches gewesen wäre. Aus seiner Sicht lag somit zusätzlich ein Verstoß gegen das Diskriminierungsverbot aus Gründen der Staatsangehörigkeit vor[702]. Der EuGH hat diese weiteren Erwägungen des Generalanwaltes jedoch in seiner Entscheidung nicht aufgegriffen. Dies zeigt, dass der Gerichtshof in Art. 18 EGV mehr sah als nur ein reines Diskriminierungsverbot aus Gründen der Staatsangehörigkeit.

Ferner lässt sich die Entscheidung in der Rs. Zhu/Chen auch nicht mehr – wie z.T. in den Rs. D'Hoop und Pusa vertreten[703] – mit der Annahme eines ausgeweiteten Diskriminierungsverbots als Ungleichbehandlung infolge der Ausübung des Rechtes auf Freizügigkeit erklären. Wie selbst der EuGH einräumte, hat *Catherine* von ihrem Recht auf Freizügigkeit nämlich überhaupt nie Gebrauch gemacht[704]. Die Ausführungen des EuGH in der Rs. Zhu/Chen deuten somit auf die Annahme hin, Art. 18 EGV enthalte ebenso wie die speziellen Grundfreiheiten ein Beschränkungsverbot.

700 EuGH Zhu/Chen, Rs. C-200/02, Slg. 2004, S. I-9925, Rn 45.

701 EuGH Zhu/Chen, Rs. C-200/02, Slg. 2004, S. I-9925, Rn 45.

702 GA Tizzano, EuGH Zhu/Chen, Rs. C-200/02, Slg. 2004, S. I-9925, Rn 97ff.

703 S. oben E, III, 2, b, bb, bbb u. ccc.

704 EuGH Zhu/Chen, Rs. C-200/02, Slg. 2004, S. I-9925, Rn 19; die Einbeziehung derartiger Sachverhalte in den Schutzbereich des EG-Vertrages wird in der Literatur nicht unkritisch gesehen, vgl. Hofstötter E.L.Rev. 2005, 548, 551ff.

eee) Rs. Schempp – 12.07.2005

In der Rs. Schempp war ein in Deutschland wohnender Deutscher seiner in Österreich lebenden geschiedenen Frau zu Unterhaltszahlungen verpflichtet. Die verschiedenen Einkommensteuersysteme Deutschlands und Österreichs führten dazu, dass Herr *Schempp* die an seine Frau geleisteten Unterhaltszahlungen nicht als Sonderausgaben von der Steuer absetzen konnte. Dies wäre ihm indes möglich gewesen, wenn seine Frau in Deutschland gelebt hätte. Hierin sah Herr *Schempp* einen Verstoß gegen Art. 12 und Art. 18 EGV[705].

Zunächst beschäftigte der EuGH sich mit Art. 12 EGV. Jedoch verneinte er im Ergebnis eine Diskriminierung unter Hinweis auf seine ständige Rechtsprechung, nach der Ungleichbehandlungen, die lediglich durch eine Divergenz der Rechtsordnungen der Mitgliedstaaten ausgelöst werden, nicht unter Art. 12 EGV fallen[706]. Ein Inländer wie Herr *Schempp*, der einer im Ausland lebenden Person Unterhalt leistet, wobei die Zahlung dort aber nicht besteuert wird, befindet sich nämlich nicht in einer vergleichbaren Situation mit einem Inländer, der an eine in Deutschland wohnende Person Unterhalt zahlt, wo es grundsätzlich zu einer Besteuerung dieser Leistung kommt[707].

Im Anschluss befasste sich der Gerichtshof noch mit Art. 18 EGV und prüfte, ob Herr *Schempps* Recht „sich gemäß Art. 18 I EGV in anderen Mitgliedstaaten frei zu bewegen und aufzuhalten" beeinträchtigt ist[708]. Eine Beeinträchtigung verneinte der EuGH zwar im Ergebnis, da der EG-Vertrag den Unionsbürgern keine steuerrechtliche Neutralität bei Verlagerung ihrer Tätigkeit in einen anderen Mitgliedstaat garantiere und die Divergenzen der steuerrechtlichen Systeme sowohl zu Vor- als auch Nachteilen für den jeweiligen Bürger führen können[709], jedoch zeigt diese weitere Prüfung sehr deutlich, dass der EuGH neben einem Diskriminierungsverbot auch ein Beschränkungsverbot in Bezug auf das Recht auf Freizügigkeit aus Art. 18 EGV annahm[710]. Zudem spricht die klare Trennung zwischen der zunächst verneinten Ungleichbehandlung vergleichbarer Sachverhalte und der anschließenden Prüfung einer Beeinträchtigung des Art. 18 EGV erneut gegen eine bloße Ausweitung des Diskriminierungsverbotes auf Ungleichbehandlungen infolge der Ausübung des Rechtes auf Freizügigkeit.

---

705 EuGH Schempp, Rs. C-403/03, Slg. 2005, S. I-6421, Rn 7ff.

706 EuGH Schempp, Rs. C-403/03, Slg. 2005, S. I-6421, Rn 27ff.

707 EuGH Schempp, Rs. C-403/03, Slg. 2005, S. I-6421, Rn 27ff.; zustimmend Cloer EWS 2005, 366, 367f.; auch GA Geelhoed (EuGH Schempp, Rs. C-403/03, Slg. 2005, S. I-6421, Rn 30) hält die beiden Situationen in seinen Schlussanträgen für nicht vergleichbar.

708 EuGH Schempp, Rs. C-403/03, Slg. 2005, S. I-6421, Rn 43.

709 EuGH Schempp, Rs. C-403/03, Slg. 2005, S. I-6421, Rn 45.

710 Ebenso Kokott in Festschrift Tomuschat 2006, 207, 225.

fff) Rs. De Cuyper – 18.07.2006

In der Rs. De Cuyper ging es um die Vereinbarkeit einer belgischen Regelung mit Art. 18 EGV, die die Leistungen wegen Arbeitslosigkeit an den tatsächlichen Aufenthalt in Belgien knüpfte[711].

In dieser Entscheidung rekurrierte der EuGH anders als in den Rs. D'Hoop und Pusa nicht auf die „gleiche rechtliche Behandlung" der Unionsbürger, sondern stellte unmittelbar fest, „dass eine nationale Regelung wie diejenige, um die es im Ausgangsverfahren geht, die einige Staatsangehörige allein deswegen benachteiligt, weil sie ihre Freiheit, sich in einen anderen Mitgliedstaat zu begeben und sich dort aufzuhalten, wahrgenommen haben, eine Beschränkung der Freiheiten darstellt, die Art. 18 EGV jedem Unionsbürger verleiht"[712]. Der Gerichtshof verwendete somit ausdrücklich den Begriff der „Beschränkung"[713]. Darüber hinaus verwies der EuGH zwar auf seine Entscheidungen in den Rs. D'Hoop und Pusa, jedoch nur auf die Passagen, aus denen sich wie bereits oben erläutert ein Beschränkungsverbot herauslesen lässt[714]. Die Formulierungen des Gerichtshofs in dieser Entscheidung sprechen somit eindeutig für ein Beschränkungsverbot und gegen die bloße Ausweitung des Diskriminierungsverbotes.

ggg) Rs. Tas-Hagen – 26.10.2006

In der Rs. Tas-Hagen wurde eine niederländische Regelung angegriffen, die die Inanspruchnahme einer Kriegsopferentschädigung für niederländische Staatsangehörige an einen inländischen Wohnsitz koppelte[715]. In seiner Begründung knüpfte der EuGH an die Entscheidung in der Rs. De Cuyper an und verzichtete erneut auf die gleichheitsrechtlichen Erwägungen[716]. Der Gerichtshof stellte vielmehr eindeutig fest, dass die angegriffene nationale Maßnahme eine „Beschränkung" darstellt[717].

---

711 EuGH De Cuyper, Rs. C-406/04, Slg. 2006, S. I-6947, Rn 12ff.

712 EuGH De Cuyper, Rs. C-406/04, Slg. 2006, S. I-6947, Rn 39.

713 Ebenso in Bezug auf eine mögliche Rechtfertigung vgl. EuGH De Cuyper, Rs. C-406/04, Slg. 2006, S. I-6947, Rn 40.

714 Er verweist nur auf EuGH D'Hoop, Rs. C-224/98, Slg. 2002, S. I-6191, Rn 31; EuGH Pusa, Rs. C-224/02, Slg. 2004, S. I-5763, Rn 19; vgl. hierzu oben E, III, 2, b, bb, bbb a.E.

715 EuGH Tas-Hagen, Rs. C-192/05, Slg. 2006, S. I-10451.

716 EuGH Tas-Hagen, Rs. C-192/05, Slg. 2006, S. I-10451, Rn 30ff.

717 EuGH Tas-Hagen, Rs. C-192/05, Slg. 2006, S. I-10451, Rn 32.

hhh) Rs. Turpeinen – 09.11.2006

Die Rs. Turpeinen betraf genau wie die Rs. Pusa eine finnische Einkommensteuerregelung, nach der eine Person, die mittlerweile Finnland verlassen hatte und im Ausland wohnte, mehr Steuern zahlen musste als eine Person, die in Finnland geblieben ist[718]. Die Entscheidung in der Rs. Turpeinen überrascht. In dieser nahm der EuGH ausschließlich Bezug auf die Entscheidungen D'Hoop und Pusa, nicht aber auf die zwischenzeitlich ergangenen Urteile in den Verfahren De Cuyper und Tas-Hagen. Infolgedessen ist die Begründung auch erneut parallel zu den Rs. D'Hoop und Pusa aufgebaut[719]. Somit lassen sich keine weiteren Schlüsse aus dieser Entscheidung ziehen. Eine Erklärung hierfür ist die Ähnlichkeit der den Rs. Turpeinen und Pusa zugrunde liegenden Sachverhalte.

iii) Rs. Schwarz – 11.09.2007

In der Rs. Schwarz ging es um eine Regelung des deutschen Einkommensteuergesetzes, nach der die Zahlungen von Schulgeld nur an bestimmte deutsche Schulen als Sonderausgaben Einkommensteuern mindernd geltend gemacht werden konnten. Nicht möglich war dies indes bei – wie im vorliegenden Fall – Zahlungen an eine Schule in einem anderen Mitgliedstaat[720]. Auch hier griff der EuGH wieder auf seine schon aus den Rechtssachen D'Hoop und Pusa bekannten Erwägungen zurück[721]. Im Anschluss daran stellte der Gerichtshof aber wie bereits in den Rs. De Cuyper und Tas-Hagen ausdrücklich fest, dass eine Benachteiligung infolge der Ausübung der Freizügigkeit eine „Beschränkung" des Art. 18 EGV darstellt[722]. Auch im Hinblick auf eine mögliche Rechtfertigung verwendete der EuGH erneut ausdrücklich den Begriff der „Beschränkung"[723].

Am selben Tag erging zu den deutschen einkommensteuerrechtlichen Regelungen im Hinblick auf das für eine ausländische Privatschule gezahlte Schulgeld eine weitere Entscheidung. Diese deckt sich in ihrer Begründung mit der Rs. Schwarz[724].

---

718 EuGH Turpeinen, Rs. C-520/04, Slg. 2006, S. I-10685.
719 EuGH Turpeinen, Rs. C-520/04, Slg. 2006, S. I-10685, Rn 20f.
720 EuGH Schwarz, Rs. C-76/05, Slg. 2007, S. I-6849, Rn 13.
721 EuGH Schwarz, Rs. C-76/05, Slg. 2007, S. I-6849, Rn 88f.
722 EuGH Schwarz, Rs. C-76/05, Slg. 2007, S. I-6849, Rn 93.
723 EuGH Schwarz, Rs. C-76/05, Slg. 2007, S. I-6849, Rn 94.
724 EuGH Kommission gegen Bundesrepublik Deutschland, Rs. C-318/05, Slg. 2007, S. I-6957, insbesondere Rn 127f. und 132f.

jjj) Rs. Morgan und Bucher – 23.10.2007

In der Rs. Morgan und Bucher stand die Frage im Raum, ob Leistungen nach dem BAföG zur Förderung einer Ausbildung im Ausland von der Voraussetzung eines mindestens einjährigen Studiums in Deutschland abhängig gemacht werden dürfen[725]. Die Begründung des EuGH deckt sich zunächst mit seinen Formulierungen in der Rs. Tas-Hagen[726]. Darüber hinaus führte der EuGH aber aus: „Ein Mitgliedstaat hat daher, wenn er ein Ausbildungsförderungssystem vorsieht, wonach Auszubildende bei einer Ausbildung in einem anderen Mitgliedstaat eine Ausbildungsförderung in Anspruch nehmen können, dafür Sorge zu tragen, dass die Modalitäten der Bewilligung dieser Förderung das Recht, sich im Hoheitsgebiet der Mitgliedstaaten frei zu bewegen und aufzuhalten, nicht ungerechtfertigt beschränken."[727] Hierbei nahm er ausdrücklich Bezug auf ein Urteil, welches zur Arbeitnehmerfreizügigkeit ergangen ist[728], nämlich auf die bereits oben erwähnte Rs. Kranemann[729]. In dieser Entscheidung bejahte der EuGH einen Verstoß gegen das Beschränkungsverbot aus Art. 39 EGV[730]. Die Rs. Morgan und Bucher spricht somit deutlich für eine den Grundfreiheiten entsprechende Anwendung des Art. 18 EGV durch den EuGH und somit für die Annahme eines Beschränkungsverbotes durch den Gerichtshof.

Eine Interpretation des Urteils als bloße Ausweitung eines Diskriminierungsverbotes ist nicht haltbar. Anders als noch in der Rs. D'Hoop bildete der EuGH in der Rs. Morgan und Bucher überhaupt keine Vergleichsgruppen mehr, woran sich eine solche Deutung festmachen ließe. Der EuGH betrachtete vielmehr konkret die Probleme, die denjenigen Studenten widerfahren, die ein Auslandsstudium aufnehmen wollen. So komme es zu „persönlichen Unannehmlichkeiten, zusätzlichen Kosten und etwaigen Verzögerungen"[731]. Der Generalanwalt erläuterte die entstehenden Nachteile in seinen Schlussanträgen etwas näher[732]. So entstünden durch ein mindestens einjähriges Inlandstudium persönliche und materielle Bindungen an den gewählten inländischen Studienort, die den Weggang erschweren würden. Zudem führe Bequemlichkeit oft dazu, den Ort, an dem man sich bereits

725 EuGH Morgan und Bucher, Rs. C-11/06 und C-12/06, Slg. 2007, S. I-9161, Rn 6ff.

726 EuGH Morgan und Bucher, Rs. C-11/06 und C-12/06, Slg. 2007, S. I-9161, Rn 25f.

727 EuGH Morgan und Bucher, Rs. C-11/06 und C-12/06, Slg. 2007, S. I-9161, Rn 28.

728 EuGH Morgan und Bucher, Rs. C-11/06 und C-12/06, Slg. 2007, S. I-9161, Rn 28.

729 EuGH Kranemann, Rs. C-109/04, Slg. 2005, S. I-2421.

730 EuGH Kranemann, Rs. C-109/04, Slg. 2005, S. I-2421, Rn 25ff.; s. auch oben E, III, 2, b, bb, bbb.

731 EuGH Morgan und Bucher, Rs. C-11/06 und C-12/06, Slg. 2007, S. I-9161, Rn 30.

732 GA Ruiz-Jarabo Colomer, EuGH Morgan und Bucher, Rs. C-11/06 und C-12/06, Slg. 2007, S. I-9161, Rn 106ff.

eingerichtet hat, nicht zu verlassen[733]. Diese Ausführungen sprechen somit für die Annahme eines Beschränkungsverbotes. Ohnehin erscheint die Erklärung des Urteils Morgan und Bucher mittels eines erweiterten Diskriminierungsverbotes nicht unproblematisch. Man könnte zwar pauschal feststellen, dass der Student, der im Inland verbleibt, Leistungen nach dem BAföG erhält und somit finanziell besser gestellt ist, als der Student, der im Ausland sein Studium (unmittelbar) aufnimmt, jedoch wurden die von den Klägerinnen in der Rs. Morgan und Bucher gewählten Studiengänge in Deutschland überhaupt nicht angeboten[734]. Frau *Morgan* und Frau *Bucher* wären folglich bei einem hypothetischen Verbleib in der Bundesrepublik keinesfalls besser gestellt gewesen, denn in Deutschland hätten sie ihren jeweiligen Studiengang überhaupt nicht aufnehmen können. Eine gleichheitsrechtliche Deutung des Urteils muss folglich ausscheiden.

kkk) Rs. Kommission gegen Bundesrepublik Deutschland – 17.01.2008[735]

In diesem im Januar 2008 abgeschlossenen Vertragsverletzungsverfahren gegen die Bundesrepublik Deutschland führte der EuGH zunächst aus: „Indem § 2 Abs. 1 Satz 1 EigZulG die Gewährung der Eigenheimzulage an die in Deutschland unbeschränkt Einkommensteuerpflichtigen an die Voraussetzung knüpft, dass die zu eigenen Wohnzwecken hergestellte oder angeschaffte Wohnung im Inland belegen ist, ist er infolgedessen geeignet, die Arbeitnehmerfreizügigkeit und die Niederlassungsfreiheit, wie sie in den Art. 39 EG und 43 EG verbürgt sind, zu beschränken."[736] Im Rahmen der Rechtfertigungsprüfung stellte der EuGH dann auf die in der Rs. Gebhard aufgeführten Kriterien ab[737]. Der Gerichtshof löste den Fall also über das den Art. 39 und 43 EGV zu entnehmende Beschränkungsverbot. Am Ende seines Urteils wies er lapidar darauf hin, dass seine Erwägungen auch für den geltend gemachten Verstoß gegen Art. 18 EGV gelten[738]. Somit lehnte der EuGH das allgemeine Freizügigkeitsrecht eng an die Grundfreiheiten an und entnahm auch diesem ein Beschränkungsverbot.

---

733 GA Ruiz-Jarabo Colomer, EuGH Morgan und Bucher, Rs. C-11/06 und C-12/06, Slg. 2007, S. I-9161, Rn 108.

734 EuGH Morgan und Bucher, Rs. C-11/06 und C-12/06, Slg. 2007, S. I-9161, Rn 19.

735 EuGH Kommission gegen Bundesrepublik Deutschland, Rs. C-152/05.

736 EuGH Kommission gegen Bundesrepublik Deutschland, Rs. C-152/05, Rn 25.

737 EuGH Kommission gegen Bundesrepublik Deutschland, Rs. C-152/05, Rn 26; vgl. EuGH Gebhard, Rs. C-55/94, Slg. 1995, S. I-4165, Rn 37.

738 EuGH Kommission gegen Bundesrepublik Deutschland, Rs. C-152/05, Rn 30.

lll) Rs. Niebüll (II) – 14.10.2008

In der jüngst ergangenen Entscheidung des Gerichtshofs in der Rs. Niebüll (II) ging es um ein Kind, welches gezwungen war, im Staat seiner Staatsangehörigkeit (Deutschland) einerseits und in seinem Geburts- und Wohnsitzstaat (Dänemark) andererseits aufgrund divergierenden nationalen Kollisions- und Sachrechts verschiedene Namen zu führen[739]. Der EuGH nahm im Urteil erneut Bezug auf seine Formulierung in der Rs. De Cuyper und verwendete abermals ausdrücklich den Begriff der „Beschränkung“[740]. Zudem bildete der Gerichtshof in dieser Entscheidung wie auch schon in der Rs. Morgan und Bucher keine Vergleichsgruppen, sondern untersuchte konkret die aus der unterschiedlichen Namensführung resultierenden Probleme[741]. Eine gleichheitsrechtliche Deutung des Urteils scheidet somit aus.

mmm) Ergebnis zu bb)

Auch wenn sich zu Beginn der Rechtsprechung des EuGH zu Art. 18 EGV nur eine Tendenz zur Annahme eines in Art. 18 EGV enthaltenen Beschränkungsverbots entnehmen ließ, hat sich diese Schlussfolgerung mittlerweile bestätigt. Bei den Rs. D'Hoop und Pusa mögen zwar noch Zweifel bestehen, ob der EuGH tatsächlich bereits so weit gegangen ist, oder ob er nicht lediglich das Diskriminierungsverbot auf Ungleichbehandlungen in Folge der Ausübung des Rechtes auf Freizügigkeit erweitert hat. Gerade aber die im Anschluss entschiedene Rs. Zhu/Chen zeigt die Annahme eines Beschränkungsverbotes durch den Gerichtshof. In den nachfolgenden Entscheidungen De Cuyper, Tas-Hagen, Schwarz und Niebüll (II) verwendete der EuGH sogar ausdrücklich den Begriff der „Beschränkung“. Zudem nahm der Gerichtshof in den Rs. Morgan und Bucher sowie Kommission gegen Bundesrepublik Deutschland explizit Bezug auf das Beschränkungsverbot der Grundfreiheiten und behandelte Art. 18 EGV und die Grundfreiheiten parallel. Der EuGH misst daher dem allgemeinen Freizügigkeitsrecht aus Art. 18 EGV genau wie den speziellen Grundfreiheiten nicht nur ein Diskriminierungsverbot bei[742], sondern entnimmt ihm auch ein Beschränkungsverbot.

---

739 EuGH Niebüll (II), Rs. C-353/06.

740 EuGH Niebüll (II), Rs. C-353/06, Rn 21.

741 EuGH Niebüll (II), Rs. C-353/06, Rn 24ff.

742 Ob Art. 18 EGV unmittelbar ein Diskriminierungsverbot aus Gründen der Staatsangehörigkeit zu entnehmen ist oder dieses nur in Verbindung mit Art. 12 EGV besteht, ist umstritten, s. oben E, III, 2, a.

cc) Ergebnis zu b)

Somit sprechen sowohl die besseren Argumente als auch die Betrachtung der Rechtsprechung des EuGH für die Annahme eines Beschränkungsverbotes.

c) Maßstab der Beschränkung

Auch im Rahmen des Art. 18 EGV stellt sich die Frage nach der Notwendigkeit einer Begrenzung des Beschränkungsverbotes. Einige Autoren halten an der weiten Gebhard-Formel für die allgemeine Freizügigkeit fest und nehmen eine Einschränkung lediglich auf der Rechtfertigungsebene vor[743]. Die Entwicklung tatbestandlicher Restriktionen führe nur zu Abgrenzungsschwierigkeiten und keiner sicheren Lösung des Einzelfalles[744]. Zudem seien die Möglichkeiten der Begrenzung aufgrund des Vorbehaltes „der öffentlichen Gesundheit, Ordnung und Sicherheit" ausreichend[745]. Zustimmung erfährt diese Ansicht insbesondere durch die Schlussanträge der Generalanwälte. So übertragt GA *Cosmas* in der Rs. Wijsenbeek die Gebhard-Formel ausdrücklich auf das allgemeine Freizügigkeitsrecht und führt eine entsprechende Rechtfertigungsprüfung durch[746]. GA *Geelhoed* hält in der Rs. De Cuyper eine Beschränkung für offenkundig und wendet sich sodann der Rechtfertigungsprüfung zu[747]. GA *Kokott* stellt in der Rs. Tas-Hagen ausschließlich darauf ab, dass die angegriffene Regelung die Inanspruchnahme des Rechts auf Freizügigkeit weniger attraktiv macht[748]. Besonders anschaulich formuliert GA *Jacobs* in der Rs. Pusa ein scheinbar allumfassendes Beschränkungsverbot.

> „Es ist auch klar, dass die Freizügigkeit mehr umfasst als nur die Abschaffung der Beschränkungen des Rechts einer Person, in einen Mitgliedstaat einzureisen, sich darin aufzuhalten oder aus ihm auszureisen. Freizügigkeit ist nicht gewährleistet, solange nicht alle Maßnahmen gleich welcher Art ebenfalls abgeschafft sind, die denjenigen, die von diesem Recht Gebrauch machen, eine ungerechtfertigte Belastung auferlegen. Eine solche Beschränkung ist stets unzulässig, unter welchen Umständen auch immer

---

743 Schulz S. 95; Füßer DÖV 1999, 96, 102; Magiera in Liber Amicorum Jost Delbrück 2005, 429, 449; Obwexer EuZW 2002, 56, 58; Reich/Harbacevica 40 CML Rev. (2003), 615, 627.

744 Magiera in Liber Amicorum Jost Delbrück 2005, 429, 449.

745 Schulz S. 95.

746 GA Cosmas, EuGH Wijsenbeek, Rs. C-378/97, Slg. 1999, S. I-6207, Rn 105ff.

747 GA Geelhoed, EuGH De Cuyper, Rs. C-406/04, Slg. 2006, S. I-6947, Rn 110f.

748 GA Kokott, EuGH Tas-Hagen, Rs. C-192/05, Slg. 2006, S. I-10451, Rn 52.

sie auftreten kann – einschließlich des Verlassens des Heimatmitgliedstaats oder der Rückkehr dorthin oder des Aufenthalts oder des Umzugs anderswo in der Union."[749]

Die reine Verwendung der Gebhard-Formel stößt aber bei Art. 18 EGV auf dieselben Bedenken wie bereits im Rahmen der Grundfreiheiten[750]. Aufgrund ihrer Weite würden nahezu alle nationalen Regelungen unter Rechtfertigungszwang geraten[751]. Die Notwendigkeit einer tatbestandlichen Einschränkung lehren uns gerade die Erfahrungen im Rahmen der Warenverkehrsfreiheit[752]. In Bezug auf Art. 28 EGV sah sich der EuGH gezwungen, eine Beschränkung vorzunehmen, „da sich die Wirtschaftsteilnehmer immer häufiger auf Art. 30 EWG-Vertrag [Art. 28 EGV] berufen, um jedwede Regelung zu beanstanden, die sich als Beschränkung ihrer geschäftlichen Freiheit auswirkt, auch wenn sie nicht auf Erzeugnisse aus anderen Mitgliedstaaten gerichtet ist"[753]. Die Gefahr eines ausufernden Rechtes ist im Hinblick auf das allgemeine Freizügigkeitsrecht sogar noch größer als bei den Grundfreiheiten. Art. 18 EGV verlangt in tatbestandlicher Hinsicht nämlich lediglich den Aufenthalt eines Unionsbürgers in einem Mitgliedstaat oder die Ein-/Ausreise in einen bzw. aus einem solchen; nicht erforderlich ist im Gegensatz zu den Grundfreiheiten ein wirtschaftlicher Bezug[754]. Die Kontrolle sämtlicher Regelungen eines Mitgliedstaates würde auch der Konzeption des Art. 18 EGV zuwiderlaufen, der zwar ein Recht auf Freizügigkeit darstellt, aber kein allgemeines Freiheitsrecht ist[755]. Zudem steht einem solch weiten Verständnis das im EG-Vertrag verankerte Prinzip der Subsidiarität und der begrenzten Einzelermächtigung (Art. 5 EGV) entgegen[756]. Somit bedarf auch das allgemeine Freizügigkeitsrecht grundsätzlich einer tatbestandlichen Eingrenzung.

aa) Keck-Rechtsprechung[757]

Wie bereits oben dargelegt, nahm der EuGH in der Rs. Keck eine tatbestandliche Einschränkung der Warenverkehrsfreiheit vor. Diese Rechtsprechung lässt sich auf die Personenverkehrsfreiheiten übertragen, denn alle Grundfreiheiten dienen der Schaffung eines einheitlichen Binnenmarktes. Folglich passt das hinter der

---

749 GA Jacobs, EuGH Pusa, Rs. C-224/02, Slg. 2004, S. I-5763, Rn 21.
750 Vgl. oben E, II, 2, b, aa.
751 Wollenschläger S. 301; Rossi AöR 127 (2002), 612, 622 Fn 44.
752 Nettesheim S. 48; Sommer S. 81; Toner S. 218.
753 EuGH Keck, Rs. C-267/91 u. C-268/91, Slg. 1993, S. I-6097, Rn 14.
754 Funken S. 126; Wollenschläger S. 301.
755 Wollenschläger S. 302.
756 Wollenschläger S. 302; Bode EuZW 2002, 637, 638.
757 Vgl. oben E, II, 2, b, bb.

Keck-Rechtsprechung stehende Kriterium des Marktzugangs auch auf die Personenverkehrsfreiheiten, denn wenn der Marktzugang nicht behindert wird, wird auch das angestrebte Ziel eines einheitlichen Binnenmarktes nicht beeinträchtigt. Eine Übertragung der Keck-Rechtsprechung auch auf das allgemeine Freizügigkeitsrecht erscheint aber fraglich. Art. 18 EGV beruht nicht auf dem Ziel der Schaffung eines einheitlichen Binnenmarktes. Diese Vorschrift zielt weder auf wirtschaftliche Liberalisierung noch auf Marktintegration ab[758]. Der in Art. 3 I c EGV genannte Personenverkehr erfasst insofern nur die Niederlassungsfreiheit und die Arbeitnehmerfreizügigkeit, jedoch nicht das allgemeine Freizügigkeitsrecht aus Art. 18 EGV[759]. Z.T. wird allerdings vorgebracht, durch die Verstärkung der Bewegung der Unionsbürger werde der Binnenmarkt ebenfalls gefördert und weiter ausgestaltet. Folglich verfolge Art. 18 EGV dieselben in Art. 3 I c und 14 EGV[760] verankerten Zielen wie die sonstigen Grundfreiheiten[761]. Diesen Ausführungen ist zwar insoweit zuzustimmen, als die Freizügigkeit der Unionsbürger ein wesentliches Element der Verwirklichung eines einheitlichen Binnenmarktes ist. Die vorgetragene Meinung verkennt aber, dass diese Freizügigkeit, sofern ein Bezug zum Binnenmarkt existiert, nicht aus Art. 18 EGV resultiert, sondern als Annexrecht zu den Grundfreiheiten besteht[762]. Anders als die Grundfreiheiten, die den freien „Waren-, Arbeits-, Dienstleistungs- und Kapitalmarkt" schützen, wird das allgemeine Freizügigkeitsrecht in Art. 18 EGV gerade losgelöst von jedem wirtschaftlichen Bezug gewährleistet[763]. Es kommt daher zum Einsatz, wenn es an einem Marktbezug fehlt. Folglich gestaltet die allgemeine Freizügigkeit den Binnenmarkt auch nicht weiter aus.

Anders als die Grundfreiheiten, die mit der Verwirklichung eines einheitlichen Binnenmarktes einen objektiven Zweck verfolgen, von dem die Unionsbürger lediglich als Arbeitnehmer etc. indirekt profitieren[764], macht Art. 18 EGV den Unionsbürger selbst zum Träger eines eigenständigen Rechtes auf Freizügigkeit unabhängig von sonstigen Bestrebungen der Gemeinschaft[765]. Art. 18 EGV soll

---

758 Nettesheim S. 50; Füßer DÖV 1999, 96, 102.

759 Calliess/Ruffert/Wichard Art. 3 EGV Rn 6; von der Groeben/Schwarze/Zuleeg Art. 3 EGV Rn 4; a.A. Schulz S. 265; Wollenschläger S. 304.

760 Seit 01.12.2009 Art. 26 AEUV.

761 Seyr/Rümke EuR 2005, 667, 673.

762 Vgl. zur Arbeitnehmerfreizügigkeit: Calliess/Ruffert/Brechmann Art. 39 EGV Rn 83; Geiger Art. 39 EGV Rn 18ff.; Streinz/Franzen Art. 39 EGV Rn 117ff.; Haratsch/Koenig/Pechstein Rn 768f.; zur Niederlassungsfreiheit: Geiger Art. 43 EGV Rn 22; Streinz/Müller-Graff Art. 43 EGV Rn 84; allgemein: Becker EuR 1999, 522, 522 u. 531.

763 Wollenschläger spricht gerade auch von einer „Grundfreiheit ohne Markt".

764 GA Cosmas, EuGH Wijsenbeek, Rs. C-378/97, Slg. 1999, S. I-6207, Rn 82; Schulz S. 97.

765 GA Cosmas, EuGH Wijsenbeek, Rs. C-378/97, Slg. 1999, S. I-6207, Rn 83; Schulz S. 98.

gerade der Schaffung eines Europas der Bürger dienen[766]. Wenn es sich nun aber um ein Recht der Person handelt und es nicht um die Verwirklichung des Binnenmarktes geht, dann kann auch nicht auf das Kriterium des Marktzugangs aus der Keck-Rechtsprechung zurückgegriffen werden[767]. Im Mittelpunkt steht somit kein objektives Ziel; entscheidend sind vielmehr die Interessen der betroffenen Person. Mangels übergeordneten Zweckes kommt daher nicht nur keine Einschränkung des Tatbestandes im Sinne der Keck-Rechtsprechung in Betracht, es müssen auch sonstige teleologische Verengungen ausscheiden[768]. Da eine Begrenzung des Tatbestands aber durchaus erstrebenswert ist, muss nach anderen Ausgrenzungskriterien gesucht werden.

bb) Rechtsprechung des EuGH zu Art. 18 EGV

Möglicherweise lassen sich der Rechtsprechung des EuGH zu Art. 18 EGV Anhaltspunkte hinsichtlich der Reichweite des Beschränkungsverbotes entnehmen.

aaa) Rs. D'Hoop

Die Formulierung des EuGH in der Rechtssache D'Hoop, das Recht auf allgemeine Freizügigkeit erlange keine volle Wirkung, wenn ein Bürger von der Ausübung dieses Rechtes aufgrund einer drohenden Benachteiligung im Falle seiner Rückkehr abgehalten werde[769], ist äußerst weit[770]. Sie erinnert gerade an die Gebhard-Formel, die es ausreichen lässt, wenn die Ausübung der Freiheit behindert oder weniger attraktiv gemacht wird.

bbb) Rs. Zhu/Chen

Wie bereits oben aufgezeigt, lässt sich die Entscheidung des EuGH in der Rs. Zhu/ Chen auch auf die Gebhard-Formel stützen. Denn eine Ausweisung der Mutter würde definitiv die Ausübung der Freizügigkeit des Kindes behindern[771]. Wie der Gerichtshof aber zutreffend ausführte, handelt es sich sogar um einen Sachver-

---

766 Von der Groeben/Schwarze/Haag Art. 18 EGV Rn 1f.; Lenz/Borchardt/Kaufmann-Bühler Art. 18 EGV Rn 1; Streinz/Magiera Art. 18 EGV Rn 2ff.; Frenz Bd. 1 Rn 2956ff.; Seyr/Rümke EuR 2005, 667, 673.

767 Nettesheim S. 50; Füßer DÖV 1999, 96, 102.

768 So auch Nettesheim S. 51f.

769 Vgl. EuGH D'Hoop, Rs. C-224/98, Slg. 2002, S. I-6191, Rn 31.

770 Nettesheim S. 47f.

771 S. oben E, III, 2, b, bb, ddd.

halt, in dem die Ausübung dieses Rechtes praktisch unmöglich würde[772]. In einem derart extremen Fall liegt somit aus Sicht des EuGH ein Eingriff in Art. 18 EGV vor. Ob es aber ausreicht, dass die Ausübung der Freizügigkeit behindert oder weniger attraktiv gemacht wird, lässt sich der Entscheidung nicht entnehmen. Der Umstand der „praktischen Unmöglichkeit" stellt somit lediglich das obere Ende der Skala einer hinreichenden Beschränkung dar.

ccc) Rs. Schempp

Die Rs. Schempp ist insofern interessant, als in dieser der EuGH zwar Art. 18 EGV im Sinne eines Beschränkungsverbotes geprüft hat, eine Beeinträchtigung im Ergebnis aber ablehnte[773]. Der Gerichtshof schien um eine tatbestandliche Eingrenzung bemüht[774]. In seiner knappen Begründung verwies er pauschal darauf, dass niemand durch den EG-Vertrag einen Anspruch auf steuerrechtliche Neutralität im Falle des Wechsels des Mitgliedstaates habe und die Divergenzen der steuerrechtlichen Systeme sowohl zu Vor- als auch zu Nachteilen für den jeweiligen Bürger führen können[775]. Es bleibt zu untersuchen, welche Effekte derartige steuerrechtliche Unterschiede im vorliegenden Fall auf Herrn *Schempp* haben und wieso es vertretbar erscheint, hierin keine Beschränkung des allgemeinen Freizügigkeitsrechts zu sehen.

Da Herrn *Schempps* geschiedene Frau in Österreich wohnte, waren die Unterhaltszahlungen an sie nicht steuerrechtlich abzugsfähig. Dies mag Herrn *Schempp* zwar missfallen[776], dennoch kann hierin keine derart hohe Belastung für ihn erblickt werden, die ihn ernsthaft dazu bewegen könnte, den Mitgliedstaat gezielt unter der Maßgabe einer steuerrechtlichen Absetzungsfähigkeit seiner Unterhaltsleistungen zu wechseln[777]. Auch seine geschiedene Frau wird durch den fehlenden Steuerabzug bei ihrem Mann wohl kaum dazu veranlasst, Österreich zu verlassen[778]. Herr *Schempp* erfährt somit zwar aufgrund des Wohnsitzes seiner geschiedenen Frau in Österreich und nicht in Deutschland einen Nachteil, dieser ist aber nicht geeignet, einen der Beteiligten davon abzuhalten, von seinem Recht auf Freizügigkeit Gebrauch zu machen.

---

772 EuGH Zhu/Chen, Rs. C-200/02, Slg. 2004, S. I-9925, Rn 45.

773 EuGH Zhu/Chen, Rs. C-200/02, Slg. 2004, S. I-9925, Rn 43.

774 Nettesheim S. 48f.

775 EuGH Schempp, Rs. C-403/03, Slg. 2005, S. I-6421, Rn 45; so auch bereits in EuGH Lindfors, Rs. C-365/02, Slg. 2004, S. I-7183, Rn 34.

776 Kroll (ZVglRWiss 107 (2008), 320, 332) bezeichnet dies als „lediglich lästige Maßnahme".

777 Cloer EWS 2005, 366, 368.

778 Cloer EWS 2005, 366, 368.

Diese Entscheidung schränkt die Gebhard-Formel somit zumindest insoweit ein, als ein bloßes „Weniger-attraktiv-Machen“ als Beschränkung nicht ausreicht. Der Nachteil muss vielmehr tatsächlich geeignet sein, den Betroffenen davon abzuhalten, von seinem Recht auf Freizügigkeit Gebrauch zu machen.

ddd) Rs. Tas-Hagen

In der Rs. Tas-Hagen stellte der Gerichtshof die Geeignetheit der angegriffenen Maßnahme fest, Personen wie den Kläger davon abzuhalten, ihr Recht auf Freizügigkeit in Anspruch zu nehmen[779]. Dies spricht genau wie in der Rs. Schempp für einen im Vergleich zur Gebhard-Formel etwas restriktiveren Beschränkungsmaßstab.

eee) Rs. Morgan und Bucher

In dieser Rs. hielt der EuGH das Erfordernis eines mindestens einjährigen Inlandstudiums aufgrund der „persönlichen Unannehmlichkeiten, zusätzlichen Kosten und etwaigen Verzögerungen“ für geeignet, Studenten davon abzuhalten, ihr Recht auf Freizügigkeit wahrzunehmen[780]. Zudem betonte er, dass die damit „verbundenen beschränkenden Wirkungen [...] auch nicht zu ungewiss oder zu unbedeutend [sind], um eine Beschränkung des durch Art. 18 I EGV verliehenen Rechts darstellen zu können“[781]. Hiermit trat der Gerichtshof den diesbezüglichen Einwänden der deutschen Regierung ausdrücklich entgegen[782].

Die Entscheidung in der Rs. Morgan und Bucher präzisiert somit den in den Rs. Schempp und Tas-Hagen gefundenen Anhaltspunkt. Der Nachteil ist nur dann tatsächlich dazu geeignet, den Betroffenen davon abzuhalten, von seinem Recht auf Freizügigkeit Gebrauch zu machen, wenn er nicht zu ungewiss und zu unbedeutend ist.

fff) Rs. Kommission gegen Bundesrepublik Deutschland

In der Rs. Kommission gegen Bundesrepublik Deutschland führte der EuGH aus, die gerügte Maßnahme habe „eine abschreckende Wirkung“[783] und sei somit ge-

779 EuGH Tas-Hagen, Rs. C-192/05, Slg. 2006, S. I-10451, Rn 32.
780 EuGH Morgan und Bucher, Rs. C-11/06 und C-12/06, Slg. 2007, S. I-9161, Rn 30.
781 EuGH Morgan und Bucher, Rs. C-11/06 und C-12/06, Slg. 2007, S. I-9161, Rn 32.
782 Vgl. EuGH Morgan und Bucher, Rs. C-11/06 und C-12/06, Slg. 2007, S. I-9161, Rn 32.
783 EuGH Kommission gegen Bundesrepublik Deutschland, Rs. C-152/05, Rn 24.

eignet, die Freizügigkeit zu beschränken[784]. In dieser Rs. stellte der Gerichtshof somit ein positives Kriterium auf, welches eine Beschränkung auslöst.

ggg) Rs. Niebüll (II)

Auf ein vergleichbares positives Merkmal rekurrierte der Gerichtshof auch in der Rs. Niebüll (II). Eine Beschränkung der Freizügigkeit liege infolge „schwerwiegender Nachteile" für den Betroffenen vor[785].

hhh) Ergebnis

In seinen Entscheidungen zu Art. 18 EGV stellte der Gerichtshof keinen abstrakten Beschränkungsmaßstab auf. Er entwickelte weder ein allgemeines Beschränkungsverbot wie in der Rs. Gebhard noch bemühte er sich generell um eine Einschränkung der Reichweite eines solchen Verbotes wie in der Rs. Keck. Ein derart umfassender Lösungsansatz war indes auch nicht zu erwarten. Dennoch lassen sich den Urteilen einige Anhaltspunkte entnehmen. Aus mehreren Entscheidungen folgt, dass der Nachteil tatsächlich dazu geeignet sein muss, den Betroffenen davon abzuhalten, von seinem Recht auf Freizügigkeit Gebrauch zu machen, ein bloßes „Weniger-attraktiv-Machen" iSd Gebhard-Formel also nicht ausreicht[786]. Hieran fehlt es, wenn die „beschränkenden Wirkungen [...] zu ungewiss oder zu unbedeutend" sind[787]. Eine hinreichende Beschränkung liegt hingegen vor, wenn die Maßnahme „eine abschreckende Wirkung" entfaltet[788] bzw. zu „schwerwiegenden Nachteilen" führt[789] oder die Ausübung des Rechtes auf Freizügigkeit praktisch unmöglich macht[790].

cc) Vorschläge der Literatur

In der juristischen Literatur wird eine Vielzahl tatbestandlicher Restriktionen erwogen.

784 EuGH Kommission gegen Bundesrepublik Deutschland, Rs. C-152/05, Rn 25, 30.
785 EuGH Niebüll (II), Rs. C-353/06, Rn 23ff.
786 Vgl. oben E, III, 2, c, bb, ccc und ddd sowie eee.
787 EuGH Morgan und Bucher, Rs. C-11/06 und C-12/06, Slg. 2007, S. I-9161, Rn 32.
788 EuGH Kommission gegen Bundesrepublik Deutschland, Rs. C-152/05, Rn 24f., 30.
789 EuGH Niebüll (II), Rs. C-353/06, Rn 21ff.
790 EuGH Zhu/Chen, Rs. C-200/02, Slg. 2004, S. I-9925, Rn 45.

aaa) Art. 18 EGV ausschließlich als Aufenthaltsrecht bzw. spezifische Zugangs- und Aufenthaltsbeschränkung

Eine Ansicht legt das Freizügigkeitsrecht des Art. 18 EGV sehr eng aus. So schütze Art. 18 EGV lediglich das Recht auf Grenzübertritt und Aufenthalt als solches[791]. Art. 18 EGV diene dem Abbau von Kontrollen an den Grenzen zwischen den Mitgliedstaaten und gewährleiste das Recht, sich in jedem Mitgliedstaat niederzulassen[792]. In systematischer Hinsicht wäre die Möglichkeit, die Ausübung des Rechtes nach Art. 18 I EGV durch Vorschriften des Rates zu erleichtern (Art. 18 II EGV), überflüssig, wenn schon Art. 18 I EGV ein umfassendes Beschränkungsverbot enthalte[793]. Zudem ließe sich möglicherweise die systematische Stellung des Art. 18 EGV in Nähe zum Kommunalwahlrecht (Art. 19 EGV[794]), dem Recht auf diplomatischen und konsularischen Schutz (Art. 20 EGV[795]) und zum Petitionsrecht (Art. 21 EGV[796]) gegen die Annahme eines weiten Beschränkungsverbotes anführen. Hierbei handele es sich um tatbestandlich konkret begrenzte Rechtspositionen, so dass auch Art. 18 EGV entsprechend eng zu verstehen sein könnte[797]. Auch der Wortlaut spreche hierfür. So enthält Art. 18 EGV anders als Art. 39 II EGV keine konkrete Aufzählung von Rechtspositionen, die neben dem Recht auf Freizügigkeit und Aufenthalt geschützt werden[798]. Versteht man Art. 18 EGV somit als Beschränkungsverbot, dann werden nur solche Situationen geschützt, die unmittelbar das Aufenthaltsrecht betreffen[799]. Ein weitergehendes Beschränkungsverbot würde dem Willen der Mitgliedstaaten zuwiderlaufen und eine Abgrenzung zu den Grundfreiheiten überflüssig machen[800].

Ein derart restriktiver Ansatz steht zunächst in deutlichem Widerspruch zu den Entscheidungen des EuGH zu Art. 18 EGV. Lediglich die Rs. Wijsenbeek befasst sich unmittelbar mit der Einreise und die Rs. Zhu/Chen mit dem Aufenthalts-

791 So der belgische Staat in GA Jacobs, EuGH Garcia Avello, Rs. C-148/02, Slg. 2003, S. I-11613, Rn 41; Bode S. 219.

792 So der belgische Staat in GA Jacobs, EuGH Garcia Avello, Rs. C-148/02, Slg. 2003, S. I-11613, Rn 41.

793 Bode S. 217.

794 Seit 01.12.2009 Art. 22 AEUV.

795 Seit 01.12.2009 Art. 23 AEUV.

796 Seit 01.12.2009 Art. 24 AEUV.

797 Vgl. Heselhaus/Nowak/Wollenschläger § 15 Rn 42; Füßer DÖV 1999, 96, 101, die i.E. aber anderer Ansicht sind.

798 Bode S. 217f.

799 Bode S. 219; Bode EuZW 2003, 552, 556.

800 Bode EuZW 2003, 552, 556.

recht[801]. In allen anderen Fällen stand hingegen weder die Ein- bzw. Ausreise noch das Aufenthaltsrecht direkt in Frage, sondern vielmehr ging es um sonstige Nachteile (wie z.B. die Versagung eines Überbrückungsgeldes (D'Hoop), steuerrechtlicher Vergünstigungen (Pusa, Turpeinen, Schwarz) oder von Leistungen nach dem BAföG zur Förderung einer Ausbildung im Ausland (Morgan und Bucher), die jedoch im Zusammenhang mit der Ausübung des Rechtes auf Freizügigkeit auftraten. Die obige Analyse dieser Entscheidungen hat aber deutlich gezeigt, dass der EuGH all diese Fälle unter ein dem Art. 18 EGV zu entnehmendes Beschränkungsverbot eingeordnet hat[802]. Zudem hätte auf eine Einführung des Art. 18 EGV verzichtet werden können, wenn man nur gezielt Ein- bzw. Ausreise verweigernde oder den Aufenthalt beendende Maßnahmen als erfasst ansieht. Schließlich wäre es zu keiner nennenswerten Verbesserung für die Unionsbürger gekommen, sondern lediglich zu einer Wiederholung ihrer bereits durch Sekundärrecht gewährleisteten Rechte[803]. Gegen eine solche Auslegung, bei der Art. 18 EGV praktisch kein Anwendungsbereich zukäme, spricht aber der „Grundsatz der optimalen Wirksamkeit des Gemeinschaftsrechts" (*effet utile*)[804]. Zur effektiven Wahrnehmung des Rechts auf Freizügigkeit bedarf es mehr als nur der reinen Abschaffung von Einreiseverboten bzw. der Gewährung von Aufenthaltstiteln[805]. Dieser restriktiven Ansicht kann somit nicht gefolgt werden.

Eine dieser abgelehnten Meinung sehr ähnliche Auffassung will entsprechend den im Bereich der Grundfreiheiten entwickelten Einschränkungen nur solche Maßnahmen als Beschränkung auffassen, „die spezifisch den Zugang zu oder den Aufenthalt in einem anderen Mitgliedstaat betreffen"[806]. Unanwendbar sei Art. 18 I EGV hingegen auf Beeinträchtigungen, die lediglich auf einer Divergenz der mitgliedstaatlichen Rechtsordnungen beruhen[807]. Schließlich käme Art. 12 I EGV ebenfalls nur zur Anwendung, wenn die unterschiedlichen Sachverhalte demselben Hoheitsträger zuzurechnen seien[808]. Für ein derartiges Verständnis des Art. 18 I EGV spreche zudem die Entscheidung des EuGH in der Rs. Schempp[809].

---

801 Da eine Verneinung des Aufenthaltsrechts der Mutter dazu führen würde, dass auch ihre Tochter ihr Aufenthaltsrecht praktisch nicht ausüben kann, wird man diesen Fall als unmittelbar das Aufenthaltsrecht betreffend ansehen müssen.

802 S. oben E, III, 2, b, bb.

803 Füßer DÖV 1999, 96, 101.

804 Füßer DÖV 1999, 96, 101.

805 GA Jacobs, EuGH Pusa, Rs. C-224/02, Slg. 2004, S. I-5763, Rn 21; Wollenschläger S. 304.

806 Sommer S. 81 u. 192.

807 Sommer S. 98 u. 274ff.

808 Sommer S. 97f. u. 274.

809 Sommer S. 98.

Eine derartige Interpretation lässt sich der Rs. Schempp aber nicht entnehmen. Wie bereits oben ausgeführt, hat der EuGH in dieser Sache zwar seine ständige Rechtsprechung bestätigt, nach der Ungleichbehandlungen, die lediglich durch eine Divergenz der Rechtsordnungen der Mitgliedstaaten ausgelöst werden, nicht unter Art. 12 EGV fallen[810]. Der pauschalen Begründung des Gerichtshofs zur Frage einer Beeinträchtigung des Art. 18 I EGV lässt sich aber nicht entnehmen, dass Unterschiede in den mitgliedstaatlichen Rechtsordnungen nie zu einer Beschränkung iSd Art. 18 I EGV führen können. Wie bereits ausgeführt, lagen in der Rs. Schempp lediglich keine Nachteile für Herrn Schempp oder seine geschiedene Frau vor, die dazu geeignet gewesen wären, sie von der Ausübung ihres Freizügigkeitsrechts abzuhalten[811]. Zudem fasst der EuGH in seiner jüngst ergangenen Entscheidung in der Rs. Niebüll (II) gerade „schwerwiegende Nachteile" infolge von Divergenzen zwischen den Rechtsordnungen der Mitgliedstaaten als Beschränkung iSd Art. 18 I EGV auf[812].

Dogmatisch ist dieser Ansicht zudem entgegenzuhalten, dass aufgrund des fehlenden übergeordneten Zwecks der allgemeinen Freizügigkeit eine parallel zu den Grundfreiheiten vorgenommene teleologische Restriktion des Tatbestands nicht möglich ist[813]. Die nach dieser Ansicht vorgenommene Einschränkung auf Maßnahmen, die gezielt die Einreise bzw. den Aufenthalt beschränken, findet so in der Rechtsprechung des EuGH denn auch keine Stütze. Dieser Ansicht kann somit ebenfalls nicht gefolgt werden.

bbb) „Nachteile wegen Migration"[814]

Eine weitere Ansicht geht über eine bloße Erfassung der unmittelbar mit dem Aufenthaltsrecht in Zusammenhang stehenden Situation hinaus[815]. Hierbei wird auf eine ähnliche Problematik der Schutzbereichsbegrenzung bei Art. 11 GG hingewiesen. Nach der Rechtsprechung des BVerfG sei insoweit die Wirkung der Maßnahme entscheidend. „Nur eine Maßnahme, die den Betroffenen bei objektiver Betrachtung von der Inanspruchnahme des Freizügigkeitsrechts abhalten könnte, ist als Grundrechtseingriff zu klassifizieren."[816] Entsprechend sei auch im Rahmen des Art. 18 EGV zu verfahren. Ein ähnlicher Maßstab lässt sich auch mehreren

810 Vgl. oben E, III, 2, b, bb, eee.
811 Vgl. oben E, III, 2, c, bb, ccc.
812 Vgl. oben E, III, 2, b, bb, lll; sowie E, III, 2, c, bb, ggg.
813 Vgl. oben E, III, 2, c, aa.
814 Ziekow in Symposium Randelzhofer 2004, 101, 106f.
815 Ziekow in Symposium Randelzhofer 2004, 101, 107.
816 Ziekow in Symposium Randelzhofer 2004, 101, 107.

Entscheidungen des EuGH zu Art. 18 EGV entnehmen[817]. Der Vertreter dieser Ansicht schlussfolgert hieraus jedoch, dass folglich alle Nachteile erfasst werden, die ein Unionsbürger gerade aufgrund der Migration erleidet[818]. Nicht geschützt würden von Art. 18 EGV hingegen Vorteile, die der betroffenen Person bei Nichtausübung ihres Freizügigkeitsrechts nicht zugestanden hätten[819]. Welche Fälle der Autor hiermit genau ausschließen will, bleibt unklar. In seinen Ausführungen klingt ein enges gleichheitsrechtliches Verständnis an, aufgrund dessen derjenige, der von seinem Recht auf Freizügigkeit Gebrauch gemacht hat, so gestellt werden muss wie eine Person in der selben Situation, die ihr Freizügigkeitsrecht nicht ausgeübt hat. Dies deckt sich aber mit dem Versuch der Rechtsprechung des EuGH, nur ein erweitertes Diskriminierungsverbot und kein Beschränkungsverbot zu entnehmen[820]. Wie jedoch bereits aufgezeigt, können die Entscheidungen des EuGH nicht derart eingeschränkt interpretiert werden[821]. Darüber hinaus sprechen die besseren Argumente dafür, Art. 18 EGV entsprechend den Grundfreiheiten ein Beschränkungsverbot zu entnehmen[822]. Somit kann auch dieser Ansicht nicht gefolgt werden.

ccc) „Spürbarkeitskriterium“

Zum Teil wird die Einführung eines so genannten „Spürbarkeitskriteriums“ erwogen[823]. Hierdurch sollen Beschränkungen, „die zu ungewiss und unbedeutend“ sind, vom Beschränkungsverbot ausgenommen werden[824]. Maßnahmen, die lediglich lästig sind und keine Erschwernis für die Begründung des Aufenthaltsrechtes darstellen, werden somit im Unterschied zu solchen, die eine abschreckende Wirkung entfalten, nicht erfasst[825]. In der Rs. Stylianakis führte der GA dementsprechend aus, dass die angegriffene Maßnahme zu einer Verdopplung der zu entrichtenden Fluggebühr auf 20 Euro führen würde. Bilde man aber die Relation zum zu

817 Vgl. oben E, III, 2, c, bb, ccc (Rs. Schempp), ddd (Rs. Tas-Hagen) und eee (Rs. Morgan und Bucher).

818 Ziekow in Symposium Randelzhofer 2004, 101, 107.

819 Ziekow in Symposium Randelzhofer 2004, 101, 108.

820 Vgl. oben E, III, 2, b, bb, bbb a.E. und ccc.

821 Vgl. oben E, III, 2, b, bb, ddd a.E., eee a.E., fff a.E., jjj a.E.

822 Vgl. oben E, III, 2, b, aa.

823 GA Alber, EuGH Stylianakis, Rs. C-92/01, Rn 37ff.; italienische Regierung (GA Alber, EuGH Stylianakis, Rs. C-92/01) Rn 15; ausdrücklich Kroll ZVglRWiss 107 (2008), 320, 331ff.

824 Kroll ZVglRWiss 107 (2008), 320, 331/332.

825 Italienische Regierung (GA Alber, EuGH Stylianakis, Rs. C-92/01) Rn 15; Herdegen Diskussionsbeitrag, Universität Bonn, 23.01.2006, abgedruckt in Nettesheim S. 47; Kroll ZVglRWiss 107 (2008), 320, 332.

entrichtenden Flugpreis, stelle eine Gebühr dieser Höhe eine zu vernachlässigende Größe dar[826].

Auch im Bereich der Grundfreiheiten wird vielfach ein Spürbarkeitstest zur Begrenzung des Tatbestandes der Grundfreiheiten vorgeschlagen[827]. Dem wird jedoch insbesondere die eindeutige EuGH-Rechtsprechung entgegengehalten[828]. Der Gerichtshof hat im Zusammenhang mit der Warenverkehrsfreiheit einer derartigen quantitativen Bewertung der Maßnahme eine ausdrückliche Absage erteilt[829]. Die Befürworter eines Spürbarkeitskriteriums berufen sich jedoch ebenfalls auf Urteile des EuGH und zwar solche, in denen er die Maßnahme als „zu ungewiss und zu mittelbar" eingestuft hat[830]. Dieser Auffassung wird aber eine Vermengung der Kausalität einer Maßnahme und ihres Wirkungsgrades entgegenhalten[831]. Die Aussage des EuGH, die Maßnahme dürfe nicht zu „ungewiss und indirekt" sein, beziehe sich lediglich auf den Aspekt der Kausalität[832]. Dies werde besonders deutlich in der Rs. Yves Rocher[833], in der der EuGH Maßnahmen mit bloß „hypothetischen Auswirkungen auf den innergemeinschaftlichen Handel" nicht vom Beschränkungsverbot erfasst ansieht. Zugleich stelle er aber auch klar, dass dies keine Differenzierung nach der Intensität der Handelsbehinderung bedeute[834]. Die Meinung, die in der Rechtsprechung des EuGH im Bereich der Grundfreiheiten keine Anhaltspunkte für einen Rückgriff auf Spürbarkeitskriterien sieht, erscheint aber nicht zwingend. In der im Januar 2008 ergangenen Entscheidung in der Rs. Kommission gegen Deutschland führt der EuGH aus, die gerügte Maßnahme habe „eine abschreckende Wirkung"[835] und sei somit geeignet, die Freizügigkeit zu beschränken[836]. Das positive Kriterium einer „abschreckenden Wirkung" kann aber nicht nur als reines Kausalitätskriterium verstanden werden,

---

826 GA Alber, EuGH Stylianakis, Rs. C-92/01, Rn 39.

827 Fezer JZ 1994, 623, 624; Langner RabelsZ 65 (2001), 222, 234f.; Rohe RabelsZ 61 (1997), 1, 56ff.; Sack WRP 1998, 103, 117; Weatherill CML Rev. 33 (1996), 885, 896/897.

828 Körber S. 171f.; Deckert/Schroeder JZ 2001, 88, 90.

829 Vgl. EuGH Prantl, Rs. 16/83, Slg. 1984, S. 1299, Rn 20; EuGH van de Haar, Rs. 177/82 und 178/82, Slg. 1984, S. 1797, Rn 13; EuGH Yves Rocher, Rs. C-126/91, Slg. 1993, S. I-2361, Rn 21.

830 Fezer JZ 1994, 623, 624; Langner RabelsZ 65 (2001), 222, 234f.; Sack WRP 1998, 103, 116; derselbe WRP 2000, 23, 28; Weatherill CML Rev. 33 (1996), 885, 898ff.; a.A. Rohe (RabelsZ 61 (1997), 1, 56ff.), der das Erfordernis der Spürbarkeit gerade unabhängig von der Mittel- oder Unmittelbarkeit der Maßnahme bewertet.

831 GA Fennelly, EuGH Bluhme, Rs. C-67/97, Slg, 1998, S. I-8033, Rn 18f.; Körber S. 172.

832 Körber S. 172.

833 EuGH, Rs. C-126/91, Slg. 1993, S. I-2361, Rn 21.

834 Körber S. 172; anders versteht diese Entscheidung Ranacher (ZfRV 2001, 95, 103), der in ihr gerade eine Öffnung für ein Spürbarkeitskriterium sieht.

835 EuGH Kommission gegen Bundesrepublik Deutschland, Rs. C-152/05, Rn 24.

836 EuGH Kommission gegen Bundesrepublik Deutschland, Rs. C-152/05, Rn 24f., 30.

sondern deutet auf eine gewisse Intensität der Maßnahme hin. Diese Entscheidung erstreckt der EuGH nicht nur auf die Personenverkehrsfreiheiten, sondern auch auf Art. 18 EGV[837]. Somit ließe sich an einen Rückgriff auf ein Spürbarkeitskriterium möglicherweise auch im Bereich des allgemeinen Freizügigkeitsrechts denken. In der Rs. Morgan und Bucher zu Art. 18 EGV verwendete der EuGH zudem entgegen seiner ständigen Rechtsprechung zu den Grundfreiheiten nicht das Begriffspaar „zu ungewiss und zu mittelbar“[838] bzw. „zu ungewiss und zu indirekt“[839], sondern befand, dass die angegriffene Maßnahme nicht „zu ungewiss oder zu unbedeutend“ sei[840]. Hierin lässt sich eine bewusste Abgrenzung des EuGH von seiner bei den Grundfreiheiten angewandten Formel erkennen, zumal die deutsche Regierung im Verfahren noch ausdrücklich die bloß „mittelbare“ Geeignetheit der Maßnahme, die Freizügigkeit zu behindern, hervorgehoben hatte[841]. Bei den Begriffen „mittelbar“ und „indirekt“ handelt es sich durchaus um Synonyme, dies trifft jedoch nicht auf „unbedeutend“ zu[842]. Diese Abweichung durch den EuGH erscheint auch sinnvoll. So stecken hinter den vom Gerichtshof im Rahmen der Grundfreiheiten verwendeten Merkmalen „zu ungewiss und zu indirekt“ zwei verschiedene Gesichtspunkte. Ungewissheit bezieht sich auf den Aspekt der Adäquanz[843], der durchaus auch im Rahmen der allgemeinen Freizügigkeit zu überprüfen ist. „Indirektheit“ bezieht sich hingegen auf den Schutzzweck der Norm[844]. Letzteres führt somit gerade zu einer Eingrenzung des Tatbestandes aus teleologischen Überlegungen. Da Art. 18 EGV aber wie bereits aufgeführt keinen objektiven Zweck verfolgt, ist eine Eingrenzung aus solchen Gründen auch nicht möglich[845]. Da eine Beschränkung der tatbestandlichen Reichweite aber durchaus erstrebenswert ist[846], bietet es sich alternativ an, auf ein Spürbarkeitserfordernis auszuweichen. Genau diesen Schritt vollzieht der EuGH in der Rs. Morgan und Bucher. Er übernimmt das schon aus der Rechtsprechung zu den Grundfreiheiten bekannte Merkmal der Ungewissheit und kombiniert es mit dem Merkmal der Un-

837 EuGH Kommission gegen Bundesrepublik Deutschland, Rs. C-152/05, Rn 25, 30.

838 Vgl. nur EuGH CMC Motorradcenter GmbH, Rs. C-93/92, Slg. 1993, S. I-5009, Rn 12; EuGH Peralta, Rs. C-379/92, Slg. 1994, S. I-3453, Rn 24; EuGH Esso Española, Rs. C-134/94, Slg. 1995, S. I-4223, Rn 24; EuGH Semeraro Casa Uno, verb. Rs. C-418/93, Slg. 1996, S. I-2975, Rn 32; EuGH Bluhme, Rs. C-67/97, Slg, 1998, S. I-8033, Rn 22.

839 Vgl. nur EuGH Corsica Ferries, Rs. C-266/96, Slg. 1998, S. I-3949, Rn 31; EuGH Graf, Rs. C-190/98, Slg. 2000, S. I-493, Rn 25.

840 EuGH Morgan und Bucher, Rs. C-11/06 und C-12/06, Slg. 2007, S. I-9161, Rn 32.

841 Vgl. Sitzungsbericht EuGRZ 2007, 130, 131.

842 Vgl. Duden – Das Bedeutungswörterbuch.

843 Deckert/Schroeder JZ 2001, 88, 90.

844 Deckert/Schroeder JZ 2001, 88, 90.

845 Vgl. oben E, III, 2, c, aa.

846 Vgl. oben E, III, 2, c.

bedeutendheit, welches gerade ein Spürbarkeitskriterium darstellt. Bestätigt wird diese Linie des EuGH in der jüngst ergangenen Entscheidung in der Rs. Niebüll (II). In dieser nimmt der Gerichtshof eine Beschränkung der Freizügigkeit infolge „schwerwiegender Nachteile“ für den Betroffenen an und stellt somit erkennbar auf die Schwere der Beeinträchtigung ab[847]. Einer tatbestandlichen Eingrenzung durch die Verwendung eines Spürbarkeitskriteriums ist insofern durchaus zuzustimmen.

ddd) Kombination der drei aufgezeigten Ansätze

Nach einer weiteren Ansicht liegt ein Eingriff in Art. 18 EGV nur dann vor, wenn es sich entweder um einen direkten Eingriff in das Aufenthaltsrecht handelt oder aber die Maßnahme über eine bloße Behinderung des Freizügigkeitsrechts hinausgeht und dieses Recht nicht lediglich weniger attraktiv macht, sondern einen bedeutenden Effekt hat, insbesondere die Ausübung des Rechts auf Freizügigkeit praktisch unmöglich macht (ausschließender Effekt)[848]. Ein solch hoher Maßstab sei erforderlich, um zwischen einer hinreichenden Beschränkung und der bloßen Eröffnung des Anwendungsbereiches des EG-Vertrages differenzieren zu können[849]. Ein direkter Eingriff liege in Fällen vor, in denen das Aufenthaltsrecht bzw. das Recht auf Ein- oder Ausreise oder der Zu- und Wegzug als solches betroffen sind[850]. Hierunter fallen nicht nur Fälle wie die Rs. Wijsenbeek, in der es um eine Passkontrolle bei der Einreise in die Niederlande ging[851], sondern auch Fälle, in denen es um die Gleichbehandlung nach Ausübung des Rechts auf Freizügigkeit geht[852]. Schließlich führe eine Ungleichbehandlung infolge der Inanspruchnahme der Rechte aus Art. 18 EGV zu einer unmittelbaren Beeinträchtigung grenzüberschreitender Mobilität[853]. Als Beispielsfall einer Maßnahme mit ausschließendem Effekt wird die Rs. Zhu/Chen angeführt[854], in der das Freizügigkeitsrecht der

847 Vgl. EuGH Niebüll (II), Rs. C-353/06, Rn 21ff.

848 Funken S. 127; Toner S. 219; Wollenschläger S. 306f.; Toner Yearbook of European Law 2004, 275, 298.

849 Toner S. 219; dieselbe Yearbook of European Law 2004, 275, 298; hierbei verlangt Toner aber zur Eröffnung des Anwendungsbereiches eine Maßnahme, die das Recht auf Freizügigkeit weniger attraktiv macht (vgl. Toner S. 219; dieselbe Yearbook of European Law 2004, 275, 298); zur Eröffnung des Anwendungsbereichs genügt es jedoch, dass es sich um einen grenzüberschreitenden und nicht nur internen Sachverhalt handelt (vgl. EuGH Zhu/Chen, Rs. C-200/02, Slg. 2004, S. I-9925, Rn 18f.; EuGH Schempp, Rs. C-403/03, Slg. 2005, S. I-6421, Rn 20ff.).

850 Wollenschläger S. 306/307.

851 EuGH, Rs. C-378/97, Slg. 1999, S. I-6207.

852 Wollenschläger S. 307.

853 Wollenschläger S. 307.

854 Funken S. 127; Wollenschläger S. 307.

Tochter, welche auf die Betreuung durch ihre Mutter angewiesen war, praktisch wertlos gewesen wäre, wenn die Mutter ausgewiesen worden wäre[855].

Da es sich bei dieser Meinung um eine Kombination der bereits zuvor untersuchten Ansichten handelt, kann insofern auf die dortigen Ausführungen verwiesen werden. Eine Anwendung des Beschränkungsverbots ausschließlich in Fällen eines „direkten Eingriffes in das Aufenthaltsrecht" ist ein zu restriktiver Ansatz, der mit dem Grundsatz des *effet utile* unvereinbar ist und zudem im Widerspruch zur Rechtsprechung des EuGH zu Art. 18 EGV steht. Für ein Spürbarkeitskriterium spricht hingegen Einiges. Es stellt sich jedoch die Frage, ob diese Aspekte wirklich notwendigerweise kombiniert werden müssen oder ob sich nicht alle Sachverhalte über ein Spürbarkeitskriterium zufrieden stellend lösen lassen. Fälle, die direkt in das Recht auf Freizügigkeit eingreifen, wirken sich auch besonders stark auf dieses Recht aus und werden somit von einem Spürbarkeitserfordernis ebenfalls umfasst. Es bedarf somit nicht des zusätzlichen Kriteriums eines „direkten Eingriffes", dies führt zu keinem weiteren Gewinn.

dd) Ergebnis

Die Betrachtung der Rechtsprechung des EuGH und die Untersuchung der Vorschläge in der Literatur führen somit zu dem Ergebnis, dass Art. 18 EGV tatbestandlich mit Hilfe eines „Spürbarkeitskriteriums" einzugrenzen ist. Ein Eingriff in Art. 18 EGV liegt somit nicht bereits dann vor, wenn die Ausübung des Freizügigkeitsrechts weniger attraktiv gemacht wird. Erforderlich ist eine Maßnahme, die tatsächlich dazu geeignet ist, den Betroffenen davon abzuhalten, von seinem Recht auf Freizügigkeit Gebrauch zu machen. Zur genaueren Konturierung stehen sowohl positive Merkmale zur Verfügung, deren Vorliegen zur Bejahung einer Beschränkung führt, als auch negative Merkmale, deren Vorliegen eine Beschränkung ausschließt. So sind all diejenigen Fälle auszuscheiden, in denen die „beschränkenden Wirkungen [...] zu ungewiss und zu unbedeutend [sind]". Erfasst werden hingegen all diejenigen Maßnahmen, die „eine abschreckende Wirkung" entfalten bzw. zu „schwerwiegenden Nachteilen" führen oder die Ausübung des Freizügigkeitsrechtes praktisch unmöglich machen.

855 EuGH, Rs. C-200/02, Slg. 2004, S. I-9925, Rn 45.

d) Bestehen einer „spürbaren" Beschränkung bei Nichtanerkennung einer im Ausland wirksam geschlossenen gleichgeschlechtlichen Ehe infolge der Einordnung unter Art. 13 EGBGB

In der Literatur wird vorgebracht, dass die Nichtanerkennung einer im Ausland geschlossenen Ehe die Betroffenen entmutige, den Mitgliedstaat zu wechseln und es folglich zu einer unzulässigen Beschränkung komme[856]. Zur Feststellung einer „spürbaren" Beschränkung des Art. 18 EGV bedarf es jedoch einer genaueren Aufschlüsselung der Risiken und Nachteile, denen sich die Betroffenen aussetzen, wenn ihr im Ausland begründeter Ehestatus in Deutschland nicht anerkannt wird, und einer Bewertung ihrer Schwere.

aa) Belastungen infolge der Nichtanerkennung durch Anwendung von Art. 13 EGBGB

Wie bereits unter C angesprochen, ist das wirksame Bestehen einer Ehe bzw. eingetragenen Lebenspartnerschaft zwischen den Partnern eine entscheidende Voraussetzung für die Geltendmachung familien- und erbrechtlicher Ansprüche und die Ausübung von Gestaltungsrechten.

Um die Auswirkungen des Verlustes des Ehestatus besser zu verdeutlichen, soll ein Beispiel gebildet werden. F1 (Spanierin) und F2 (Deutsche) haben lange in Spanien zusammengelebt und Ende 2005 dort geheiratet. F1 wurde infolge künstlicher Befruchtung schwanger. F2 wurde durch Erklärung vor dem zuständigen Registerbeamten Elternteil des Kindes[857]. F2 ist voll berufstätig, wohingegen F1 die Haushaltsführung und Kinderbetreuung übernommen hat. 2007 verziehen F1 und F2 nach Deutschland.

aaa) Unterhaltsrecht

Würde man die gleichgeschlechtliche Ehe nicht anerkennen, so könnte in Deutschland keiner der Partner Familien- oder Trennungsunterhalt geltend machen. Die von Art. 18 EGBGB berufene materielle Rechtsordnung wirft die Vorfrage nach dem Bestehen einer Ehe bzw. eingetragenen Lebenspartnerschaft auf,

---

856 Calvo Caravaca/Carrascosa González Boletín núm. 2007, 671, 709f. Rn 70ff.; Fallon in International Family Law for the European Union S. 172 u. 175; im Ergebnis auch Baratta IPRax 2007, 4, 6f.; so wohl auch Toner S. 256; dies erwägt zumindest Bogdan in International Family Law for the European Union S. 305; ebenso Henrich IPRax 2005, 422, 423f.

857 Vgl. zu dieser Möglichkeit oben B, II, 1, c, aa.

die aber gerade zu verneinen wäre[858]. Auch ein Betreuungsunterhaltsanspruch aus § 1615l BGB scheidet aus. Zum einen stellt sich bereits die grundsätzliche Frage, ob eine Frau unter den Begriff des „Vaters“ in § 1615l BGB subsumiert werden kann. Zum anderen fehlt es aber jedenfalls an einem in Deutschland wirksamen Abstammungsverhältnis zwischen F2 und dem Kind[859], so dass bereits aus diesem Grund kein Unterhaltsanspruch nach § 1615l BGB in Betracht kommt. In bestimmten Paarkonstellationen könnte dies für einen der Partner aber schwerwiegende Folgen haben. Dies betrifft insbesondere solche Ehen, in denen – wie im Beispielsfall – einer der Partner, z.B. wenn gemeinsame Kinder vorhanden sind, die Haushaltsführung und Kinderbetreuung übernommen hat. Die Aufnahme einer Berufstätigkeit neben der Kinderbetreuung würde für diesen Ehepartner (je nach Alter der Kinder) eine äußerst starke Belastung darstellen. Darüber hinaus wird auch die Aufnahme einer Beschäftigung in einem fremden Land schwieriger sein als in der Heimat. So hat F1 als Spanierin vielleicht noch nie in Deutschland gearbeitet. Es können Sprachprobleme auftreten und auch sonstige Unterschiede zwischen den verschiedenen Ländern können möglicherweise eine Rückkehr in den ursprünglich im Heimatland ausgeübten Beruf verhindern. Der Verlust der Absicherung durch den Ehepartner würde somit zu erheblichen Konsequenzen führen.

bbb) Erbrecht

Darüber hinaus wären auch erbrechtliche Ansprüche ausgeschlossen[860]. Dies würde wiederum insbesondere den nicht berufstätigen Ehegatten treffen, der selbst über wenig eigenes Vermögen verfügt. Ihm stünde (sofern sein Partner nicht testamentarisch wirksam zu seinen Gunsten verfügt hat) kein Erbrecht zu und die

---

858 Hinsichtlich Vorfragen, die von einer staatsvertraglich vereinheitlichten Kollisionsnorm aufgeworfen werden bzw. von einer einen Staatsvertrag umsetzenden deutschen Kollisionsnorm (wie Art. 18 EGBGB) wird z.T. ausnahmsweise eine unselbstständige Anknüpfung bevorzugt (Erman/Hohloch Einl Art. 3 EGBGB Rn 44; Palandt/Thorn Einl v Art. 3 EGBGB Rn 30; Rauscher IPR Rn 508). Es sprechen jedoch auch in diesen Fällen gute Gründe für die Beibehaltung der selbstständigen Anknüpfung (vgl. Staudinger/Sturm/Sturm Einl zum IPR Rn 249; v. Bar/Mankowski I § 7 Rn 208; Kroppholler § 32 VI 2; Meyer-Sparenberg S. 146ff.). Somit wäre aufgrund der Einordnung der gleichgeschlechtlichen Ehe unter Art. 13 I EGBGB und des eine solche Eheschließung ablehnenden deutschen Heimatrechts von F2 die Vorfrage im Beispielsfall zu verneinen. Hier würde aber auch eine unselbstständige Anknüpfung zu keinem abweichenden Ergebnis führen. Art. 18 I EGBGB verweist für die Hauptfrage auf das Aufenthaltsrecht der Partnerin und somit gerade auf deutsches Recht.

859 S. unten E, III, 2, d, aa, ddd, (1).

860 Auch hier wirft die von Art. 25 EGBGB berufene materielle Rechtsordnung die Vorfrage nach dem Bestehen einer Ehe bzw. eingetragenen Lebenspartnerschaft auf.

Erbschaft würde den sonstigen gesetzlichen Erben seines Partners anfallen. Aber auch im Falle zweier berufstätiger gleichgeschlechtlicher Partner könnten sich durchaus Probleme ergeben. Man denke an ein gleichgeschlechtliches Ehepaar, welches sich gemeinsam selbstständig gemacht und in diesem Zusammenhang größere Investitionen getätigt hat. Stirbt der eine Partner, ohne dass eine testamentarische Verfügung vorliegt, steht der überlebende Partner vor einem Problem. Er müsste nun die gesetzlichen Erben ausbezahlen, um das mit seinem verstorbenen Partner gegründete Geschäft fortführen zu können. Dies könnte aber sehr schnell seine wirtschaftlichen Verhältnisse übersteigen[861].

ccc) Güterrecht

Ferner wären auch alle güterrechtlichen Wirkungen der Ehe ausgeschlossen[862]. Die Folgen lassen sich am oben angeführten Beispiel verdeutlichen. Sieht man die Ehe zwischen F1 und F2 als wirksam an, verweist Art. 15 I i.V.m. Art. 14 I Nr. 2 EGBGB auf die spanische Rechtsordnung. Diese nimmt die Verweisung auch an[863]. Nach spanischem materiellen Güterrecht[864] würden F1 und F2 in einer Errungenschaftsgemeinschaft leben[865]. Somit wird alles, was eine von ihnen während der Ehe erwirtschaftet, zum gemeinsamen Vermögen und nach Beendigung der Ehe hälftig geteilt (Art. 1344 CCE)[866]. Über dieses Vermögen können die Ehegatten gemäß Art. 1375 CCE grundsätzlich nur gemeinsam verfügen bzw. sie verwalten es gemeinsam[867]. Es gibt zwar zahlreiche gesetzliche Ausnahmen von dieser Grundregel[868], so dass im alltäglichen Leben in der Regel ein Alleinverfügungsrecht besteht[869], jedoch bedarf es einer gemeinsamen Verfügung zwingend bei einer Verfügung über die gewöhnliche Ehewohnung und über Einrichtungsgegenstände (Art. 1320 CCE) sowie bei einer unentgeltlichen Verfügung, die über eine bloße Pflicht- bzw. Anstandsschenkung hinausgeht (Art. 1378 S. 1 CCE).

---

861 Bei Bestehen einer Ehe würde der überlebende Ehepartner nach deutschem Recht (§ 1931 BGB) je nachdem, welche sonstigen gesetzlichen Erben vorhanden sind, mindestens ein Viertel erben, wobei sich dieser Anteil im Falle des Güterstandes der Zugewinngemeinschaft um ein weiteres Viertel erhöht (§ 1371 I BGB). Es käme somit eine deutlich geringere Belastung auf ihn zu.

862 Die Verweisung in Art. 15 I i.V.m. Art. 14 EGBGB kann nur zur Anwendung kommen, wenn zwischen den beiden Partnern eine wirksame Ehe besteht.

863 Art. 9 II CCE.

864 Im Nachfolgenden wird von einer Anwendung des gemein-spanischen Código Civil ausgegangen.

865 Art. 1316 CCE.

866 Vgl. Süß/Ring/Huzel Spanien Rn 20.

867 Díez-Picazo/Gullón Cap. 14 I A; Süß/Ring/Huzel Spanien Rn 23.

868 Art. 1381, 1382, 1384, 1385, 1386, 1378, 1319 CCE.

869 Rinne S. 78.

Art. 1320 CCE ist auf den Schutz der Familieninteressen gerichtet. Die Ehewohnung und die Einrichtungsgegenstände sollen vor willkürlichen und böswilligen Handlungen des Eigentümerehegatten geschützt werden, um eine Sicherung der wichtigsten menschlichen Bedürfnisse zu erreichen[870]. Der Güterstand der Errungenschaftsgemeinschaft führt zu einem vermögensrechtlichen Gleichgewicht zwischen den Ehegatten, welches eine Bereicherung des einen zu Lasten des anderen verhindert[871]. Durch die Teilhabe am gemeinsam erworbenen Vermögen und die Verfügungsverbote wird insbesondere der wirtschaftlich schwächere Partner geschützt. Aber auch für einen finanziell potenten Partner wäre es ein erheblicher Eingriff, wenn sein Partner als Eigentümerehegatte ohne Absprache beschließen würde, die gemeinsame Ehewohnung aufzugeben. Dieser Schutz des Güterstandes würde entfallen, wenn die gleichgeschlechtliche Ehe zwischen F1 und F2 in Deutschland nicht anerkannt würde.

ddd) Eltern-Kind-Verhältnis

(1) Abstammungsrecht

Gemäß Art. 19 I EGBGB gibt es im Hinblick auf die Abstammung eines Kindes drei alternative Anknüpfungen[872]. Nach Art. 19 I 1 EGBGB entscheidet das Recht am gewöhnlichen Aufenthalt des Kindes über die Abstammung des Kindes. Dies wäre im gebildeten Beispielsfall deutsches Recht. Gemäß § 1591 BGB ist ausschließlich diejenige Frau Mutter, die das Kind geboren hat, also F1.

Nach Art. 19 I 2 EGBGB kann die Abstammung zu jedem Elternteil auch nach dem jeweiligen Heimatrecht bestimmt werden. Ist aber – wie im Beispielsfall – die nicht gebärende Frau Deutsche, besteht nach deutschem Recht keine Elternstellung für sie.

Gemäß Art. 19 I 3 EGBGB kann, sofern die Mutter verheiratet ist, die Abstammung auch nach dem Recht bestimmt werden, welches die allgemeinen Ehewirkungen im Zeitpunkt der Geburt regelt. Es stellt sich somit erneut die Vorfrage nach dem wirksamen Bestehen einer Ehe zwischen F1 und F2. Diese ist aber aufgrund der Einordnung der gleichgeschlechtlichen Ehe unter Art. 13 I EGBGB und dem ablehnenden deutschen Heimatrecht von F2 zu verneinen. Die dritte Alternative

870 Díez-Picazo/Gullón Cap. 10 IV E; Lacruz Berdejo § 21 Rn 118.

871 Lacruz Berdejo § 24 Rn 139, A.

872 Vgl. MüKo/Sonnenberger Einl IPR Rn 662; MüKo/Klinkhardt Art. 19 EGBGB Rn 14; Palandt/Thorn Art. 19 EGBGB Rn 6; Staudinger/Henrich Art. 19 EGBGB Rn 12 u. 22; a.A. Dethloff (IPRax 2005, 326, 329), die die Anknüpfung an den gewöhnlichen Aufenthalt nach Art. 19 I 1 EGBGB als vorrangig erachtet und nur hilfsweise auf S. 2 und S. 3 zurückgreifen will, wenn das Kind andernfalls vater- oder mutterlos wäre.

scheidet somit als Anknüpfung aus. Folglich besteht aus deutscher Sicht nur ein Abstammungsverhältnis zwischen F1 und K, nicht jedoch zwischen F2 und K.

Die überwiegende Meinung in der Literatur hält die Wandelbarkeit der Anknüpfung an den gewöhnlichen Aufenthalt in Art. 19 I 1 EGBGB und die damit einhergehende Möglichkeit eines Statutenwechsels, der zum Verlust eines nach dem früheren Aufenthaltsrecht wirksam begründeten Abstammungsverhältnisses führen kann, für problematisch[873]. Einige wollen daher die Wandelbarkeit der Anknüpfung einschränken[874] und z.B. auf den Zeitpunkt der Geburt des Kindes[875] bzw. auf den Zeitpunkt der Anerkennungserklärung abstellen[876]. Andere halten die Aufrechterhaltung des einmal wirksam begründeten Abstammungsverhältnisses aus Gründen des Schutzes wohlerworbener Rechte für geboten[877]. Ein derartiger Verlust der Elternstellung durch Statutenwechsel tritt aber nur ein, wenn nach der aus deutscher Sicht zunächst berufenen Rechtsordnung ein Abstammungsverhältnis des Kindes wirksam begründet wurde, welches nun infolge der Verlegung des gewöhnlichen Aufenthalts des Kindes und der damit einhergehenden Berufung der Rechtsordnung des neuen Aufenthaltsstaates entfällt[878]. In der bei im Ausland geschlossenen gleichgeschlechtlichen Ehen interessierenden Fallkonstellation wäre aber wie im Beispielsfall aus deutscher Sicht das Abstammungsverhältnis zwischen K und F2 auch dann zu verneinen, wenn man auf das Recht am ursprünglichen Aufenthalt des Kindes – also spanisches Recht – abstellen würde. Art. 9 IV CCE nähme die Verweisung zwar an[879], jedoch ist auch nach dem im spanischen Recht geltenden Grundsatz „mater semper certa est“ diejenige Frau, die

---

873 Bamberger/Roth/Heiderhoff Art. 19 EGBGB Rn 13f.; Staudinger/Henrich Art. 19 EGBGB Rn 14; Andrae § 5 Rn 12; v. Hoffmann/Thorn § 8 Rn 125; Kegel/Schurig § 20 X 3; Kropholler § 48 IV 1 c; Rauscher IPR Rn 931; Dörner in Festschrift Henrich 2000, 119, 124ff.; Looschelders IPRax 1999, 420, 424; a.A. Erman/Hohloch Art. 19 EGBGB Rn 9.

874 Andrae § 5 Rn 13; Kegel/Schurig § 20 X 3; Looschelders IPRax 1999, 420, 424.

875 Andrae § 5 Rn 13; Kegel/Schurig § 20 X 3.

876 Andrae § 5 Rn 13.

877 MüKo/Klinkhardt Art. 19 EGBGB Rn 18; Kropholler § 48 IV 1 c; Rauscher IPR Rn 931; Dörner in Festschrift Henrich 2000, 119, 125f.

878 Vgl. Bamberger/Roth/Heiderhoff Art. 19 EGBGB Rn 13; MüKo/Sonnenberger Einleitung IPR Rn 669; Staudinger/Henrich Art. 19 EGBGB Rn 14; Andrae § 5 Rn 12; Kropholler § 48 IV 1 c; Dörner in Festschrift Henrich 2000, 119, 124ff.

879 Art. 9 IV CCE verweist auf das Heimatrecht des Kindes. Dieses besitzt im Beispielsfall gemäß Art. 17 Nr. 1a CCE die spanische Staatsangehörigkeit. Zur Bestimmung der Staatsangehörigkeit bedarf es keines Rückgriffes auf Art. 9 IV CCE. Es reichen vielmehr vernünftige Anhaltspunkte aus, die eine physische Abstammung von einem spanischen Elternteil nahelegen (vgl. Calvo Caravaca/Carrascosa González DIPr II, Cap. XIX, Rn 18). F1 ist Spanierin und hat das Kind zur Welt gebracht. Somit liegen eindeutige physische Anhaltspunkte für eine Abstammung von einer Spanierin vor. Daher besitzt das Kind die spanische Staatsangehörigkeit.

das Kind geboren hat, Mutter des Kindes[880], also F1. Nach Art. 7.3 *Ley 14/2006* kann darüber hinaus nur die Ehefrau der gebärenden Frau durch Erklärung vor dem Registerbeamten Elternteil des Kindes werden. Ob aber eine Ehe besteht, ist eine Vorfrage, die nach ganz h.M. selbstständig anzuknüpfen ist[881], sich also nach deutschem Kollisionsrecht richtet. Art. 13 I EGBGB führt jedoch gerade dazu, dass aufgrund der deutschen Staatsangehörigkeit der F2 keine wirksame Ehe geschlossen werden konnte. Somit wäre aus deutscher Sicht auch vor Verlegung des gewöhnlichen Aufenthalts des Kindes von Spanien nach Deutschland keine Elternstellung von F2 gegeben. Es handelt sich folglich nicht um den Verlust eines wirksam begründeten Abstammungsverhältnisses des Kindes infolge Statutenwechsels. Die Verneinung der Elternstellung beruht vielmehr auf der fehlenden Anerkennung des Status der gleichgeschlechtlichen Ehe. Die vorgeschlagene Lösungsmöglichkeit, die Wandelbarkeit der Anknüpfung einzuschränken, ginge daher ins Leere. Eine Berufung auf den Schutz wohlerworbener Rechte scheidet ebenfalls aus, da aus deutscher Sicht nie ein wirksames Abstammungsverhältnis bestand. Es bleibt daher bei der Verneinung einer Elternstellung der F2.

Würde man jedoch die gleichgeschlechtliche Ehe zwischen F1 und F2 in Deutschland anerkennen, käme die Anknüpfung nach Art. 19 I 3 EGBGB zur Anwendung. Zum Zeitpunkt der Geburt hatten F1 und F2 ihren gewöhnlichen Aufenthalt in Spanien, so dass gemäß Art. 19 I 3 i.V.m. Art. 14 I Nr. 2 EGBGB spanisches Recht zur Anwendung berufen wäre. Art. 9 IV CCE nimmt die Verweisung an[882]. Nach dem im spanischen Recht geltenden Grundsatz „mater semper certa est“ ist diejenige Frau, die das Kind geboren hat, Mutter des Kindes[883], also F1. Nach Art. 7.3 *Ley 14/2006* wurde F2 als Ehefrau von F1 durch ihre Erklärung vor dem Registerbeamten der andere Elternteil des Kindes. Eine Anerkennung der gleichgeschlechtlichen Ehe im deutschen Recht würde somit im Ergebnis zur gemeinsamen Elternstellung von F1 und F2 führen.

Das abweichende Ergebnis ist grotesk. F1 und F2 haben sich in Ausgestaltung ihrer Ehe für ein gemeinsames Kind entschieden und (durch Erklärung von F2) auch für eine gemeinsame Elternstellung. Die Verneinung dieses Abstammungsverhältnisses stellt einen extremen Eingriff in einen höchstpersönlichen Rechtsbereich der Eheleute dar.

---

880 Díez-Picazo/Gullón Cap. 19 I.

881 Vgl. hierzu oben C.

882 Bezüglich der Prüfung eines eventuellen Renvoi ist das ausländische Abstammungsstatut maßgebend und nicht das Ehewirkungsstatut (MüKo/Klinkhardt Art. 19 EGBGB Rn 22; Andrae § 5 Rn 15); zur Regelung des Art. 9 IV CCE s.o. Fn 879.

883 Díez-Picazo/Gullón Cap. 19 I.

(2) Adoption

Auch eine Adoption des Kindes wäre nicht möglich. Für F2 als deutsche Staatsangehörige gilt im Falle einer Adoption gemäß Art. 22 I 1 EGBGB deutsches Recht. Damit K aber zu einem Kind beider Ehegatten wird, müsste F2 entweder mit F1 verheiratet sein (§ 1754 I BGB) oder mit ihr in einer eingetragenen Lebenspartnerschaft leben (§ 9 VII 2 LPartG i.V.m. § 1754 I BGB). Beides ist jedoch aus deutscher Sicht nicht der Fall[884].

Auch die gemeinsame Adoption weiterer Kinder in Deutschland scheidet für F1 und F2 aus. Art. 22 I 1 EGBGB verweist auf das jeweilige Heimatrecht der Partner. Die spanische Heimatrechtsordnung von F1 würde aber im Falle des Aufenthaltes des zu adoptierenden Kindes in Deutschland auf deutsches Recht zurückverweisen[885]. Die deutsche Rechtsordnung sieht die gemeinsame Adoption jedoch ausschließlich für Ehegatten vor (§ 1741 II, § 1742 BGB)[886].

(3) Sorge- und Umgangsrecht

Das fehlende Abstammungsverhältnis wirkt sich aber auch auf die Möglichkeit der Ausübung des Sorge- und Umgangsrechts aus. Die Wirkungen des Eltern-Kind-Verhältnisses unterliegen gemäß Art. 21 EGBGB dem Recht des Aufenthaltsstaates des Kindes[887]. Art. 21 EGBGB setzt als Vorfrage aber das Bestehen eines wirksames Eltern-Kind-Verhältnis voraus, sei es infolge Abstammung (Art. 19 EGBGB) oder infolge Adoption (Art. 22 EGBGB)[888]. Muss eine Abstammung wie im gebildeten Beispiel im Verhältnis zu F2 mangels Ehe verneint werden und besteht auch nicht die Möglichkeit einer Adoption, so stehen dem Nicht(mehr)elternteil (F2) kein Sorge- und grundsätzlich auch kein Umgangsrecht zu. In Betracht käme allenfalls ein Umgangsrecht als enge Bezugsperson des Kindes nach § 1685 II BGB[889]. Dies erfordert aber anders als das Umgangsrecht eines Elternteils aus § 1684 BGB, dass der Umgang dem Wohl des Kindes dient und der Betroffene tatsächliche Verantwortung für das Kind trägt oder getragen hat. Haben

884 Ohnehin wäre die Möglichkeit einer Stiefkindadoption keine hinreichende Kompensation des Verlustes der Elternstellung (vgl. unten E, IV, 2, a, bb, ddd, (3) und E, IV, 2, a, bb, fff).

885 Art. 9.5 CCE i.V.m. Art. 21.1 *Ley 54/2007, de 28 de diciembre, de Adopción internacional* (*BOE núm. 312*, 29.12.2007, S. 53676ff.).

886 Vgl. hierzu auch oben B, I.

887 Zur Frage des Vorrangs des Haager Minderjährigenschutzabkommens sogleich.

888 MüKo/Klinkhardt Art. 21 EGBGB Rn 5, 23; Palandt/Thorn Art. 21 EGBGB Rn 4; Staudinger/Henrich Art. 21 EGBGB Rn 58.

889 Art. 21 EGBGB gilt auch für die Umgangsrechte sonstiger Personen (Staudinger/Henrich Art. 21 EGBGB Rn 119 im Hinblick auf die Großeltern) und verweist auf das Recht am gewöhnlichen Aufenthalt des Kindes, im vorliegenden Fall also auf deutsches Recht.

sich die Ehepartner aber massiv zerstritten, ist ein derartiges Umgangsrecht i.d.R. nicht dazu geeignet, dem Kindeswohl zu dienen[890].

Zu beachten ist noch das Haager Minderjährigenschutzabkommen (MSA), welches dem autonomen deutschen Kollisionsrecht gemäß Art. 3 Nr. 2 EGBGB vorgeht. Art. 3 MSA bestimmt: „Ein Gewaltverhältnis, das nach dem innerstaatlichen Recht des Staates, dem der Minderjährige angehört, kraft Gesetzes besteht, ist in allen Vertragsstaaten anzuerkennen.“ Zu einem solchen Gewaltverhältnis zählen gerade auch Sorge- und Umgangsrechte[891]. Nach herrschender deutscher Rechtsprechung findet Art. 3 MSA aber nur bei der Anordnung von Schutzmaßnahmen durch deutsche Gerichte oder Verwaltungsbehörden Anwendung, bei denen sich die Vorfrage nach einem gesetzlichen Gewaltverhältnis stellt, z.B. bei einer gerichtlichen Regelung des persönlichen Umgangs mit dem Kind. Außerhalb von Schutzmaßnahmen, z.B. wenn eine Person als gesetzlicher Vertreter des Kindes handeln will, bleibt es bei der Regelung des Art. 21 EGBGB[892]. Kommt nun Art. 3 MSA zur Anwendung, wäre im vorliegenden Beispielsfall aufgrund der spanischen Staatsangehörigkeit des Kindes spanisches Sachrecht anzuwenden[893]. Nach Art. 154 CCE stehen minderjährige Kinder unter der Gewalt ihrer Eltern. Es stellt sich somit die Vorfrage, wer die Eltern des Kindes sind. Die durch das von Art. 3 MSA berufene Heimatrecht aufgeworfenen Vorfragen sind selbstständig anzuknüpfen[894]. Wie jedoch bereits ausgeführt, besteht aus deutscher Sicht gerade kein Abstammungsverhältnis zwischen F2 und K. Folglich führt auch eine Anwendung des spanischen Heimatrechtes des Kindes nicht zur Begründung der elterlichen Sorge von F2, die in Deutschland gemäß Art. 3 MSA anzuerkennen wäre. Aus demselben Grund scheidet auch ein Umgangsrecht der F2 als Elternteil gemäß Art. 160 I CCE aus. Art. 160 II CCE weist daneben nur Großeltern, Verwandten und Angehörigen ein Umgangsrecht zu[895]. F2 gehört jedoch auch keiner dieser Personengruppen an. In Fällen, die in den Anwendungsbereich des MSA

---

890 So zur Zerrüttung des Verhältnisses zwischen Eltern und Großeltern OLG Hamm FamRZ 2005, 2012; AG Kostanz FamRZ 2004, 290; Dethloff § 13 Rn 97; a.A. Palandt/Diederichsen § 1685 BGB Rn 3.

891 Staudinger[13]/Kropholler Vorbem zu Art 19 EGBGB Rn 277; Staudinger[14]/Henrich Art. 21 EGBGB Rn 80.

892 BGH FamRZ 1990, 1103, 1105ff.; BayObLG FamRZ 1991, 216, 218; 224, 225; dem folgend Staudinger[14]/Henrich Art. 21 EGBGB Rn 82, 112ff.; a.A. Staudinger[13]/Kropholler Vorbem zu Art 19 EGBGB Rn 278ff. m.w.N.

893 Ein Renvoi scheidet aufgrund der gezielten Bezugnahme des Art. 3 MSA auf die Regelungen des „innerstaatlichen“ Rechtes aus (vgl. Staudinger[13]/Kropholler Vorbem zu Art 19 EGBGB Rn 298ff.).

894 Staudinger[13]/Kropholler Vorbem zu Art 19 EGBGB Rn 350f.

895 Vgl. auch Díez-Picazo/Gullón Cap. 21 XI.

fallen, würde sich die Situation von F2 somit im Vergleich zur Anwendung des autonomen deutschen Kollisionsrechts nicht verbessern.

(4) Bedeutung für das Kind

Die Nichtanerkennung der gemeinsamen Elternstellung eines gleichgeschlechtlichen Ehepaares hätte auch negative Auswirkungen für das Kind, welches nur noch gegen einen Elternteil Unterhaltsansprüche geltend machen könnte und auch nur noch im Hinblick auf einen Elternteil erbberechtigt wäre. Besonders problematisch ist dies, wenn es sich hierbei gerade um den nicht berufstätigen Elternteil (F1) handelt, der auch selbst keinen Unterhaltsanspruch (s.o.) gegen seinen Ehepartner hat und dem auch kein Erbrecht zusteht. Diese Familieneinheit könnte beim plötzlichen Tod des Ehepartners oder einer Trennung völlig mittellos dastehen. Aber auch der umgekehrte Fall wäre problematisch. Verstirbt F1, würde das Kind mit einem Elternteil zurückbleiben, zu dem es keine rechtliche Verbindung in Deutschland hätte. Dies würde zu extremen Unsicherheiten für alle Beteiligten führen.

eee) Scheidung

Art. 17 EGBGB wirft die Vorfrage nach dem Bestehen einer Ehe auf. Eine solche besteht aufgrund der deutschen Staatsangehörigkeit der F2 gemäß Art. 13 I EGBGB aber gerade nicht. Somit ist auch eine Scheidung in Deutschland nicht möglich.

Auf den ersten Blick scheint dies für die Ehepartner keine Auswirkungen zu haben, schließlich wird ihnen im Ergebnis durch die Nichtanerkennung der Ehe in Deutschland ebenfalls die rechtliche „Lösung" ihrer Beziehung ermöglicht. Zu beachten ist aber, dass die Verweigerung der Scheidung der gleichgeschlechtlichen Ehe in Deutschland zu hinkenden Rechtsverhältnissen führt. Im Land der Eheschließung ist die Ehe schließlich wirksam zustande gekommen. Nur durch die Möglichkeit einer Scheidung wäre es den Partnern daher möglich, die Ehe auch in diesem Staat zu beenden[896].

fff) Zwischenergebnis

Die Nichtanerkennung der im Ausland geschlossenen gleichgeschlechtlichen Ehe führt somit zu erheblichen Rechtsfolgen für die Betroffenen. Zwei Partner, die

896 Dies setzt natürlich die Anerkennung des deutschen Scheidungsurteils durch den ausländischen Staat voraus. Dies wäre bei Anwendung der Brüssel IIa-VO auf gleichgeschlechtliche Ehen jedoch unproblematisch (vgl. hierzu unten E, III, 2, d, bb, bbb, (2.1)).

sich in ihrem Leben aufeinander eingestellt haben, und ggf. sogar gemeinsame Kindern haben, stehen in ihrer neuen Heimat Deutschland wie unbeteiligte Personen nebeneinander. Es bestehen keine Unterhalts- und Erbrechte mehr. Das schützende Güterrecht entfällt. Den Partnern wird die Möglichkeit einer Scheidung versagt. Zudem wird die Abstammung eines gemeinsamen Kindes nicht anerkannt und auch eine Adoption ist nicht möglich. In wirtschaftlicher Hinsicht hat dies insbesondere Folgen für den finanziell schwächeren Partner. Gerade in einer Ehe, in der ein Elternteil primär die Kindererziehung übernimmt und der andere arbeitet, verlässt sich der kinderbetreuende Elternteil darauf, in der Ehe eine unterhalts- und erbrechtliche Absicherung durch seinen Ehepartner zu finden. Außerdem schützt ihn das Ehegüterrecht. Stirbt nun der berufstätige Ehepartner unerwartet oder verlässt er die Familie, kann der andere Ehepartner durchaus in eine kritische Situation geraten. Dasselbe gilt für das Kind, wenn wie im Beispielsfall, zwischen ihm und dem berufstätigen Elternteil kein Abstammungsverhältnis besteht. Aber auch in einer Doppelverdienerehe kann der Wegfall des Erbrechts zu starken Belastungen führen[897] und bedarf es des Schutzes vor eigenmächtigen Verfügungen des Eigentümerehegatten[898]. Zudem trifft die fehlende Scheidungsmöglichkeit in Deutschland beide Ehepartner und greift erheblich in die Autonomie der Betroffenen ein. Es käme möglicherweise zur paradoxen Situation, dass nach einer Rückkehr ins Heimatland die schon lange nicht mehr zusammenlebenden Ehegatten weiter als verheiratet gelten und wechselseitige Pflichten wieder aufleben. Große Schwierigkeiten ergeben sich auch im Hinblick auf die Eltern-Kind-Beziehung. Trennt sich im Beispielsfall die Mutter des Kindes (F1) von ihrer Partnerin (F2), hat F2 keine Möglichkeit, ein Sorgerecht für das „gemeinsame“ Kind zu erlangen. Allenfalls steht F2 ein Umgangsrecht nach § 1685 II BGB als enge Bezugsperson des Kindes zu. Dieses ist aber schwächer als das eines Elternteils ausgestaltet und kommt i.d.R. nicht zum Zuge, wenn sich die Ehepartner massiv zerstritten haben[899]. Aber auch während des Bestehens der Beziehung der gleichgeschlechtlichen Partner käme es zu Problemen. Dies lässt sich an einer leichten Veränderung des Beispielsfalles zeigen. Übernimmt nicht die das Kind gebärende Spanierin F1 die Kinderbetreuung, sondern die Deutsche F2 und verzieht die Familie nun nach Deutschland, käme es zu der problematischen Situation, dass die primäre Bezugsperson des Kindes, die dieses auch praktisch betreut, hierzu rechtlich überhaupt nicht in der Lage ist, da ihr als Nicht-Elternteil auch kein Sorgerecht zustehen kann und sie somit auch nicht zur gesetzlichen Vertretung des Kindes berechtigt ist. Wie bereits gezeigt ließe sich dieses Problem auch nicht durch eine Adoption

897 Vgl. oben E, III, 2, d, aa, bbb a.E.
898 Vgl. oben E, III, 2, d, aa, ccc a.E.
899 Vgl. oben E, III, 2, d, aa, ddd, (3).

beheben, da hierzu zwischen F1 und F2 gerade eine Ehe bzw. eingetragene Lebenspartnerschaft bestehen müsste. Zugespitzt wird die Situation, wenn der Elternteil, dessen Elternstellung allein anerkannt wird, stirbt. Dies würde ein Kind und einen Elternteil, zu dem in Deutschland aber keine rechtliche Beziehung besteht, zurücklassen.

Der Verlust des Ehestatus führt somit zu „schwerwiegenden Nachteilen" für die betroffenen Eheleute und entfaltet eine „abschreckende Wirkung". Man wird allerdings nicht so weit gehen können wie in der Rs. Zhu/Chen und eine praktische Unmöglichkeit der Ausübung des Freizügigkeitsrechts annehmen können. Selbst wenn der wirtschaftlich schwächere Ehepartner in eine finanzielle Notlage gerät oder ein Partner vom Umgang mit dem „gemeinsamen" Kind ausgeschlossen wird, führt dies nicht zu einer praktischen Aufhebung des Rechtes auf Freizügigkeit. Dies ist nicht mit der Situation eines Kleinkindes vergleichbar, welches ohne seine engste Bezugs- und Betreuungsperson aufwachsen soll. Dennoch sind die Auswirkungen nicht zu ungewiss, denn der Verlust des Ehestatus und der von diesem abhängigen Rechte tritt definitiv mit Grenzübertritt ein. Die sich daraus ergebenden Konsequenzen sind wie bereits ausführlich dargelegt auch nicht bloß unbedeutend. Der Verlust des Ehestatus mit seinen Folgen ist somit tatsächlich dazu geeignet, die Betroffenen davon abzuhalten, von ihrem Recht auf Freizügigkeit Gebrauch zu machen. Folglich liegt eine „spürbare" Beschränkung des Art. 18 EGV vor[900].

900 Unentschieden insoweit anscheinend Funken (S. 180). Sie räumt zwar ein, dass privatrechtliche Konsequenzen infolge der Nichtanerkennug einer gleichgeschlechtlichen Ehe vereinzelt von hinreichend schwerem Gewicht sein können. Dennoch erachtet sie es als äußerst fragwürdig, ob die Nichtanerkennung eines familienrechtlichen Statusverhältnisses gegen Art. 18 EGV verstößt (S. 180). Hierbei rückt sie jedoch von ihrem eigenen zuvor aufgestellten Maßstab hinsichtlich des Beschränkungsverbotes des Art. 18 EGV ab. Obwohl das von ihr verlangte Kriterium des „schweren Eingriffs" (S. 127) durch die Folgen der Nichtanerkennung der gleichgeschlechtlichen Ehe erfüllt wird, zweifelt sie unter Verweis auf das Subsidiaritätsprinzip (Art. 5 EGV) und die Achtung der nationalen Identität der Mitgliedstaaten (Art. 6 III EUV (seit 01.12.2009 Art. 4 II EUV), Art. 151 I EGV (seit 01.12.2009 Art. 167 AEUV)) im Ergebnis an einem Eingriff (S. 180). Diese Prinzipien lassen sich zwar allgemein für eine Begrenzung des Beschränkungsverbots anführen, ihnen können jedoch keine konkreten Vorgaben der Ausgestaltung einer tatbestandlichen Begrenzung des Art. 18 EGV entnommen werden. Dies erkennt auch Funken, die in ihrer Arbeit beide Prinzipien zur Begründung der Notwendigkeit einer Begrenzung des Beschränkungsverbotes heranzieht (S. 117f. u. 126) bei der Ausgestaltung der konkreten tatbestandlichen Beschränkung aber ebenfalls nicht auf diese Prinzipien zurückgreift (S. 118f. u. 126f.). Daher ist nicht erkennbar inwiefern die genannten Bestimmungen das aufgestellte „Spürbarkeitskriterium" in der konkreten Anwendung beeinflussen können.

ggg) Einfluss der Möglichkeit privatautonomer Vereinbarungen bzw. bestehender Rechtswahlmöglichkeiten auf eine Verletzung des allgemeinen Freizügigkeitsrechts

Abschließend stellt sich die Frage, ob nicht die Möglichkeit privatautonomer Vereinbarungen der Ehepartner bzw. bestehende Rechtswahlmöglichkeiten einer Beschränkung ihres Rechts auf Freizügigkeit entgegenstehen könnten. Im Rahmen grenzüberschreitender Verträge wird in der Literatur eine kontroverse Diskussion bezüglich der Frage geführt, ob sach- oder kollisionsrechtlich dispositive Normen gegen die Grundfreiheiten verstoßen können.

(1) Sachlich dispositives Recht

Im Rahmen dieser Diskussion wird vorgebracht, dass ein Verstoß dispositiver Sachnormen gegen die Grundfreiheiten bereits deswegen ausscheiden müsse, weil die Parteien grenzüberschreitender Verträge die Anwendbarkeit dieser Normen durch abweichende Vereinbarungen hätten abwenden können[901]. Dem wird jedoch entgegengehalten, dass nicht generell eine gleiche Verhandlungsstärke zwischen den Vertragsparteien unterstellt werden könne, aufgrund derer die mitgliedstaatlichen dispositiven Sachnormen tatsächlich immer zur Disposition stehen[902]. Darüber hinaus würde den Marktakteuren die Kenntnis sämtlicher dispositiver Regeln des anzuwendenden Rechts abverlangt, auch wenn es sich hierbei um eine für sie ausländische Rechtsordnung handelt[903]. Es dürfe dem nationalen Gesetzgeber nicht erlaubt sein Verträge durch dispositive Normen zu ergänzen, die den grundfreiheitlichen Anforderungen nicht gerecht werden[904].

Dies kann jedoch letztlich dahinstehen, da diese Diskussion nicht die in der vorliegenden Arbeit untersuchte Fallkonstellation betrifft. So steht bezüglich der Situation gleichgeschlechtlicher Ehepartner nicht die Anwendbarkeit einer dispositiven Norm mangels Abbedingung im Raum, sondern gerade die Unanwendbarkeit z.B. des deutschen Unterhaltsrechts, obwohl die Partner i.E. gleichlautende vertragliche Regelungen hätten treffen können. Ob in diesem Fall entsprechend der oben zuerst genannten Meinung ein Verstoß gegen die Grundfreiheiten ausscheiden muss, wurde in der Literatur bislang nicht erörtert und erscheint fraglich.

---

901 Drasch S. 211; Körber S. 415; Reich S. 62, Nr. 21; Grundmann EWS 1990, 214, 216; Roth VersR 1993, 129, 133.

902 Tassikas S. 145; Lurger in Jahrbuch Junger Zivilrechtswissenschaftler 1995, 17, 35, 3b) u. Fn 86.

903 Tassikas S. 168.

904 Langner RabelsZ 65 (2001), 222, 227/228; Wilmowsky JZ 1996, 590, 595/596.

Zunächst ist eine privatautonome Regelung ohnehin nicht in allen Bereichen für die gleichgeschlechtlichen Ehepartner möglich. So könnten sie weder eine vertragliche Vereinbarung über ihren Ehestatus als solchen treffen noch über den Bestand der Abstammungsverhältnisse oder über die Möglichkeit einer Scheidung in Deutschland. Vereinbarungen kämen lediglich auf dem Gebiet des Unterhalts-, Erb- und Güterrechts in Betracht.

Darüber hinaus unterscheidet sich die vorliegende Fallkonstellation in wesentlichen Punkten von der Situation bei Abschluss eines grenzüberschreitenden Vertrages. Bei letzterem kommen die Parteien gezielt zu Vertragsverhandlungen zusammen. Hierbei ist es gerade Aufgabe der jeweiligen Vertragspartei sich mit den möglichen Folgen der vertraglichen Vereinbarungen zu befassen, unabhängig davon ob diese nach der eigenen oder einer fremden Rechtsordnung entstehen. Auch eine Auseinandersetzung mit der Anwendbarkeit (ausländischen) dispositiven Rechts ließe sich erwarten[905]. Dabei kann zumindest im Ausgangspunkt von einer ausgeglichenen Verhandlungsbasis zwischen den Vertragsschließenden ausgegangen werden. Dispositive Normen suchen im Grunde einen gerechten Interessenausgleich zwischen den Parteien[906]. Wenn sich daher die eine Vertragspartei zur Abbedingung einer solchen Norm bereit erklärt, kann sie womöglich im Gegenzug die Geltung einer anderen dispositiven Norm verhindern. Die Nichtabbedingung dispositiver Normen lässt sich im Ergebnis als eine privatautonome Entscheidung der Vertragsparteien in Form der Akzeptanz der staatlichen Reservelösung auffassen. Eine Grundfreiheitenkontrolle wäre daher ein Eingriff in die Vertragsautonomie[907]. Anders stellt sich die Situation aber bezüglich gleichgeschlechtlicher Ehepartner dar. Bei der Eingehung der gleichgeschlechtlichen Ehe im Ausland besteht für die Eheleute keine Notwendigkeit vertragliche Vereinbarungen zu treffen, da sie sich auf die Regelungen des ausländischen Eherechts verlassen können. Man müsste von ihnen daher verlangen sich nicht im Zeitpunkt der Eheschließung – zu dem ihnen durchaus bewusst ist, dass sich ihre Rechtsverhältnisse zueinander ändern – Gedanken über vertragliche Regelungen zu machen, sondern zur Zeit des Grenzübertritts. Da dieser Zeitpunkt gerade nicht mit der Eheschließung zusammenfällt, liegt es für die Ehepartner aber nicht nahe in dieser Situation in Erwägung zu ziehen ihre Rechtsbeziehungen zueinander privatrechtlich auszugestalten. Vielmehr werden sie vom wirksamen Bestand ihrer womöglich schon vor Jahren geschlossenen gleichgeschlechtlichen Ehe ausgehen. Zudem tritt nicht unmittelbar durch den Grenzübertritt eine aus Sicht der Ehegatten regelungsbedürftige Situation ein. Sowohl unterhalts- als auch erb- und güterrechtliche Vereinbarungen

905 Vgl. Grundmann ZHR 163 (1999), 635, 657.

906 Larenz Schuldrecht Bd. I § 6 I.

907 Grundmann ZHR 163 (1999), 635, 657.

werden erst zu einem oftmals deutlich späteren Zeitpunkt (Trennung oder Tod eines Ehegatten) relevant, nicht jedoch bereits zur Zeit des Grenzübertritts. Anders als Vertragsparteien eines grenzüberschreitenden Vertrages ist für Ehepartner die Notwendigkeit einer vertraglichen Ausgestaltung daher nicht ohne Weiteres erkennbar. Ohnehin ist möglicherweise einige Jahre nach der Eheschließung einer der Partner nicht mehr bereit eine entsprechende vertragliche Vereinbarung einzugehen. Im Unterschied zu den Parteien eines grenzüberschreitenden Vertrages besteht zwischen den Ehegatten jedenfalls zu diesem Zeitpunkt keine ausgeglichene Verhandlungsposition. Der Abschluss von Unterhalts-, Erb- und Güterrechtsvereinbarungen belastet einseitig den besser verdienenden Ehegatten. Da ohne eine vertragliche Regelung dem wirtschaftlich schwächeren Ehegatten aber nicht der Schutz einer dispositiven Rechtsordnung zu Gute kommt, verfügt er über keinerlei Verhandlungsmasse und ist vollständig der Gunst des wirtschaftlich stärkeren Ehegatten ausgesetzt. Aus dem Nichtabschluss einer Unterhalts-, Erb- oder Güterrechtsvereinbarung kann auch nicht die Akzeptanz der daraus resultierenden Rechtslage abgeleitet werden. In diesem Fall kommt für die Ehepartner gerade keine staatliche Reservelösung zum Tragen. Es kann mithin nicht von einer privatautonomen Entscheidung insbesondere des schwächeren Ehepartners in Form des Verzichts auf sämtliche Ansprüche ausgegangen werden, die nicht an den Grundfreiheiten zu messen wäre. Die theoretische Möglichkeit privatautonomer Vereinbarungen der Ehepartner steht der festgestellten „spürbaren“ Beschränkung ihres Rechts auf Freizügigkeit daher nicht entgegen.

(2) Rechtswahlfreiheit

Des Weiteren soll eine bestehende kollisionsrechtliche Rechtswahlmöglichkeit der Vertragsparteien einen Verstoß selbst sachlich zwingender Normen gegen die Grundfreiheiten ausschließen[908]. Diese Frage bedarf im Rahmen der vorliegenden Arbeit aber keiner näheren Untersuchung. Rechtswahlmöglichkeiten bestehen insoweit lediglich gemäß Art. 15 II EGBGB bezüglich des Güterstandes und gemäß Art. 25 II EGBGB bezüglich im Inland belegenen unbeweglichen Vermögens. Eine Rechtswahl nach Art. 15 II EGBGB setzt aber gerade den wirksamen Bestand einer Ehe aus deutscher Sicht voraus, was in der vorliegenden Konstellation zu verneinen ist. Art. 25 II EGBGB ermöglicht zwar eine, wenn auch sehr beschränkte, Rechtswahl. Hierdurch wird den Ehepartnern aber nicht die Möglichkeit gegeben das zentrale kollisionsrechtliche Problem, nämlich die Verneinung der Vorfrage nach dem Bestand der Ehe, zu beheben. Da den Ehepartnern somit nur

908 Drasch S. 211 Fn 1096; Körber S. 417f.; Reich S. 62, Nr. 21; Basedow RabelsZ 59 (1995), 1, 27/28.

äußerst beschränkte Rechtswahlmöglichkeiten zur Verfügung stehen, die ohnehin nicht zu einer Verbesserung ihrer Situation führen, braucht auf die grundsätzliche Diskussion, ob eine kollisionsrechtliche Rechtswahlfreiheit einem Verstoß gegen die Grundfreiheiten entgegensteht, nicht näher eingegangen werden.

(3) Ergebnis zu ggg)

Die theoretische Möglichkeit des Abschlusses privatautonomer Vereinbarungen zwischen den Ehepartnern sowie die beschränkte Rechtswahlmöglichkeit im Bereich des Art. 25 II EGBGB steht der festgestellten „spürbaren" Beschränkung des Art. 18 EGV nicht entgegen.

hhh) Sonderfälle

(1) Mittelbarer Zuzug nach Deutschland

Differenziert wird man diejenigen Fälle beurteilen müssen, in denen die Ehe in einem EU- oder Drittstaat eingegangen wird, das Paar anschließend in einem Mitgliedstaat der Europäischen Union lebt und später nach Deutschland verzieht. Eine „abschreckende" Wirkung tritt nur ein, wenn die gleichgeschlechtliche Ehe des EU- oder Drittstaates in dem Mitgliedstaat der Europäischen Union, aus dem das Ehepaar nach Deutschland gekommen ist, anerkannt wurde. Galt das Paar auch in dem anderen Mitgliedstaat als nicht verheiratet, kann man nicht davon ausgehen, dass die Nichtanerkennung in Deutschland tatsächlich dazu geeignet ist, sie davon abzuhalten, von ihrem Recht auf Freizügigkeit Gebrauch zu machen.

(2) „Eheschließungstourismus"

Eine besondere Fallgruppe stellen zudem Paare dar, die sich ausschließlich zwecks Eheschließung in einen anderen Staat begeben, der die Eingehung einer gleichgeschlechtlichen Ehe erlaubt, dabei aber weder ihren Lebensmittelpunkt in Deutschland aufgeben noch dies beabsichtigen.

In einem solchen Fall stellt sich die Frage, ob tatsächlich eine „spürbare" Beschränkung des Rechtes auf Freizügigkeit der Ehepartner vorliegt. Der Aufenthalt im Eheschließungsstaat dient lediglich der Eingehung der Ehe. Ihren Lebensmittelpunkt haben die Partner nach wie vor in Deutschland. Folglich tätigen sie im Eheschließungsstaat weder größere gemeinsame Investitionen als Ehepaar noch stellen sie ihre Lebensführung in Vertrauen auf die Ehe so aufeinander ein, dass sie sich in gegenseitige Abhängigkeit begeben. Es entstehen somit keine Sachverhalte, die aufgrund der Verflechtung der Lebens- und Vermögensverhältnisse einen unterhaltsrechtlichen, erbrechtlichen oder güterrechtlichen Schutz der Partner erfordern. Da sie nicht länger im Ausland verweilen, ist bereits aus tatsächlichen Gründen der Fall einer gemeinsamen Elternschaft ausgeschlossen[909]. Schwierigkeiten infolge eines Verlustes des Eltern-Kind-Verhältnisses können somit nicht auftreten. Problematisch in diesen Fällen ist somit lediglich das fehlende Scheidungsrecht, wodurch es zu hinkenden Rechtsverhältnissen kommt. Die tatsächlichen Schwierigkeiten, auf die die Partner einer „Touristenehe“ treffen, sind somit relativ gering. Bereits aus diesem Grund scheint die Annahme einer „abschreckenden Wirkung“ fraglich. Darüber hinaus hat in den Fällen des „Eheschließungstourismus“ das Paar per Definition die ganze Zeit über seinen Lebensmittelpunkt in Deutschland und beabsichtigt auch nicht, diesen dort aufzugeben. Die Partner haben folglich nie ernsthaft erwogen, nach der Eheschließung im Ausland zu verbleiben. Der Verlust des im Ausland erworbenen Ehestatus ist somit nicht geeignet, ein solches Paar von der Wiedereinreise nach Deutschland und somit der Ausübung seines Rechtes auf Freizügigkeit abzuhalten. In den Fällen des „Eheschließungstourismus“ liegt somit keine „spürbare“ Beschränkung des Art. 18 EGV vor[910].

(3) Ergebnis zu hhh)

Die angesprochenen Sonderfälle sind differenziert zu behandeln. In den Fällen des „Eheschließungstourismus“ besteht keine unzulässige Beschränkung des Art. 18 EGV. In den Fällen eines mittelbaren Zuzuges nach Deutschland ist entscheidend, ob der Ehestatus in dem Mitgliedstaat der Europäischen Union, aus dem das Paar nach Deutschland einreist, anerkannt wurde.

iii) Ergebnis zu aa)

Grundsätzlich ist der Verlust des Ehestatus für die Ehepartner mit derart starken Belastungen verbunden, dass eine „spürbare“ Beschränkung des Freizügigkeitsrechtes zu bejahen ist. Eine Ausnahme besteht lediglich in Fällen des „Eheschlie-

---

909 Aber selbst im theoretischen Fall, dass ein Kind unmittelbar nach der Eheschließung in Spanien geboren wird, welches das Paar vorher durch künstliche Befruchtung gezeugt hat, könnte auch in Spanien keine gemeinsame Elternstellung hinsichtlich des Kindes eintreten. Art. 7.3 *Ley 14/2006* erfordert eine Erklärung der Ehepartnerin vor dem Registerbeamten am ehelichen Wohnsitz. Dieser befindet sich in diesen Fällen aber gerade nicht in Spanien und somit kann die erforderliche Erklärung auch nicht abgegeben werden.

910 Entsprechendes gilt in dem Fall, in dem die Partner ihren gewöhnlichen Aufenthalt in einem Dritt- oder EU-Staat haben, zum Zwecke der Eheschließung in einen Mitgliedstaat der Europäischen Union reisen, der die gleichgeschlechtliche Ehe erlaubt, und im Anschluss unmittelbar nach Deutschland verziehen.

ßungstourismus“ und im Falle einer Eheschließung in einem EU- oder Drittstaat, wenn der Mitgliedstaat der Europäischen Union, aus dem die Partner nach Deutschland verziehen, diesen Status nicht anerkannt hat.

bb) Geltendmachung der familien- und erbrechtlichen Ansprüche und Gestaltungsrechte im Herkunftsstaat

Im Herkunftsstaat, also dem Staat, in dem die Ehe geschlossen wurde und aus dem die Ehepartner nach Deutschland verzogen sind (im Beispiel Spanien), ist die gleichgeschlechtliche Ehe wirksam. Es wäre zu überlegen, ob die Belastung für die Ehegatten durch den Verlust ihres Ehestatus und der davon abhängigen Rechte durch die Möglichkeit der Durchsetzung ihrer Rechte im Herkunftsstaat verringert oder sogar ausgeschlossen wird.

aaa) Prinzipielle Bedenken

Dieser Ansatz wirft aber grundsätzliche Fragen auf. Kann es wirklich zu einer Abmilderung des Eingriffes oder sogar zu einem Ausschluss führen, wenn die Partner die Möglichkeit haben, die aus ihrem Ehestatus resultierenden Rechte zwar nicht in Deutschland, aber im Herkunftsstaat geltend zu machen? Dies läuft dem Gedanken der Freizügigkeit zuwider. Die Freizügigkeit gewährleistet den Partnern gerade, in einem beliebigen Mitgliedstaat ihren Wohnsitz zu nehmen und sich dort aufhalten zu dürfen[911]. Dieses Recht wäre aber nicht verwirklicht, wenn man die Partner zur Durchsetzung ihrer Rechte auf die Gerichtsbarkeit eines anderen Mitgliedstaates verweisen würde. Entscheidend ist, ob die deutsche Rechtsordnung, namentlich durch die Nichtanerkennung einer im Ausland wirksam geschlossenen gleichgeschlechtlichen Ehe infolge der Einordnung unter Art. 13 EGBGB, gegen das Recht auf Freizügigkeit (Art. 18 EGV) verstößt. Eine Vereinbarkeit der deutschen Rechtsordnung mit dem EG-Vertrag lässt sich nicht damit begründen, dass in ausländischen Rechtsordnungen Mittel und Wege bestehen, ein möglicherweise noch erträgliches Ergebnis für die Partner einer gleichgeschlechtlichen Ehe zu erreichen. Zudem kann es den Parteien bereits nicht zugemutet werden sämtliche ausländische Rechtsordnungen dahingehend untersuchen zu müssen.

---

911 Calliess/Ruffert/Kluth Art. 18 EGV Rn 4; Grabitz/Hilf/Hilf Art. 18 EGV Rn 7; von der Groeben/Schwarze/Haag Art. 18 EGV Rn 8; Streinz/Magiera Art. 18 EGV Rn 14.

bbb) Zuständigkeit der Gerichte des Herkunftsstaates

Ohnehin wäre zu untersuchen, ob überhaupt eine Zuständigkeit der Gerichte des Herkunftsstaates besteht. Dies soll exemplarisch an den Rechtsordnungen Belgiens und Spaniens erörtert werden.

(1) Zuständigkeitsregelungen

Entscheidende Zuständigkeitsvoraussetzung ist i.d.R. mindestens der gewöhnliche Aufenthalt bzw. Wohnsitz eines der Ehegatten bzw. des Kindes im Land des Gerichtsstandes[912]. Alternativ ist z.T. auch die gemeinsame Staatsangehörigkeit ausreichend[913]. In den hier in Frage stehenden Fallkonstellationen handelt es sich aber weder um rein belgische oder spanische Ehen noch um Fälle, in denen einer der Beteiligten seinen gewöhnlichen Aufenthalt oder Wohnsitz in einem dieser Länder hat. Bezüglich der Abstammung ist es ausreichend, wenn der Kläger Spanier[914] bzw. Belgier ist[915]. Es sind jedoch ohne weiteres Fälle denkbar, in denen auch diese Voraussetzung nicht erfüllt ist[916]. Eine Adoption ist möglich, wenn der zu Adoptierende oder einer der Adoptierenden Spanier[917] bzw. Belgier ist[918]. Aber auch hier sind Fälle vorstellbar, in denen keiner der Partner Spanier bzw. Belgier ist und auch das zu adoptierende Kind – z.B. in Fällen der Stiefkindadoption – eine andere Staatsangehörigkeit besitzt. Zudem wird diese Zuständigkeit für Adoptionen in Spanien ohnehin z.T. als zu weitgehend eingestuft[919]. Dieser kurze Abriss verdeutlicht somit, dass eine Zuständigkeit der Gerichte des Heimatstaates in einem Großteil der Fälle grundsätzlich nicht besteht.

---

912 Spanien: Art. 22 Nr. 3 LOPJ, Art. 14 Nr. 1 *Ley 54/2007, de 28 de diciembre, de Adopción internacional* (*BOE núm. 312*, 29.12.2007, S. 53676ff.), bzw. Art. 5 Nr. 2 Brüssel I-VO (Unterhalt), Art. 8 I Brüssel IIa-VO (elterliche Verantwortung); Belgien: Art. 42, 61, 66, 77 CDIPr bzw. Art. 5 Nr. 2 Brüssel I-VO (Unterhalt), Art. 8 I Brüssel IIa-VO (elterliche Verantwortung); bzw. möglicherweise in Scheidungssachen jeweils vorrangig Art. 3 I a Brüssel IIa-VO (s. hierzu E, III, 2, d, bb, bbb, (2.1)).

913 Spanien: Art. 22 Nr. 3 LOPJ, bzw. hinsichtlich Scheidung, falls anwendbar: Art. 3 I b Brüssel IIa-VO; Belgien: Art. 42, 73 CDIPr, bzw. hinsichtlich Scheidung, falls anwendbar: Art. 3 I b Brüssel IIa-VO.

914 Art. 22 Nr. 3 LOPJ.

915 Art. 61 CDIPr, sofern auch das Kind Belgier ist.

916 So bestünde im Beispielsfall für eine Klage von F2 auf Feststellung ihrer Elternstellung und der damit einhergehenden elterlichen Verantwortung gerade keine Zuständigkeit belgischer bzw. spanischer Gerichte.

917 Art. 14 Nr. 1 *Ley 54/2007, de 28 de diciembre, de Adopción internacional* (*BOE núm. 312*, 29.12.2007, S. 53676ff.) (identisch mit der vorherigen Regelung in Art. 22 Nr. 3 LOPJ).

918 Art. 66 CDIPr.

919 Vgl. Calvo Caravaca/Carrascosa González DIPr II, Cap. XX, Rn 11.

(2) Notzuständigkeit – Belgien

Belgische Autoren ziehen in Fällen, in denen eine gleichgeschlechtliche Ehe in Belgien geschlossen wurde und eine Auflösung im Aufenthaltsstaat nicht möglich ist, einen Rückgriff auf Art. 11 CDIPr in Erwägung[920]. Art. 11 CDIPr wurde im Zuge der IPR-Reform im Jahre 2004 geschaffen und erklärt die belgischen Gerichte ausnahmsweise auch dann für zuständig, wenn die Rechtssache eng mit Belgien verbunden ist und ein Verfahren im Ausland sich als unmöglich erweist oder eine solche Vorgehensweise vernünftigerweise nicht verlangt werden kann.

(2.1) Unanwendbarkeit

Der Rückgriff auf die Notzuständigkeit scheidet aber aus, wenn eine Zuständigkeit durch Europarecht begründet ist[921]. Dies wäre der Fall im Rahmen der Brüssel I-VO[922] bei Unterhaltsfragen und Brüssel IIa-VO[923] in Scheidungssachen und Verfahren betreffend die elterliche Verantwortung[924]. Bezüglich der Brüssel IIa-VO ist jedoch umstritten, ob diese auch auf Scheidungsverfahren gleichgeschlechtlicher Ehen Anwendung findet[925]. Die Bestimmungen sind geschlechtsneutral formuliert, so dass einer Einbeziehung gleichgeschlechtlicher Ehen der Wortlaut nicht entgegensteht[926]. Zudem bestand in der Europäischen Union, nämlich in den Niederlanden, bereits die Möglichkeit der Eingehung einer gleichgeschlechtlichen Ehe, als die Verordnung ausgearbeitet wurde. Eine Nichteinbeziehung hätte daher kenntlich gemacht werden müssen. Die Erfassung einer gleichgeschlechtlichen Ehe von der Verordnung verletzt die Mitgliedstaaten auch nicht in ihren Rechten, da es hierdurch nicht zu einer Einführung dieser Eheform in der jeweiligen natio-

---

920 Francq RabelsZ 70 (2006), 235, 274; Wautelet Chronique de droit à l'usage du notariat 41 (2005), 5, 43 Rn 52; a.A. aber Barnich Revue du notariat belge 127 (2005), 6, 42.

921 Erauw/Nuyts Art. 11 CDIPr II, A.

922 Verordnung Nr. 44/2001 des Rates über die gerichtliche Zuständigkeit und die Anerkennung und Vollstreckung von Entscheidungen in Zivil- und Handelssachen.

923 Verordnung Nr. 2201/2003 des Rates über die Zuständigkeit und die Anerkennung und Vollstreckung von Entscheidungen in Ehesachen und in Verfahren betreffend die elterliche Verantwortung und zur Aufhebung der Verordnung Nr. 1347/2000.

924 Vgl. Erauw/Nuyts Art. 11 CDIPr II, A.

925 Hinsichtlich der elterlichen Verantwortung ist die Brüssel IIa-VO immer anwendbar, unabhängig davon, ob das Kind aus einer ehelichen Verbindung stammt oder aus anderen Verhältnissen (Soto Moya S. 434ff.); die Zuständigkeit in Scheidungssachen und die Zuständigkeit hinsichtlich der elterlichen Verantwortung hätten auch in getrennten Verordnungen geregelt werden können (KOM(2002) 222 endgültig/2, 17.05.2002, S. 4).

926 McEleavy ICLQ Vol. 53 (2004), 605, 607; Swennen in International Family Law for the European Union S. 396.

nalen Rechtsordnung kommt[927]. Es spricht somit eine Vielzahl von Gründen für die Anwendung der Brüssel IIa-VO auf die Scheidung gleichgeschlechtlicher Ehen[928]. Folgt man dieser Ansicht, würde von vornherein in vielen Fällen ein Rückgriff auf die Notzuständigkeit ausscheiden. Aber selbst wenn man die Brüssel IIa-VO nicht in diesem Sinne auslegt, wäre Art. 11 CDIPr zumindest nicht im Bereich der Brüssel I-VO (Unterhaltsfragen) und der Brüssel IIa-VO, soweit die elterliche Verantwortung betroffen ist, anwendbar.

(2.2) Verwehrung effektiven Rechtsschutzes

Die subsidiäre Zuständigkeit in Art. 11 CDIPr soll einen effektiven Rechtsschutz sichern und eine Justizverweigerung verhindern[929]. Entscheidend ist somit, ob der effektive Zugang zu einem Gericht verwehrt ist. Dies ist zum einen zu bejahen, wenn überhaupt kein ausländisches Gericht zuständig ist, zum anderen aber auch, wenn zwar eine solche Zuständigkeit theoretisch besteht, die tatsächlichen Umstände einen effektiven Rechtsschutz aber unmöglich machen. Fälle dieser Art wären erhebliche Einreisebeschränkungen, die Gefahr körperlicher Schäden, des Todes oder einer Strafverfolgung für den Kläger, mangelnde Unabhängigkeit bzw. Unparteiischkeit des Richters, unverhältnismäßige Kosten eines derartigen Prozesses und die Funktionsunfähigkeit der ausländischen Justiz infolge eines Bürgerkrieges[930]. Diese Beispiele machen deutlich, dass die tatsächliche Inanspruchnahme der Gerichte als solche erschwert sein muss bzw. mit einem fairen Gerichtsverfahren nicht zu rechnen ist. Wenn das im Ausland anwendbare materielle Recht für den Kläger lediglich ungünstiger ist als das in Belgien anzuwendende, kann dies allein keine Notzuständigkeit begründen[931]. Hierfür spricht auch die Verwurzelung des Gedankens der belgischen Regelung in Art. 6 I EMRK[932]. Diese Vorschrift gewährleistet die entscheidenden Garantien eines rechtsstaatlichen Verfahrens, wie die Rechtsweggarantie, den Anspruch auf einen gesetzlichen Richter und die Garantie rechtlichen Gehörs[933]. Die Gerichte der Staaten müssen unabhängig und

---

927 Swennen in International Family Law for the European Union S. 396f.

928 McEleavy ICLQ Vol. 53 (2004), 605, 607; Swennen in International Family Law for the European Union S. 396f.; a.A. Rauscher/Rauscher Art. 1 Brüssel IIa-VO Rn 3; (noch zur Brüssel II-VO) Helms FamRZ 2002, 1593, 1594.

929 *Sénat de Belgique, 07.07.2003, 3-27/1, Proposition de loi portant le Code de droit international privé* S. 36 (Gesetzesbegründung); Rigaux/Fallon DIPr 9.48.

930 Erauw/Nuyts Art. 11 CDIPr III, A; Rigaux/Fallon DIPr 9.48.

931 So auch Erauw/Nuyts Art. 11 CDIPr III, A.

932 *Sénat de Belgique, 20.04.2004, 3-27/7, Rapport fait au nom de la commission de la justice* S. 31; Erauw/Nuyts Art. 11 CDIPr I; Nuyts Journal des tribunaux 2005, 173, 179 Rn 41.

933 Grote/Marauhn/Grabenwarter/Pabel Kap. 14 Rn 1.

unparteiisch und in der Lage sein, bindende Entscheidungen zu treffen[934]. Darüber hinaus muss jeder grundsätzlich die Möglichkeit haben, ein solches Gericht anzurufen[935] und dabei einen fairen Verfahrensablauf zu erfahren[936]. Diese Regelung verfolgt aber nicht die Intention, dem Rechtssuchenden einen möglichst günstigen Ausgang des Verfahrens zu sichern. Ihm sollen lediglich überhaupt die Möglichkeit eines Verfahrens und dessen fairer Ablauf garantiert sein. Somit spricht auch der Bezug auf Art. 6 I EMRK gegen eine Notzuständigkeit belgischer Gerichte in solchen Fällen.

(2.3) Ergebnis

Ein Rückgriff auf die Notzuständigkeit in Art. 11 CDIPr scheidet somit aus.

(3) Notzuständigkeit – Spanien

Eine vergleichbare Notzuständigkeit besteht auch in Spanien, jedoch ist diese dort nicht gesetzlich normiert, sondern wurde im Wege der Rechtsfortbildung entwickelt[937]. Gedanklich beruht sie auf Art. 24 der spanischen Verfassung (CE) und dem bereits angesprochenen Art. 6 I EMRK und soll einen effektiven Rechtsschutz gewährleisten[938]. Die Parallelen zur belgischen Regelung sind unverkennbar. Infolgedessen kann das Ergebnis nicht anders ausfallen und auch eine spanische Notzuständigkeit in derartigen Fallkonstellationen nicht angenommen werden.

(4) Ergebnis zu bbb)

Somit fehlt es i.d.R. bereits an einer Zuständigkeit der Gerichte des Herkunftsstaates.

ccc) Ergebnis zu bb)

Eine Geltendmachung familien- und erbrechtlicher Ansprüche im Herkunftsstaat ist daher grundsätzlich nicht möglich und kann somit auch bereits aus diesem Grunde nicht zu einer Reduzierung der Schwierigkeiten für die gleichgeschlechtlichen Ehegatten führen.

---

934 Grote/Marauhn/Grabenwarter/Pabel Kap. 14 Rn 36ff.

935 Grote/Marauhn/Grabenwarter/Pabel Kap. 14 Rn 70ff.

936 Grote/Marauhn/Grabenwarter/Pabel Kap. 14 Rn 87.

937 Vgl. Calvo Caravaca/Carrascosa González DIPr I, Cap. V, Rn 11, 16.

938 Vgl. Calvo Caravaca/Carrascosa González DIPr I, Cap. V, Rn 10.

cc) Ergebnis zu d)

Der Verlust des Ehestatus ist für die Ehepartner daher i.d.R. mit derart starken Belastungen verbunden, dass eine „spürbare" Beschränkung des Freizügigkeitsrechtes zu bejahen ist. Eine Ausnahme bilden lediglich die angesprochenen Fällen des „Eheschließungstourismus" und der Fall einer Eheschließung in einem EU- oder Drittstaat, wenn der Mitgliedstaat der Europäischen Union, aus dem die Partner nach Deutschland verziehen, diesen Status nicht anerkannt hat.

e) Ergebnis zu 2)

Die Nichtanerkennung einer im Ausland wirksam geschlossenen gleichgeschlechtlichen Ehe infolge der Einordnung unter Art. 13 EGBGB stellt somit grundsätzlich einen Eingriff in Art. 18 EGV dar.

3) Rechtfertigung

Bei einer Beschränkung infolge des Zusammenspiels zwischen der einschlägigen Kollisionsnorm und der Anwendung des verwiesenen materiellen Rechts erscheint es schwierig festzustellen, worauf hinsichtlich einer möglichen Rechtfertigung abgestellt werden kann. Wie die Rechtsprechung des EuGH zeigt, kontrolliert der Gerichtshof nicht die verwendete Kollisionsnorm und ihre Anknüpfungsmerkmale als solche, sondern untersucht vielmehr, ob das konkrete Ergebnis eine Beschränkung der Grundfreiheiten bzw. der Freizügigkeit darstellt[939]. Es ist nicht Aufgabe des EuGH zu ermitteln, wie der jeweilige nationale Gesetzgeber sein Kollisionsrecht zu gestalten hat[940]. Im Hinblick auf das Gemeinschaftsrecht stellt sich nur die Frage, ob das Ergebnis zu rechtfertigen ist[941]. Untersuchungsgegenstand ist somit, ob eine Rechtfertigung für die Nichtanerkennung einer im Ausland ordnungsgemäß geschlossenen gleichgeschlechtlichen Ehe infolge der Einordnung unter Art. 13 EGBGB besteht. Hierbei muss es sich nicht um ausdrücklich vom Gesetzgeber erwogene Rechtfertigungsgründe handeln. Ausreichend sind auch objektiv legitime Zwecke, die die Beschränkung rechtfertigen[942].

939 EuGH Überseering, Rs. C-208/00, Slg. 2002, S. I-9919, Rn 22; Körber S. 436; Roth IPRax 2006, 338, 340.

940 GA Ruiz-Jarabo Colomer, EuGH Überseering, Rs. C-208/00, Slg. 2002 S. I-9919, Rn. 69.

941 GA Ruiz-Jarabo Colomer, EuGH Überseering, Rs. C-208/00, Slg. 2002 S. I-9919, Rn. 65.

942 Cremer NVwZ 2004, 668, 673f.

Ausdrücklich enthält Art. 18 EGV keine Rechtfertigungsgründe[943]. Das allgemeine Recht auf Freizügigkeit besteht seinem Wortlaut nach jedoch nur „vorbehaltlich der in diesem Vertrag [EGV] und in den Durchführungsvorschriften vorgesehen Beschränkungen und Bedingungen". Somit finden zunächst die in den Grundfreiheiten explizit aufgeführten Schranken der öffentlichen Sicherheit, Ordnung und Gesundheit auch im Rahmen des Art. 18 EGV Anwendung[944]. Darüber hinaus gibt es bei einer Beschränkung der Freizügigkeit parallel zu den Grundfreiheiten noch den ungeschriebenen allgemeinen Rechtfertigungsgrund der zwingenden Gründe des Allgemeinwohls[945]. Hierdurch wird den Mitgliedstaaten ein Einschränkungsspielraum gewährt, der unter der Kontrolle des EuGH steht[946]. In jedem Fall ist der Grundsatz der Verhältnismäßigkeit zu beachten[947].

a) RiLi 2004/38/EG

Zu den Rechtfertigungsgründen der öffentlichen Sicherheit, Ordnung und Gesundheit enthält die RiLi 2004/38/EG Konkretisierungen in den Art. 27ff[948]. Diese Regelungen gehen aber bei genauerer Betrachtung von einer Fallkonstellation aus, in der die Ausweisung einer Person als solche in Frage steht[949]. Die RiLi konkretisiert somit lediglich die Rechtfertigung eines Eingriffes in den öffentlich-rechtlichen Anspruch auf Aufenthalt im Hoheitsgebiet eines Mitgliedstaates. Im vorliegenden Fall geht es jedoch nicht um die Beseitigung der physischen Präsenz einer Person, sondern um die Nichtanerkennung einer im Ausland ordnungsgemäß geschlossenen Ehe im Hinblick auf privatrechtliche Ansprüche und Gestaltungsrechte. Für eine derartige Konstellation sind der RiLi 2004/38/EG keine Konkretisierungen zu entnehmen. Somit ist auf die allgemeinen Kriterien zurückzugreifen.

---

943 Frenz Bd. 1 Rn 3005.

944 Calliess/Ruffert/Kluth Art. 18 EGV Rn 19; Grabitz/Hilf/Hilf Art. 18 EGV Rn 10; Schwarze/Hatje Art. 18 EGV Rn 15; Ehlers/Kadelbach § 19 IV 1 c Rn 46; Frenz Bd. 1 Rn 3005ff.; Haratsch/Koenig/Pechstein Rn 652.

945 Vgl. EuGH Zhu/Chen, Rs. C-200/02, Slg. 2004, S. I-9925, Rn 32; EuGH De Cuyper, Rs. C-406/04, Slg. 2006, S. I-6947, Rn 40; EuGH Tas-Hagen, Rs. C-192/05, Slg. 2006, S. I-10451, Rn 33; EuGH Schwarz, Rs. C-76/05, Slg. 2007, S. I-6849, Rn 94; EuGH Morgan und Bucher, Rs. C-11/06 und C-12/06, Slg. 2007, S. I-9161, Rn 33; EuGH Kommission gegen Bundesrepublik Deutschland, Rs. C-152/05, Rn 26, 30; Frenz Bd. 1 Rn 3007; Haratsch/Koenig/Pechstein Rn 654; Scheuing EuR 2003, 744, 778ff.

946 Haratsch/Koenig/Pechstein Rn 654.

947 Calliess/Ruffert/Kluth Art. 18 EGV Rn 20; Schwarze/Hatje Art. 18 EGV Rn 15; Ehlers/Kadelbach § 19 IV 1 c Rn 46; Frenz Bd. 1 Rn 3008; Haratsch/Koenig/Pechstein Rn 655.

948 Haratsch/Koenig/Pechstein Rn 652, 794, 837.

949 Art. 28 RiLi 2004/38/EG ist sogar mit „Schutz vor Ausweisung" betitelt, zudem sprechen alle drei Absätze von „Ausweisung"; ebenso Art. 27 IV und Art. 29 II RiLi 2004/38/EG.

b) Öffentliche Ordnung

Von den drei ausdrücklich benannten Rechtfertigungsgründen kommt nur die öffentliche Ordnung in Betracht. Diese verlangt eine reale und ausreichend schwere Gefährdung eines Grundinteresses der Gesellschaft[950]. Zu untersuchen ist folglich, ob die Anerkennung einer im Ausland geschlossenen gleichgeschlechtlichen Ehe ein Grundinteresse Deutschlands verletzt. In Deutschland ist die Ehe iSd Art. 6 I GG nach ständiger Rechtsprechung des BVerfG eine Verbindung zwischen Mann und Frau[951]. In der Anerkennung einer im Ausland geschlossenen gleichgeschlechtlichen Ehe könnte somit ein Verstoß gegen die öffentliche Ordnung liegen[952]. Wie jedoch bereits oben umfassend dargelegt wurde, verstößt die Anerkennung einer im Ausland wirksam geschlossenen gleichgeschlechtlichen Ehe nicht gegen Art. 6 I GG[953]. Darüber hinaus sind weder andere Grundrechte verletzt[954] noch besteht ein Widerspruch zu den Grundgedanken und Gerechtigkeitsvorstellungen des deutschen Rechts[955]. Eine Gefährdung eines Grundinteresses der deutschen Gesellschaft ist somit nicht ersichtlich.

c) Zwingende Gründe des Allgemeinwohls

Es könnten aber zwingende Gründe des Allgemeinwohls für eine Rechtfertigung des Eingriffs sprechen. Als zwingende Gründe des Allgemeinwohls verwies der EuGH in seiner Entscheidung Cassis de Dijon zunächst auf die Erfordernisse „einer wirksamen steuerlichen Kontrolle, des Schutzes der öffentlichen Gesundheit, der Lauterkeit des Handelsverkehrs und des Verbraucherschutzes“[956]. Später sah

950 EuGH Bouchereau, Rs. 30-77, Slg. 1977, S. 1999, Rn 33/35; EuGH Adoui und Cornuaille, Rs. 115 und 116/81, Slg. 1982, S. 1665, Rn 8; EuGH Kommission gegen Deutschland, Rs. C-476/98, Slg. 2002, S. I-9855, Rn 157; von der Groeben/Schwarze/Müller-Graff Art. 30 EGV Rn 52; Schwarze/Schneider/Wunderlich Art. 39 EGV Rn 123; Frenz Bd. 1 Rn 2237; Haratsch/Koenig/Pechstein Rn 793, 836.

951 BVerfG NJW 1959, 1483, 1483; 1979, 595, 595; 1980, 689, 689; 1983, 511, 511; 1993, 3058, 3058; 2002, 2543, 2547.

952 Vgl. Fallon (in International Family Law for the European Union S. 178/179 Rn 31), der eine Berufung auf die öffentliche Ordnung insbesondere dann in Betracht zieht, wenn im Aufnahmestaat eine gleichgeschlechtliche Ehe nicht existiert; auch Toner (S. 256/257) erwägt zumindest in Fällen, in denen der Aufnahmestaat eine derartige Institution nicht kennt, eine Rechtfertigung; a.A. Calvo Caravaca/Carrascosa González (Boletín núm. 2007, 671, 711 Rn 73), der die Nichtexistenz einer gleichgeschlechltichen Ehe im Aufnahmestaat nicht als Rechtfertigungsgrund der öffentlichen Ordnung ausreichen lässt.

953 D, II, 1.

954 D, II, 2.

955 D, III.

956 EuGH Cassis de Dijon, Rs. 120/78, Slg. 1979, S. 649, Rn 8.

er aber auch das „Interesse [an] einer geordneten Rechtspflege“[957], den Umweltschutz[958], die Kohärenz des Steuersystems[959], den Schutz der Öffentlichkeit vor der irreführenden Nutzung akademischer Grade[960], das Erfordernis bestimmter Mindestqualifikationen für Selbstständige[961] z.B. bei Architekten[962], die Medienvielfalt[963], den Schutz des Systems der sozialen Sicherheit[964], den Arbeitnehmer- und Gläubigerschutz[965] sowie die Wahrung der Belange von Minderheitsgesellschaftern und des Fiskus[966] als zwingende Gründe des Allgemeinwohls an. Die angeführten Rechtfertigungsgründe sind nicht abschließend und lassen sich weiter ausgestalten, wie gerade die Entwicklung in der Rechtsprechung des EuGH nach der Entscheidung Cassis de Dijon gezeigt hat[967]. Dabei muss es sich um Gründe handeln, die nicht lediglich einzelnen Partikularinteressen dienen[968]. Zudem sind rein wirtschaftliche Erwägungen ausgeschlossen[969].

aa) Verhinderung von „Eheschließungstourismus“

Die in Art. 13 I EGBGB vorgenommene Anknüpfung an die Staatsangehörigkeit dient der Verhinderung von Manipulationen[970]. Anders als der gewöhnliche Aufenthalt hängt sie nicht von tatsächlichen Umständen ab, sondern von Rechtsnormen und ist somit nicht so einfach zu beeinflussen[971]. Die Nichtanerkennung infolge der Anwendung des von Art. 13 I EGBGB berufenen Rechts, könnte daher die Verhinderung eines möglichen „Eheschließungstourismus“ bezwecken. Wie jedoch bereits dargelegt, liegt in Fällen des „Eheschließungstourismus“ ohnehin kein Eingriff in Art. 18 EGV vor, so dass solche Ehen sowieso nicht anerkannt

957 EuGH Klopp, Rs. C-107/83, Slg. 1984, S. 2971, Rn 20.
958 EuGH ADBHU, Rs. 240/83, Slg. 1985, S. 531, Rn 15.
959 EuGH Bachmann, Rs. C-204/90, Slg. 1992, S. I-249, Rn 28.
960 EuGH Kraus, Rs. C-19/92, Slg. 1993, S. I-1663, Rn 33ff.
961 EuGH Gebhard, Rs. C-55/94, Slg. 1995, S. I-4165, Rn 35.
962 EuGH Kommission gegen Italien, Rs. C-298/99, Slg. 2002, S. I-3129, Rn 38.
963 EuGH Familiapress, Rs. C-368/95, Slg. 1997, S. I-3689, Rn 18.
964 EuGH Decker, Rs. C-120/95, Slg. 1998, S. I-1831, Rn 39.
965 EuGH Überseering, Rs. C-208/00, Slg. 2002, S. I-9919, Rn 92
966 EuGH Überseering, Rs. C-208/00, Slg. 2002, S. I-9919, Rn 92.
967 Grabitz/Hilf/Randelzhofer/Forsthoff vor Art. 39-55 EGV Rn 137, 160; Schwarze/Becker Art. 30 EGV Rn 36; Frenz Bd. 1 Rn 498; Haratsch/Koenig/Pechstein Rn 654, 752.
968 Frenz Bd. 1 Rn 498.
969 Streinz/Müller-Graff Art. 43 EGV Rn 75; Frenz Bd. 1 Rn 500; ob dieses Erfordernis auch im Rahmen des Art. 18 EGV zwingend ist, erscheint fraglich, denn Art. 18 EGV dient anders als die Grundfreiheiten nicht der Verwirklichung eines gemeinsamen Binnemarktes und somit keinem wirtschaftlichen Ziel.
970 BTDrucks 10/504 S. 31; BTDrucks 10/5632 S. 36.
971 V. Hoffmann/Thorn § 5 Rn 14; Mansel Personalstatut Rn 55.

werden müssen und ihr Ausschluss daher auch keiner Rechtfertigung bedarf. Die Verhinderung eines „Eheschließungstourismus“ im Ausland kommt daher nicht als Grund für eine Rechtfertigung aus zwingenden Gründen des Allgemeinwohls in Betracht.

bb) Vermeidung hinkender Ehen – internationaler Entscheidungseinklang

Ferner könnte ein zwingender Grund des Allgemeinwohls die Vermeidung hinkender Ehen sein, wie ihn eine Anknüpfung an die Staatsangehörigkeit gerade bezweckt[972]. Ohne auf diese Frage näher einzugehen, ist bereits die Geeignetheit zu verneinen. In der vorliegenden Fallkonstellation handelt es sich gerade um Fälle, in denen die Eheschließung in einem anderen Staat wirksam war. Die Nichtanerkennung würde somit nicht zum grundsätzlich wünschenswerten internationalen Entscheidungseinklang führen.

d) Ergebnis zu 3)

Weitere Rechtfertigungsgründe sind nicht ersichtlich.

4) Ergebnis zu III)

Die Nichtanerkennung einer im Ausland wirksam geschlossenen gleichgeschlechtlichen Ehe infolge der Einordnung unter Art. 13 EGBGB verletzt somit Art. 18 EGV und stellt folglich einen Verstoß gegen den EG-Vertrag dar.

IV) Konsequenzen aufgrund der Verletzung des EG-Vertrages

1) Grundfreiheiten als versteckte Kollisionsnormen

Möglicherweise halten die Grundfreiheiten bzw. das allgemeine Freizügigkeitsrecht bereits selbst die Lösung des Konfliktes bereit. In der Literatur werden den Grundfreiheiten z.T. versteckte Kollisionsnormen entnommen, die auf das Recht

972 Vgl. BTDrucks 10/504 S. 52; v. Hoffmann/Thorn § 5 Rn 16.

des Herkunftslandes verweisen[973]. So würde eine Berufung des spanischen Rechtes im Beispielsfall hinsichtlich der Vorfrage nach dem wirksamen Bestehen einer Ehe zwischen F1 und F2 zu einer Anerkennung der Ehe führen und die aufgezeigten Probleme beseitigen. Gegen die Annahme solcher versteckter Kollisionsnormen sprechen jedoch bereits allgemeine Erwägungen. Lässt sich z.B. der durch die Anwendung des Rechtes des Aufnahmestaates entstandene Eingriff aufgrund zwingender Gründe des Allgemeinwohls rechtfertigen, liegt kein Verstoß gegen die Grundfreiheiten vor und somit können diese auch nicht die Berufung des Rechtes des Herkunftslandes anordnen[974]. Entsprechend wäre es in Fällen, in denen das Recht des Aufnahmestaates für den Betroffenen gerade günstiger ist[975]. Eine allgemeine Verweisung auf das Recht des Herkunftslandes kann den Grundfreiheiten somit nicht entnommen werden. Dies zeigt auch eine Betrachtung der Rechtsprechung des EuGH. In der Rs. Überseering entschied der Gerichtshof, dass es einem Mitgliedstaat aufgrund Art. 43 und 48 EGV[976] versagt sei, eine im Hoheitsgebiet eines anderen Mitgliedstaates ordnungsgemäß gegründete Gesellschaft, die ihren tatsächlichen Verwaltungssitz in den erstgenannten Mitgliedstaat verlegt hat, als nicht rechtsfähig anzusehen. Vielmehr müsse er ihre Rechtsfähigkeit achten[977]. Der EuGH gibt in dieser Entscheidung nur das Ergebnis vor, er entscheidet jedoch nicht, auf welchem Weg dieses zu erreichen ist[978]. Somit überlässt er es allein dem betroffenen Mitgliedstaat, die EG-Vertragswidrigkeit des nationalen Rechtes zu beheben. Hierzu stehen grundsätzlich zwei Wege offen, eine Korrektur auf der Ebene des Kollisionsrechtes oder aber auf der des Sachrechtes[979]. Aufgrund des Bestands dieser Option kann den Grundfreiheiten keine Verweisung auf das Recht des Herkunftslandes entnommen werden. Sie stellen somit keine versteckten Kollisionsnormen dar.

---

973 Basedow RabelsZ 59 (1995), 1, 13ff.; Grundmann RabelsZ 64 (2000), 457, 460; Leible ZGR 2004, 531, 534f.

974 Roth IPRax 2006, 338, 340.

975 I.E. auch Roth, der in der Anwendung des Heimatrechtes in diesen Fällen sogar eine verbotene Diskriminierung sieht (IPRax 2006, 338, 340); dieses Problem erkennt auch Basedow (RabelsZ 59 (1995), 1, 16), der ihm mit einer Günstigkeitsprüfung begegnen will.

976 Seit 01.12.2009 Art. 49 und 54 AEUV.

977 EuGH Überseering, Rs. C-208/00, Slg. 2002, S. I-9919, Rn 94f.

978 Vgl. EuGH Überseering, Rs. C-208/00, Slg. 2002, S. I-9919, Rn 95; GA Ruiz-Jarabo Colomer, EuGH Überseering, Rs. C-208/00, Slg. 2002, S. I-9919, Rn 63ff.; Funken S. 44ff.; Großerichter DStR 2003, 159, 166; Kindler NJW 2003, 1073, 1076; Mansel RabelsZ 70 (2006), 651, 672ff.; Roth IPRax 2006, 338, 342.

979 MüKo/Sonnenberger Einleitung IPR Rn 172; Körber S. 442; Kropholler § 10 I 2; Großerichter DStR 2003, 159, 166.

2) Europarechtskonforme Auslegung des deutschen IPR

Es wäre jedoch zu untersuchen, ob das deutsche IPR europarechtskonform ausgelegt werden kann. Wie zuvor dargestellt führt die in dieser Arbeit vertretene Einordnung der im Ausland geschlossenen gleichgeschlechtlichen Ehe unter Art. 13ff. EGBGB in den aufgezeigten Fallkonstellationen zu erheblichen Belastungen für die Ehepartner, die eine unzulässige Beschränkung des Art. 18 EGV darstellen. Aufgrund dessen muss möglicherweise der Qualifikationsstreit um die gleichgeschlechtliche Ehe zwischen Art. 13ff. und Art. 17b EGBGB doch zu Gunsten der letztgenannten Norm entschieden werden und dieses Institut als eingetragene Lebenspartnerschaft iSd deutschen Kollisionsrechts qualifiziert werden. Dazu dürfte aber eine solche Einordnung der gleichgeschlechtlichen Ehe nicht ebenfalls zu einer Verletzung des EG-Vertrags führen.

a) Eingriff in Art. 18 EGV

aa) Nichtanerkennung infolge der Anwendung des Art. 17b I 1 EGBGB

Gemäß Art. 17b I 1 EGBGB unterliegt die Begründung einer eingetragenen Lebenspartnerschaft den Sachvorschriften des Register führenden Staates. Eine solche Sachnormverweisung erschwert jedoch den Entscheidungseinklang mit dem Registerstaat[980]. Es wären nämlich Fälle denkbar, in denen aufgrund des im Registerstaat angewendeten IPR dort zwar eine gleichgeschlechtliche Ehe wirksam zu Stande gekommen ist, diese aber nach Art. 17b I 1 EGBGB in Deutschland nicht als eingetragene Lebenspartnerschaft anerkannt würde. Diese Problematik tritt namentlich in Fällen auf, in denen das ausländische IPR gerade nicht an den Registrierungsort, sondern an die Staatsangehörigkeit anknüpft. Dies ist im Grundsatz in den Niederlanden, Belgien und Spanien der Fall[981]. Divergieren nun die Eheschließungsvoraussetzungen in den einzelnen Rechtsordnungen, so ist es möglich, dass die Ehe im Ausland unter Anwendung des jeweiligen Heimatrechts der Eheschließenden wirksam geschlossen wurde, in Deutschland aber nicht als eingetragene Lebenspartnerschaft anerkannt wird, da eine Betrachtung ausschließlich des Sachrechts des Eheschließungsstaates (Art. 17b I 1 EGBGB) keine Eheschließung zulässt. Dies soll an zwei Beispielen verdeutlicht werden.

980 Erman/Hohloch Art. 17b EGBGB Rn 4; MüKo/Coester Art. 17b EGBGB Rn 14; Hausmann/Hohloch/Martiny Kap. 12 Rn 68; v. Hoffmann/Thorn § 8 Rn 73f.; Thorn in Festschrift Jayme Bd. I 2004, 955, 965.

981 Niederlande Art. 2b WCH; Belgien Art. 46 I CDIPr; Spanien Art. 9.1 CCE.

aaa) Deutsch-niederländische Eheschließung in Belgien

Ein Niederländer und ein Deutscher, die beide in Belgien wohnhaft sind, heiraten in Belgien gleichgeschlechtlich. Dabei ist der Niederländer der Onkel des Deutschen. Die belgischen Behörden sind aufgrund des Wohnsitzes der Eheschließenden in Belgien zuständig (Art. 44 CDIPr). Das belgische IPR verweist für die Ehevoraussetzungen auf das jeweilige Heimatrecht der Ehegatten (Art. 46 I CDIPr). Sowohl das niederländische Recht (Art. 2 a, b WCH) als auch das deutsche Recht (Art. 13 I EGBGB) nehmen die Verweisung an. Das bestehende Verwandtschaftsverhältnis – Onkel und Neffe – stellt weder in Deutschland (§ 1307 BGB) noch in den Niederlanden (Art. 41 I BW1) ein Problem dar. Die deutsche Rechtsordnung erlaubt jedoch keine Eheschließung zwischen gleichgeschlechtlichen Personen. Hier hilft aber Art. 46 II CDIPr. Nach dieser Bestimmung bleibt ein derartiges Eheverbot unberücksichtigt, sofern wenigstens einer der Eheschließenden die Staatsangehörigkeit eines Staates besitzt, der die gleichgeschlechtliche Eheschließung erlaubt oder seinen gewöhnlichen Aufenthalt in einem solchen Staat hat. Im vorliegenden Fall ist einer der Beteiligten niederländischer Staatsangehöriger, darüber hinaus haben beide ihren gewöhnlichen Aufenthalt in Belgien. Das deutsche Verbot der gleichgeschlechtlichen Ehe bleibt daher außer Betracht. Die Ehe konnte somit wirksam in Belgien geschlossen werden. Eine Anerkennung in Deutschland unter Anwendung des Art. 17b EGBGB scheitert jedoch am belgischen Sachrecht. Art. 17b I 1 EGBGB verweist nämlich nicht auf das belgische IPR, welches dann wiederum auf die niederländische und deutsche Rechtsordnung weiterverweist, sondern nur auf das belgische Sachrecht. Nach Art. 163 CCB ist aber eine Eheschließung zwischen Onkel und Neffe untersagt. Daher würde die Ehe auch nicht durch Anwendung von Art. 17b EGBGB als eingetragene Lebenspartnerschaft anerkannt[982].

982 Genau genommen handelt es sich in diesem Fall um eine anfechtbare Ehe. Die von Art. 17b I 1 EGBGB berufene Rechtsordnung entscheidet nicht nur über die sachlichen Begründungsvoraussetzungen einer Lebenspartnerschaft bzw. gleichgeschlechtlichen Ehe, sondern auch über die Folgen bei einem Verstoß gegen diese Vorschriften (AnwKomm/Gebauer Art. 17b EGBGB Rn 41; Staudinger/Mankowski Art. 17b EGBGB Rn 33). Gemäß Art. 184 CCB führt ein Verstoß gegen Art. 163 CCB zur Anfechtbarkeit der Ehe. Wird die Ehe für nichtig erklärt, so entfaltet sie nur dann Wirkungen für die beiden Ehegatten, wenn diese bei Eingehung der Ehe in gutem Glauben waren (Art. 201 CCB). Es ist jedoch nicht davon auszugehen, dass den beiden Partnern ihr bestehendes Verwandtschaftsverhältnis unbekannt war. Aber selbst wenn die Partner in gutem Glauben waren, entfallen zumindest sämtliche Unterhalts- und Erbrechte für die Zukunft (de Page/Masson Rn 603).

bbb) Belgisch-thailändische Eheschließung in Belgien

Ähnlich ist es, wenn ein 17-jähriger Thailänder mit Zustimmung seiner Eltern einen 18-jährigen Belgier heiratet. Dies wäre in Belgien möglich. Entscheidend ist wieder das jeweilige Heimatrecht, und das thailändische IPR nimmt diese Verweisung auch an (sec. 19 Gesetz betreffend Gesetzeskollisionen[983]). Der Belgier ist, wie es das belgische Recht verlangt (Art. 144 CCB), 18 Jahre alt. Das thailändische Recht erlaubt die Eheschließung eines 17-jährigen mit Zustimmung seiner Eltern (sec. 1448, 1454, 19 i.V.m. 1436 Nr. 1 Thailändisches Zivilgesetzbuch[984]). Die fehlende Möglichkeit der gleichgeschlechtlichen Ehe im thailändischen Recht ist aufgrund Art. 46 II CDIPr irrelevant. Die durch Art. 17b I 1 EGBGB ausgesprochene reine Sachnormverweisung würde jedoch im Rahmen der Anerkennung ausschließlich belgisches Sachrecht zur Anwendung berufen. Dies lässt die Ehe eines 17-jährigen aber nur mit Zustimmung eines Gerichtes zu (Art. 144, 145 CCB). Eine solche lag jedoch nicht vor. Somit könnte die Ehe nicht als eingetragene Lebenspartnerschaft anerkannt werden[985].

ccc) Ergebnis

In diesen Fällen kommt es somit ebenso wie bei Anwendung des Art. 13 I EGBGB zur Nichtanerkennung der im Ausland wirksam geschlossenen Ehe. Dies bedeutet für die Ehepartner wie bereits aufgezeigt eine spürbare Beschränkung ihres allgemeinen Freizügigkeitsrechtes[986] und folglich einen Eingriff in Art. 18 EGV.

bb) Belastungen der Ehepartner trotz Anerkennung nach Art. 17b I 1 EGBGB

Es stellt sich jedoch die Frage, ob es nicht selbst in Fällen einer erfolgreichen Anerkennung der im Ausland geschlossenen gleichgeschlechtlichen Ehe als eingetragene Lebenspartnerschaft zu Belastungen der Ehegatten kommt, die einen Eingriff in ihr Recht auf Freizügigkeit darstellen. Zur Veranschaulichung wird erneut das bereits im Rahmen der Anknüpfung an Art. 13 I EGBGB untersuchte Beispiel der gleichgeschlechtlichen Eheschließung in Spanien zwischen der Spanierin F1 und der Deutschen F2 betrachtet. F1 wurde infolge künstlicher Befruchtung schwan-

983 Abgedruckt bei Bergmann/Ferid/Henrich/König-Tumpiya Thailand.

984 Abgedruckt bei Bergmann/Ferid/Henrich/König-Tumpiya Thailand.

985 Auch in diesem Fall ordnet Art. 184 CCB die Anfechtbarkeit der Ehe an. Allerdings ist die Ehe nur solange anfechtbar, bis der minderjährige Ehegatte das Alter von 18 ½ erreicht hat (vgl. Art. 185 CCB).

986 Vgl. E, III, 2, d.

ger und F2 durch Erklärung vor dem zuständigen Registerbeamten ebenfalls Elternteil des Kindes[987].

aaa) Unterhaltsrecht

Würde man die gleichgeschlechtliche Ehe durch Anwendung von Art. 17b I 1 EGBGB anerkennen[988], stünde der Geltendmachung von Unterhaltsansprüchen im Grunde nichts entgegen. Beide Partner könnten nach § 12 LPartG Getrenntlebendenunterhalt bzw. nach § 16 LPartG nachpartnerschaftlichen Unterhalt verlangen. Da somit deutsches Lebenspartnerschaftsrecht zur Anwendung kommt, bleibt auch kein Raum für die Kappungsregel des Art. 17b IV EGBGB. In unterhaltsrechtlicher Hinsicht wären die Partner bei Einordnung der gleichgeschlechtlichen Ehe unter Art. 17b EGBGB somit abgesichert.

bbb) Erbrecht

Bezüglich erbrechtlicher Ansprüche verweist Art. 25 I EGBGB auf das Heimatrecht des Erblassers. Dieses wirft die Vorfrage nach dem wirksamen Bestehen einer Ehe bzw. eingetragenen Lebenspartnerschaft auf. Diese Vorfrage wäre bei Anwendung von Art. 17b I 1 EGBGB positiv zu beantworten. Stirbt jedoch F1, so richtet sich das Erbrecht von F2 nach spanischem Recht. Weicht dieses von den deutschen Regeln bezüglich des Erbrechts eingetragener Lebenspartner ab (§ 10 LPartG), könnte die Kappungsregel des Art. 17b IV EGBGB zum Einsatz kommen. Hierbei ist jedoch vieles umstritten[989]. Z.T. wird argumentiert, Art. 17b IV EGBGB erstrecke sich nur auf solche Bereiche, die dem Partnerschaftsstatut nach Art. 17b I 1 EGBGB unterstehen[990]. Nach dieser Ansicht wären die erbrechtlichen Bestimmungen aufgrund der Verweisung auf die allgemeinen kollisionsrechtlichen Bestimmungen (Art. 17b I 2 EGBGB) nicht erfasst. Eine andere Meinung bezieht jedoch sämtliche Wirkungen in den Bereich der Kappungsregel ein, ohne nach dem jeweiligen Anknüpfungspunkt zu differenzieren[991]. Ferner stellt sich im Erbrecht die Frage, welcher Vergleichsmaßstab zugrunde ge-

987 Vgl. E, III, 2, d, aa.

988 Die von Art. 18 I EGBGB berufene deutsche materielle Rechtsordnung wirft die Vorfrage nach dem Bestehen einer Ehe bzw. eingetragenen Lebenspartnerschaft auf. Aufgrund der Einordnung der gleichgeschlechtlichen Ehe unter Art. 17b I 1 EGBGB wäre spanisches Sachrecht zur Anwendung berufen. Dieses lässt die gleichgeschlechtliche Eheschließung aber gerade zu.

989 Vgl. bereits oben C, II, 2, a, aa.

990 Hk-LPartR/Kiel Art. 17b EGBGB Rn 72; MüKo/Coester Art. 17b EGBGB Rn 91ff.

991 Staudinger/Mankowski Art. 17b EGBGB Rn 84; Hausmann/Hohloch/Martiny Kap. 12 Rn 71f.; Gebauer/Staudinger IPRax 2002, 275, 276.

legt werden muss. So ließe sich zum einen ein abstrakter Vergleich vornehmen, ob also nach deutschem Recht dem eingetragenen Lebenspartner überhaupt ein Erbrecht zusteht[992]. Bei einer solchen Betrachtung käme die Kappungsregel im gebildeten Beispielsfall nicht zur Anwendung. Zum anderen könnte man aber auch einen konkreten Vergleich vornehmen, also untersuchen, ob die Höhe des Erbrechts in den verschiedenen Rechtsordnungen identisch ist[993]. Würde man der letztgenannten Ansicht folgen, käme es möglicherweise zu einer Reduzierung des Erbrechtes der F2 auf deutsches Niveau[994]. Es bestünde somit die Gefahr, dass ihr nicht der Anteil des Erbes zufällt, der ihr nach spanischem Recht gebührt. Wäre ihre Ehe mit F1 hingegen in Deutschland auch als Ehe anerkannt worden, wäre Art. 17b IV EGBGB unanwendbar und eine Beschränkung des Erbrechtes käme nicht in Betracht.

Auf den angeführten komplexen Meinungsstreit im Rahmen der Kappungsregel kann in der vorliegenden Arbeit nicht näher eingegangen werden. Es zeigt sich jedoch, dass die Einordnung der gleichgeschlechtlichen Ehe unter Art. 17b EGBGB zumindest mit einer gewissen Rechtsunsicherheit hinsichtlich der Reichweite ihrer Wirkungen verbunden ist. Je nachdem welcher der aufgeführten Meinungen die Gerichte in der Praxis folgen, kann es zu einer Begrenzung des nach ausländischem Recht gewährten Erbrechtes kommen.

ccc) Güterrecht

Hinsichtlich des Güterrechtes verweist Art. 17b I 1 EGBGB auf das Sachrecht des Eheschließungsortes, also auf spanisches Recht. Die dort aufkommende Vorfrage nach dem wirksamen Bestehen einer Ehe wäre erneut zu bejahen. Aber auch hier könnte die Kappungsregel zu Problemen führen. Zunächst ist erneut zu entscheiden, ob ein abstrakter oder aber ein konkreter Vergleich zwischen dem ausländischen und dem deutschen Güterrecht der eingetragenen Lebenspartnerschaft durchzuführen ist[995]. Im Falle der Zugrundelegung eines konkreten Vergleichsmaßstabes ist es schwierig zu ermitteln, wann ein bestimmtes Güterrecht über die Wir-

---

992 Forkert S. 253; Henrich FamRZ 2002, 137, 144.

993 Gebauer/Staudinger IPRax 2002, 275, 276; wohl auch Staudinger/Mankowski Art. 17b EGBGB Rn 84; zumindest zweifelnd Süß DNotZ 2001, 168, 174.

994 Ob das spanische Erbrecht tatsächlich weitergehend ist als das deutsche, hängt vom jeweiligen Einzelfall ab. Verstirbt z.B. F1, deren Geschwister noch leben, ohne Abkömmlinge und Vorfahren zu hinterlassen, wird ihr Ehepartner nach spanischem Recht zum Alleinerben (Art. 944 CCE). Nach deutschem Recht erbt der Lebenspartner neben Verwandten der zweiten Ordnung (also z.B. Geschwistern des Erblassers (vgl. § 1925 I BGB)) nur die Hälfte (§ 10 I LPartG).

995 Für einen abstrakten Vergleich sprechen sich Forkert (S. 253) und Henrich (FamRZ 2002, 137, 140) aus; für einen konkreten hingegen wohl Gebauer/Staudinger (IPRax 2002, 275, 280) und Süß (DNotZ 2001, 168, 170).

kungen eines anderen hinausgeht. Zudem stellt sich die Frage, wie ein bestimmter ausländischer Güterstand sinnvoll auf deutsches Güterrecht zurückgeführt werden kann[996]. Somit kommt es auch im Bereich des Güterrechtes zu Rechtsunsicherheiten und zur Gefahr einer Beschneidung der Rechte der Ehepartner.

ddd) Eltern-Kind-Verhältnis

Hinsichtlich des Kindschaftsrechts enthält Art. 17b EGBGB keine besonderen Bestimmungen[997].

(1) Abstammungsrecht

Auch für Lebenspartner kommt hinsichtlich der Abstammung somit Art. 19 I EGBGB zur Anwendung[998]. Die Verweisungen in Art. 19 I 1 und 19 I 2 EGBGB schließen jedoch wie bereits ausgeführt aufgrund des zumindest für F2 berufenen deutschen Sachrechts eine Elternstellung von F2 aus[999]. Ein Rückgriff auf die Anknüpfung in Art. 19 I 3 EGBGB ist bei Qualifizierung der gleichgeschlechtlichen Ehe im deutschen Kollisionsrecht als eingetragene Lebenspartnerschaft versperrt. Die Norm erfordert nach ihrem klaren Wortlaut, dass die Mutter verheiratet ist. Es stellt sich somit die Vorfrage nach dem wirksamen Bestehen einer Ehe iSd Art. 13 I EGBGB[1000]. Dies ist aber bei einer Einordnung der gleichgeschlechtlichen Ehe unter Art. 17b EGBGB zu verneinen. Zudem kann Art. 19 I 3 EGBGB auch nicht analog auf die Fälle eingetragener Lebenspartnerschaften angewandt werden[1001]. Auch eine Einschränkung der Wandelbarkeit der Anknüpfung in Art. 19 I 1 EGBGB bzw. eine Berufung auf den Schutz wohlerworbener Rechte[1002] scheidet bei einer Einordnung der gleichgeschlechtlichen Ehe als eingetragene Lebenspartnerschaft bereits im Grundsatz aus. Aufgrund der Kappungsre-

---

996 Staudinger/Mankowski Art. 17b EGBGB Rn 88; Gebauer/Staudinger IPRax 2002, 275, 280; Süß DNotZ 2001, 168, 170.

997 Hk-LPartR/Kiel Art. 17b EGBGB Rn 29; MüKo/Coester Art. 17b EGBGB Rn 76ff.; Staudinger/Mankowski Art. 17b EGBGB Rn 93f.; Forkert S. 314.

998 MüKo/Coester Art. 17b EGBGB Rn 77; Hausmann/Hohloch/Martiny Kap. 12 Rn 113; Forkert S. 314.

999 Vgl. E, III, 2, d, aa, ddd, (1).

1000 Erman/Hohloch Art. 19 EGBGB Rn 11; Palandt/Thorn Art. 19 EGBGB Rn 5; Staudinger/Henrich Art. 19 EGBGB Rn 19.

1001 MüKo^4/Coester Art. 17b EGBGB Rn 77; Hausmann/Hohloch/Martiny Kap. 12 Rn 113; Forkert S. 315; Jakob S. 343; eine Analogie wird nur in Fällen einer heterosexuellen registrierten Partnerschaft erwogen (MüKo^4/Coester Art. 17b EGBGB Rn 142; Jakob S. 343); weitergehend nun aber MüKo/Coester Art. 17b EGBGB Rn 77.

1002 Vgl. oben E, III, 2, d, aa, ddd, (1).

gel des Art. 17b IV EGBGB kann die dem deutschen Lebenspartnerschaftsrecht unbekannte Möglichkeit der Erlangung der Elternstellung durch Erklärung der gleichgeschlechtlichen Ehepartnerin der gebärenden Frau gegenüber dem Registerbeamten (Art. 7.3 *Ley 14/2006*) in Deutschland keine Wirkung entfalten. Somit bestünde trotz Anerkennung als eingetragene Lebenspartnerschaft nach Art. 17b EGBGB keinerlei Abstammungsverhältnis zwischen F2 und K. Anders wäre das Ergebnis, wenn man die Beziehung zwischen F1 und F2 als Ehe anerkennen würde[1003].

(2) Adoption

Es stellt sich jedoch die Frage, ob nicht eine Adoption des Kindes möglich wäre. Hinsichtlich einer gemeinsamen Adoption und einer Stiefkindadoption ist umstritten, ob für eingetragene Lebenspartner Art. 22 I 1 EGBGB und damit das jeweilige Heimatrecht zur Anwendung kommt[1004] oder aber Art. 22 I 2 EGBGB analog anzuwenden ist und sich die Adoption nach dem Registrierungsstaat richtet[1005]. Für eine Analogie wird zunächst auf die Intention des Gesetzgebers verwiesen. Dieser wollte durch Erlass des LPartG gerade die Diskriminierung von gleichgeschlechtlichen Partnern beseitigen, dementsprechend sollte man nicht eine Kumulierung der Heimatrechte nach Art. 22 I 1 EGBGB verlangen[1006]. Es erscheint jedoch bedenklich, sich im Rahmen der kollisionsrechtlichen Einordnung primär von der Erreichung eines bestimmten Ergebnisses der Anknüpfung leiten zu lassen[1007]. Zudem muss die Anknüpfung an Art. 22 I 2 EGBGB für die Partner nicht in jedem Fall vorteilhafter sein[1008]. Gegen eine Analogie wird zudem auf die mangelnde Berücksichtigung der Besonderheiten des Adoptionsrechtes verwiesen. So würden die meisten Staaten gleichgeschlechtlichen Paaren gerade nicht dieselben Adoptionsrechte zugestehen, die (verschiedengeschlechtliche) Eheleute haben[1009]. Diesem Einwand wird jedoch die Eigenständigkeit des Kollisionsrechtes entgegengehalten. Aus einer fehlenden Parallele im Sachrecht lasse sich keineswegs automatisch auch eine Untersagung einer parallelen Behandlung eingetragener Lebenspartner und (verschiedengeschlechtlicher) Eheleute im Kollisionsrecht fol-

---

1003 Vgl. oben E, III, 2, d, aa, ddd, (1).

1004 AnwKomm/Benicke Art. 22 EGBGB Rn 55; Staudinger/Mankowski Art. 17b EGBGB Rn 94; Forkert S. 321; Jakob S. 348ff.

1005 Hk-LPartR/Kiel Art. 17b EGBGB Rn 30; MüKo/Coester Art. 17b EGBGB Rn 81f.; Brandt S. 108f.; dies erwägt zumindest Hausmann/Hohloch/Martiny Kap. 12 Rn 114; zumindest hinsichtlich der Stiefkindadoption MüKo/Klinkhardt Art. 22 EGBGB Rn 9.

1006 MüKo/Coester Art. 17b EGBGB Rn 81.

1007 Brandt S. 98.

1008 Vgl. Brandt S. 109 und seine dort gebildeten Beispiele.

1009 Jakob S. 349.

gern[1010]. Zudem habe der Gesetzgeber mit der eingetragenen Lebenspartnerschaft ein neues familienrechtliches Institut geschaffen, das neben der Ehe steht. Dem sollte entsprechend auch im Rahmen des Art. 22 I EGBGB Rechnung getragen werden[1011]. Wie bereits ausgeführt ist es grundsätzlich zutreffend, dass das Kollisionsrecht einen eigenständigen Rechtsbereich darstellt. Die verwendeten Begriffe sind in der Regel weit auszulegen, um auch in Deutschland unbekannte Rechtsinstitute erfassen zu können[1012]. Jedoch unterscheidet das deutsche Kollisionsrecht in den Art. 13ff. EGBGB einerseits und Art. 17b EGBGB andererseits ausdrücklich zwischen Ehe und eingetragener Lebenspartnerschaft. Die somit aus dem deutschen Sachrecht stammende Unterscheidung zwischen dem Institut der Ehe und dem *aliud* der eingetragenen Lebenspartnerschaft wird auf der Ebene des Kollisionsrechtes fortgeführt[1013]. Der Gesetzgeber nimmt somit gerade keine kollisionsrechtliche Gleichstellung der beiden Institute vor[1014]. Diese Wertung sollte man nicht durch eine Analogie überspielen. Ohnehin stellt sich die Frage nach der für eine Analogie erforderlichen Regelungslücke, da die Fälle einer Adoption durch registrierte Partner genau wie die aller anderen nichtverheirateten Partner unter Rückgriff auf Art. 22 I 1 EGBGB gelöst werden können[1015]. Eine analoge Anwendung von Art. 22 I 2 EGBGB scheidet somit aus.

(2.1) Stiefkindadoption

Für F2 als deutsche Staatsangehörige gilt somit im Falle einer Stiefkindadoption gemäß Art. 22 I 1 EGBGB deutsches Recht[1016]. Damit K zu einem Kind beider Ehegatten wird, müsste F2 entweder mit F1 verheiratet sein (§ 1754 I BGB) oder mit ihr in einer eingetragenen Lebenspartnerschaft leben (§ 9 VII 2 LPartG i.V.m. § 1754 I BGB). Die Einordnung unter Art. 17b EGBGB würde im vorliegenden Fall aufgrund des Verweises auf das spanische Sachrecht zu einer wirksamen Eheschließung zwischen F1 und F2 führen, so dass aus deutscher Sicht eine eingetragene Lebenspartnerschaft bestünde. F2 könnte somit zumindest im Wege der Stiefkindadoption auch in Deutschland Elternteil von K werden.

1010 MüKo/Coester Art. 17b EGBGB Rn 81; Brandt S. 105.

1011 MüKo/Coester Art. 17b EGBGB Rn 81; Brandt S. 98ff.; Hausmann/Hohloch/Martiny Kap. 12 Rn 114.

1012 Vgl. oben C.

1013 Vgl. oben C, II, 3.

1014 AnwKomm/Benicke Art. 22 EGBGB Rn 55.

1015 Jakob S. 349; a.A. Brandt S. 100ff.

1016 Bei der Stiefkindadoption handelt es sich um einen Sonderfall der Einzeladoption, so dass auch nur der Nicht-Elternteil als Annehmender iSd Art. 22 I 1 EGBGB anzusehen ist. Somit kommt es für die Zulässigkeit der Adoption nur auf dessen Heimatrecht an (Brandt S. 97; Jakob S. 350).

(2.2) Gemeinsame Adoption

Des Weiteren stellt sich die Frage, ob F1 und F2 sogar eine gemeinsame Adoption weiterer Kinder in Deutschland möglich wäre. Nach der oben vertretenen Ansicht kommen beide Heimatrechte kumulativ zur Anwendung. Das berufene deutsche Recht[1017] erlaubt jedoch nur Ehegatten die gemeinsame Adoption[1018]. Zwischen F1 und F2 besteht aus deutscher Sicht zwar eine wirksame Beziehung, jedoch handelt es sich hierbei nicht um eine Ehe, sondern lediglich um eine eingetragene Lebenspartnerschaft. Eine gemeinsame Adoption scheidet somit bereits aus diesem Grunde aus. Aber auch wenn eine solche Adoption nach beiden berufenen Heimatrechten oder aber infolge der hier nicht vertretenen Ansicht der Anknüpfung an den Registrierungsort (Art. 22 I 2 EGBGB analog) möglich wäre, wäre sie im Ergebnis in Deutschland dennoch undurchführbar. Art. 17b IV EGBGB käme zur Anwendung und würde die über das deutsche Recht der eingetragenen Lebenspartnerschaft hinausgehenden Wirkungen (hier die gemeinsame Adoption) kappen[1019].

(3) Sorge- und Umgangsrecht

Art. 21 EGBGB findet auch auf eingetragene Lebenspartnerschaften Anwendung[1020]. Wie bereits aufgezeigt besteht zwischen F2 und K kein Abstammungsverhältnis[1021]. Infolgedessen steht F2 allenfalls ein Umgangsrecht als enge Bezugsperson des Kindes nach § 1685 II BGB zu[1022]. Anders ist das Ergebnis nur, wenn F2 die aufgezeigte Möglichkeit der Stiefkindadoption nutzt. Hierzu bedarf

---

1017 Selbst für F1 käme deutsches Recht zur Anwendung, da das spanische Recht an den Aufenthalt des zu adoptierenden Kindes anknüpft und somit eine Rückverweisung ausspricht (Art. 9.5 CCE i.V.m. Art. 21.1 *Ley 54/2007, de 28 de diciembre, de Adopción internacional* (*BOE núm. 312*, 29.12.2007, S. 53676ff.)).

1018 §§ 1741 II, 1742 BGB.

1019 MüKo/Coester Art. 17b EGBGB Rn 110; in Bezug auf eine ausländische registrierte Partnerschaft: Hk-LPartR/Kiel Art. 17b EGBGB Rn 73; MüKo⁴/Coester Art. 17b EGBGB Rn 110; Staudinger/Mankowski Art. 17b EGBGB Rn 84; Forkert S. 301/302 u. 316/317; v. Hoffmann/Thorn § 8 Rn 73j; Henrich FamRZ 2002, 137, 140; von Sachsen Gessaphe in Aspects de droit international privé des partenariats enregistrés en Europe 2004, 9, 27; a.A. Brandt (S. 120ff.), der eine restriktive Auslegung vertritt, so dass Art. 17b IV EGBGB ein Adoptionsrecht der Partner nicht beschneidet.

1020 Staudinger/Mankowski Art. 17b EGBGB Rn 93; Finger/Finger Art. 17b EGBGB Rn 47; für eine analoge bzw. entsprechende Anwendung, allerdings ohne Begründung, aus welchem Grund eine direkte Anwendung ausscheidet MüKo/Coester Art. 17b EGBGB Rn 79; Hausmann/Hohloch/Martiny Kap. 12 Rn 115.

1021 Vgl. E, IV, 2, a, bb, ddd, (1).

1022 Vgl. E, III, 2, d, aa, ddd, (3).

es aber der Durchführung eines aufwendigen Adoptionsverfahrens, obwohl F2 in Spanien ohnehin bereits Elternteil von K ist. Zudem rechnen die Partner oftmals nicht damit, dass ein solcher Schritt erforderlich ist, um das Abstammungsverhältnis zwischen F2 und K zu bewahren. Die Problematik wird häufig erst nach einer Trennung sichtbar, wenn z.B. F1 der F2 den Umgang mit K verbieten will. Da aber die leiblichen Eltern der Adoption zustimmen müssen[1023], also gerade auch F1, wäre diese Möglichkeit für F2 nun ausgeschlossen. Auch der plötzliche Tod von F1 könnte zu Problemen führen. Das Kind stünde plötzlich ohne Eltern in Deutschland da. F2 müsste nun versuchen, die Vormundschaft für K zu erlangen bzw. eine Adoption durchzuführen, um sich weiter um K wirksam kümmern zu können.

(4) Bedeutung für das Kind

Die grundsätzliche Nichtanerkennung der gemeinsamen Elternstellung eines gleichgeschlechtlichen Ehepaares hätte, wie bereits oben dargelegt, erhebliche negative Auswirkungen für das Kind[1024]. Diesen könnte nur mittels einer Stiefkindadoption begegnet werden. Auf die Probleme hierbei wurde jedoch bereits hingewiesen.

eee) Auflösung

Die Auflösung wäre bei einer Einordnung als eingetragene Lebenspartnerschaft unproblematisch, da Art. 17b I 1 EGBGB gerade das Recht des Registrierungsortes beruft.

fff) Ergebnis zu bb)

Die Untersuchung des Beispielsfalles hat somit gezeigt, dass es im Bereich des Unterhaltsrechts und der Auflösung der gleichgeschlechtlichen Ehe zu keinen Beeinträchtigungen kommt. Im Erb- und Güterrecht gibt es hingegen eine Reihe Unklarheiten, ob und wie die Kappungsregel des Art. 17b IV EGBGB zum Einsatz kommt. Dies ist mit einer gewissen Rechtsunsicherheit für die Partner verbunden. Aber selbst wenn man die Kappungsregel sehr weit auslegt, käme es allenfalls zu einer Reduzierung der ausländischen Wirkungen ihrer Ehe auf das Niveau des

1023 Art. 9 VII 2 LPartG nimmt nur auf die besonderen die Stiefkindadoption regelnden Normen im Familienrecht Bezug. Dennoch gelten die allgemeinen adoptionsrechtlichen Bestimmungen (vgl. BTDrucks 15/3445 S. 15; Hk-LPartR/Kemper § 9 LPartG Rn 25; Wellenhofer NJW 2005, 705, 706/707).

1024 Vgl. E, III, 2, d, aa, ddd, (4).

deutschen Lebenspartnerschaftsrechts. Dieses gewährt eingetragenen Lebenspartnern aber dieselben Erbrechte wie Eheleuten nach deutschem Recht[1025] und auch denselben güterrechtlichen Schutz[1026]. Die Beziehung der Partner wäre somit auch bei einer solchen Kappung in Deutschland hinreichend abgesichert. Der eintretende Rechtsverlust wäre zu unbedeutend, um die Eheleute tatsächlich daran zu hindern, von ihrem Recht auf Freizügigkeit Gebrauch zu machen. Anders könnte sich dies im Bereich des Eltern-Kind-Verhältnisses darstellen. Wie gesehen, ist eine Anerkennung als eingetragene Lebenspartnerschaft nicht ausreichend, das Abstammungsverhältnis zwischen F2 und K aufrecht zu erhalten. Die damit verbundenen Konsequenzen entfalten eine „abschreckende Wirkung", die geeignet ist, die Partner von der Ausübung ihres Freizügigkeitsrechtes abzuhalten[1027]. Die Möglichkeit einer Stiefkindadoption ist aufgrund der aufgezeigten Probleme hierfür kein hinreichender Ausgleich. Zum einen wird in zahlreichen Konstellationen die Problematik des fehlenden Abstammungsverhältnisses erst so spät bemerkt, dass eine Stiefkindadoption mangels Einwilligung des leiblichen Elternteils nicht mehr in Betracht kommt. Zum anderen ist die Situation im Falle des plötzlichen Todes des alleinigen Elternteils für den überlebenden Ehegatten und das Kind deutlich schwieriger als wenn ein originäres Elternrecht bestünde. Zudem können die Ehepartner in Deutschland keine weiteren Kinder gemeinsam adoptieren. Die gemeinsame Adoption ist aber gerade für gleichgeschlechtliche Paare eine bedeutende Möglichkeit, Eltern zu werden, zumal eine künstliche Befruchtung einer Frau, die allein stehend ist oder in einer gleichgeschlechtlichen Beziehung lebt, in Deutschland nicht möglich ist[1028]. Die Aussicht, nach Wegzug in ein anderes Land für immer kinderlos bleiben zu müssen, da einem die gemeinsame Adoption verwehrt wird, schreckt aber von der Ausübung des Freizügigkeitsrechtes ab. Somit kommt es selbst bei der Anerkennung der ausländischen gleichgeschlechtlichen Ehe als eingetragene Lebenspartnerschaft zu einer spürbaren Beschränkung des Art. 18 EGV.

cc) Ergebnis zu a)

Einen Eingriff in das Recht auf allgemeine Freizügigkeit stellt somit nicht nur die Nichtanerkennung der ausländischen gleichgeschlechtlichen Ehe nach Art. 17b I 1 EGBGB dar, sondern auch eine Anerkennung als eingetragene Lebenspartnerschaft.

1025 Hk-LPartR/Kemper § 10 LPartG Rn 1.

1026 Stüber FamRZ 2005, 574, 575; Wellenhofer NJW 2005, 705, 706.

1027 Vgl. auch oben E, III, 2, d, aa, fff.

1028 Keiper/Kentenich J. Reproduktionsmed. Endokrinol 2007, 34, 35f.

b) Rechtfertigung

aa) Nichtanerkennung infolge der Anwendung des Art. 17b I 1 EGBGB

Es stellt sich die Frage, ob die Nichtanerkennung infolge der Anwendung des Art. 17b I 1 EGBGB gerechtfertigt werden kann. Den Gesetzesmaterialien lässt sich der Grund für den Ausschluss einer Rück- und Weiterverweisung nicht entnehmen[1029]. In der Literatur wird angeführt, dass gerade im Bereich der registrierten Lebenspartnerschaften die meisten ausländischen Rechtsordnungen noch überhaupt keine kodifizierten Kollisionsregeln besitzen[1030]. Daher solle dem Richter eine zu aufwendige Suche nach den passenden internationalprivatrechtlichen Normen erspart werden[1031]. Andernfalls führe der notwendige Rückgriff auf ungeschriebene, z.T. nur analog anzuwendende und auch hoch umstrittene Kollisionsregeln nicht zur gewünschten Rechtssicherheit für die Parteien[1032]. Das Streben nach Rechtssicherheit könnte durchaus ein legitimes Ziel des Gesetzgebers sein, welches Gründen des Allgemeinwohles dient. Mit diesem Argument ließe sich aber die Sinnhaftigkeit des *Renvois* generell in Frage stellen[1033]. Gerade in aktuellen und kontroversen Bereichen – wie der Einordnung gleichgeschlechtlicher Partnerschaften im IPR – ist das ausländische Kollisionsrecht möglicherweise besonders gut erforscht[1034]. Die Nichtberücksichtigung des *Renvoi* verhindert zudem den internationalen Entscheidungseinklang und führt zu hinkenden Rechtsverhältnissen[1035]. Das Risiko für zwei Personen, die eine gleichgeschlechtliche Ehe oder registrierte Partnerschaft eingehen, dass dieser Status in einem anderen Land mangels *Renvoi* nicht anerkannt wird, birgt mindestens eine ebenso große Rechtsunsicherheit für die Parteien in sich wie die möglicherweise schwere und unklare Ermittlung der auf eine solche Verbindung anwendbaren Rechtsordnung.

Z.T. wird für den Ausschluss des *Renvoi* auf die Parteiinteressen verwiesen. So hätten die Partner mit der Wahl des Registrierungsortes zugleich eine konkludente

---

1029 Anders Thorn (in Legal Recognition of Same-sex Couples in Europe S. 163), der allerdings keinen Beleg dafür anführt.

1030 AnwKomm/Gebauer Art. 17b EGBGB Rn 21; Forkert S. 95f.; Wagner IPRax 2001, 281, 290.

1031 AnwKomm/Gebauer Art. 17b EGBGB Rn 21; Palandt/Thorn Art. 17b EGBGB Rn 2; Forkert S. 95f.; Wagner IPRax 2001, 281, 290.

1032 AnwKomm/Gebauer Art. 17b EGBGB Rn 21.

1033 Thorn in Legal Recognition of Same-sex Couples in Europe S. 163; derselbe IPRax 2002, 349, 355.

1034 So Thorn in Legal Recognition of Same-sex Couples in Europe S. 163.

1035 Erman/Hohloch Art. 17b EGBGB Rn 4; MüKo/Coester Art. 17b EGBGB Rn 14; Hausmann/Hohloch/Martiny Kap. 12 Rn 68; v. Hoffmann/Thorn § 8 Rn 73f.; Thorn in Festschrift Jayme Bd. I 2004, 955, 965.

Rechtswahl hinsichtlich dieses Ortes getroffen und eine Rück- oder Weiterverweisung würde gerade dem Sinn der Verweisung widersprechen. Folglich sei ein *Renvoi* ausgeschlossen (Art. 4 I 1 a.E., Art. 4 II EGBGB)[1036]. Diese Argumentation überzeugt jedoch nicht. Wird die Verbindung im Ausland geschlossen, so findet das dortige Recht einschließlich des Kollisionsrechts Anwendung. Wenn die Partner somit tatsächlich den Registrierungsort gezielt im Hinblick auf die Anwendbarkeit einer bestimmten Rechtsordnung ausgewählt haben, so müssten sie dabei gerade auch das ausländische IPR berücksichtigt haben. In der Wahl des Eingehungsortes kann somit keine konkludente Rechtswahl hinsichtlich des Sachrechtes gesehen werden, die einen *Renvoi* zwingend ausschließt. Um dem vermeintlichen Parteiinteresse an der Anwendung einer bestimmten Rechtsordnung tatsächlich Rechnung zu tragen, bedürfte es im Gegenteil gerade eines *Renvoi*. Ohnehin können die Interessen der Parteien als Individualinteressen keinen zwingenden Grund des Allgemeinwohls darstellen[1037]. Für den Ausschluss des *Renvoi* und die damit verbundene Nichtanerkennung der ausländischen gleichgeschlechtlichen Ehe sind daher keine Rechtfertigungsgründe ersichtlich.

bb) Belastungen der Ehepartner trotz Anerkennung nach Art. 17b I 1 EGBGB

Wie gezeigt, werden einer ausländischen gleichgeschlechtlichen Ehe bei einer Qualifizierung als eingetragene Lebenspartnerschaft iSd Art. 17b EGBGB nur reduzierte Wirkungen zugesprochen. Insbesondere gehen bestehende Abstammungsverhältnisse sowie die Möglichkeit einer gemeinsamen Adoption der Ehepartner verloren. Als Rechtfertigungsgrund ließe sich an den Aspekt der öffentlichen Ordnung denken. Möglicherweise verstößt die Gewährung sämtlicher Rechte, die einer solchen Ehe im Ausland zukommen, gegen ein Grundinteresse Deutschlands. So sollte die Kappungsregel in Art. 17b IV EGBGB durch eine Wirkungsbeschränkung ausländischer Partnerschaften das aus Art. 6 I GG hergeleitete Abstandsgebot zur (verschiedengeschlechtlichen) Ehe wahren[1038]. Wie jedoch bereits umfassend dargelegt lässt sich weder Wortlaut, Historie, Systematik noch Sinn und Zweck des Art. 6 I GG ein derartiges Abstandsgebot entnehmen[1039]. Bereits aus diesem Grund kann hierin kein Grundinteresse der Gesellschaft gesehen werden. Auch das Wohl des Kindes, welches in Art. 2 I i.V.m. Art. 1 I GG wurzelt und somit Verfassungsrang genießt, verlangt nicht die Verhinderung einer

---

1036 Schümann S. 155.

1037 Vgl. Frenz Bd. I Rn 498.

1038 Vgl. Staudinger/Mankowski Art. 17b EGBGB Rn 84; Brandt S. 73; v. Hoffmann/Thorn § 8 Rn 73j; Henrich FamRZ 2002, 137, 140; Thorn in Legal Recognition of Same-sex Couples in Europe S. 159; derselbe IPRax 2002, 349, 355.

1039 Vgl. D, II, 1, b, cc, ccc.

gemeinsamen gleichgeschlechtlichen Elternstellung[1040]. Somit ist kein Rechtfertigungsgrund für eine Herabstufung der ausländischen gleichgeschlechtlichen Ehe auf die Wirkungen einer eingetragenen Lebenspartnerschaft erkennbar.

cc) Ergebnis zu b)

Der Eingriff in das allgemeine Freizügigkeitsrecht lässt sich somit nicht rechtfertigen.

c) Ergebnis zu 2)

Eine europarechtskonforme Auslegung des deutschen IPR scheidet daher aus.

3) Lösung de lege ferenda

Es bedarf somit einer Lösung des Europarechtskonflikts *de lege ferenda.*

a) Anerkennungsprinzip

In jüngerer Zeit ist die Diskussion aufgekommen, ob nicht im europäischen Rechtsraum ein Anerkennungsprinzip dem klassischen IPR vorzuziehen sei[1041].

aa) Definition

Das Anerkennungsprinzip folgt den Grundprinzipien der bekannten Anerkennung in international verfahrensrechtlichen Fragen. Im Unterschied dazu geht es jedoch nicht um die Anerkennung von Gerichtsentscheidungen, sondern es wird „eine im Ausland aufgrund eines privaten oder behördlichen Aktes geschaffene Rechtslage unabhängig von der Anwendung der eigenen Kollisionsnormen des Anerkennungsstaates und auch unabhängig von der Frage des im Ursprungsstaates angewandten Rechts im Anerkennungsstaat als wirksam betrachtet“[1042].

1040 Vgl. D, II, 2.

1041 Vgl. Funken S. 189ff.; Coester-Waltjen in Festschrift Jayme Bd. I 2004, 121ff.; Coester-Waltjen IPRax 2006, 392ff.; Jayme/Kohler IPRax 2001, 501, 501f.; dieselben IPRax 2007, 493, 498; Kohler in Symposium Spellenberg 2006, 9, 22ff.; Lagarde RabelsZ 68 (2004), 225, 229ff.; Mansel RabelsZ 70 (2006), 651ff.; Martiny in International Family Law for the European Union S. 72; Mayer in Mélanges en l'honneur de Paul Lagarde 2005, 547ff.

1042 Coester-Waltjen IPRax 2006, 392, 393; vgl. auch Kohler in Symposium Spellenberg 2006, 9, 23; Lagarde RabelsZ 68 (2004), 225, 230; Lurger S. 9.

bb) Vorteile

Auf den ersten Blick erscheint dieses Prinzip verblüffend einfach. Es wären nicht mehr die verschiedensten von den jeweiligen Kollisionsnormen berufenen Rechte zu überprüfen[1043]. Zudem hätte sich der Streit der selbstständigen oder unselbstständigen Vorfragenanknüpfung erledigt[1044]. Die Lösung internationaler Sachverhalte würde somit deutlich vereinfacht[1045]. Zudem würde der internationale Entscheidungseinklang gefördert, was für die Parteien zu mehr Rechtssicherheit führen würde[1046]. Dadurch würde den Partnern gerade die Ausübung ihres Rechtes auf Freizügigkeit (Art. 18 EGV) erleichtert[1047].

cc) Konstruktion

In der Literatur wird einerseits die Neuartigkeit des Ansatzes des sogenannten „Anerkennungsprinzips“ bestritten. In Wirklichkeit verdecke die Formulierung dieser Anerkennungsregeln nur die dahinter stehenden klassischen Kollisionsnormen[1048]. Es handele sich lediglich um die ungenaue Übertragung eines Begriffes aus dem Bereich des Verfahrensrechts[1049]. Schließlich bedürfe es immer der Bestimmung des auf die Entstehung der anzuerkennenden Situation anwendbaren Rechts[1050]. Andererseits wird bei einem Verständnis als echtes Anerkennungsprinzip der Vorwurf erhoben, dass es sich um eine Erneuerung der überwunden geglaubten *„vested rights theory“* handele[1051]. Eine Parallele ist nicht von der Hand zu weisen. So differenziert diese Theorie gerade zwischen dem Rechtserwerb im Inland, für den die bekannten Verweisungsnormen Anwendung finden sollen, und der Anerkennung im Ausland wohlerworbener Rechte[1052]. Ein solches Recht stellt dabei u.a. der familienrechtliche Status dar[1053]. Die *„vested rights theory“* wird

1043 Coester-Waltjen in Festschrift Jayme Bd. I 2004, 121, 123; Henrich IPRax 2005, 422, 424.

1044 Coester-Waltjen IPRax 2006, 392, 400.

1045 Coester-Waltjen in Festschrift Jayme Bd. I 2004, 121, 123; dieselbe IPRax 2006, 392, 393; Martiny in International Family Law for the European Union S. 72.

1046 Bollée Rev. crit. DIP 2007, 307, 328; Coester-Waltjen in Festschrift Jayme Bd. I 2004, 121, 123; dieselbe IPRax 2006, 392, 393; Sonnentag S. 135f. u. 281.

1047 Quiñones Escámez Uniones conyugales o de pareja S. 351; Coester-Waltjen IPRax 2006, 392, 393; Quiñones Escámez Rev. crit. DIP 2007, 357, 368.

1048 Vgl. den Bericht von Bauer (IPRax 2004, 275, 276) zur Tagung des Deutschen Rates für IPR; Jayme/Kohler IPRax 2001, 501, 514.

1049 MüKo^4/Sonnenberger Einleitung IPR Rn 147; Jayme/Kohler IPRax 2001, 501, 502.

1050 Vgl. den Bericht von Bauer (IPRax 2004, 275, 276) zur Tagung des Deutschen Rates für IPR.

1051 Jayme/Kohler IPRax 2004, 481, 484; a.A. Coester-Waltjen IPRax 2006, 392, 399.

1052 Pillet S. 12ff., 119ff.; vgl. auch Keller/Siehr IPR § 32 I 2c; Siehr IPR Schweiz § 30 III 1.

1053 Reichart S. 114.

aber allgemein abgelehnt, da sie es versäumt, die Bedingungen für den Erwerb des (wohlerworbenen) Rechtes, insbesondere das anwendbare Recht, zu bestimmen[1054].

Auch eine Betrachtung der Ausführungen derjenigen Autoren, die sich grundsätzlich für ein Anerkennungsprinzip aussprechen, wirft Fragen hinsichtlich der Konstruktion eines solchen Systems auf. Methodisch soll das vorgeschlagene Anerkennungsprinzip der bekannten verfahrensrechtlichen Anerkennung entsprechen[1055]. Dabei liege dem System der Anerkennung denknotwendig zugrunde, nur solche Rechtslagen anzuerkennen, die auch gerade nach der Rechtsordnung des Begründungsstaates als wirksam erachtet werden[1056]. Im Rahmen der verfahrensrechtlichen Anerkennung bildet insbesondere die materielle Rechtskraft sowie die Gestaltungswirkung eines Urteils den Gegenstand der Anerkennung[1057]. Dabei ist es ebenfalls notwendig, dass die anzuerkennende ausländische Entscheidung überhaupt nach der Rechtsordnung des Entscheidungsstaates wirksam ist[1058]. Ein deutsches Urteil ist als staatlicher Hoheitsakt grundsätzlich wirksam[1059]. Dasselbe gilt auch für ausländische Entscheidungen[1060]. Ein Fehler berechtigt in aller Regel lediglich zur Anfechtung, macht das Urteil aber nicht selbst unwirksam[1061]. Anders stellt sich die Situation aber bei den anzuerkennenden Rechtslagen dar. So handelt

---

1054 Keller/Siehr IPR § 32 II 1; Kropholler § 21 I 2; Reichart S. 114; Siehr IPR Schweiz § 30 III 1; Bucher in Festschrift Vischer 1983, 93, 95; Lagarde RabelsZ 68 (2004), 225, 233; Siehr Yearbook of PIL 2005, 17, 36.

1055 So nimmt Coester-Waltjen immer wieder Bezug in ihren Ausführungen auf die verfahrensrechtliche Anerkennung (vgl. Coester-Waltjen in Festschrift Jayme Bd. I 2004, 121, 122 Fn 10 u. 124 u. 126 u. 127; dieselbe IPRax 2006, 392, 393); vgl. Quiñones Escámez Uniones conyugales o de pareja S. 304; Kohler in Symposium Spellenberg 2006, 9, 23; Quiñones Escámez Rev. crit. DIP 2007, 357, 369.

1056 Quiñones Escámez Uniones conyugales o de pareja S. 356; Bollée Rev. crit. DIP 2007, 307, 338 u. 350; Coester-Waltjen in Festschrift Jayme Bd. I 2004, 121, 127; dieselbe IPRax 2006, 392, 400; Fallon in International Family Law for the European Union S. 177; Lurger S. 9; Mansel RabelsZ 70 (2006), 651, 704/705; Mayer in Mélanges en l'honneur de Paul Lagarde 2005, 547, 555 u. 568.

1057 Stein-Jonas/Roth § 328 ZPO Rn 13ff.; Wieczorek/Schütze § 328 ZPO Rn 2ff.; Geimer IZPR Rn 2799; Linke IZPR Rn 359; Schack IZPR Rn 866ff.

1058 BGH NJW 1992, 3096, 3098; Geimer IZPR Rn 2889; Geimer Anerkennung S. 87/88; Geimer/Schütze/Geimer Internationale Urteilsanerkennung § 139 I 1 u. 2; Linke IZPR Rn 380; Nagel/Gottwald IZPR § 11 Rn 137.

1059 Baumbach/Lauterbach/Albers/Hartmann Übers § 300 ZPO Rn 10; Wieczorek/Schütze/Rensen vor § 300 ZPO Rn 13; Kleinfeller § 69.

1060 BGH NJW 1992, 3096, 3098; Geimer/Schütze/Geimer Internationale Urteilsanerkennung § 139 I 3.

1061 BGH VersR 1987, 1195, 1195; BGH NJW 1992, 3096, 3098; Stein-Jonas/Leipold vor § 300 ZPO Rn 30; Geimer/Schütze/Geimer Internationale Urteilsanerkennung § 139 I 3; Rosenberg/Schwab/Gottwald § 62 Rn 5, 21; Schilken Rn 604; weitergehend Hein (S. 33f., 74f., 123f.),

es sich z.B. bei dem für die vorliegende Arbeit besonders relevanten Vorgang der Eingehung einer Ehe nicht um einen Hoheitsakt, sondern vielmehr um einen familienrechtlichen Vertrag[1062]. Es ist zwar ein Standesbeamter zu beteiligen, hierbei handelt es sich aber um eine bloße Formvorschrift[1063]. Der Ausspruch des Standesbeamten, die Partner seien nun Eheleute, ist rein deklaratorisch[1064]. Dasselbe gilt für die Eintragung in das Eheregister[1065]. Die Ehe kommt bereits durch die Abgabe der Erklärungen der Ehegatten vor dem Standesbeamten zustande[1066]. Es stellt sich somit die Frage, wann von einer im Ausland wirksamen Eheschließung ausgegangen werden könnte.

aaa) Bestandskraft der Eheurkunde

Möglicherweise ließe sich der ausgestellten Eheurkunde Bestandskraft zumessen, so dass sich hieraus die Wirksamkeit der Eheschließung ergibt[1067]. Dies ginge jedoch zu weit, denn dann hätte die Bescheinigung im Aufnahmestaat mehr Wirkungen als im Erststaat, denn i.d.R. kommt den personenstandsrechtlichen und familienrechtlichen Zivilstandsakten keine Bindungswirkung zu[1068]. So stehen in Deutschland die Personenstandsurkunden hinsichtlich ihrer Beweiskraft den Personenstandsregistern gleich (§ 54 II PStG)[1069]. Diese erbringen jedoch nur den widerlegbaren Beweis der Eheschließung (§ 54 I 1, III 1 PStG)[1070]. Darüber hinaus wäre die Zumessung von Bestandskraft unangemessen. Schließlich fehlt es bei der Erstellung solcher Urkunden grundsätzlich an einem mit Verfahrensgarantien

---

der das Anfechtungsprinzip als abschließend auffasst und eine Wirkungslosigkeit des Urteils infolge eines Fehlers für nicht mit der ZPO vereinbar hält.

1062 Palandt/Brudermüller Vorb v § 1310 Rn 2; Dethloff § 3 Rn 14; Rauscher Familienrecht § 9 Rn 147, § 11 Rn 175; vgl. zu Spanien: Díez-Picazo/Gullón Cap. 4 II; Lacruz Berdejo § 9 Rn 38; Montés Penadés § 10 Rn 42; vgl. zu Belgien: Dekkers Rn 185; de Page/Masson (Rn 488), der zwischen der Eingehung der Ehe und dem Status der Ehe differenziert.

1063 Dethloff § 3 Rn 4f.; Rauscher Familienrecht § 11 Rn 176; vgl. zu Spanien: Montés Penadés § 10 Rn 39; vgl. zu Belgien: Dekkers Rn 185.

1064 Rauscher Familienrecht § 11 Rn 181.

1065 Palandt/Brudermüller Vorb v § 1310 Rn 2; Dethloff § 3 Rn 19; vgl. zu Spanien: Díez-Picazo/Gullón Cap. 6 III; Lacruz Berdejo § 12 Rn 54, E.

1066 Rauscher Familienrecht § 11 Rn 181.

1067 Vgl. Mansel RabelsZ 70 (2006), 651, 725.

1068 Mansel RabelsZ 70 (2006), 651, 725.

1069 Rauscher Familienrecht § 11 Rn 199.

1070 Rauscher Familienrecht § 11 Rn 199; vgl. zur entsprechenden Wirkung des *Registro Civil* in Spanien Art. 2ff. *Ley de 8 de junio de 1957, sobre el Registro Civil* (*BOE núm. 151*, 10.06.1957).

ausgestatteten Verfahren[1071]. Die Vorlage einer Eheurkunde kann zwar somit der Beschleunigung des Verfahrens dienen, ihr kann aber nicht bestandskräftig die Wirksamkeit der Eheschließung entnommen werden[1072].

bbb) Beweisvermutung der Eheurkunde

Eine andere Option wäre, der Eheurkunde eine Beweisvermutung hinsichtlich einer wirksamen Eheschließung zu entnehmen[1073]. Wird diese bestritten, käme es zu einer Überprüfung nach dem Kollisionsrecht des Ursprungsstaates[1074]. Bei einer solchen Lösung bedürfte es aber neben der Anerkennungsregel noch zusätzlich einer Kollisionsnorm für eine eventuelle Nachprüfung, was zu einer Verkomplizierung des kollisionsrechtlichen Systems führen würde. Zudem wird auch im Bereich des klassischen Kollisionsrechtes in der Praxis oftmals durch die Vorlage von Urkunden Beweis geführt und auf eine rechtliche Nachprüfung verzichtet[1075]. Der Eheurkunde im Rahmen eines Anerkennungsprinzips eine Beweisvermutung zu entnehmen, würde somit zu keinem Vorteil gegenüber einer kollisionsrechtlichen Verweisung führen.

ccc) Verwendung des Prinzips der „Anerkennung" in bestehenden Normen

Möglicherweise lassen sich aus einer Betrachtung der Vorschriften, die sich mit einer Anerkennung ausländischer Rechtslagen beschäftigen, Rückschlüsse auf die Konstruktion eines solchen Anerkennungssystems ziehen.

(1) Haager Eheschließungsübereinkommen von 1978

Besonders häufig als Beispiel für das beschriebene Anerkennungsprinzip wird das Haager Eheschließungsübereinkommen von 1978 angeführt[1076]. Art. 9 des Übereinkommens bestimmt: „Die Ehe, die nach dem Recht des Staates der Ehe-

---

1071 Coester-Waltjen in Festschrift Jayme Bd. I 2004, 121, 127f.; Mansel RabelsZ 70 (2006), 651, 725.

1072 Funken S. 68f.; Coester-Waltjen IPRax 2006, 392, 398.

1073 Funken S. 69; Coester-Waltjen in Festschrift Jayme Bd. I 2004, 121, 127f.; Fallon in International Family Law for the European Union S. 163 u. 177f.; Mansel RabelsZ 70 (2006), 651, 725/726.

1074 Funken S. 69; Fallon in International Family Law for the European Union S. 163 u. 177f.; Mansel RabelsZ 70 (2006), 651, 725/726.

1075 Mansel RabelsZ 70 (2006), 651, 704; so im Hinblick auf den Nachweis der Staatsangehörigkeit Mansel Personalstatut Rn 390.

1076 Kropholler § 60 IV 7; Bollée Rev. crit. DIP 2007, 307, 327; Coester-Waltjen in Festschrift Jayme Bd. I 2004, 121, 121; dieselbe IPRax 2006, 392, 394; Kohler in Symposium Spellenschließung gültig geschlossen worden ist oder die später gemäß diesem Recht gültig wird, wird als solche in jedem Vertragsstaat angesehen, vorbehaltlich der Vorschriften dieses Kapitels.“[1077]. Die Art. 7 - 15 des Übereinkommens bedienen sich der Sprache des Verfahrensrechts und dessen inhaltlicher Konzeption[1078]. Zum Teil wird daher eine Gleichstellung mit der verfahrensrechtlichen Anerkennung von Urteilen angenommen, bei der eine Kontrolle des angewendeten Rechtes entfalle[1079]. Jedoch spricht das Erfordernis, dass die Ehe nach dem Recht des Eheschließungsortes wirksam geschlossen sein muss, für eine Gesamtverweisung auf das Recht des Eheschließungsstaates und somit für das Vorliegen einer Kollisionsnorm[1080]. Hierdurch kommt es zudem zu einer Überprüfung der Gültigkeit der Eheschließung, auch wenn diese Kontrolle nach dem Recht des Eheschließungsstaates erfolgt und nicht nach dem Kollisionsrecht des Anerkennungsstaates[1081]. Das Haager Übereinkommen ermittelt den Bestand der anzuerkennenden Ehe daher mit Hilfe einer Verweisung.

(2) IPR-Reform in Deutschland

Bereits in den Vorarbeiten des Max-Planck-Instituts im Hinblick auf die IPR-Reform von 1986 tauchte ein Vorschlag zur „Anerkennung ausländischer Eheschließungen“ auf. Es sollte zwischen der Zulässigkeit einer Eheschließung und der Anerkennung einer bereits geschlossenen Ehe unterschieden werden. „Eine im Ausland nach dortigem Recht wirksam geschlossene Ehe ist im Inland auch dann gültig, wenn die Voraussetzungen des Absatzes 1 nicht erfüllt sind, sofern wenigstens ein Verlobter zur Zeit der Eheschließung dem Staat angehört hat, in dem die Ehe geschlossenen wurde, oder dort seinen gewöhnlichen Aufenthalt gehabt

---

berg 2006, 9, 23; Lagarde RabelsZ 68 (2004), 225, 231; Mansel RabelsZ 70 (2006), 651, 713f.

1077 StAZ 1977, 202, 203; vgl. zur nationalen Umsetzung dieser Vorschrift in den Niederlanden Art. 5 I WCH.

1078 V. Bar RabelsZ 57 (1993), 63, 104.

1079 Lagarde Recueil des cours 1986 I, 9, 192; Roehrich Travaux du Comité Français 1977-1979, 3, 9.

1080 Bollée Rev. crit. DIP 2007, 307, 327; Mayer in Mélanges en l'honneur de Paul Lagarde 2005, 547, 564f.; zumindest für möglich hält dies v. Bar RabelsZ 57 (1993), 63, 105; auch Funken (S. 203/204) sieht in Art. 9 eine (Block)Verweisung, hält im Ergebnis das Haager Eheschließungsübereinkommen aber für eine Zwischenform von gewöhnlichen Kollisionsregeln und verfahrensrechtlicher Anerkennung; vgl. zu der dem Übereinkommen entsprechenden Vorgehensweise in den USA: van Loon in Liber Amicorum Georges Droz 1996, 173, 178f.; Nygh in Liber Amicorum Georges Droz 1996, 253, 260.

1081 Dies erkennt im Ansatz auch Lagarde (Recueil des cours 1986 I, 9, 192), der im Ergebnis aber a.A. ist.

hat.“[1082] Das Institut vertrat die Auffassung, dass es bei einer Eheschließung legitim sei, restriktive Maßstäbe anzulegen, um der Entstehung hinkender Rechtsverhältnisse entgegenzuwirken. Wurde jedoch die Ehe im Ausland bereits wirksam geschlossen – auch wenn dabei aus deutscher Sicht gegen ein Verbot verstoßen wurde – sollte man diese Ehe grundsätzlich auch in Deutschland als wirksam ansehen[1083]. Eine Ehe für ungültig zu erklären, in der die Partner möglicherweise über Jahre hinweg gelebt haben und aus der gemeinsame Kinder hervorgegangen sind, führe zu großen Konflikten[1084]. Nicht anzuerkennen seien lediglich Fälle offenkundiger Gesetzesumgehung[1085]. Rechtstechnisch betrachtet handelt es sich beim Vorschlag des MPI aber erneut nicht um ein dem Verfahrensrecht vergleichbares Anerkennungsprinzip. Vielmehr spricht die Vorschrift eine weitere Verweisung aus. Neben der Möglichkeit, eine Eheschließung bereits dann anzuerkennen, wenn das nach Art. 13 I EGBGB anzuwendende Recht (Heimatrecht beider Ehegatten) erfüllt ist, wird auch noch auf das Recht am Ort der Eheschließung verwiesen. Gerade die zusätzliche Anwendung neben Art. 13 I EGBGB („wenn die Voraussetzungen des Absatzes 1 nicht erfüllt sind“) zeigt, dass es sich hier genau wie in Abs. 1 um eine Kollisionsnorm handelt. Zudem stützt das MPI seinen Vorschlag gerade auf das zuvor dargestellte Haager Übereinkommen[1086], welches ebenfalls eine Kollisionsnorm enthält.

(3) Art. 45 I Schweizer Bundesgesetz über das Internationale Privatrecht (IPRG)

Gemäß Art. 45 I IPRG wird „eine im Ausland gültig geschlossene Ehe […] in der Schweiz anerkannt“. Diese Regelung ähnelt damit derjenigen im Haager Eheschließungsübereinkommen von 1978 und der aus den deutschen IPR-Entwürfen. Im Unterschied zu den anderen beiden Normen spricht Art. 45 I IPRG jedoch ausdrücklich von „Anerkennung“. Auf den ersten Blick scheint die Schweiz sich somit für ein Anerkennungsprinzip im Hinblick auf im Ausland erfolgte Eheschließungen entschieden zu haben[1087]. Betrachtet man aber die Rechtsprechung[1088] und die Literatur[1089] zu Art. 45 I IPRG, erkennt man, dass im Endeffekt auch diese

1082 Max-Planck-Institut RabelsZ 47 (1983), 595, 624f.; s. auch bereits Max-Planck-Institut RabelsZ 44 (1980), 325, 349.

1083 Max-Planck-Institut RabelsZ 47 (1983), 595, 624f.

1084 Max-Planck-Institut RabelsZ 44 (1980), 325, 357.

1085 Max-Planck-Institut RabelsZ 44 (1980), 325, 357.

1086 Max-Planck-Institut RabelsZ 47 (1983), 595, 624 Fn 59.

1087 Bucher (DIPr suisse Rn 370) hält die Regelung des Art. 45 I IPRG mit der Methode der verfahrensrechtlichen Anerkennung ausländischer Entscheidungen für vergleichbar.

1088 Schweizerische Asylrekurskommission EMARK – JICRA – GICRA 2006 / 7, 63, 70ff.

1089 Zürcher Kommentar zum IPRG/Volken Art. 45 Rn 14; Funken S. 210ff.; Siehr IPR Schweiz § 2 IV 1 b); Mansel RabelsZ 70 (2006), 651, 714; Siehr in Festschrift Heini 1995, 407, 417f.

Regelung nur eine anders formulierte Verweisungsnorm ist. Denn der schweizerische Richter erkennt nicht ohne weiteres die im Ausland geschlossene Ehe an, sondern überprüft, ob aus Sicht des Rechtes des Eheschließungsstaates oder auch des Wohnort- bzw. Heimatrechtes die Ehe gültig geschlossen wurde[1090]. Dasselbe Ergebnis würde eine Verweisung auf das Recht des Eheschließungsstaates bzw. subsidiär auf das Wohnort- bzw. Heimatrecht erreichen. So wird die gewählte Terminologie in Art. 45 I IPRG als unglücklich angesehen, da es nicht um die „Honorierung ausländischer Hoheitsakte" gehe, sondern die Bestimmung des „Entstehungsstatuts" gemeint sei[1091]. Der Begriff „Anerkennung" in Art. 45 I IPRG ist untechnisch und somit nicht im Sinne einer verfahrensrechtlichen Anerkennung zu verstehen[1092].

(4) Entwurf der Groupe européen de droit international privé

Die *Groupe européen de droit international privé* legte auf ihrer jährlichen Tagung auf Teneriffa im Jahr 2004 einen Entwurf vor, wie ausländische Lebenspartnerschaften zu behandeln seien[1093]. Hierbei wurde bewusst der „Anerkennungs-Theorie" gefolgt, da noch nicht alle mitgliedstaatlichen Rechtsordnungen ein Institut der Lebenspartnerschaft eingeführt haben bzw. die Ausgestaltung der einzelnen Institute sehr verschieden ist[1094]. Nach Artikel 2 I ist eine Partnerschaft, die in einem Mitgliedstaat unter dessen Internationalem Privatrecht wirksam begründet wurde, auch in den anderen Mitgliedstaaten gültig, sofern zumindest einer der Partner seinen gewöhnlichen Aufenthalt im Zeitpunkt der Begründung im Eingehungsstaat hatte[1095]. Bei diesem Vorschlag handelt es sich somit, auch wenn von der „Anerkennungs-Theorie" gesprochen wird, erneut um eine kollisionsrechtliche Gesamtverweisung, und zwar auf das Recht des Begründungsstaates.

1090 Schweizerische Asylrekurskommission EMARK – JICRA – GICRA 2006 / 7, 63, 70ff.; Zürcher Kommentar zum IPRG/Volken Art. 45 Rn 14; Funken S. 211; Siehr IPR Schweiz § 2 IV 1 b); Mansel RabelsZ 70 (2006), 651, 714; Siehr in Festschrift Heini 1995, 407, 417f.; dies erkennt auch Bucher (DIPr suisse Rn 370f.).

1091 Siehr IPR Schweiz § 30 III 2 a).

1092 Siehr in Festschrift Heini 1995, 407, 418.

1093 *Groupe européen de droit international privé – European Group for Private International Law – Working Sessions of the fourteenth Annual Meeting Tenerife 17/19th September 2004*, http://www.gedip-egpil.eu/reunionstravail/gedip-reunions-14t-en.html (abgerufen am 31.07.2010).

1094 "*Recognition theory*", vgl. http://www.gedip-egpil.eu/reunionstravail/gedip-reunions-14t-en.html (abgerufen am 31.07.2010).

1095 *Revised Version* (September 2004), http://www.gedip-egpil.eu/reunionstravail/gedip-reunions-14t-en.html (abgerufen am 31.07.2010).

(5) CIEC-Übereinkommen über die Anerkennung von Lebenspartnerschaften[1096]

Die *Commission Internationale de l'État Civil* (CIEC) legte am 05. September 2007 ein Übereinkommen über die Anerkennung von Lebenspartnerschaften zur Unterzeichnung vor. Gemäß Art. 2 des Übereinkommens „wird eine in einem Staat eingetragene Lebenspartnerschaft in den Vertragsstaaten als gültig anerkannt". Auch diese Vorschrift verwendet erneut den Begriff „anerkannt". Anders als die bisher betrachteten Regelungen spricht sie jedoch nicht von einer „gültigen" Lebenspartnerschaft, sondern lediglich von einer „eingetragenen". Dem Wortlaut nach wäre es somit möglich, diesem Übereinkommen einen Verzicht auf die Überprüfung der Wirksamkeit der Partnerschaft zu unterstellen und den rein formalen Akt der Eintragung als ausreichende Grundlage für eine Anerkennung zu erachten. So könnte die Vorlage der nach Art. 9 i.V.m. 13 erstellten Bescheinigung über die Eintragung der Partnerschaft für die Anerkennung ausreichen. Dagegen spricht jedoch, dass eine solche Bescheinigung nicht in jedem Fall existiert. Das Übereinkommen gilt nämlich auch für in Nichtvertragsstaaten eingetragene Lebenspartnerschaften[1097]. In diesen Staaten kann aber bereits denknotwendig keine Bescheinigung nach dem Übereinkommen ausgestellt worden sein[1098]. Ohnehin ist die Vorlage einer solchen Bescheinigung keine zwingende Voraussetzung für die Anerkennung nach dem Übereinkommen[1099]. Dies spricht somit dagegen, die Anerkennung an den rein formalen Akt der „Eintragung" anzuknüpfen. Zudem gehen die Verfasser des Übereinkommens von einem methodischen Gleichlauf des Art. 2 ihres Entwurfes mit dem bereits angeführten Art. 9 des Haager Eheschließungsübereinkommens von 1978 aus[1100]. Diese Regelung spricht jedoch, wie bereits dargelegt, hinsichtlich der Wirksamkeit der Ehe eine Verweisung auf das Recht des Eheschließungsortes aus. Darüber hinaus wird im erläuternden Bericht zum Übereinkommen hinsichtlich der verwendeten Methode ausdrücklich

---

1096 Vgl. Homepage der CIEC, http://www.ciecl.org/ListeConventions.htm (abgerufen am 31.07.2010).

1097 Übereinkommen über die Anerkennung eingetragener Lebenspartnerschaften, Nr. 32, Erläuternder Bericht, Allgemeines, http://www.ciecl.org/ListeConventions.htm (abgerufen am 31.07.2010).

1098 Übereinkommen über die Anerkennung eingetragener Lebenspartnerschaften, Nr. 32, Erläuternder Bericht, Kommentierung zu Art. 9, http://www.ciecl.org/ListeConventions.htm (abgerufen am 31.07.2010).

1099 Übereinkommen über die Anerkennung eingetragener Lebenspartnerschaften, Nr. 32, Erläuternder Bericht, Kommentierung zu Art. 9, http://www.ciecl.org/ListeConventions.htm (abgerufen am 31.07.2010).

1100 Übereinkommen über die Anerkennung eingetragener Lebenspartnerschaften, Nr. 32, Erläuternder Bericht, Kommentierung zu Art. 2, http://www.ciecl.org/ListeConventions.htm (abgerufen am 31.07.2010).

auf das namensrechtliche CIEC-Übereinkommen von Antalya[1101] verwiesen[1102]. Nach diesem wird die von den Ehegatten abgegebene Erklärung über die Führung eines Ehenamens „in den Vertragsstaaten anerkannt, wenn sie in einem Vertragsstaat abgegeben wird, dessen Staatsangehörigkeit einer der Ehegatten besitzt, oder in dem Vertragsstaat, in dem die Ehegatten zum Zeitpunkt der Erklärung ihren gemeinsamen gewöhnlichen Aufenthalt haben". Diese Regelung wird in der Literatur so gelesen, dass eine namensrechtliche Erklärung anzuerkennen ist, sofern der Staat des gemeinsamen gewöhnlichen Aufenthalts oder der Heimatstaat eines der Eheschließenden im Zeitpunkt der Namenswahl eine derartige namensrechtliche Bestimmung zulässt, der Name nach der dortigen Rechtsordnung also ordnungsgemäß gebildet wurde[1103]. Der Vorschrift wird somit eine Verweisung auf das Recht des gewöhnlichen Aufenthaltes bzw. alternativ auf das jeweilige Heimatrecht entnommen[1104]. Für eine der verfahrensrechtlichen Anerkennung vergleichbare Lösung fehlt es ohnehin bereits an einem hinreichenden „Kristallisationspunkt" wie einer Gerichtsentscheidung oder zumindest einer Urkunde[1105]. Die bloße Bezugnahme des Übereinkommens auf die namensrechtliche Erklärung, ohne für diese eine bestimmte Form zu verlangen, spricht somit zwingend für die Annahme einer Verweisungsregelung. Trotz des unklaren Wortlautes handelt es sich aus diesen Gründen beim CIEC-Übereinkommen über die Anerkennung eingetragener Lebenspartnerschaften um eine Verweisung auf das Recht des Eintragungsstaates.

(6) Haager Adoptionsübereinkommen von 1993

Einige Autoren verweisen als Beispiel eines bestehenden Anerkennungsprinzips auch auf das Haager Adoptionsübereinkommen von 1993[1106]. Das Übereinkommen verlangt keine Prüfung, ob die Adoption nach dem Recht des Ursprungsstaates wirksam ausgesprochen wurde, sondern ordnet in Art. 23 I die automatische Anerkennung der Adoption an[1107]. Es handelt sich hierbei aber nicht um den Fall

---

1101 Übereinkommen über die Anerkennung von Namen, Nr. 31, Antalya, 16.09.2005.

1102 Übereinkommen über die Anerkennung eingetragener Lebenspartnerschaften, Nr. 32, Erläuternder Bericht, Allgemeines, http://www.ciec1.org/ListeConventions.htm (abgerufen am 31.07.2010).

1103 Frank StAZ 2005, 161, 167; Henrich IPRax 2005, 422, 422f.

1104 Dies erwägt auch Funken S. 199.

1105 Vergleichbare Bedenken äußert auch Funken S. 199.

1106 Coester-Waltjen IPRax 2006, 392, 394; Lagarde RabelsZ 68 (2004), 225, 232; Mansel RabelsZ 70 (2006), 651, 713.

1107 Vgl. Funken S. 207; Busch IPRax 2003, 13, 16; a.A. wohl Henrich (IPRax 2005, 422, 422/423), der eine Anerkennungspflicht nur für die „in einem Vertragsstaat nach den dort geltenden Regeln [...] ordnungsgemäß zustande gekommene Adoption" annimmt.

der Anerkennung einer Rechtslage. Adoptionen werden grundsätzlich in der Form der Dekretadoption durchgeführt. Und auch in Staaten, die eine Vertragsadoption zulassen, findet in der Regel eine hoheitliche Überprüfung statt[1108]. Somit stellt die Anerkennung einer im Ausland ausgesprochenen Adoption grundsätzlich einen Fall der bekannten verfahrensrechtlichen Anerkennung eines Hoheitsaktes dar[1109] und nicht die Anerkennung einer Rechtslage[1110]. Dem Haager Adoptionsübereinkommen lassen sich somit keine Rückschlüsse auf die Konzeption eines Anerkennungsprinzips im Bereich von Rechtslagen entnehmen.

(7) Ergebnis zu ccc)

Die dargestellten Vorschriften zeigen somit deutlich, dass im Rahmen der Anerkennung einer Rechtslage der Bestand dieser nicht ohne weiteres angenommen wird, sondern immer einer Nachprüfung bedarf. Hierbei bedienen sich sämtliche Normen der Mittel des Kollisionsrechtes und sprechen eine Verweisung auf das Recht des Begründungsstaates der Rechtslage aus[1111].

ddd) Ergebnis cc)

Zwischen der Anerkennung einer Rechtslage und der verfahrensrechtlichen Anerkennung lässt sich keine exakte Parallele ziehen. Es mangelt einer im Ausland geschaffenen Rechtslage wie z.B. einer Eheschließung an einem öffentlichen Akt, dem zwingend das wirksame Bestehen der Rechtslage entnommen werden kann[1112]. Die hinter dem vorgeschlagenen Anerkennungsprinzip stehenden Erwägungen erinnern aber strukturell an die verfahrensrechtliche Anerkennung[1113]. So kann die Verweigerung der Anerkennung eines ausländischen Urteils nicht darauf gestützt werden, dass der Entscheidungsstaat der Rechtssache eine andere Rechts-

1108 MüKo/Klinkhardt Art. 22 EGBGB Rn 91 m.w.N.; Staudinger/Henrich Art. 22 EGBGB Rn 98; Dethloff § 15 Rn 80; Hohnerlein S. 47; Busch IPRax 2003, 13, 15.

1109 Vgl. MüKo/Klinkhardt Art. 22 EGBGB Rn 92; Staudinger/Henrich Art. 22 EGBGB Rn 98; Benicke S. 186ff.; Hohnerlein S. 44ff.; Kropholler § 49 V 2 b.

1110 Dem Übereinkommen unterliegen zwar prinzipiell nicht nur Dekretadoptionen, sondern auch Vertragsadoptionen (MüKo/Klinkhardt Art. 23 AdÜ Rn 9), jedoch stellt es selbst umfassende Sachnormen auf, die bei der Durchführung einer Adoption zu beachten sind, und überträgt die Einhaltung der Voraussetzungen den Behörden des Heimat- und des Aufnahmestaates (vgl. Staudinger/Henrich Vorbem zu Art. 22 EGBGB Rn 13). Somit werden im Ergebnis von einer Anerkennung nach dem Übereinkommen keine reinen Vertragsadoptionen erfasst.

1111 Lediglich in Art. 45 I IPRG der Schweiz wird darüber hinaus alternativ noch eine Verweisung auf das Wohnort- bzw. Heimatrecht gesehen (vgl. E, IV, 3, a, cc, ccc, (3)).

1112 Vgl. auch Funken S. 218.

1113 Mayer in Mélanges en l'honneur de Paul Lagarde 2005, 547, 560.

ordnung zugrunde gelegt hat, als nach dem Kollisionsrecht des Anerkennungsstaates berufen gewesen wäre[1114]. Das Interesse, das an der Beständigkeit der vom Richter geschaffenen Situation besteht, überwiegt das Interesse des Anerkennungsstaates an der Anwendung seines eigenen Systems von Kollisionsnormen. Diese Idee wird von den Vertretern des Anerkennungsprinzips auch auf solche Situationen übertragen, die nicht durch ein Urteil geschaffen wurden, sondern durch den Parteiwillen oder kraft Gesetzes, festgestellt durch eine Behörde[1115]. Diesem Gedankengang ist durchaus zuzustimmen, zumindest wenn es andernfalls zu einem Verstoß gegen Art. 18 EGV käme. Somit können die klassischen allseitigen Kollisionsnormen im Rahmen eines solchen Anerkennungsprinzips nicht zur Anwendung kommen, denn die Rechtslage soll eben nicht nach der inländischen Vorstellung nachgeprüft werden[1116]. Vielmehr bedarf es einer Überprüfung aus Sicht des Staates, der die Rechtslage geschaffen hat[1117]. Ein solches Anerkennungsprinzip begünstigt die Gültigkeit von entstandenen Situationen im Gegensatz zur Verwendung der üblichen allseitigen Kollisionsnormen[1118]. Es kommt somit zu einer Aufspaltung der Kollisionsregeln bezüglich der Zulässigkeit der Begründung einer Ehe und hinsichtlich der Anerkennung einer bereits geschlossenen Ehe[1119]. Dennoch lässt sich, wie die Betrachtung der Normen zeigt, die eine entsprechende Regelung hinsichtlich einer im Ausland geschaffenen Rechtslage getroffen haben, der Charakter einer Kollisionsnorm auch in diesen Fällen nicht verleugnen[1120]. Auch Vertreter des Anerkennungsprinzips sehen in ihm lediglich eine Verweisung auf das Recht des Entstehungsortes der Rechtslage[1121]. *Coester-Waltjen* räumt ein, dass eine Kollisionsnorm wie Art. 17b EGBGB, die an das Recht des Registrierungsortes anknüpft,

---

1114 Geimer IZPR Rn 2965; Linke IZPR Rn 348; Nagel/Gottwald IZPR § 11 Rn 124.

1115 Quiñones Escámez Uniones conyugales o de pareja S. 304; Lagarde RabelsZ 68 (2004), 225, 231f.

1116 Quiñones Escámez Uniones conyugales o de pareja S. 304; Coester-Waltjen in Festschrift Jayme Bd. I 2004, 121, 127.

1117 Mayer in Mélanges en l'honneur de Paul Lagarde 2005, 547, 564.

1118 Bollée Rev. crit. DIP 2007, 307, 329; Mayer in Mélanges en l'honneur de Paul Lagarde 2005, 547, 564; vgl. auch die Intention des Max-Planck-Instituts bei seinem Vorschlag zur IPR-Reform (s. E, IV, 3, a, cc, ccc, (2)) und der *Groupe européen de droit international privé* (s. E, IV, 3, a, cc, ccc, (4)).

1119 Vgl. Max-Planck-Institut RabelsZ 47 (1983), 595, 624; zur Rechtslage in der Schweiz: Mansel RabelsZ 70 (2006), 651, 714.

1120 Auch wenn es sich dabei möglicherweise um eine besondere Art von Kollisionsnormen handeln mag (so Mayer in Mélanges en l'honneur de Paul Lagarde 2005, 547, 560); ebenso i.E. Funken S. 288.

1121 Mayer in Mélanges en l'honneur de Paul Lagarde 2005, 547, 573; Lurger (S. 9) spricht von einer „Verweisung auf eine fremde zuständige Rechtsordnung", wobei sie die Rechtsordnung des Ursprungsstaates meint.

dem angedachten Anerkennungsprinzip bereits nahe kommt[1122]. Die vorgeschlagene Methode der Anerkennung von Rechtslagen ist somit dem Bereich des Kollisionsrechts zuzuordnen, auch wenn die dahinter stehenden Erwägungen denen der verfahrensrechtlichen Anerkennung entsprechen[1123]. Der Kritik von Teilen der Literatur, die in diesem Anerkennungsprinzip keinen neuartigen Ansatz sehen, sondern lediglich eine ungenaue Übertragung eines Begriffes aus dem Bereich des Verfahrensrechts, die die in Wirklichkeit stattfindende Anwendung des Kollisionsrecht verdeckt[1124], ist daher zuzustimmen. Es ist somit ungenau und verwirrend, von einer Verdrängung des Internationalen Privatrechts durch das Anerkennungsprinzip zu sprechen. Erforderlich ist die Schaffung spezieller Kollisionsnormen für im Ausland begründete Rechtslagen. Dadurch lässt sich das hier untersuchte Anerkennungsprinzip auch von der heftig kritisierten „*vested rights theory*" abgrenzen. Anders als diese bestimmt es gerade das auf den Erwerb des im Ausland erworbenen Rechts anwendbare Recht[1125].

dd) Ergebnis zu a)

Der Streit zwischen Anerkennungsprinzip einerseits und Kollisionsrecht andererseits ist insofern eine „Scheindebatte". Die Intention des vorgeschlagenen Anerkennungsprinzips lässt sich zwar nicht mit den bestehenden allseitigen Kollisionsnormen umsetzen, jedoch bedarf es dennoch, um eine im Ausland wirksam entstandene Rechtslage im Inland „anzuerkennen", gerade eines Rückgriffes auf die Mittel des Kollisionsrechts. Andernfalls ließe sich die auch von den Vertretern des Anerkennungsprinzips als notwendig erachtete Wirksamkeit der Rechtslage nach der Rechtsordnung des Begründungsstaates nicht feststellen. Die Verwendung des Begriffes „Anerkennungsprinzip" ist daher verwirrend und sollte vermieden werden.

b) Ausgestaltung einer Kollisionsnorm für im Ausland geschlossene gleichgeschlechtliche Ehen

Im nachfolgenden soll daher eine Kollisionsnorm entwickelt werden, die im Rahmen der Beantwortung der Vorfrage nach dem wirksamen Bestehen einer im Ausland geschlossenen gleichgeschlechtlichen Ehe zu europarechtskonformen Ergebnissen führt.

1122 Coester-Waltjen IPRax 2006, 392, 399; ähnlich äußert sich Lurger S. 12.

1123 Mayer in Mélanges en l'honneur de Paul Lagarde 2005, 547, 560.

1124 Vgl. oben E, IV, 3, a, cc.

1125 Auch Funken (S. 250) will der Kritik bezüglich der „vested rights theory" dadurch begegnen, dass die Anerkennungsregel das Recht festlegt, nach dem der Status begründet sein muss.

aa) Rechtswahlmöglichkeit

Zur Verhinderung von Verstößen gegen das Diskriminierungsverbot bzw. die Freizügigkeit wird insbesondere im Bereich des Namensrechts die Einführung einer Rechtswahlmöglichkeit vorgeschlagen[1126]. So soll der betroffene Namensträger für die Bildung seines Namens zwischen der Rechtsordnung des neuen Aufenthaltsstaates und seinen Heimatrechten[1127] bzw. der Rechtsordnung des Herkunftsstaates[1128] wählen können. Zum Teil wird dabei zusätzlich erwogen, die Verweisung nicht wie sonst bei einer Rechtswahl üblich als reine Sachnormverweisung auszugestalten, sondern, um den Gleichlauf mit dem gewählten Staat zu wahren, iSd *foreign-court*-Theorie, nach der im Rahmen der Renvoiprüfung genauso verfahren wird, wie die Gerichte bzw. Behörden des Heimat- bzw. Herkunftsstaats verfahren würden[1129]. Nach der *foreign-court*-Theorie muss sich nämlich der mit der Entscheidung betraute Richter in die Lage eines Richters des Staates versetzen, dessen Rechtsordnung zur Anwendung berufen ist, und das Recht anwenden, welches der fremde Richter anwenden würde, wenn er mit dem Fall befasst wäre[1130]. Nur so sei ein absoluter Entscheidungseinklang zu erreichen[1131]. Für den Bereich des Namensrechts mag es sich bei diesem Vorschlag durchaus um eine tragfähige Lösung handeln. Ein Wahlrecht verursacht bei den hier untersuchten Fällen einer im Ausland geschlossenen Ehe aber Probleme. Zunächst besteht die Schwierigkeit, dass aufgrund der Beteiligung mehrerer Personen am Verfahren, nämlich beider Ehegatten, eine Einigung zwischen den Beteiligten über die anzuwendende Rechtsordnung herbeigeführt werden muss. Dies wird jedoch in eherechtlichen Streitigkeiten oftmals nicht möglich sein[1132]. Des Weiteren ist ein entscheidendes Argument für ein Wahlrecht die Eröffnung der Möglichkeit, den Statutenwechsel zu akzeptieren[1133]. Eine solche Option besteht aber in den vorliegenden Fällen

---

1126 Staudinger/Hepting Art. 10 EGBGB Rn 223; Bogdan in International Family Law for the European Union S. 314 Rn 26f. u. S. 316 Rn 31f.; Funken S. 187; Mansel RabelsZ 70 (2006), 651, 700; Stern (S. 234), die diesen Vorschlag nicht auf das Namensrecht beschränkt.

1127 Bogdan in International Family Law for the European Union S. 314 Rn 26f. u. S. 316 Rn 31f.; Funken S. 187, Mansel RabelsZ 70 (2006), 651, 700; Stern (S. 234), die diesen Vorschlag jedoch nicht auf das Namensrecht beschränkt.

1128 Staudinger/Hepting Art. 10 EGBGB Rn 223.

1129 Mansel RabelsZ 70 (2006), 651, 693 u. 700.

1130 Cheshire/North PIL S. 55; Collier S. 21; Dicey, Morris & Collins Rn 4-009; v. Hoffmann/Thorn § 6 Rn 89; Keller/Siehr IPR S. 475/476; Kropholler § 24 I 3 b; Kupfernagel S. 68; Reichart S. 56; Webb/Brown S. 62.

1131 Mansel RabelsZ 70 (2006), 651, 693 u. 700.

1132 So auch Bogdan in International Family Law for the European Union S. 314 Rn 27 u. S. 316 Rn 32.

1133 Mansel RabelsZ 70 (2006), 651, 704.

gerade nicht, da anders als beim Namen, der infolge des Grenzübertritts lediglich verändert wird, der Ehe die Anerkennung vollständig versagt wird. Im Rahmen der Ausgestaltung einer Kollisionsnorm für im Ausland wirksam geschlossene gleichgeschlechtliche Ehen kommt die Einführung eines Wahlrechtes somit nicht in Betracht.

Ebenfalls ausscheiden muss die Schaffung von Rechtswahlklauseln hinsichtlich der an den Ehestatus anknüpfenden Folgen. Dies wäre nicht nur aufwändiger, sondern im Ergebnis auch sinnlos, da die Vorfrage nach dem wirksamen Bestehen einer Ehe nach wie vor infolge einer Anknüpfung an Art. 13 I EGBGB in vielen Fällen verneint würde.

bb) Neufassung der bestehenden allseitigen Kollisionsnormen

Wie oben ausgeführt wurde, käme es durch die zusätzliche Einführung einer Kollisionsregel für eine bereits geschlossene Ehe zu einer Aufspaltung des deutschen Kollisionsrechts[1134]. Um dies zu vermeiden, könnte man darüber nachdenken, anstatt die bestehenden allseitigen Kollisionsnormen durch eine weitere Kollisionsregel zu ergänzen[1135], eine Umgestaltung der allseitigen Kollisionsnormen vorzunehmen. Als Vorbild für eine solche Regelung könnte der bereits bestehende Art. 17b I 1 EGBGB angesehen werden, dem mit dem „Anerkennungsprinzip" vergleichbare Ergebnisse zugeschrieben werden[1136]. Jedoch sollte aus den dargelegten Gründen eine entsprechende Norm nicht als reine Sachnormverweisung ausgestaltet werden[1137]. Art. 13 I EGBGB ließe sich wie folgt formulieren:

> „Die Voraussetzungen der Eheschließung unterliegen für jeden Verlobten dem Recht des Staates, in dem die Ehe geschlossen wird."

Mit einer solchen Regelung ließe sich eine Aufspaltung des Kollisionsrechtes verhindern.

aaa) Europarechtliche Notwendigkeit einer einheitlichen Lösung im deutschen Kollisionsrecht

Es stellt sich jedoch die Frage, ob eine derart umfassende Neuregelung des deutschen Kollisionsrechts nach den Vorgaben des Europarechts erforderlich ist. Anders als in den Fällen einer bereits im Ausland geschlossenen Ehe erscheint es schwierig, in der Anknüpfung an das jeweilige Heimatrecht hinsichtlich der Eheschließung einen Europarechtsverstoß zu sehen. Wie bereits dargelegt, kann in

---

1134 S. oben E, IV, 3, a, cc, ddd.

1135 So der Vorschlag des Max-Planck-Instituts RabelsZ 47 (1983), 595, 624f.

1136 Coester-Waltjen IPRax 2006, 392, 399; Lurger S. 12.

1137 Vgl. oben E, IV, 2, a, aa.

der Verwendung des Kriteriums der Staatsangehörigkeit als Anknüpfungsmerkmal keine verbotene Diskriminierung gesehen werden[1138]. Zudem ist nicht erkennbar, inwiefern ein Unionsbürger tatsächlich von der Ausübung seines Freizügigkeitsrechts aus Art. 18 EGV abgehalten wird. Anders als in den Fällen der bereits bestehenden Ehe ist noch keine konkrete Rechtsposition betroffen, so dass die beschränkende Wirkung zu ungewiss ist. Darüber hinaus können ohnehin nach bestehendem deutschen Kollisionsrecht auch zwei Staatsangehörige, deren Heimatrecht die gleichgeschlechtliche Ehe nicht zulässt, wie z.B. zwei Deutsche, im Ausland eine solche Ehe eingehen[1139]. Es besteht somit keine europarechtliche Notwendigkeit, in den Fällen der noch bevorstehenden Eheschließung ebenfalls eine Anknüpfung an den Ort der Eheschließung einzuführen.

bbb) Sinn einer einheitlichen Lösung im deutschen Kollisionsrecht

Darüber hinaus drängt sich die Frage auf, ob in einer einheitlichen Behandlung im deutschen Kollisionsrecht tatsächlich ein Vorteil gesehen werden kann. Aufgabe des Kollisionsrechts ist es, eine möglichst eng mit dem zu regelnden Sachverhalt verbundene Rechtsordnung zur Lösung zu berufen[1140]. Wurde bereits eine Ehe eingegangen, besteht hinsichtlich der Frage der Gültigkeit der Ehe eine starke Beziehung zur Rechtsordnung des Eheschließungsstaates, denn schließlich wurde nach dieser die Ehe geschlossen. Es ist somit nahe liegend, die Frage der Wirksamkeit an diese Rechtsordnung anzuknüpfen[1141]. Anders gelagert ist hingegen der Fall der Vornahme einer Eheschließung. Hier haben die Ehepartner nicht zwingend zum Eheschließungsstaat eine besonders enge Verbindung. Möglicherweise fühlen sie sich ihrer jeweiligen Heimatrechtsordnung und den dortigen Traditionen oder aber der Rechtsordnung ihres gemeinsamen gewöhnlichen Aufenthaltes viel mehr verbunden. Hinsichtlich der Eingehung einer Ehe kann somit die Verwendung eines anderen Anknüpfungsmerkmals – wie z.B. der Staatsangehörigkeit im bisherigen Art. 13 I EGBGB – zu einer Rechtsordnung mit einem deutlich engeren Bezug führen. Darüber hinaus bestehen in den beiden Fallkonstellationen verschiedene Interessenlagen. Im Rahmen der Eingehung einer Ehe dient ein enger Maßstab dazu, das Risiko der Entstehung hinkender Rechtsverhältnisse zu mindern. Wurde jedoch die Ehe im Ausland bereits wirksam geschlossen, sollte man sie auch in Deutschland grundsätzlich als wirksam ansehen, selbst wenn die Eheschließung

---

1138 Vgl. oben E, II, 2, a.

1139 Vgl. oben E, I.

1140 Palandt/Thorn Einl v Art. 3 EGBGB Rn 1; Staudinger/Hepting Art. 10 EGBGB Rn 221; Kropholler § 4 II 1.

1141 Ähnlich Staudinger/Hepting (Art. 10 EGBGB Rn 221f.) zum Namensrecht.

aus deutscher Sicht gegen ein Verbot verstößt[1142]. In diesen Fällen dient ein großzügiger Maßstab gerade dem Schutz des i.d.R. bestehenden Vertrauens der Partner in die universelle Gültigkeit des erlangten Personenstands[1143] und sorgt für Rechtssicherheit[1144]. Im Ergebnis kann eine einheitliche Kollisionsnorm daher nicht als Vorteil angesehen werden. Sinnvoller ist die Schaffung eines differenzierten Instrumentariums, welches allen Fallkonstellationen bestmöglich gerecht wird.

ccc) Ergebnis

Von einer einheitlichen Lösung im deutschen Kollisionsrecht ist somit abzusehen. Art. 13 I EGBGB sollte in seiner derzeitigen Form erhalten bleiben. Ihm ist lediglich eine Sonderregelung für bereits im Ausland geschlossene gleichgeschlechtliche Ehen zur Seite zu stellen.

cc) Formulierung

Hinsichtlich der Formulierung sollte sich die Regel von den oben dargestellten Normen, die eine „Anerkennung" anordnen, abheben. Diesen Vorschriften ist eine unklare Begrifflichkeit gemeinsam, die Anlass zur Verwirrung bietet[1145]. Dies zeigen gerade die Stimmen in der Literatur, die den Charakter der Regelungen als Verweisungsnormen verkennen[1146]. Um den Charakter als Kollisionsnorm zu unterstreichen, ist die Vorschrift „klassisch" ohne die Verwendung des Begriffs „Anerkennung" zu formulieren. Zudem ist – anders als bei der Regelung des Schweizer IPRG (Art. 45 I) – eindeutig die Rechtsordnung zu benennen, nach der die Eheschließung wirksam sein muss. Ein neuer Art. 13 IV EGBGB ließe sich wie folgt fassen:

> „Die Wirksamkeit einer im Ausland geschlossenen gleichgeschlechtlichen Ehe richtet sich nach dem Recht des Staates, in dem die Ehe eingegangen wurde."

1142 Max-Planck-Institut RabelsZ 47 (1983), 595, 624f.

1143 Vgl. Mansel (RabelsZ 70 (2006), 651, 714/715) hinsichtlich der Regelungen des Schweizer IPRG; vgl. grundsätzlich zum Vertrauen in die universale Geltung einer geschlossenen Ehe Kropholler § 35 II.

1144 Vgl. Reichart S. 115.

1145 Auch Siehr (IPR Schweiz § 30 III 2 a)) hält die Verwendung des Begriffes „Anerkennung" in der Regelung des Art. 45 I IPRG für unglücklich gewählt, da es zu einer Verwechslung mit der „Honorierung ausländischer Hoheitsakte" kommen könne.

1146 Vgl. E, IV, 3, a, cc, ccc.

dd) Umfang der Verweisung

Es stellt sich jedoch die Frage nach der Reichweite einer solchen Verweisung.

aaa) Sachnormverweisung

In Anlehnung an die Regelung des Art. 17b I 1 EGBGB hinsichtlich eingetragener Lebenspartnerschaften könnte die Norm als reine Sachnormverweisung konzipiert werden. Wie jedoch bereits dargelegt, würde eine Verweisung nur auf das materielle Recht des Eheschließungsstaates zum Teil zu nicht europarechtskonformen Ergebnissen führen[1147]. Zudem liefe eine derartige Ausgestaltung auch gerade der Intention der Norm – das Vertrauen der Partner in die universelle Gültigkeit des erlangten Personenstands zu schützen[1148] und Rechtssicherheit zu gewährleisten[1149] – zuwider[1150]. Von einer Konzeption als Sachnormverweisung ist somit abzusehen.

bbb) Gesamtverweisung iSd Art. 4 I EGBGB (*single renvoi*-Theorie)

Verzichtet man auf eine bestimmte Regelung hinsichtlich des Umfangs der Verweisung, würde gemäß Art. 4 I 1 EGBGB im Grundsatz eine Gesamtverweisung angeordnet. Berufen ist also nicht nur das Sachrecht des ausländischen Staates, sondern auch dessen Internationales Privatrecht[1151]. So ließen sich im Grunde die oben dargelegten Probleme infolge einer reinen Sachnormverweisung wie in Art. 17b I 1 EGBGB vermeiden. Es stellt sich jedoch die Frage, wie mit einem *Renvoi* der berufenen ausländischen Rechtsordnung zu verfahren ist. Art. 4 I 2 EGBGB ordnet den Abbruch einer Rückverweisung an, so dass in diesem Fall deutsches Sachrecht zur Anwendung käme. Schwierigkeiten entstehen aber, wenn beide betroffenen Rechtsordnungen dieser *single renvoi*-Theorie folgen. Im Ergebnis würde dann je nachdem, in welchem Staat die Rechtsfrage aufgeworfen wird, das jeweilige Rechtssystem sein eigenes Sachrecht anwenden[1152]. Dadurch würde der angestrebte internationale Entscheidungseinklang verfehlt[1153]

1147 Vgl. oben E, IV, 2, a, aa.

1148 Mansel (RabelsZ 70 (2006), 651, 714/715) hinsichtlich der Regelungen des Schweizer IPRG.

1149 Reichart S. 115.

1150 So auch Reichart S. 115.

1151 V. Hoffmann/Thorn § 6 Rn 78; Kropholler § 24 II 1; Rauscher IPR Rn 340.

1152 V. Hoffmann/Thorn § 6 Rn 88; Kropholler § 24 II 3 b; Kupfernagel S. 132; O'Brien S. 141; Rauscher IPR Rn 346.

1153 V. Hoffmann/Thorn § 6 Rn 88; Kupfernagel S. 128; Rauscher IPR Rn 346; Sonnentag S. 137.

und es bestünde erneut die Gefahr europarechtswidriger Ergebnisse durch Nichtanerkennung einer im Ausland wirksam geschlossenen gleichgeschlechtlichen Ehe in Deutschland. Ähnliche Schwierigkeiten entstehen bei einer Weiterverweisung auf das Kollisionsrecht einer dritten Rechtsordnung, wenn dieses die Verweisung nicht annimmt, sondern auf eine weitere Rechtsordnung verweist oder aber eine Rückverweisung auf die zweite Rechtsordnung ausspricht. Dieser Fall hat keine ausdrückliche Regelung im EGBGB gefunden[1154]. Nimmt man in dieser Situation einen Abbruch der Weiterverweisung an, wendet also das Sachrecht der Rechtsordnung an, die vom zweiten Staat berufen wurde[1155], wäre erneut der internationale Entscheidungseinklang gefährdet. Der Rückgriff auf die geltende Regelung des Art. 4 I EGBGB und damit die Theorie des *single renvoi* ist somit aufgrund des zum Teil fehlenden internationalen Entscheidungseinklangs nicht geeignet, in allen Fällen ein europarechtskonformes Ergebnis zu erreichen. Es bedarf daher einer anderen Lösung.

ccc) *Foreign-court*-Theorie

Um den europarechtlichen Vorgaben hinreichend Rechnung zu tragen, kommt möglicherweise die Anwendung der *foreign-court*-Theorie in Betracht[1156]. Nach dieser muss sich der mit der Entscheidung betraute Richter in die Lage eines Richters des Staates versetzen, dessen Rechtsordnung zur Anwendung berufen ist, und das Recht anwenden, welches der fremde Richter anwenden würde, wenn er mit dem Fall befasst wäre[1157]. Es kommt somit nicht nur zu einer Verweisung auf die ausländischen Kollisionsregeln, sondern auch auf die ausländischen Bestimmungen zum *Renvoi*[1158]. Durch diese Anpassung der Sichtweise sollen sämtliche Rechtslagen, die im Ausland tatsächlich bestehen, auch im Inland zur Geltung kommen[1159]. Dies scheint eine elegante Lösung zu sein, um den Vorgaben des Europarechts zu entsprechen. Im Prinzip ist dadurch, dass das Gericht die Ansicht des ausländischen Gerichtes hinsichtlich der Behandlung des *Renvoi* entscheiden lässt, ein Gleichlauf garantiert. Spricht die ausländische Rechtsordnung,

1154 V. Hoffmann/Thorn § 6 Rn 99ff.; Kropholler § 24 II 4.

1155 So RGZ 64, 389, 394; Staudinger/Weick Art. 9 EGBGB Rn 56; Staudinger[15]/Dörner Art. 25 EGBGB Rn 677; Kropholler § 24 II 4; a.A. Staudinger/Hausmann Art. 4 EGBGB Rn 53ff.; v. Hoffmann/Thorn § 6 Rn 104; Kegel/Schurig § 10 IV 3; Rauscher IPR Rn 349ff.

1156 So auch Mansel (RabelsZ 70 (2006), 651, 693 Fn 204) hinsichtlich der Ausgestaltung eines Wahlrechtes im Bereich des Namensrechts (vgl. oben E, IV, 3, b, aa).

1157 Cheshire/North PIL S. 55; Collier S. 21; Dicey, Morris & Collins Rn 4-009; v. Hoffmann/Thorn § 6 Rn 89; Keller/Siehr IPR S. 475/476; Kropholler § 24 I 3 b; Kupfernagel S. 68; Reichart S. 56; Webb/Brown S. 62.

1158 Collier S. 21; O'Brien S. 137.

1159 Reichart S. 115/116; Mansel RabelsZ 70 (2006), 651, 693.

auf die verwiesen wird, eine Sachnormverweisung aus, die zurück zum Recht des Entscheidungsstaates führt, wird dieser gefolgt und das materielle Recht des Entscheidungsstaates angewandt[1160]. Kommt es hingegen zu einer kollisionsrechtlichen Rückverweisung auf das Recht des Entscheidungsstaates, verweist dieser erneut auf die ausländische Rechtsordnung und diese nimmt, wenn sie der *single renvoi*-Theorie folgt, die Verweisung an[1161]. Dasselbe Ergebnis wäre auch erreicht worden, wenn im ausländischen Staat das Verfahren stattgefunden hätte[1162]. Internationaler Entscheidungseinklang ist somit im Grundsatz gewährleistet[1163].

Die *foreign-court*-Theorie ist jedoch starker Kritik ausgesetzt, da die Gefahr eines endlosen Zirkels von Verweisungen besteht, wenn beide Rechtsordnungen ihr folgen[1164]. Eine Methode zu favorisieren, die nur funktioniert, wenn ihr andere Länder gerade nicht folgen, erscheint widersinnig[1165]. Aus diesem Grunde hat sich der deutsche Gesetzgeber im Zuge der IPR-Reform gegen die vom Deutschen Rat für IPR[1166] vorgeschlagene Übernahme dieses Systems entschieden[1167]. In der Literatur werden aber durchaus auch Ansätze vorgestellt, mit denen dieser endlose Zirkel durchbrochen werden soll[1168]. Möglicherweise ist die aufgezeigte Problematik einer endlosen Verweisung in der hier vorliegenden Untersuchung aber ohnehin nicht einschlägig. Schließlich wird nur die Spezialnorm für die Fälle bereits im Ausland geschlossener Ehen der *foreign-court*-Theorie unterstellt, wohingegen Art. 13 I EGBGB unverändert bleibt. Wenn also in einem Staat eine gleichgeschlechtliche Ehe eingegangen wird, welcher der *foreign-court*-Theorie folgt und hinsichtlich der Eheschließung auf die deutsche Rechtsordnung verweist, würde, selbst wenn die Divergenz der Anknüpfungspunkte zu einer wechselseitigen Verweisung führt, kein Zirkel entstehen. In einem solchen Fall käme es aufgrund der deutschen Regelung des Art. 13 I EGBGB i.V.m. Art. 4 I 2 EGBGB zu einem Abbruch der Rückverweisung und einer Anwendung deutschen Rechts[1169]. Die

---

1160 Vgl. Kupfernagel S. 134.

1161 Vgl. Kupfernagel S. 133.

1162 Kupfernagel S. 133f.

1163 Kegel[7] S. 287; Kupfernagel S. 133f.; O'Brien S. 141; Reichart S. 21.

1164 Cheshire/North PIL S. 56; Dicey & Morris Rn 4-031; Kegel/Schurig § 10 III 3; Kropholler § 24 I 3 b; O'Brien S. 141; vgl. auch Webb/Brown S. 63.

1165 Cheshire/North PIL S. 56/57; Dicey & Morris Rn 4-031.

1166 Vgl. Beitzke Vorschläge und Gutachten S. 15 u. 70.

1167 BTDrucks. 10/504 S. 39.

1168 Breuleux S. 35; Dicey, Morris & Collins Rn 4.033; Kegel[7] S. 289; Keller/Siehr IPR S. 477; Reichart S. 20; vgl. aber auch die Kritik von Kupfernagel (S. 137ff.) zu diesen Ansätzen.

1169 Ebenso liegt der Fall, wenn Art. 13 I EGBGB auf die Rechtsordnung eines dritten Staates verweist, die auf die Rechtsordnung des Eheschließungsstaates weiterverweist und diese dann auf das deutsche Recht zurückverweist (vgl. Kropholler § 24 II 4). Und auch in Fällen in denen die von Art. 13 I EGBGB berufene ausländische Rechtsordnung zu immer weiteren Verweisungen ohne Rückverweisung auf deutsches Recht führen würde, käme es aus Sicht des

Aufspaltung des deutschen Kollisionsrechts in Normen betreffend die Eheschließung einerseits und ihre Anerkennung andererseits und die damit einhergehende nur teilweise Einführung der *foreign-court*-Theorie verhindert die i.d.R. mit dieser Methode verbundene Gefahr einer Endlosverweisung. Die hierauf gestützte Kritik greift folglich nicht.

Zutreffend wird aber darauf hingewiesen, dass selbst die Anwendung der *foreign-court*-Theorie nicht immer eine Entscheidung zulässt, die mit der vom ausländischen Richter getroffenen übereinstimmt[1170]. So wird zwar nicht nur auf die ausländischen Kollisionsregeln, sondern auch auf die ausländischen Bestimmungen zum *renvoi* verwiesen[1171], jedoch unterfallen Materien, die dem Verfahrensrecht zuzuordnen sind, weiterhin der lex fori[1172]. Dies kann zu Divergenzen führen, wenn der Staat, in dem die Ehe geschlossen wurde, eine vorherige Scheidung (eines Drittstaates) (verfahrensrechtlich) anerkannt hat, der Aufnahmestaat, der nun aber über das Bestehen dieser Ehe im Rahmen einer Vorfrage entscheiden soll, diese Scheidung (verfahrensrechtlich) nicht anerkennt[1173]. Nach der *foreign-court*-Theorie wird zwar in dem mit der Vorfrage befassten Staat dasselbe materielle Recht angewendet wie bei der Eheschließung, bei der Anwendung dieses Rechtes kommt es aber zu Unterschieden. So ist ein Verstoß gegen das Verbot der Doppelehe aus Sicht des Eheschließungsstaates aufgrund der (verfahrensrechtlichen) Anerkennung der Scheidung nicht gegeben, jedoch aus Sicht des Aufnahmestaates, da dieser die vorherige Scheidung nicht (verfahrensrechtlich) anerkannt hat. Der Entscheidungseinklang zwischen den betroffenen Staaten wird somit auch durch die *foreign-court*-Theorie nicht immer gewährleistet. Daher erscheint auch diese Methode nicht geeignet, den europarechtlichen Vorgaben hinreichend Rechnung zu tragen.

---

deutschen Rechts zu einem Abbruch der Verweisungskette (vgl. Kropholler 24 II 4; v. Hoffmann/Thorn § 6 Rn 97ff.). Daher verhindert der unveränderte Art. 13 I EGBGB i.V.m. Art. 4 I 2 EGBGB endlose Verweisungszirkel.

1170 Cheshire/North PIL S. 57.

1171 Collier S. 21; O'Brien S. 137.

1172 Cheshire/North PIL S. 57.

1173 Vgl. zu diesem Beispiel auch Kohler (in Symposium Spellenberg 2006, 9, 24ff.), der Probleme auch bei Scheidungen in EU-Staaten trotz Geltung der Brüssel IIa-VO für möglich hält.

ddd) Verweisung auf die zuständige Rechtsordnung – Blockverweisung

Die Lösung des Problems könnte die maßgeblich von *Paolo Picone* entwickelte Verweisung auf die zuständige Rechtsordnung[1174], auch Blockverweisung genannt[1175], darstellen. Nach dieser sind nicht wie bei einer „normalen“ Gesamtverweisung nur das ausländische Kollisionsrecht und u.U., wie bei der *foreign-court*-Theorie, auch die ausländischen Bestimmungen zum *Renvoi* zu berücksichtigen. Vielmehr werden von der Verweisung sämtliche Techniken des Internationalen Privatrechts des ausländischen Staates erfasst und damit auch dessen Verfahrensrecht[1176]. Eine solche Verweisung auf eine ausländische Rechtsordnung in ihrer Gesamtheit gewährleistet echte Entscheidungsharmonie zwischen den betroffenen Staaten[1177]. Der zuvor geschilderte Problemfall wäre mit dieser Methode lösbar. Der Aufnahmestaat würde nämlich nicht nur dasselbe materielle Recht anwenden wie der Erststaat, sondern sich auch bei der Beantwortung der Frage, ob das Verbot der Doppelehe verletzt ist, aufgrund der „Blockverweisung“ am Verfahrensrecht des Eheschließungsstaates orientieren. Nach diesem wird die (im Drittstaat) erfolgte Scheidung (verfahrensrechtlich) als wirksam anerkannt. Somit käme auch der Richter des Aufnahmestaates (anders als bei der *foreign-court*-Theorie) zum Ergebnis, dass kein Verstoß gegen das Verbot der Doppelehe vorliegt, und sähe die zweite Ehe als wirksam an. Mit dieser Methode ließe sich somit sicherstellen, dass tatsächlich alle im Ausland gültig geschlossenen Ehen auch im Inland als wirksam betrachtet werden[1178].

1174 Picone Recueil des cours 1986 II, 229ff.; derselbe Recueil des cours 1999, 9, 119ff.; derselbe in Liber Amicorum Kurt Siehr 2000, 569, 583ff.; vgl. auch Pataut Principe de souveraineté S. 122f.; Siehr in Festschrift Heini 1995, 407, 413f.

1175 Kohler in Symposium Spellenberg 2006, 9, 24ff.; Mansel RabelsZ 70 (2006), 651, 726; Siehr IPRax 2005, 155, 157; derselbe Yearbook of PIL 2005, 17, 42.

1176 Kohler in Symposium Spellenberg 2006, 9, 24f.; Mansel RabelsZ 70 (2006), 651, 726; Pataut Principe de souveraineté S. 123; Picone Recueil des cours 1986 II, 229, 299; derselbe Recueil des cours 199, 9, 124/125; Siehr IPRax 2005, 155, 157; einige Autoren verwenden den Begriff der „Blockverweisung“ aber auch in Fällen, in denen man eigentlich von „*foreign-court*-Theorie“ (vgl. Mansel RabelsZ 70 (2006), 651, 726 Fn 365; Siehr in Festschrift Heini 1995, 407, 414) bzw. Gesamtverweisung (vgl. Siehr Yearbook of PIL 2005, 17, 42) sprechen müsste.

1177 Mansel RabelsZ 70 (2006), 651, 726; Pataut Principe de souveraineté S. 122f.

1178 Es könnte allerdings in bestimmten Fällen zu der irritierenden Situation kommen, dass in Deutschland eine Person als doppelt verheiratet gilt. Die erste Ehe wäre, da die Scheidung des Drittstaates in Deutschland nicht anerkannt würde, grundsätzlich wirksam. Somit wäre der betroffene Partner aus Sicht der deutschen Rechtsordnung, sofern der ersten Ehe nicht noch andere Wirksamkeitshindernisse entgegenstehen, doppelt verheiratet. Wie jedoch bereits dargelegt, wird nach h.M. auch eine im Ausland (bewusst) geschlossene Mehrehe in Deutschland grundsätzlich anerkannt und hierin kein Verstoß gegen den ordre public gesehen (vgl. oben D, I). Somit bestehen keine durchschlagenden Bedenken gegen das hier gefundene

eee) Ergebnis

Lediglich die Methode der Blockverweisung ist geeignet, den internationalen Entscheidungseinklang zwischen dem Staat der Eheschließung und dem Aufnahmestaat umfassend zu gewährleisten und somit zuverlässig einen Verstoß gegen das Europarecht zu verhindern. Die Verweisung ist folglich als Blockverweisung auszugestalten. Insofern ist dem zu schaffenden Art. 13 IV EGBGB ein zweiter Satz hinzuzufügen:

> „Die in diesem Absatz ausgesprochene Verweisung stellt eine Verweisung auf die bezeichnete ausländische Rechtsordnung in ihrer Gesamtheit dar (Blockverweisung)."

ee) Einschränkung der vorgeschlagenen neuen Kollisionsnorm

Die bisher entwickelte Regelung garantiert die Anerkennung im Ausland geschlossener gleichgeschlechtlicher Ehen und verhindert somit einen Verstoß gegen Art. 18 EGV. Sie geht aber sogar darüber hinaus. Sie erfasst nämlich auch Fälle, die außerhalb des persönlichen[1179] bzw. sachlichen Anwendungsbereichs des EG-Vertrages liegen[1180], bzw. in denen kein Eingriff in das Recht auf Freizügigkeit besteht[1181] und somit keine Verletzung des Art. 18 EGV vorliegen kann. Daher ist zu überlegen, ob die vorgeschlagene Regelung nicht einer Einschränkung bedarf.

aaa) Begrenzung auf diejenigen Fälle, in denen der EG-Vertrag die Aufrechterhaltung des Status verlangt

Die exakteste Behebung des festgestellten Verstoßes gegen den EG-Vertrag läge wohl darin, die neu zu schaffende Kollisionsnorm derart zu konzipieren, dass sie ausschließlich diejenigen Fälle erfasst, in denen der EG-Vertrag die Anerkennung der im Ausland geschlossenen gleichgeschlechtlichen Ehe verlangt. Eine solche Regelung würde aber im Endeffekt darauf hinauslaufen, dem jeweiligen Richter

---

Ergebnis. Es fehlt in diesen Fällen zwar am internen Entscheidungseinklang. Dieser tritt aber ausnahmsweise aufgrund der Vorgaben des Europarechts zu Gunsten des internationalen Entscheidungseinklangs hinsichtlich der Anerkennung der zweiten Ehe zurück.

1179 Fälle, in denen keiner der Ehepartner die Staatsangehörigkeit eines Mitgliedstaates der Europäischen Union besitzt.

1180 Fälle, in denen eine Eheschließung in einem Drittstaat vorgenommen wurde und das Paar anschließend nach Deutschland verzieht.

1181 Fälle, in denen eine gleichgeschlechtliche Ehe in einem EU- oder Drittstaat geschlossen wird, die Partner danach in einem Mitgliedstaat der Europäischen Union leben, der diese Eheschließung nicht anerkennt und anschließend nach Deutschland verziehen (vgl. E, III, 2, d, aa, hhh, (1); bzw. Fälle des „Eheschließungstourismus" (vgl. E, III, 2, d, aa, hhh, (2)).

eine Überprüfung des konkreten Einzelfalles hinsichtlich eines Verstoßes gegen den EG-Vertrag abzuverlangen. Diese Aufgabe wird man aber kaum den Gerichten überantworten können. Zum einen würde eine solch aufwendige und umfangreiche Prüfung die Ressourcen der Justiz unnötig belasten und zum anderen wäre auch für die Parteien keine hinreichende Rechtssicherheit gewährleistet. Die Anerkennung einer im Ausland geschlossenen gleichgeschlechtlichen Ehe hinge stark von der Beurteilung des Einzelfalles durch den jeweiligen Richter ab. Das Ergebnis wäre für die Beteiligten somit nur schwer vorhersehbar und auch der interne Entscheidungseinklang würde gefährdet. Von einer derartigen Lösung ist somit Abstand zu nehmen.

bbb) Einschränkung im Hinblick auf den persönlichen Anwendungsbereich

Ohne größere Schwierigkeiten ließen sich diejenigen Fälle schematisch ausgrenzen, in denen der persönliche Anwendungsbereich des EG-Vertrages nicht eröffnet ist, also keiner der Ehepartner die Staatsangehörigkeit eines Mitgliedstaates aufweist. Für eine solche Einschränkung ließe sich anführen, dass auf diese Weise dem Europarechtsverstoß durch eine möglichst geringe Veränderung des deutschen Kollisionsrechts Rechnung getragen würde. Andererseits entstünde eine Zwei-Klassengesellschaft im deutschen IPR. Ehen von EU-Bürgern wären über Art. 13 IV EGBGB privilegiert, wohingegen für Drittstaater die Regelung des Art. 13 I EGBGB gelten würde, die eine Anerkennung in vielen Fällen gerade verhindert[1182]. Die Nichtanerkennung ihrer Ehe in Deutschland führt aber für beide Gruppen von Paaren zu denselben abschreckenden Wirkungen. Im Hinblick auf die beiden Drittstaater liegt zwar kein Verstoß gegen den EG-Vertrag vor, jedoch bietet eine Lösung *de lege ferenda* gerade Gelegenheit zur Schaffung einer Kollisionsnorm, die zu einer insgesamt stimmigen und gerechten Lösung führt – auch über den eigentlichen Anlass für die Neuregelung hinaus. Da die Belastungen für die betroffenen Paare unabhängig von ihrer Nationalität eintreten, sollten auch sämtliche Staatsangehörige von der Neuregelung profitieren. Eine Begrenzung auf Angehörige der Mitgliedstaaten der Europäischen Union ist nicht interessengerecht. Insbesondere sind keine Gefahren erkennbar, die eine solche Beschränkung rechtfertigen könnten. Darüber hinaus würde auch durch eine engere Kollisionsnorm die Umgestaltung des deutschen Kollisionsrechtes nicht geringer ausfallen. In jedem Fall bedarf es neben der bisher bestehenden Regelung des Art. 13 I EGBGB einer zusätzlichen Kollisionsnorm. Die Schaffung einer einheitlichen Norm für EU-Bürger und Drittstaater erleichtert hingegen gerade die

1182 So würde es bereits ausreichen, dass eine der beiden berufenen Heimatrechtsordnungen (sei es auch nach Rück- oder Weiterverweisung) eine gleichgeschlechtliche Ehe nicht zulässt.

Handhabung des Kollisionsrechtes[1183]. Eine Ausgrenzung von Drittstaater-Ehen ist somit nicht vorzunehmen.

ccc) Einschränkung im Hinblick auf den sachlichen Anwendungsbereich

Möglicherweise ließe sich jedoch an eine Einschränkung der Norm in Fällen denken, in denen der sachliche Schutzbereich nicht eröffnet ist. So könnte man eine Anwendung des Art. 13 IV EGBGB ausschließen, wenn beide Partner ihren letzten gewöhnlichen Aufenthalt vor ihrem Zuzug nach Deutschland in einem Nicht-EU-Staat hatten. Es ist zwar zutreffend, dass im Fall zweier Deutscher, die z.B. in Kanada leben und dort heiraten und anschließend nach Deutschland verziehen, mangels Eröffnung des sachlichen Schutzbereiches kein Verstoß gegen den EG-Vertrag vorliegt, jedoch lassen sich hier im Grunde dieselben Erwägungen wie hinsichtlich der Beschränkung im Hinblick auf den persönlichen Schutzbereich anführen. Die Interessenlage der Partner, die ihre Ehe in einem Drittstaat, in dem sie leben, schließen und anschließend nach Deutschland verziehen, und denjenigen, die ihre Ehe in einem Mitgliedstaat der Europäischen Union eingehen, ist nicht verschieden. Im Rahmen einer Neuregelung des Kollisionsrechts bietet es sich insofern an, beide Fälle in die Kollisionsnorm mit einzubeziehen.

ddd) Einschränkung im Hinblick auf den Eingriff

(1) „Eheschließungstourismus"

Zuletzt ist noch an eine Ausgrenzung derjenigen Fallgruppen zu denken, in denen kein Eingriff in Art. 18 EGV vorliegt. Hierzu zählen zunächst die Fälle des „Eheschließungstourismus". Wie bereits dargelegt, entsteht für die Ehepartner in diesen Fällen keine übermäßige Belastung durch den Verlust ihres Ehestatus. Darüber hinaus hatten sie ohnehin nie ernsthaft in Erwägung gezogen nicht wieder nach Deutschland einzureisen. Es besteht somit keine mit den Partnern einer „normalen" Ehe vergleichbare Interessenlage. Zudem handelt es sich bei diesen Fällen um den Versuch, das eigentlich auf die Eheschließung anwendbare Recht durch Verlagerung des Eheschließungsortes ins Ausland zu umgehen. Einem derartigen Vorgehen sollte nicht Vorschub geleistet werden[1184]. Zwar führt der Vorschlag des neuen Art. 13 IV EGBGB nicht zu einer Erleichterung der Eheschließung im Aus-

1183 Vgl. Roth IPRax 2006, 338, 346.

1184 So auch bereits das Max-Planck-Institut (RabelsZ 44 (1980), 325, 349) zu seinem Vorschlag aus dem Jahre 1980; vgl. auch Art. 45 II IPRG (kritisch zu dieser Regelung aber Siehr IPR Schweiz § 2 IV 2); ebenso im Hinblick auf die Schaffung eines Anerkennungsprinzips Fallon in International Family Law for the European Union S. 163.

land, da hinsichtlich der Eingehung einer Ehe, auch wenn der ausländische Staat auf deutsches Recht verweist, nach wie vor dieselben Regeln gelten. Jedoch könnten durch die Gewissheit, dass jede im Ausland geschlossene gleichgeschlechtliche Ehe in Deutschland anerkannt wird, Paare unter Umständen dazu animiert werden, ausschließlich zum Zwecke der Eheschließung einen anderen Staat aufzusuchen. Insofern bietet sich eine Begrenzung der Kollisionsnorm auf Fälle an, in denen zumindest einer der Partner seinen gewöhnlichen Aufenthalt im Zeitpunkt der Eheschließung im Eheschließungsstaat hatte[1185].

(2) Mittelbarer Zuzug nach Deutschland

Die andere aufgezeigte Fallgruppe eines fehlenden Eingriffs sind Fälle, in denen ein Paar in einem EU- oder Drittstaat eine gleichgeschlechtliche Ehe schließt, dann zunächst in einem Mitgliedstaat der Europäischen Union lebt, der diese Ehe aber nicht anerkennt und im Anschluss nach Deutschland verzieht. Es fragt sich, ob dieser Fall von der Konstellation des „Eheschließungstourismus" unterschieden werden kann oder ob auch er aus dem Anwendungsbereich der Kollisionsnorm auszugrenzen ist. Anders als in den Sachverhalten des „Eheschließungstourismus" können in diesen Fällen grundsätzlich bereits starke Verflechtungen der persönlichen und wirtschaftlichen Lebensverhältnisse der Partner im Eheschließungsstaat eingetreten sein und somit kann der Verlust des Ehestatus für die Partner durchaus zu einer starken Belastung führen. Lediglich der Umstand, dass dieser negative Effekt schon bereits beim Zuzug in den ersten Mitgliedstaat eingetreten ist, hält die Partner nun nicht mehr davon ab, in einen weiteren Mitgliedstaat zu verziehen. Darüber hinaus liegt dieser Fallgruppe auch keine Umgehungsabsicht der Partner zu Grunde, die eine Ausgrenzung rechtfertigen würde. Es gibt somit keinen zwingenden Grund für eine entsprechende Beschränkung des Art. 13 IV EGBGB. Andererseits ist die Interessenlage der Partner aber nicht mit der solcher Paare vergleichbar, die aus einem Staat nach Deutschland verziehen, der ihre Ehe als gültig ansah. Folglich ist eine Einbeziehung in Art. 13 IV EGBGB auch nicht unbedingt erforderlich. Im Hinblick auf eine möglichst klar strukturierte und gut zu handhabende Kollisionsregel empfiehlt es sich jedoch, keine unnötigen Bereichsausnahmen zu schaffen. Somit ist auf die Schaffung einer speziellen Beschränkung der Kollisionsnorm für diese Fälle zu verzichten.

1185 Vgl. zu einer ähnlichen Einschränkung bereits Max-Planck-Institut RabelsZ 47 (1983), 595, 625; Mayer in Mélanges en l'honneur de Paul Lagarde 2005, 547, 572; im Hinblick auf die Schaffung eines Anerkennungsprinzips Coester-Waltjen IPRax 2006, 392, 398; Fallon in International Family Law for the European Union S. 163.

(3) Ergebnis

Um der Gefahr eines „Eheschließungstourismus“ entgegenzutreten, ist der Vorschlag für Art. 13 IV EGBGB wie folgt zu ergänzen:

> „Die Wirksamkeit einer im Ausland geschlossenen gleichgeschlechtlichen Ehe richtet sich nach dem Recht des Staates, in dem die Ehe eingegangen wurde, *sofern mindestens einer der Ehegatten dort seinen gewöhnlichen Aufenthalt im Zeitpunkt der Eheschließung hatte.*“

eee) Vereinbarkeit der Einschränkung mit Art. 18 EGV

Es wäre jedoch noch einmal zu überprüfen, ob diese Einschränkung tatsächlich nur diejenigen Fälle ausscheidet, in denen die Nichtanerkennung nicht zu einem Verstoß gegen Art. 18 EGV führt. So ließe sich an den Fall zweier Deutscher denken, die ihren gewöhnlichen Aufenthalt in den Niederlanden haben. Zum Zwecke der Eheschließung begeben sie sich nach Kanada, kehren jedoch unmittelbar danach wieder in die Niederlande zurück. Im kanadischen Recht unterliegen die materiellen Eheschließungsvoraussetzungen dem Domizilrecht der Ehepartner im Zeitpunkt der Trauung[1186]. Somit ist die Eingehung einer gleichgeschlechtlichen Ehe dort nur möglich, wenn beide Ehepartner zur Zeit der Eheschließung ihr Domizil in einem Staat haben, dessen Sachrecht die gleichgeschlechtliche Ehe zulässt[1187]. Dies ist jedoch in den Niederlanden gerade der Fall. Die gleichgeschlechtliche Ehe konnte somit in Kanada wirksam geschlossen werden. Art. 5 I WCH bestimmt, dass „eine außerhalb der Niederlande geschlossene Ehe, die nach dem Recht des Staates, in dem die Eheschließung stattgefunden hat, rechtsgültig ist [...], als solche anerkannt“ wird. Die Ehe wäre somit auch in den Niederlanden wirksam. Verzieht dieses Ehepaar später nach Deutschland, ist sowohl der persönliche als auch der sachliche Anwendungsbereich des EG-Vertrags eröffnet, und zudem würde eine Nichtanerkennung zu einer „abschreckenden Wirkung“ führen. Es käme somit zu einem Verstoß gegen Art. 18 EGV[1188]. Die entworfene Einschränkung der Kolli-

---

1186 Vgl. Davison v. Sweeney 42 B.C.L.R. (4th) 69, Rn 23; Staudinger/Mankowski Art. 13 EGBGB Rn 59; Bergmann/Ferid/Henrich/Jakob Kanada – British Columbia III A 3; Castel Part III 16.4; Payne/Payne S. 29.

1187 Die Verweisungen des kanadischen Kollisionsrechts stellen grundsätzlich reine Sachnormverweisungen dar (Bergmann/Ferid/Henrich/Jakob/Kanada – British Columbia III A 3; Flick/Piltz/Cornelius Rn 697; vgl. zum Recht von Québec Art. 3080 CCQ).

1188 Die Nichtanerkennung ließe sich in diesem Fall auch nicht mit dem Hinweis auf die Bekämpfung eines „Eheschließungstourismus“ rechtfertigen. Zunächst kommt es nicht zu einer Umgehung der deutschen Gesetze. Daher sollte die Sanktion dem umgangenen ausländischen Recht überlassen bleiben. Dieses erkennt die Ehe aber gerade an. Ferner hätte die Ehe im Beispielsfall auch in den Niederlanden geschlossen werden können. Insofern lässt sich ohnehin

sionsnorm würde diesen Fall jedoch ausscheiden. Schließlich hat keiner der Ehepartner seinen gewöhnlichen Aufenthalt jemals im Eheschließungsstaat gehabt. Es bliebe daher bei der Anwendung des Art. 13 I EGBGB, wodurch die Vorfrage nach dem wirksamen Bestehen der in Kanada geschlossenen gleichgeschlechtlichen Ehe aufgrund der deutschen Staatsangehörigkeit der Partner verneint würde. Es bedarf somit einer weiteren Korrektur, um diese – wenn auch zugegebenermaßen eher seltenen – Fälle[1189], nicht auszugrenzen. Art. 13 IV EGBGB wäre somit ein zweiter Satz hinzuzufügen[1190]:

> „Hatte keiner der Ehegatten im Zeitpunkt der Eheschließung seinen gewöhnlichen Aufenthalt in dem Staat, in dem die Ehe eingegangen wurde, so bestimmt sich die Frage nach der Wirksamkeit der im Ausland geschlossenen gleichgeschlechtlichen Ehe, sofern mindestens ein Ehepartner vor dem Zuzug nach Deutschland seinen letzten gewöhnlichen Aufenthalt in einem Mitgliedstaat der Europäischen Union hatte, nach dieser Rechtsordnung."

Diese Regelung erfasst genau die hier betrachtete problematische Fallkonstellation. Dabei verwendet sie das bereits im Rahmen des Eingriffes gefundene Differenzierungskriterium. Entscheidend in den Fällen einer Eheschließung in einem EU- oder Drittstaat mit zwischenzeitlichem gewöhnlichen Aufenthalt in einem (anderen) EU-Staat, vor Verzug des Paares nach Deutschland, ist gerade die Haltung dieses anderen Mitgliedstaates[1191].

---

nicht von einem Fall des „Eheschließungstourismus" sprechen, denn erkennbar sollten nicht die Vorschriften des Wohnsitzstaates umgangen werden.

1189 So ist die Eheschließung in Kanada nur solchen gleichgeschlechtlichen Paaren möglich, deren Domizilrecht die gleichgeschlechtliche Ehe erlaubt. In den Niederlanden, Spanien und Belgien steht sie grundsätzlich nur solchen Paaren offen, von denen zumindest ein Partner seinen gewöhnlichen Aufenthalt im Eheschließungsstaat hat. Insoweit werden in diesen europäischen Staaten keine problematischen Konstellationen geschaffen. Lediglich in Belgien und den Niederlanden ist zudem eine gleichgeschlechtliche Eheschließung möglich, wenn zumindest einer der Partner Belgier bzw. Niederländer ist. Somit sind bereits aufgrund dieser Voraussetzungen die Fälle, in denen es zu einer gleichgeschlechtlichen Eheschließung kommt, ohne dass zumindest ein Partner seinen gewöhnlichen Aufenthalt im Eheschließungsstaat hat, eher gering. Darüber hinaus wird hinsichtlich der Anerkennung nur ein solcher Mitgliedstaat der Europäischen Union so großzügig sein, der selbst die gleichgeschlechtliche Ehe eingeführt hat. Für ein Paar, welches in einem solchen Staat lebt, besteht aber ohnehin keine Notwendigkeit, nur zum Zwecke der Eheschließung in einen Dritt- oder anderen EU-Staat zu reisen, da es bereits im Wohnsitzstaat gleichgeschlechtlich heiraten kann.

1190 Der bisherige zweite Satz, der den Charakter der Verweisung als Blockverweisung betont, wird zu S. 3.

1191 Vgl. oben E, III, 2, d, aa, hhh, (1).

fff) Ergebnis

Durch die zunächst vorgenommene Einschränkung, um die Fälle des „Eheschließungstourismus" auszugrenzen und die nachfolgend vorgenommene Gegenausnahme, um bestimmte Fälle wieder zu erfassen, verkompliziert sich die neue Kollisionsregel. Dies könnte möglicherweise der Handhabbarkeit der Norm abträglich sein. Es ist somit eine Abwägung zwischen der Notwendigkeit der Verhinderung des „Eheschließungstourismus" einerseits und dem Aspekt der Praktikabilität andererseits vorzunehmen. Zunächst wäre zu untersuchen, inwieweit die Handhabung der Norm tatsächlich durch diese weitere Ausgestaltung erschwert wird. S. 1 enthält mit der Verweisung auf das Recht des Eheschließungsstaates eine grundsätzlich leicht zu erfassende Regelung. Auch das zusätzliche Erfordernis des gewöhnlichen Aufenthalts am Ort der Eheschließung ist einfach nachzuprüfen. Die Sonderregel des S. 2 kommt nur zum Einsatz, wenn S. 1 nicht eingreift. Dies ist zwar wie am aufgezeigten Beispielsfall gesehen theoretisch möglich, wie aber ebenfalls bereits angesprochen in der Praxis äußerst selten. Folglich ist in den meisten Fällen nur die Grundregel des S. 1 anzuwenden und nur in wenigen Ausnahmen zusätzlich noch S. 2 durchzuprüfen. Die konzipierte Kollisionsregel ist somit nicht zu komplex, um hinreichend praktikabel zu sein. Zudem bestehen für die Ausgrenzung des „Eheschließungstourismus" gute Gründe. Würde man eine weite Kollisionsnorm ohne Einschränkungen einführen, würden Paare unter Umständen dazu animiert, ein Land aufzusuchen, das ihnen eine gleichgeschlechtliche Eheschließung erlaubt, um im Anschluss diesen Status in Deutschland anerkennen zu lassen. Einer derartigen Gesetzesumgehung sollte jedoch nicht Vorschub geleistet werden. Zudem hätte dies Konsequenzen für die ganze Europäische Union. Wird die Ehe nämlich in Deutschland als bestehend angesehen, dürfte die anschließende Nichtanerkennung in einem anderen Mitgliedstaat für die Partner zu einem Verstoß gegen ihr Recht auf Freizügigkeit führen[1192]. Insofern ist auch die großzügige Anerkennungsregel in den Niederlanden nicht unproblematisch. Aufgrund der hinreichenden Praktikabilität der weiteren Einschränkung der Norm und der Notwendigkeit, der Gefahr eines „Eheschließungstourismus" entgegenzuwirken, ist an der erweiterten Konzeption der Regelung festzuhalten.

1192 Es wäre jedoch noch in der jeweiligen mitgliedstaatlichen Rechtsordnung die Möglichkeit einer Rechtfertigung der Nichtanerkennung zu prüfen. Möglicherweise verstößt die Aufrechterhaltung einer gleichgeschlechtlichen Ehe in der einen oder anderen europäischen Rechtsordnung gegen ein Grundinteresse der Gesellschaft.

ff) Ausweitung auf verschiedengeschlechtliche Ehen

Die obigen Ausführungen zur Freizügigkeit beziehen sich ausschließlich auf die gleichgeschlechtliche Ehe. Dementsprechend wurde die vorgeschlagene neue Kollisionsnorm nur für diese Fälle konzipiert. Es stellt sich jedoch die Frage, ob eine Ausweitung auch auf im Ausland geschlossene verschiedengeschlechtliche Ehen angebracht wäre. Grundsätzlich steht ein verschiedengeschlechtliches Paar, das im Ausland eine wirksame Ehe geschlossen hat und nun nach Deutschland verzieht, im Falle der Nichtanerkennung des Status vor den gleichen Problemen wie ein gleichgeschlechtliches Paar in derselben Situation. Der Umstand, dass die Fälle der Nichtanerkennung einer ausländischen verschiedengeschlechtlichen Ehe aufgrund der weltweiten Verbreitung dieses Instituts im Gegensatz zur gleichgeschlechtlichen Ehe relativ selten sind, ist hierfür ohne Relevanz. Die vergleichbare Interessenlage spricht somit für eine Einbeziehung in die neuzuschaffende Regelung. Ohnehin sollte ein möglichst einheitliches Kollisionsrecht geschaffen werden. Wenn in Art. 13 I EGBGB der Begriff der Ehe einheitlich zu verstehen ist, also sowohl die verschieden- als auch die gleichgeschlechtliche Ehe erfasst, dann bietet es sich an, dies für den Sonderfall der im Ausland geschlossenen Ehe (Art. 13 IV EGBGB) entsprechend zu handhaben. Eine Nichteinbeziehung verschiedengeschlechtlicher Paare würde auch die Frage nach einer Diskriminierung aufwerfen[1193].

gg) Ergebnis

Art. 13 IV EGBGB ist somit wie folgt zu fassen:

> „(S. 1) Die Wirksamkeit einer im Ausland geschlossenen Ehe richtet sich nach dem Recht des Staates, in dem die Ehe eingegangen wurde, sofern mindestens einer der Ehegatten dort seinen gewöhnlichen Aufenthalt im Zeitpunkt der Eheschließung hatte.
> (S. 2) Hatte keiner der Ehegatten im Zeitpunkt der Eheschließung seinen gewöhnlichen Aufenthalt in dem Staat, in dem die Ehe eingegangen wurde, so bestimmt sich die Frage nach der Wirksamkeit der im Ausland geschlossenen Ehe, sofern mindestens ein Ehepartner vor dem Zuzug nach Deutschland seinen letzten gewöhnlichen Aufenthalt in einem Mitgliedstaat der Europäischen Union hatte, nach dieser Rechtsordnung.

1193 Vgl. Fn 294 zu der entsprechenden Frage bzgl. der z.T. vertretenen Nichteinbeziehung verschiedengeschlechtlicher eingetragener Lebenspartnerschaften in Art. 17b EGBGB.

(S. 3) Die in diesem Absatz ausgesprochene Verweisung stellt eine Verweisung auf die bezeichnete ausländische Rechtsordnung in ihrer Gesamtheit dar (Blockverweisung).“

V) Gesamtergebnis

Die zunächst vorgenommene Einordnung der im Ausland geschlossenen gleichgeschlechtlichen Ehe unter Art. 13 EGBGB führt in der derzeitigen Fassung des deutschen Kollisionsrechts zu mit dem EG-Vertrag unvereinbaren Ergebnissen, namentlich zu einem Verstoß gegen das allgemeine Freizügigkeitsrecht. Daher bedarf es, um europarechtskonforme Ergebnisse bei der Behandlung von Fällen mit Beteiligung nach ausländischem Recht verheirateter gleichgeschlechtlicher Partner zu erlangen, – wie in der vorliegenden Arbeit erfolgt – der Schaffung einer neuen Kollisionsnorm für im Ausland geschlossene Ehen.

F) Schluss

Durch die im Ausland neu geschaffene Rechtsform der gleichgeschlechtlichen Ehe steht auch die deutsche Rechtsordnung vor neuen Herausforderungen.

Zur Einordnung eines dem deutschen materiellen Recht unbekannten Institutes bedarf es einer umfassenden Auseinandersetzung mit der ausländischen Rechtsfigur. Nur wenn genau ihre Funktion und Bedeutung herausgearbeitet und mit den Einrichtungen des deutschen Rechts verglichen wird, ist eine zuverlässige Qualifikation im deutschen Kollisionsrecht möglich. Die Ergebnisse dieser Arbeit können der deutschen Rechtspraxis im Hinblick auf die zukünftig zu erwartenden Konfliktfälle als Hilfestellung dienen. Die Untersuchung ergibt einen funktionellen Gleichlauf zwischen dem ausländischen Institut der (gleichgeschlechtlichen) Ehe und der deutschen (verschiedengeschlechtlichen) Ehe. Insofern ist eine Einordnung unter Art. 13 EGBGB vorzunehmen. Weder die fehlende Geschlechtsverschiedenheit noch die vorgetragene privilegierende Wirkung einer Anknüpfung an Art. 17b I 1 EGBGB stehen einer derartigen Qualifikation entgegen. Es entspricht allgemeiner Meinung, dass die kollisionsrechtlichen Begriffe nicht mit denen des materiellen Rechtes übereinstimmen müssen, sondern weit auszulegen sind. Zudem widerspricht die primäre Berücksichtigung des Aspektes der weitestgehenden Wirksamkeit dem kollisionsrechtlichen System.

Im Rahmen der Prüfung des *ordre public* und eines Verstoßes gegen Art. 6 I GG bedarf es einer genauen Trennung zwischen der Schließung einer gleichgeschlechtlichen Ehe im Inland und der bloßen Zuerkennung von konkreten Rechtsfolgen, die sich aus einer solchen bereits im Ausland eingegangenen Verbindung ergeben. Im letzteren Fall kann kein Grundrechtsverstoß festgestellt werden, da weder das Abwehrrecht noch die Institutsgarantie des Art. 6 I GG verletzt sind und darüber hinaus auch keine Beeinträchtigung der in Art. 6 I GG enthaltenen wertentscheidenden Grundsatznorm vorliegt. Dieser lässt sich nämlich kein Abstandsgebot entnehmen, das eine Benachteiligung gleichgeschlechtlicher Beziehungen im Vergleich zur Ehe gebieten würde. Für dieses Ergebnis spricht gerade auch die Behandlung einer im Ausland geschlossenen polygamen Ehe, die im Inland grundsätzlich als wirksam anerkannt wird. Zudem ist die Gewährung eines gemeinsamen Adoptionsrechts für gleichgeschlechtliche Ehepartner mit dem Kindeswohl vereinbar und verstößt nicht gegen das allgemeine Persönlichkeitsrecht des Kindes (Art. 2 I i.V.m Art 1 I GG).

Eine Einordnung unter Art. 13 I EGBGB führt dazu, dass in Deutschland grundsätzlich nur die Ehe zweier Partner, deren jeweiliger Heimatstaat die gleichgeschlechtliche Ehe eingeführt hat, anerkannt wird. Hierin kann zwar, soweit im

Rahmen der vorliegenden Arbeit untersucht[1194], kein Verstoß gegen die Personenverkehrsfreiheiten gesehen werden, da keine spezifische Marktzugangsbeschränkung vorliegt, jedoch ist das allgemeine Freizügigkeitsrecht aus Art. 18 EGV verletzt. Der EuGH behandelt das allgemeine Recht auf Freizügigkeit, z.T. mit ausdrücklichen Hinweisen auf seine Entscheidungen zu den Grundfreiheiten, parallel zu diesen und entnimmt auch diesem Recht ein Beschränkungsverbot. Aufgrund der tatbestandlichen Weite des Art. 18 EGV bedarf dieses jedoch einer Einschränkung. Da das allgemeine Recht auf Freizügigkeit aber anders als die Grundfreiheiten nicht auf die Verwirklichung eines einheitlichen Binnenmarktes gerichtet ist, kommt eine Übertragung einer Beschränkung entsprechend der Keck-Formel nicht in Betracht. Das in Art. 18 EGV enthaltene Beschränkungsverbot lässt sich jedoch mit Hilfe eines in der Arbeit näher umschriebenen „Spürbarkeitskriteriums" praxistauglich einschränken. Die Folgen der Nichtanerkennung einer im Ausland geschlossenen gleichgeschlechtlichen Ehe aufgrund einer Einordnung unter Art. 13 EGBGB stellen eine unzulässige Beschränkung des Art. 18 EGV dar. Eine Rechtfertigung hierfür ist nicht ersichtlich.

Da sich den Grundfreiheiten bzw. dem allgemeinen Freizügigkeitsrecht keine direkten Verweisungsnormen entnehmen lassen und auch eine europarechtskonforme Auslegung des deutschen IPR nicht möglich ist, bedarf es einer Lösung dieses europarechtlichen Konfliktes *de lege ferenda*. Bei der in letzter Zeit aufgekommenen Diskussion, ob im europäischen Rechtsraum nicht ein Anerkennungsprinzip dem klassischen IPR vorzuziehen sei, handelt es sich lediglich um eine „Scheindebatte". Es ist daher eine neue Kollisionsnorm in Bezug auf bereits im Ausland geschlossene gleichgeschlechtliche Ehen einzuführen. Diese Kollisionsnorm ist als Blockverweisung auszugestalten, da nur so tatsächlich alle Fälle einer im Ausland wirksam geschlossenen Ehe erfasst werden können und ein Verstoß gegen Art. 18 EGV zuverlässig verhindert wird.

Das allgemeine Freizügigkeitsrecht ist von immenser Bedeutung. So wirkt es auch auf den Bereich des Familienrechts ein und gewährleistet einem im Ausland wirksam verheirateten Paar die „Mitnahme" seines Ehestatus. Diese Vorschrift ist somit in der Lage, zu großen Veränderungen in den mitgliedstaatlichen Rechtsordnungen – gerade außerhalb des wirtschaftlichen Sektors – zu führen und tatsächlich das angestrebte Europa der Bürger zu verwirklichen.

1194 Vgl. zur Problematik der Namensführung E, II, 2, c, bb, bbb, (4).

Literaturverzeichnis

Andrae, Marianne	Internationales Familienrecht 2. Auflage Baden-Baden 2006 zit.: Andrae
Arenas García, Rafael	La doctrina reciente de la DGRN en materia de celebración del matrimonio en los supuestos internacionales in: Anuario español de derecho internacional privado 2005, S. 351ff. zit.: Arenas García AEDIPR 2005
Bala, Nicholas	Controversy Over Couples in Canada: The Evolution of Marriage and Other Adult Interdependent Relationships in: Queen's Law Journal, Fall 2003, S. 41ff. zit.: Bala 29 Queen's L.J. (2003)
Bamberger, Heinz Georg/ Roth, Herbert (Hrsg.)	Kommentar zum Bürgerlichen Gesetzbuch Band 3: §§ 1297 - 2385 BGB; EGBGB 2. Auflage München 2008 zit.: Bamberger/Roth/Bearbeiter
Bar, Christian von	Die eherechtlichen Konventionen der Haager Konferenz(en) in: Rabels Zeitschrift für ausländisches und internationales Privatrecht Bd. 57 (1993), S. 63ff. zit.: v. Bar RabelsZ 57 (1993)
Bar, Christian von/ Mankowski, Peter	Internationales Privatrecht Band I: Allgemeine Lehren 2. Auflage München 2003 zit.: v. Bar/Mankowski I
Baratta, Roberto	Problematic elements of an implicit rule providing for mutual recognition of personal and family status in the EC in: Praxis des internationalen Privat- und Verfahrensrechts 2007, S. 4ff. zit.: Baratta IPRax 2007

Barnich, Laurent	Présentation du nouveau Code belge de droit international privé in: Revue du notariat belge 127 (2005), S. 6ff. zit.: Barnich Revue du notariat belge 127 (2005)
Basedow, Jürgen	Der kollisionsrechtliche Gehalt der Produktfreiheiten im europäischen Binnenmarkt: favor offerentis in: Rabels Zeitschrift für ausländisches und internationales Privatrecht Bd. 59 (1995), S. 1ff. zit.: Basedow RabelsZ 59 (1995)
Bauer, Frank	Aktuelle Entwicklungen im europäischen Kollisionsrecht – Festsitzung anlässlich des 50jährigen Bestehens des Deutschen Rates für IPR in: Praxis des internationalen Privat- und Verfahrensrechts 2004, S. 275ff. zit.: Bauer IPRax 2004
Baumbach, Adolf/ Lauterbach, Wolfgang/ Albers, Jan/ Hartmann, Peter	Zivilprozessordnung mit FamFG, GVG und anderen Nebengesetzen 68. Auflage München 2010 zit.: Baumbach/Lauterbach/Albers/Hartmann
Beck, Volker	Die verfassungsrechtliche Begründung der Eingetragenen Lebenspartnerschaft in: Neue Juristische Wochenschrift 2001, S. 1894ff. zit.: Beck NJW 2001
Becker, Ulrich	Freizügigkeit in der EU – auf dem Weg vom Begleitrecht zur Bürgerfreiheit in: Europarecht 1999, S. 522ff. zit.: Becker EuR 1999
Becker, Ulrich	Unionsbürgerschaft und soziale Rechte in: Zeitschrift für europäisches Sozial- und Arbeitsrecht 2002, S. 8ff. zit.: Becker ZESAR 2002

Beitzke, Günther — Probleme der Privatrechtsangleichung in der Europäischen Wirtschaftsgemeinschaft
in: Zeitschrift für Rechtsvergleichung Bd. 5 (1964), S. 80ff.
zit.: Beitzke ZfRV 5 (1964)

Beitzke, Günther — Vorschläge und Gutachten zur Reform des deutschen internationalen Personen-, Familien- und Erbrechts
Tübingen 1981
zit.: Beitzke Vorschläge und Gutachten

Benicke, Christoph — Typenmehrheit im Adoptionsrecht
Diss. iur. Heidelberg 1994
zit.: Benicke

Benicke, Christoph/ Zimmermann, Andreas — Internationales Namensrecht im Spannungsfeld zwischen Internationalem Privatrecht, Europäischem Gemeinschaftsrecht und Europäischer Menschenrechtskonvention
in: Praxis des internationalen Privat- und Verfahrensrechts 1995, S. 141ff.
zit.: Benicke/Zimmermann IPRax 1995

Bergmann, Alexander/ Ferid, Murad/ Henrich, Dieter — Internationales Ehe- und Kindschaftsrecht
Belgien – Stand 18.03.2009
Island – Stand 30.09.1997
Kanada – British Columbia – Stand 01.08.2002
Niederlande – Stand 01.09.2008
Norwegen – Stand 30.09.2004
Schweden – Stand 30.06.2009
Spanien – Stand 28.12.2008
Thailand – Stand 01.07.2009
zit.: Bergmann/Ferid/Henrich/Bearbeiter

Berrocal Lanzarot, Ana Isabel — Análisis de la nueva Ley 14/2006, de 26 de mayo sobre técnicas de reproducción humana asistida. Una primera aproximación a su contenido
in: Revista de la Escuela de Medicina Legal, Enero de 2007, S. 40ff.
zit.: Berrocal Lanzarot Revista de la Escuela de Medicina Legal 2007

Bode, Stephanie	Anmerkung zu EuGH D'Hoop, Rs. C-224/98 in: Europäische Zeitschrift für Wirtschaftsrecht 2002, S. 637ff. zit.: Bode EuZW 2002
Bode, Stephanie	Europarechtliche Gleichbehandlungsansprüche Studierender und ihre Auswirkungen in den Mitgliedstaaten Diss. iur. Berlin 2004 zit.: Bode
Bode, Stephanie	Von der Freizügigkeit zur sozialen Gleichstellung aller Unionsbürger? – Zur Wirkung und Reichweite von Art. 18 EGV in der Rechtsprechung des EuGH in: Europäische Zeitschrift für Wirtschaftsrecht 2003, S. 552ff. zit.: Bode EuZW 2003
Boele-Woelki, Katharina	Registered Partnership and Same-Sex Marriage in the Netherlands in: Legal Recognition of Same-Sex Couples in Europe, Katharina Boele-Woelki/Angelika Fuchs (Hrsg.), S. 41ff. Antwerpen/Oxford/New York 2003 zit.: Boele-Woelki in Legal Recognition of Same-Sex Couples in Europe
Boele-Woelki, Katharina/ Schrama, Wendy	Die Rechtsstellung von Menschen mit homosexueller Veranlagung im niederländischen Recht in: Die Rechtsstellung gleichgeschlechtlicher Lebensgemeinschaften, Jürgen Basedow/Klaus J. Hopt/Heinz Kötz/Peter Dopffel (Hrsg.), S. 51ff. Tübingen 2000 zit.: Boele-Woelki/Schrama in Rechtsstellung gleichgeschlechtlicher Lebensgemeinschaften

Bogdan, Michael	The EC Treaty and the use of nationality and habitual residence as connecting factors in International Family Law in: International Family Law for the European Union, Johan Meeusen/Marta Pertegás/Gert Straetmans/ Frederik Swennen (Hrsg.), S. 303ff. Antwerpen/Oxford 2007 zit.: Bogdan in International Family Law for the European Union
Bogdandy, Armin von/ Bitter, Stephan	Unionsbürgerschaft und Diskriminierungsverbot Zur wechselseitigen Beschleunigung der Schwungräder unionaler Grundrechtsjudikatur in: Festschrift für Manfred Zuleeg zum siebzigsten Geburtstag, S. 309ff. 1. Auflage Baden-Baden 2005 zit.: v. Bogdandy/Bitter in Festschrift Zuleeg 2005
Bollée, Sylvain	L'extension du domaine de la méthode de reconnaissance unilatérale in: Revue critique de droit international privé 2007, S. 307ff. zit.: Bollée Rev. crit. DIP 2007
Brandt, Thomas Alexander	Die Adoption durch eingetragene Lebenspartner im internationalen Privat- und Verfahrensrecht Diss. iur. Heidelberg 2004 zit.: Brandt
Braun, Johann	„Ein neues familienrechtliches Institut" in: Juristenzeitung 2002, S. 23ff. zit.: Braun JZ 2002
Breuleux, Gérald	Internationale Zuständigkeit und anwendbares Recht Diss. iur. Zürich 1969 zit.: Breuleux
Bruns, Manfred	Art. 6 I GG und gesetzliche Regelungen für gleichgeschlechtliche Lebensgemeinschaften in: Zeitschrift für Rechtspolitik 1996, S. 6ff. zit.: Bruns ZRP 1996

Bruns, Manfred/ Kemper, Rainer (Hrsg.)
LPartG – Gesetz zur Beendigung der Diskriminierung gleichgeschlechtlicher Gemeinschaften: Lebenspartnerschaften – Handkommentar
1. Auflage Baden-Baden 2001
zit.: Hk-LPartG/Bearbeiter
Lebenspartnerschaftsrecht – Handkommentar
2. Auflage Baden-Baden 2006
zit.: Hk-LPartR/Bearbeiter

Bucher, Andreas
Droit international privé suisse
Tome II: Personnes, Famille, Successions
Basel 1992
zit.: Bucher DIPr suisse

Bucher, Andreas
Über die räumlichen Grenzen der Kollisionsnormen
in: Festschrift für Frank Vischer zum 60. Geburtstag, S. 93ff.
Zürich 1983
zit.: Bucher in Festschrift Vischer 1983

Burgi, Martin
Schützt das Grundgesetz die Ehe vor der Konkurrenz anderer Lebensgemeinschaften?
in: Der Staat 2000, S. 487ff.
zit.: Burgi Der Staat 2000

Burkiczak, Christian
Die „eingetragene Lebenspartnerschaft“ vor dem Bundesverfassungsgericht
in: Thüringer Verwaltungsblätter 2003, S. 7ff.
zit.: Burkiczak ThürVBl 2003

Busch, Michael
Adoptionswirkungsgesetz und Haager Adoptionsübereinkommen – von der Nachadoption zur Anerkennung und Wirkungsfeststellung
in: Praxis des internationalen Privat- und Verfahrensrechts 2003, S. 13ff.
zit.: Busch IPRax 2003

Calliess, Christian/ Ruffert, Matthias
EUV/EGV – Das Verfassungsrecht der Europäischen Union mit Europäischer Grundrechtecharta – Kommentar
3. Auflage München 2007
zit.: Calliess/Ruffert/Bearbeiter

Calvo Caravaca, Alfonso-Luis/ Carrascosa González, Javier	Aspectos internacionales de los matrimonios entre personas del mismo sexo: Notas a la resolución-circular de la Dirección General de los Registros y del Notariado de 29 de Julio de 2005 in: Boletín de información del Ministerio de Justicia, Año 60, núm. 2007, 2006, S. 671ff. zit.: Calvo Caravaca/Carrascosa González Boletín núm. 2007
Calvo Caravaca, Alfonso-Luis/ Carrascosa González, Javier	Derecho Internacional Privado Volumen I + II 8. Auflage Granada 2007 zit.: Calvo Caravaca/Carrascosa González DIPr
Campbell, Angela	Conceiving parents through law in: International Journal of Law, Policy and the Family, August 2007, S. 242ff. zit.: Campbell 21 Int'l J.L. & Pol'y & Fam. 242 (2007)
Castel, Jean-Gabriel/ Walker, Janet	Canadian Conflict of Laws 5. Auflage Markham (Ontario) 2002 zit.: Castel
Chorus, Jeroen/ Gerver, Piet-Hein/ Hondius, Ewoud	Introduction to Dutch Law 4. Auflage Alphen aan den Rijn 2006 zit.: Chorus/Gerver/Hondius/Bearbeiter
Cloer, Adrian	Anmerkung zu EuGH Schempp, Rs. C-403/03, Slg. 2005, S. I-6421 in: Europäisches Wirtschafts- & Steuerrecht – Betriebs-Berater für Europarecht Bd. 16 (2005), S. 366ff. zit.: Cloer EWS 2005
Coester, Michael	Die kollisionsrechtliche Bedeutung des Bundesverfassungsgerichtsurteils zur Lebenspartnerschaft in: Festschrift für Hans Jürgen Sonnenberger zum 70. Geburtstag, S. 321ff. München 2004 zit.: Coester in Festschrift Sonnenberger 2004

Coester-Waltjen, Dagmar	Anerkennung im Internationalen Personen-, Familien- und Erbrecht und das Europäische Kollisionsrecht in: Praxis des internationalen Privat- und Verfahrensrechts 2006, S. 392ff. zit.: Coester-Waltjen IPRax 2006
Coester-Waltjen, Dagmar	Das Anerkennungsprinzip im Dornröschenschlaf? in: Festschrift für Erik Jayme Band I, S. 121ff. München 2004 zit.: Coester-Waltjen in Festschrift Jayme Bd. I 2004
Collier, John Greenwood	Conflict of Laws 3. Auflage Cambridge 2001 zit.: Collier
Conway, Heather/ Girard, Philip	"No Place Like Home": The Search for a Legal Framework for Cohabitants and the Family Home in Canada and Britain in: Queen's Law Journal, Spring 2005, S. 715ff. zit.: Conway/Girard 30 Queen's L.J. (2005)
Cooper, Elizabeth B.	Who needs marriage? Equality and the role of the state in: Journal of Law and Family Studies 2006, S. 325ff. zit.: Cooper 8 J. L. & Fam. Stud. 325 (2006)
Cremer, Wolfram	Rechtfertigung legislativer Eingriffe in Grundrechte des Grundgesetzes und Grundfreiheiten des EG-Vertrags nach Maßgabe objektiver Zwecke in: Neue Zeitschrift für Verwaltungsrecht 2004, S. 668ff. zit.: Cremer NVwZ 2004
Cullmann, Peter	Anerkennung polygamer Ehen in der Bundesrepublik Deutschland in: Zeitschrift für das gesamte Familienrecht 1976, S. 313ff. zit.: Cullmann FamRZ 1976
Dauner-Lieb, Barbara/ Heidel, Thomas/ Ring, Gerhard (Hrsg.)	Anwaltkommentar BGB Band 1 – Allgemeiner Teil mit EGBGB Bonn 2005 zit.: AnwKomm/Bearbeiter

Dautzenberg, Norbert	Der Vertrag von Maastricht, das neue Grundrecht auf allgemeine Freizügigkeit und die beschränkte Steuerpflicht der natürlichen Personen in: Betriebs-Berater 1993, S. 1563ff. zit.: Dautzenberg BB 1993
Deckert, Martina R./ Schroeder, Werner	Anmerkung zu EuGH Graf, Rs. C-190/98, Slg. 2000, S. I-493 in: Juristenzeitung 2001, S. 88ff. zit.: Deckert/Schroeder JZ 2001
Dekkers, René	Précis de droit civil belge – Tome premier Bruxelles 1954 zit.: Dekkers
Dethloff, Nina	Adoption durch gleichgeschlechtliche Paare in: Zeitschrift für Rechtspolitik 2004, S. 195ff. zit.: Dethloff ZRP 2004
Dethloff, Nina	Familienrecht 29. Auflage München 2009 zit.: Dethloff
Dethloff, Nina	Konkurrenz von Vaterschaftsvermutung und Anerkennung der Vaterschaft in: Praxis des internationalen Privat- und Verfahrensrechts 2005, S. 326ff. zit.: Dethloff IPRax 2005
Dicey, Albert Venn/ Morris, John Humphrey Carlile	The Conflict of Laws – Volume 1 13. Auflage London 2000 zit.: Dicey & Morris
Dicey, Albert Venn/ Morris, John Humphrey Carlile/ Collins, Sir Lawrence	The Conflict of Laws – Volume 1 14. Auflage London 2006 zit.: Dicey, Morris & Collins
Dickhuth-Harrach, Hans-Jürgen von	Das Lebenspartnerschaftsrecht Version 2005 in: Familie Partnerschaft Recht 2005, S. 273ff. zit.: v. Dickhuth-Harrach FPR 2005

Diederichsen, Uwe — Homosexuelle – von Gesetzes wegen?
in: Neue Juristische Wochenschrift 2000, S. 1841ff.
zit.: Diederichsen NJW 2000

Díez-Picazo, Luis/ Gullón, Antonio — Sistema de derecho civil – Volumen IV: Derecho de familia. Derecho de sucesiones
10. Auflage Madrid 2006
zit.: Díez-Picazo/Gullón

Dörner, Heinrich — Grundfragen der Anknüpfung gleichgeschlechtlicher Partnerschaften
in: Festschrift für Erik Jayme Band I, S. 143ff.
München 2004
zit.: Dörner in Festschrift Jayme Bd. I 2004

Dörner, Heinrich — Probleme des neuen internationalen Kindschaftsrechts
in: Festschrift für Dieter Henrich zum 70. Geburtstag, S. 119ff.
Bielefeld 2000
zit.: Dörner in Festschrift Henrich 2000

Drasch, Wolfgang — Das Herkunftslandprinzip im internationalen Privatrecht: Auswirkungen des europäischen Binnenmarktes auf Vertrags- und Wettbewerbsstatut
Diss. iur. Augsburg 1995/1996
zit.: Drasch

Dreier, Horst (Hrsg.) — Grundgesetz – Kommentar
Band I: Präambel, Artikel 1-19
2. Auflage Tübingen 2004
zit.: Dreier/Bearbeiter

Drobnig, Ulrich — Verstößt das Staatsangehörigkeitsprinzip gegen das Diskriminierungsverbot des EWG-Vertrages?
in: Rabels Zeitschrift für ausländisches und internationales Privatrecht Bd. 34 (1970), S. 637ff.
zit.: Drobnig RabelsZ 34 (1970)

Dudenredaktion (Hrsg.) — Duden – Band 10 – Das Bedeutungswörterbuch
4. Auflage Mannheim/Leipzig/Wien/Zürich 2010
zit.: Duden – Das Bedeutungswörterbuch

Düsterhaus, Dominik	Studierende Unionsbürger: Entwicklung und Bedeutung einer besonders privilegierten Rechtsstellung in: Integration: Vierterljahreszeitschrift des Instituts für Europäische Politik in Zusammenarbeit mit dem Arbeitskreis Europäische Integration 2006, S. 122ff. zit.: Düsterhaus Integration 2006
Eberhartinger, Michael	Konvergenz und Neustrukturierung der Grundfreiheiten in: Europäisches Wirtschafts- & Steuerrecht – Betriebs-Berater für Europarecht Bd. 8 (1997), S. 43ff. zit.: Eberhartinger EWS 1997
Editorial Comments	Two-speed European Citizenship? Can the Lisbon Treaty help close the gap? in: Common Market Law Review Bd. 45 (2008), S. 1ff. zit.: Editorial Comments CML Rev. 45 (2008)
Ehlers, Dirk (Hrsg.)	Europäische Grundrechte und Grundfreiheiten 3. Auflage Berlin 2009 zit.: Ehlers/Bearbeiter
Epiney, Astrid	Neuere Rechtsprechung des EuGH in den Bereichen institutionelles Recht, allgemeines Verwaltungsrecht, Grundfreiheiten, Umwelt- und Gleichstellungsrecht in: Neue Zeitschrift für Verwaltungsrecht, S. 555ff. zit.: Epiney NVwZ 2004
Erauw, Johan/ Fallon, Marc/ Guldix, Erna/ Meeusen, Johan/ Pertegás Sender, Marta/ van Houtte, Hans/ Watté, Nadine/ Wautelet, Patrick (Hrsg.)	Het Wetboek Internationaal Privaatrecht becommentarieerd – Le Code de droit international privé commenté Antwerpen/Oxford/Brüssel 2006 zit.: Erauw/Bearbeiter

Erman, Walter
Bürgerliches Gesetzbuch – Handkommentar, Band 2
11. Auflage Münster/Köln 2004
zit.: Erman[11]/Bearbeiter
12. Auflage Köln 2008
zit.: Erman/Bearbeiter

Everling, Ulrich
Die Niederlassungsfreiheit in der EG als Beschränkungsverbot – Tragweite und Grenzen
in: Gedächtnisschrift für Brigitte Knobbe-Keuk, S. 607ff.
Köln 1997
zit.: Everling in Gedächtnisschrift Knobbe-Keuk 1997

Fallon, Marc
Constraints of internal market law on family law
in: International Family Law for the European Union, Johan Meeusen/Marta Pertegás/Gert Straetmans/Frederik Swennen (Hrsg.), S. 149ff.
Antwerpen/Oxford 2007
zit.: Fallon in International Family Law for the European Union

Ferid, Murad
Internationales Privatrecht
3. Auflage Frankfurt a.M. 1986
zit.: Ferid

Fezer, Karl-Heinz
Anmerkung zu EuGH, 13.10.1993 – C-93/92 CMC Motorradcenter GmbH/Pelin Baskiciogullari
in: Juristenzeitung 1994, S. 623ff.
zit.: Fezer JZ 1994

Finger, Peter (Hrsg.)
Das gesamte Familienrecht
Band 2 – Das internationale Recht (IntFamR)
Köln, 75. Lieferung, Mai 2010
zit.: Finger/Bearbeiter

Fiorini, Aude
New Belgium Law on same sex marriage and its PIL implications
in: International and Comparative Law Quarterly Vol. 52 (2003), S. 1039ff.
zit.: Fiorini ICLQ Vol. 52 (2003)

Fischer, Gerfried — Gemeinschaftsrecht und kollisionsrechtliches Staatsangehörigkeitsprinzip
in: Europäisches Gemeinschaftsrecht und Internationales Privatrecht – Tagung des Instituts für Internationales Privatrecht und Rechtsvergleichung des Fachbereichs Rechtswissenschaften der Universität Osnabrück am 6. und 7. April 1990 in Osnabrück, S. 157ff.
Köln/Berlin/Bonn/München 1991
zit.: Fischer in Europäisches Gemeinschaftsrecht und Internationales Privatrecht 1990

Fisher, John — Outlaws or In-laws?: Successes and Challenges in the Struggle for LGBT Equality
in: McGill Law Journal October 2004, S. 1183ff.
zit.: Fisher 49 McGill L.J. (2004)

Flick, Hans/ Piltz, Detlev J. — Der internationale Erbfall
2. Auflage München 2008
zit.: Flick/Piltz/Bearbeiter

Forkert, Meinhard — Eingetragene Lebenspartnerschaften im deutschen internationalen Privatrecht: Art. 17b EGBGB
Diss. iur. Köln 2003
zit.: Forkert

Francq, Stéphanie — Das belgische IPR-Gesetzbuch
in: Rabels Zeitschrift für ausländisches und internationales Privatrecht Bd. 70 (2006), S. 235ff.
zit.: Francq RabelsZ 70 (2006)

Frank, Rainer — Die Entscheidung des EuGH in Sachen Garcia Avello und ihre Auswirkung auf das internationale Namensrecht
in: Das Standesamt 2005, S. 161ff.
zit.: Frank StAZ 2005

Frank, Susanne — Die eingetragene Lebenspartnerschaft unter Beteiligung von Ausländern
in: Mitteilungen des Bayerischen Notarvereins, der Notarkasse und der Landesnotarkammer Bayern 2001 – Sonderheft Lebenspartnerschaften, S. 35ff.
zit.: Frank MittBayNot 2001 SH Lebenspartnerschaften

Franzen, Martin — Privatrechtsangleichung durch die Europäische Gemeinschaft
Berlin/New York 1999
zit.: Franzen

Frelich Appleton, Susan — Presuming women: Revisiting the presumption of legitimacy in the same-sex couples era
in: Boston University Law Review, April 2006, S. 227ff.
zit.: Frelich Appleton 86 B.U.L. Rev. 227 (2006)

Frenz, Walter — Handbuch Europarecht
Band 1: Europäische Grundfreiheiten
Berlin/Heidelberg/New York 2004
zit.: Frenz Bd. 1

Freytag, Christiane — Lebenspartnerschaftsgesetz, Eheschutzgebot und Differenzierungsverbot – Eine verfassungsrechtliche Untersuchung unter Berücksichtigung der neuesten Entscheidungen des Bundesverfassungsgerichts in dieser Sache –
in: Die Öffentliche Verwaltung 2002, S. 445ff.
zit.: Freytag DÖV 2002

Funken, Katja — Das Anerkennungsprinzip im internationalen Privatrecht – Perspektiven eines europäischen Anerkennungskollisionsrechts für Statusfragen
Diss. iur. Hamburg, Bucerius Law School, 2007/2008
zit.: Funken

Füßer, Klaus — Grundrecht auf wirtschaftliche Freizügigkeit und Art. 8a EGV als Auffangbeschränkungsverbot des Gemeinschaftsrecht – Die Wirkungsmacht der Gemeinschaftsgrundrechte
in: Die Öffentliche Verwaltung 1999, S. 96ff.
zit.: Füßer DÖV 1999

Gade, Gunther Dietrich — Der rechtliche Umgang mit gleichgeschlechtlichen Lebensgemeinschaften
in: Verwaltungsrundschau 2002, S. 397ff.
zit.: Gade VR 2002

Ganten, Ted Oliver	Die Drittwirkung der Grundfreiheiten – Die EG-Grundfreiheiten als Grenze der Handlungs- und Vertragsfreiheit im Verhältnis zwischen Privaten Diss. iur. Augsburg 1999 zit.: Ganten
García Rubio, María Paz	La modificación del Código Civil en materia de derecho a contraer matrimonio in: La Ley, Nr. 5, 2005, S. 1118ff. zit.: García Rubio La Ley 2005
Gebauer, Martin/ Staudinger, Ansgar	Registrierte Lebenspartnerschaften und die Kappungsregel des Art. 17b IV EGBGB in: Praxis des internationalen Privat- und Verfahrensrecht 2002, S. 275ff. zit.: Gebauer/Staudinger IPRax 2002
Geiger, Rudolf	EUV / EGV 4. Auflage München 2004 zit.: Geiger
Geimer, Reinhold	Anerkennung ausländischer Entscheidungen in Deutschland München 1995 zit.: Geimer Anerkennung
Geimer, Reinhold/ Geimer, Ewald/ Geimer Gregor	Internationales Zivilprozessrecht 6. Auflage Köln 2009 zit.: Geimer IZPR
Geimer, Reinhold/ Schütze, Rolf A.	Internationale Urteilsanerkennung, Band I, 1. Halbband Das EWG-Übereinkommen über die gerichtliche Zuständigkeit und die Vollstreckung gerichtlicher Entscheidungen in Zivil- und Handelssachen – Systematischer Kommentar München 1983 zit.: Geimer/Schütze/Bearbeiter Internationale Urteilsanerkennung

Girsberger, Daniel/ Heini, Anton/ Keller, Max/ Kren Kostkiewicz, Jolanta/ Siehr, Kurt/ Vischer, Frank/ Volken, Paul	Zürcher Kommentar zum IPRG 2. Auflage Zürich 2004 zit.: Zürcher Kommentar zum IPRG/Bearbeiter
González Beilfuss, Christina	„Spanish Report" zur Session on Private international law aspects of homosexual couples in XVIIth Congress of the International Academy of Comparative Law, 16th-22nd July 2006, Utrecht, The Netherlands zit.: González Beilfuss „Spanish Report"
González Beilfuss, Christina	Gleichgeschlechtliche Ehen und Blitzscheidung im neuen spanischen Familienrecht in: Die Praxis des Familienrechts 2006, S. 878ff. zit.: González Beilfuss FamPra.ch 2006
González Beilfuss, Cristina	Non-marital cohabitation, registered partnership and same-sex marriage in private international law: The spanish perspective in: Yearbook of Private International Law, Vol. 6 (2004), S. 185ff. zit.: González Beilfuss Yearbook of PIL 2004
González Beilfuss, Cristina	Parejas de hecho y matrimonios del mismo sexo en la Unión Europea Madrid 2004 zit.: González Beilfuss Parejas de hecho
Grabitz, Eberhard/ Hilf, Meinhard	Das Recht der Europäischen Union Band I: EUV/EGV Band II: EUV/EGV München, 40. Ergänzungslieferung, Oktober 2009 zit.: Grabitz/Hilf/Bearbeiter

Grehl, Claudia — Das Adoptionsrecht gleichgeschlechtlicher Paare unter verfassungsrechtlichen Gesichtspunkten
Diss. iur. Düsseldorf 2007/2008
zit.: Grehl

Groeben, Hans von der/ Schwarze, Jürgen — Kommentar zum Vertrag über die Europäische Union und zur Gründung der Europäischen Gemeinschaft
Band I: Art. 1 - 53 EUV; Art. 1 - 80 EGV
6. Auflage Baden-Baden 2003
zit.: von der Groeben/Schwarze/Bearbeiter

Großerichter, Helge — Ausländische Kapitalgesellschaften im deutschen Rechtsraum: Das deutsche internationale Gesellschaftsrecht und seine Perspektiven nach der Entscheidung „Überseering“
in: Deutsches Steuerrecht 2003, S. 159ff.
zit.: Großerichter DStR 2003

Grote, Rainer/ Marauhn, Thilo (Hrsg.) — EMRK/GG – Konkordanzkommentar zum europäischen und deutschen Grundrechtsschutz
Tübingen 2006
zit.: Grote/Marauhn/Bearbeiter

Grundmann, Stefan — Binnenmarktkollisionsrecht – vom klassischen IPR zur Integrationsordnung
in: Rabels Zeitschrift für ausländisches und internationales Privatrecht Bd. 64 (2000), S. 457ff.
zit.: Grundmann RabelsZ 64 (2000)

Grundmann, Stefan — Europäisches Handelsrecht – vom Handelsrecht des laissez faire im Kodex des 19. Jahrhunderts zum Handelsrecht der sozialen Verantwortung –
in: Zeitschrift für das gesamte Handelsrecht und Wirtschaftsrecht Bd. 163 (1999), S. 635ff.
zit.: Grundmann ZHR 163 (1999)

Grundmann, Stefan — Nationales Währungsrecht und EG-Kapitalverkehrsfreiheit
in: Europäisches Wirtschafts- und Steuerrecht 1990, S. 214ff.
zit.: Grundmann EWS 1990

Grziwotz, Herbert — Gleichstellung der Lebenspartnerschaft nach dem Gesetz zur Überarbeitung des Lebenspartnerschaftsrechts – Beratungs- und Gestaltungsprobleme
in: Deutsche Notar-Zeitschrift 2005, S. 13ff.
zit.: Grziwotz DNotZ 2005

Haratsch, Andreas/ Koenig, Christian/ Pechstein, Matthias — Europarecht
6. Auflage Tübingen 2009
zit.: Haratsch/Koenig/Pechstein

Hausmann, Rainer/ Hohloch, Gerhard (Hrsg.) — Das Recht der nichtehelichen Lebensgemeinschaft – Handbuch
2. Auflage Berlin 2004
zit.: Hausmann/Hohloch/Bearbeiter

Hay, Peter — „US Report" zur Session on Private international law aspects of homosexual couples in XVIIth Congress of the International Academy of Comparative Law, 16th-22nd July 2006, Utrecht, The Netherlands
zit.: Hay „US Report"

Hay, Peter — US-Amerikanisches Recht
4. Auflage München 2008
zit.: Hay US-Amerikanisches Recht

Heerden, Belinda van/ Cockrell, Alfred/ Keightley, Raylene — Boberg's Law of Persons and the Family
2. Auflage Kenwyn 1999
zit.: Boberg's Law of Persons and the Family

Hein, Günter — Das wirkungslose Urteil
Diss. iur. Passau 1995
zit.: Hein

Helms, Tobias — Internationales Verfahrensrecht für Familiensachen in der Europäischen Union
in: Zeitschrift für das gesamte Familienrecht 2002, S. 1593ff.
zit.: Helms FamRZ 2002

Henrich, Dieter	Anerkennung statt IPR: Eine Grundsatzfrage (zum Schlussantrag des Generalanwalts Francis G. Jacobs, v. 30.06.2005 – Rs. C-96/04 – Standesamt Stadt Niebüll) in: Praxis des internationalen Privat- und Verfahrensrechts 2005, S. 422ff. zit.: Henrich IPRax 2005
Henrich, Dieter	Das internationale Namensrecht auf dem Prüfstand des EuGH in: Festschrift für Andreas Heldrich zum 70. Geburtstag, S. 667ff. München 2005 zit.: Henrich in Festschrift Heldrich 2005
Henrich, Dieter	Kollisionsrechtliche Fragen der eingetragenen Lebenspartnerschaft in: Zeitschrift für das gesamte Familienrecht 2002, S. 137ff. zit.: Henrich FamRZ 2002
Henrich, Dieter	Probleme des internationalen Familienrechts in: Familienrecht im Brennpunkt, S. 259ff. Bielefeld 2004 zit.: Henrich in Familienrecht im Brennpunkt 2004
Henrich, Dieter/ Wagenitz, Thomas/ Bornhofen, Heinrich	Deutsches Namensrecht Kommentar Frankfurt a. M./Berlin, 4. Lieferung der Neubearbeitung, Februar 2007 zit.: Henrich/Wagenitz/Bornhofen/Bearbeiter
Herdegen, Matthias	Europarecht 11. Auflage München 2009 zit.: Herdegen
Hernández Ibáñez, Carmen	Cambio revolucionario en una institución milenaria: del matrimonio heterosexual al matrimonio homosexual in: Diario La Ley Nr. 6510, 22. Juni 2006, Ref. D-153 zit.: Hernández Ibáñez Diario La Ley Nr. 6510
Heselhaus, Sebastian M./ Nowak, Carsten	Handbuch der Europäischen Grundrechte München/Wien/Bern 2006 zit.: Heselhaus/Nowak/Bearbeiter

Hoffmann, Bernd von/ Thorn, Karsten	Internationales Privatrecht 9. Auflage München 2007 zit.: v. Hoffmann/Thorn
Hofstötter, Bernhard	A cascade of rights, or who shall care for little Catherine? Some reflections on the Chen case in: European Law Review 2005, S. 548ff. zit.: Hofstötter E.L.Rev. 2005
Hohloch, Gerhard/ Kjelland, Cecilie	The new German conflicts rules for registered partnerships in: Yearbook of Private International Law, Vol. 3 (2001), S. 223ff. zit.: Hohloch/Kjelland Yearbook of PIL 2001
Hohnerlein, Eva-Maria	Internationale Adoption und Kindeswohl: Die Rechtslage von Adoptivkindern aus der Dritten Welt in der Bundesrepublik Deutschland im Vergleich zu anderen europäischen Ländern Diss. iur. Saarbrücken 1989 zit.: Hohnerlein
Holl, Wolfgang	Die Berücksichtigung ausländischer Rechtsinstitute im innerstaatlichen öffentlichen Recht Diss. iur. Bonn 1976 zit.: Holl
Huster, Stefan	Die ethische Neutralität des Staates: eine liberale Interpretation der Verfassung Tübingen 2002 zit.: Huster
Iliopoulou, Anastasia/ Toner, Helen	A new approach to discrimination against free movers in: European Law Review 2003, S. 389ff. zit.: Iliopoulou/Toner E.L.Rev. 2003
Jakob, Dominique	Die eingetragene Lebenspartnerschaft im Internationalen Privatrecht Diss. iur. München 2001 zit.: Jakob

Jarass, Hans/ Pieroth, Bodo	Grundgesetz für die Bundesrepublik Deutschland – Kommentar 10. Auflage München 2009 zit.: Jarass/Pieroth/Bearbeiter
Jayme, Erik/ Kohler, Christian	Europäisches Kollisionsrecht 2001: Anerkennungsprinzip statt IPR? in: Praxis des internationalen Privat- und Verfahrensrechts 2001, S. 501ff. zit.: Jayme/Kohler IPRax 2001
Jayme, Erik/ Kohler, Christian	Europäisches Kollisionsrecht 2004: Territoriale Erweiterung und methodische Rückgriffe in: Praxis des internationalen Privat- und Verfahrensrechts 2004, S. 481ff. zit.: Jayme/Kohler IPRax 2004
Jochem, Reiner	Die persönlichen Rechtsbeziehungen der Ehegatten in einer „hinkenden" Ehe – ein Sonderproblem? in: Zeitschrift für das gesamte Familienrecht 1964, S. 392ff. zit.: Jochem FamRZ 1964
Kegel, Gerhard	Internationales Privatrecht 7. Auflage München 1995 zit.: Kegel[7]
Kegel, Gerhard/ Schurig, Klaus	Internationales Privatrecht 9. Auflage München 2004 zit.: Kegel/Schurig
Keiper, U./ Kentenich, H.	Die Verwendung von fremden Samen im Rahmen der Reproduktionsmedizin – Auswirkungen der (Muster-)Richtlinie zur Durchführung der assistierten Reproduktion 2006 der Bundesärztekammer in: Journal für Reproduktionsmedizin und Endokrinologie 2007, S. 34ff. zit.: Keiper/Kentenich J. Reproduktionsmed. Endokrinol 2007
Keller, Max/ Siehr, Kurt	Allgemeine Lehren des internationalen Privatrechts Zürich 1986 zit.: Keller/Siehr IPR

Kemper, Rainer	Anmerkung zu BVerfG, Urteil v. 17.7.2002 – 1 BvF 1/01, 1 BvF 2/01 in: Familie Partnerschaft Recht 2002, S. 585f. zit.: Kemper FPR 2002
Kemper, Rainer	Der zweite Schritt – Die Lebenspartnerschaft auf dem Weg vom eheähnlichen zum ehegleichen Rechtsinstitut in: Forum Familienrecht 2005, S. 88ff. zit.: Kemper FF 2005
Kindler, Peter	Auf dem Weg zur Europäischen Briefkastengesellschaft? – Die „Überseering"-Entscheidung des EuGH und das internationale Privatrecht in: Neue Juristische Wochenschrift 2003, S. 1073ff. zit.: Kindler NJW 2003
Kleinfeller, Georg	Lehrbuch des Deutschen Zivilprozessrechts für das akademische Studium 3. Auflage Berlin 1925 zit.: Kleinfeller
Koch, Harald/ Magnus, Ulrich/ Winkler von Mohrenfels, Peter	IPR und Rechtsvergleichung 4. Auflage München 2010 zit.: Koch/Magnus/Winkler v. Mohrenfels
Kohler, Christian	Der Einfluss der Globalisierung auf die Wahl der Anknüpfungsmomente im Internationalen Familienrecht in: Internationales Familienrecht für das 21. Jahrhundert – Symposium zum 65. Geburtstag von Ulrich Spellenberg, S. 9ff. München 2006 zit.: Kohler in Symposium Spellenberg 2006
Kokott, Juliane	Die Freizügigkeit der Unionsbürger als neue Grundfreiheit in: Festschrift für/Essays in Honour of Christian Tomuschat, S. 207ff. Kehl 2006 zit.: Kokott in Festschrift Tomuschat 2006

Körber, Torsten	Grundfreiheiten und Privatrecht Tübingen 2004 zit.: Körber
Kreuzer, Karl Friedrich	Die Europäisierung des internationalen Privatrechts – Vorgaben des Gemeinschaftsrechts – in: Gemeinsames Privatrecht in der Europäischen Gemeinschaft, Peter-Christian Müller-Graff (Hrsg.), S. 457ff. 2. Auflage Baden-Baden 1999 zit.: Kreuzer in Müller-Graff
Krings, Günter	Die „eingetragene Lebenspartnerschaft“ für gleichgeschlechtliche Paare – Der Gesetzgeber zwischen Schutzabstandsgebot und Gleichheitssatz in: Zeitschrift für Rechtspolitik 2000, S. 409ff. zit.: Krings ZRP 2000
Kroll, Kathrin	Hinkende Namensrechtsverhältnisse im Fokus der gemeinschaftsrechtlichen Freizügigkeit in: Zeitschrift für Vergleichende Rechtswissenschaft 107 (2008), S. 320ff. zit.: Kroll ZVglRWiss 107 (2008)
Kronby, Malcolm C.	Canadian Family Law 9. Auflage Mississauga 2006 zit.: Kronby
Kropholler, Jan	Internationales Privatrecht 6. Auflage Tübingen 2006 zit.: Kropholler
Kruse, Guido	Besprechung der Schlussanträge des Generalanwalts Ruiz-Jarabo Colomer in den verbundenen Rechtssachen C-11/06 (Morgan) und C-12/06 (Bucher) in: Europäische Zeitschrift für Wirtschaftsrecht 2007, S. 260ff. zit.: Kruse EuZW 2007
Kubicki, Philipp	Die subjektivrechtliche Komponente der Unionsbürgerschaft in: Europarecht 2006, S. 489ff. zit.: Kubicki EuR 2006

Kupfernagel, André Der Renvoi im englischen Internationalen Privatrecht
Diss. iur. Göttingen 2005
zit.: Kupfernagel

Lackhoff, Klaus Die Niederlassungsfreiheit des EGV – nur ein Gleichheits- oder auch ein Freiheitsrecht?
Diss. iur. Münster 1998
zit.: Lackhoff

Lacruz Berdejo, José Luis/ Sancho Rebullida, Francisco de Asís/ Luna Serrano, Agustín/ Delgado Echeverría, Jesús/ Rivero Hernández, Francisco/ Rams Albesa, Joaquín Elementos de Derecho Civil IV – Familia
2. Auflage Madrid 2005
zit.: Lacruz Berdejo

Lagarde, Paul Développements futurs du droit international privé dans une Europe en voie d'unification: quelques conjectures
in: Rabels Zeitschrift für ausländisches und internationales Privatrecht Bd. 68 (2004), S. 225ff.
zit.: Lagarde RabelsZ 68 (2004)

Lagarde, Paul Le principe de proximité dans le droit international privé contemporain
in: Recueil des Cours Bd. 196 (1986 I), S. 9ff.
zit.: Lagarde Recueil des Cours 1986 I

Lagarde, Paul Recherches sur l'ordre public en droit international privé
Paris 1959
zit.: Lagarde Recherches sur l'ordre public

Langner, Olaf Das Kaufrecht auf dem Prüfstand der Warenverkehrsfreiheit des EG-Vertrages
in: Rabels Zeitschrift für ausländisches und internationales Privatrecht Bd. 65 (2001), S. 222ff.
zit.: Langner RabelsZ 65 (2001)

Larenz, Karl
Lehrbuch des Schuldrechts – Erster Band: Allgemeiner Teil
14. Auflage München 1987
zit.: Larenz Schuldrecht Bd. I

Larenz, Karl
Methodenlehre der Rechtswissenschaft
6. Auflage Berlin/Heidelberg/New York/London/Paris/Tokyo/Hong Kong/Barcelona/Budapest 1991
zit.: Larenz Methodenlehre

LaViolette, Nicole
Waiting in a New Line at City Hall: Registered Partnerships as an Option for Relationship Recognition Reform in Canada
in: Canadian Journal of Family Law Vol. 2002, 115ff.
zit.: LaViolette 19 Can. J. Fam. L. (2002)

Leible, Stefan
Niederlassungsfreiheit und Sitzverlegungsrichtlinie
in: Zeitschrift für Unternehmens- und Gesellschaftsrecht 2004, S. 531ff.
zit.: Leible ZGR 2004

Lenz, Carl Otto/Borchardt, Klaus-Dieter (Hrsg.)
EU- und EG-Vertrag
Kommentar zu dem Vertrag über die Europäische Union und zu dem Vertrag zur Gründung der Europäischen Gemeinschaft
4. Auflage Köln 2006
zit.: Lenz/Borchardt/Bearbeiter

Linke, Hartmut
Internationales Zivilprozessrecht
4. Auflage Köln 2006
zit: Linke IZPR

Loon, Hans van
Unification and co-operation in the field of international family law: A perspective from The Hague
in: E pluribus unum – Liber Amicorum Georges A. L. Droz, S. 173ff.
The Hague 1996
zit.: van Loon in Liber Amicorum Georges Droz 1996

Looschelders, Dirk Alternative und sukzessive Anwendung mehrerer Rechtsordnungen nach dem neuen internationalen Kindschaftsrecht
in: Praxis des internationalen Privat- und Verfahrensrechts 1999, S. 420ff.
zit.: Looschelders IPRax 1999

Looschelders, Dirk Die Ausstrahlungswirkung der Grund- und Menschenrechte auf das Internationale Privatrecht
in: Rabels Zeitschrift für ausländisches und internationales Privatrecht Bd. 65 (2001), S. 463ff.
zit.: Looschelders RabelsZ 65 (2001)

Looschelders, Dirk Internationales Privatrecht – Art. 3 - 46 EGBGB
Berlin/Heidelberg 2004
zit.: Looschelders

Lurger, Brigitta Konflikte um Macht und Wissen als Grundelemente von Vertragstheorie und Verfassungswirkungen
in: Jahrbuch Junger Zivilrechtswissenschaftler 1995 – Privatautonomie und Ungleichgewichtslagen – Berlinger Tagung 13. - 16. September 1995, Christian Armbrüster (Hrsg.), S. 17ff.
zit.: Lurger in Jahrbuch Junger Zivilrechtswissenschaftler 1995

Lurger, Brigitta Zukunftsperspektiven für das europäische Familien- und Erbrecht – oder die inhaltliche Aufladung des europäischen Familien- und Erbkollisionsrechts durch die fortschreitende Integration http://www.notar.at/uploads/notaresalzburgerr famrmai2006printversionproflurger.pdf
(abgerufen am 23.07.2010)
zit.: Lurger

Magiera, Siegfried Der Rechtsstatus der Unionsbürger
in: Weltinnenrecht – Liber amicorum Jost Delbrück, S. 429ff.
2005 Berlin
zit.: Magiera in Liber Amicorum Jost Delbrück 2005

Mangoldt, Hermann von/ Klein, Friedrich/ Starck, Christian
Kommentar zum Grundgesetz
Band 1: Präambel, Artikel 1 bis 19
6. Auflage München 2010
zit.: v. Mangoldt/Klein/Starck/Bearbeiter

Mansel, Heinz-Peter
Anerkennung als Grundprinzip des Europäischen Rechtsraums
Zur Herausbildung eines europäischen Anerkennungs-Kollisionsrecht: Anerkennung statt Verweisung als neues Strukturprinzip des Europäischen internationalen Privatrechts?
in: Rabels Zeitschrift für ausländisches und internationales Privatrecht Bd. 70 (2006), S. 651ff.
zit.: Mansel RabelsZ 70 (2006)

Mansel, Heinz-Peter
Personalstatut, Staatsangehörigkeit und Effektivität
Diss. iur. München 1986
zit.: Mansel Personalstatut

Martín Casals, Miquel
Same-Sex Partnerships in the legislation of Spanish Autonomous Communities
in: Legal Recognition of Same-Sex Couples in Europe, Katharina Boele-Woelki/Angelika Fuchs (Hrsg.), S. 54ff. Antwerpen/Oxford/New York 2003
zit.: Martín Casals in Legal Recognition of Same-Sex Couples in Europe

Martín Casals, Miquel/ Ribot, Jordi
Ehe und Scheidung in Spanien nach den Reformen von 2005
in: Zeitschrift für das gesamte Familienrecht 2006, S. 1331ff.
zit.: Martín Casals/Ribot FamRZ 2006

Martín Casals, Miquel/ Ribot, Jordi
Neue Entwicklungen im Bereich des Familienrechts in Spanien
in: Zeitschrift für das gesamte Familienrecht 2004, S. 1433ff.
zit.: Martín Casals/Ribot FamRZ 2004

Martiny, Dieter
„German Report“ zur Session on Private international law aspects of homosexual couples in XVIIth Congress of the International Academy of Comparative Law, 16th-22nd July 2006, Utrecht, The Netherlands
zit.: Martiny „German Report“

Martiny, Dieter	Objectives and values of (private) international law in family law in: International Family Law for the European Union, Johan Meeusen/Marta Pertegás/Gert Straetmans/Frederik Swennen (Hrsg.), S. 69ff Antwerpen/Oxford 2007 zit.: Martiny in International Family Law for the European Union
Maunz, Theodor/ Dürig, Günter	Grundgesetz – Kommentar Band II: Art. 6 - 16a München, 57. Lieferung, Januar 2010 zit.: Maunz/Dürig/Bearbeiter
Max-Planck-Institut für ausländisches und internationales Privatrecht	Kodifkation des deutschen Internationalen Privatrechts – Stellungnahme des Max-Planck-Instituts für ausländisches und internationales Privatrecht zum Regierungsentwurf von 1983 in: Rabels Zeitschrift für ausländisches und internationales Privatrecht Bd. 47 (1983), S. 595ff. zit.: Max-Planck-Institut RabelsZ 47 (1983)
Max-Planck-Institut für ausländisches und internationales Privatrecht	Vorschläge zur Reform des deutschen Internationalen Privatrechts in: Rabels Zeitschrift für ausländisches und internationales Privatrecht Bd. 44 (1980), S. 325ff. zit.: Max-Planck-Institut RabelsZ 44 (1980)
Mayer, Pierre	Les méthodes de la reconnaissance en droit international privé in: Le droit international privé: esprit et méthodes Mélanges en l'honneur de Paul Lagarde, S. 547ff. Paris 2005 zit.: Mayer in Mélanges en l'honneur de Paul Lagarde 2005
McEleavy, Peter	The Communitarisation of Divorce Rules: What impact for English and Scottish laws? in: International and Comparative Law Quarterly Vol. 53 (2004), S. 605ff. zit.: McEleavy ICLQ Vol. 53 (2004)

McKenzie Norrie, Kenneth	Recognition of foreign relationships under the Civil Partnership Act 2004 in: Journal of Private International Law Vol. 2 (2006), S. 137ff. zit.: McKenzie Norrie Journal of PIL Vol. 2 (2006)
Meise, Helmut	Zur Relativität der Vorbehaltsklausel im internationalen und interlokalen Privatrecht Diss. iur. Hamburg 1966 zit.: Meise
Melchior, George	Die Grundlagen des deutschen internationalen Privatrechts Berlin/New York 1971 (Nachdruck der 1. Auflage von 1932) zit.: Melchior
Meyer-Sparenberg, Wolfgang	Staatsvertragliche Kollisionsnormen Diss. iur. Münster 1989/1990 zit.: Meyer-Sparenberg
Möller, Kai	Der Ehebegriff des Grundgesetzes und die gleichgeschlechtliche Ehe in: Die Öffentliche Verwaltung 2005, S. 64ff. zit.: Möller DÖV 2005
Montés Penadés, V. L. (Hrsg.)	Derecho de familia Valencia 1991 zit.: Montés Penadés
Mörsdorf-Schulte, Juliana	Europäische Impulse für Namen und Status des Mehrstaaters in: Praxis des internationalen Privat- und Verfahrensrechts 2004, S. 315ff. zit.: Mörsdorf-Schulte IPRax 2004
Münch, Ingo von/ Kunig, Philip	Grundgesetz-Kommentar Band 1 (Präambel bis Art. 19) 5. Auflage München 2000 zit.: v. Münch/Kunig/Bearbeiter

Münchener Kommentar zum Bürgerlichen Gesetzbuch, Hrsg. bis zur 4. Auflage Rebmann, Kurt/ Säcker, Franz Jürgen/ Rixecker, Roland, danach Säcker, Franz Jürgen/ Rixecker, Roland	Band 7/1. Halbband: Familienrecht I (§§ 1297 - 1588, Gewaltschutzgesetz) 5. Auflage München 2010 zit.: MüKo/Bearbeiter Band 10: Einführungsgesetz zum Bürgerlichen Gesetzbuche (Art. 1 - 38) Internationales Privatrecht 3. Auflage München 1998 zit.: MüKo^{3}/Bearbeiter Band 10: Einführungsgesetz zum Bürgerlichen Gesetzbuche (Art. 1 - 46) Internationales Privatrecht 4. Auflage München 2006 zit.: MüKo^{4}/Bearbeiter Band 10: Internationales Privatrecht: Rom I-Verordnung, Rom II-Verordnung, Einführungsgesetz zum Bürgerlichen Gesetzbuche (Art. 1 - 24) 5. Auflage München 2010 zit.: MüKo/Bearbeiter
Muscheler, Karlheinz	Das Recht der Eingetragenen Lebenspartnerschaft 1. Auflage Berlin 2001 zit.: Muscheler^{1} 2. Auflage Berlin 2004 zit.: Muscheler
Nagel, Heinrich/ Gottwald, Peter	Internationales Zivilprozessrecht 6. Auflage Köln 2007 zit.: Nagel/Gottwald IZPR
Nettesheim, Martin	Die europarechtlichen Grundrechte auf wirtschaftliche Mobilität (Art. 48, 52 EGV) in: Neue Zeitschrift für Verwaltungsrecht 1996, 342ff. zit.: Nettesheim NVwZ 1996
Nettesheim, Martin	Grundfreiheiten und Grundrechte in der Europäischen Union – Auf dem Weg zur Verschmelzung? Referat im Rahmen der Vortragsreihe „Rechtsfragen der Europäischen Integration" Bonn, den 23.01.2006 zit.: Nettesheim

Neuhaus, Paul Heinrich — Das Vorfragenproblem bei Feststellung des Status von Kindern nur kirchlich getrauter Ausländer
in: Zeitschrift für das gesamte Familienrecht 1965, S. 541ff.
zit.: Neuhaus FamRZ 1965

North, Sir Peter/ Fawcett, J. J. — Cheshire and North's Private International Law
13. Auflage London/Edinburgh/Dublin 1999
zit.: Cheshire/North PIL

Nuyts, Arnaud — Le nouveau droit international privé belge – Compétence judiciaire
in: Journal des tribunaux 2005, S. 177ff.
zit.: Nuyts Journal des tribunaux 2005

Nygh, Peter — The Hague Marriage Convention – A sleeping beauty?
in: E pluribus unum – Liber Amicorum Georges A. L. Droz, S. 253ff.
The Hague 1996
zit.: Nygh in Liber Amicorum Georges Droz 1996

O'Brien, John — Conflict of laws
2. Auflage London 1999
zit.: O'Brien

Obwexer, Walter — Anmerkung zu EuGH Grzelczyk, Rs. C-184/99, Slg. 2001, S. I-6193
in: Europäische Zeitschrift für Wirtschaftsrecht 2002, S. 56ff.
zit.: Obwexer EuZW 2002

Ollick, Gabriele — Das kollisionsrechtliche Vorfragenproblem und die Bedeutung des ordre public unter besonderer Berücksichtigung der deutschen Rechtsprechung zum internationalen Familienrecht
Diss. iur. Köln 1992
zit.: Ollick

Page, Henri de/ Masson, Jean-Pol — Traité élémentaire de Droit Civil Belge
Tome Deuxième – Les Personnes – Volume I
4. Auflage Brüssel 1990
zit.: de Page/Masson

Palandt, Otto | Bürgerliches Gesetzbuch
67. Auflage München 2008
zit.: Palandt[67]/Bearbeiter
69. Auflage München 2010
zit.: Palandt/Bearbeiter

Pataut, Ètienne | Principe de souveraineté et conflits de juridictions (étude de droit international privé)
Paris 1999
zit.: Pataut Principe de souveraineté

Pätzold, Juliane | Die gemeinschaftliche Adoption Minderjähriger durch eingetragene Lebenspartner
in: Familie Partnerschaft Recht 2005, S. 269ff.
zit.: Pätzold FPR 2005

Pauly, Walter | Sperrwirkungen des verfassungsrechtlichen Ehebegriffs
in: Neue Juristische Wochenschrift 1997, S. 1955ff.
zit.: Pauly NJW 1997

Payne, Julien D./ Payne, Marilyn A. | Canadian Family Law
2. Auflage Toronto 2006
zit.: Payne/Payne

Pechstein, Matthias/ Bunk, Artur | Das Aufenthaltsrecht als Auffangrecht – Die fehlende unmittelbare Anwendbarkeit sowie die Reichweite des Art. 8a Abs. 1 EGV
in: Europäische Grundrechte Zeitschrift 1997, S. 547ff.
zit.: Pechstein/Bunk EuGRZ 1997

Picone, Paolo | Die „Anwendung" einer ausländischen „Rechtsordnung" im Forumstaat: … perseverare est diabolicum!
in: Private Law in the International Arena – Liber Amicorum Kurt Siehr –, S. 569ff.
Den Haag 2000
zit.: Picone in Liber Amicorum Kurt Siehr 2000

Picone, Paolo | La méthode de la référence à l'ordre juridique compétent en droit international privé
in: Recueil des Cours Bd. 197 (1986 II), S. 229ff.
zit.: Picone Recueil des Cours 1986 II

Picone, Paolo | Les méthodes de coordination entre ordres juridiques en droit international privé
in: Recueil des Cours Bd. 276 (1999), S. 9ff.
zit.: Picone Recueil des Cours 1999

Pieroth, Bodo/ Kingreen, Thorsten | Funktionen des Ehegrundrechts am Beispiel des Lebenspartnerschaftsgesetzes
in: Kritische Vierteljahresschrift für Gesetzgebung und Rechtswissenschaft 2002, S. 219ff.
zit.: Pieroth/Kingreen KritV 2002

Pillet, Antoine | Traité pratique de droit international privé – Tome premier
Grenoble/Paris 1923
zit.: Pillet

Pintens, Walter | Belgien: Öffnung der Ehe für gleichgeschlechtliche Paare
in: Zeitschrift für das gesamte Familienrecht 2003, S. 658f.
zit.: Pintens FamRZ 2003

Pintens, Walter | Belgisches Familien- und Erbrecht 2006 - 2007
in: Zeitschrift für das gesamte Familienrecht 2007, S. 1491ff.
zit.: Pintens FamRZ 2007

Pintens, Walter | Partnerschaft im belgischen und niederländischen Recht
in: Zeitschrift für das gesamte Familienrecht 2000, S. 69ff.
zit.: Pintens FamRZ 2000

Pintens, Walter | Reformen im belgischen Familienrecht
in: Zeitschrift für das gesamte Familienrecht 2006, S. 1312ff.
zit.: Pintens FamRZ 2006

Post, Carel S. | Zu neueren Entwicklungen im niederländischen Eherecht: Registrierte Partnerschaft und Öffnung der Ehe für gleichgeschlechtliche Paare
in: Das Standesamt 2002, S. 335ff.
zit.: Post StAZ 2002

Quiñones Escámez, Ana — Ciudadanía Europea, doble nacionalidad y cambio de los apellidos de los hijos: Autonomía de la voluntad y conflicto positivo entre las nacionalidades de dos estados miembros (STJCE, As. C-148/02 García Avelló, de 2 de octubre de 2003)
in: Revista Jurídica de Catalunya Núm. 3 – 2004, S. 851ff.
zit.: Quiñones Escámez Revista Jurídica de Catalunya 2004

Quiñones Escámez, Ana — Propositions pour la formation, la reconnaissance et l'efficacité internationale des unions conjugales ou de couple
in: Revue critique de droit international privé 2007, S. 357ff.
zit.: Quiñones Escámez Rev. crit. DIP 2007

Quiñones Escámez, Ana — Uniones conyugales o de pareja: Formación, reconocimiento y eficacia internacional – Actos públicos y hechos (o actos jurídicos) en el derecho internacional privado
Barcelona 2007
zit.: Quiñones Escámez Uniones conyugales o de pareja

Raape, Leo/Sturm, Fritz — Internationales Privatrecht, Band I: Allgemeine Lehren
6. Auflage München 1977
zit.: Raape/Sturm I

Ranacher, Christian — Grundfreiheiten und Spürbarkeitstheorie
Überlegungen zu den Konsequenzen des Urteils in der Rs. Graf/Filzmoser für die Dogmatik der Grundfreiheiten
in: Zeitschrift für Rechtsvergleichung Bd. 42 (2001), S. 95ff.
zit.: Ranacher ZfRV 42 (2001)

Rauscher, Thomas — Familienrecht
2. Auflage Heidelberg 2008
zit.: Rauscher Familienrecht

Rauscher, Thomas — Internationales Privatrecht – Mit internationalem und europäischem Verfahrensrecht
3. Auflage Heidelberg 2009
zit.: Rauscher IPR

Rauscher, Thomas (Hrsg.) — Europäisches Zivilprozessrecht – Kommentar – Band I
2. Auflage München 2006
zit.: Rauscher/Bearbeiter

Reich, Norbert — Europäisches Verbraucherschutzrecht
2. Auflage Baden-Baden 1993
zit.: Reich

Reich, Norbert/ Harbacevica, Solvita — Citizenship and Family on trial: A fairly optimistic overview of recent court practice with regard to free movement of persons
in: Common Market Law Review Bd. 40 (2003), S. 615ff.
zit.: Reich/Harbacevica 40 CML Rev. (2003)

Reichart, Peter Andreas — Der Renvoi im schweizerischen IPR – Funktion und Bedeutung
Diss. iur. Zürich 1995
zit.: Reichart

Rengeling, Hans-Werner — Freizügigkeit in der Europäischen Union – Grundfreiheit und Grundrecht für den Unionsbürger
in: Festschrift für Hartmut Maurer zum 70. Geburtstag, S. 973ff.
München 2001
zit.: Rengeling in Festschrift Maurer 2001

Rieck, Jürgen (Hrsg.) — Ausländisches Familienrecht – Eine Auswahl von Landesdarstellungen
München, 6. Ergänzungslieferung, November 2009
zit.: Rieck/Bearbeiter

Rigaux, François/ Fallon, Marc — Droit international privé
3. Auflage Brüssel 2005
zit.: Rigaux/Fallon DIPr

Rinne, Thomas — Das spanische Ehegüterrecht unter besonderer Berücksichtigung der Schuldenhaftung und des Gläubigerschutzes
Diss. iur. Freiburg 1992
zit.: Rinne

Risse, Jörg — Der verfassungsrechtliche Schutz der Homosexualität
Diss. iur. Heidelberg 1997
zit.: Risse

Robbers, Gerhard — Eingetragene Lebenspartnerschaften
in: Juristenzeitung 2001, S. 779ff.
zit.: Robbers JZ 2001

Robinson, Robbie — South Africa – Family and Child law in South Africa: Common law v constitutional norms and values
in: The International Survey of Family Law 2007, S. 271ff. Bristol 2007
zit.: Robinson ISFL 2007

Roca, Encarna — Same-Sex Partnerships in Spain: Family, Marriage or Contract?
in: European Journal of Law Reform, Bd. 3, 2001, S. 365ff.
zit.: Roca European Journal of Law Reform 2001

Roehrich, Christian — La Convention de la Haye du 1er Octobre 1977 sur la célébration et la reconnaissance de la validité des mariages
in: Travaux du Comité Français Années 1977-1979, S. 3ff.
zit.: Roehrich Travaux du Comité Français 1977-1979

Rohe, Mathias — Binnenmarkt oder Interessenverband?
Zum Verhältnis von Binnenmarktziel und Subsidiaritätsprinzip nach dem Maastricht-Vertrag
in: Rabels Zeitschrift für ausländisches und internationales Privatrecht Bd. 61 (1997), S. 1ff.
zit.: Rohe RabelsZ 61 (1997)

Roloff, Sebastian — Das Beschränkungsverbot des Art. 39 EG (Freizügigkeit) und seine Auswirkungen auf das nationale Arbeitsrecht
Diss. iur. Köln 2001
zit.: Roloff

Romeo Malanda, Sergio — Luces y sombras de la nueva Ley sobre Técnicas de Reproducción Asistida
in: Perspectivas en Derecho y Genoma Humana, Nr. 8, Dezember 2006, S. 1ff.
zit.: Romeo Malanda Perspectivas, Nr. 8, Dezember 2006

Rosenberg, Leo/ Schwab, Karl Heinz/ Gottwald, Peter — Zivilprozessrecht
17. Auflage München 2010
zit.: Rosenberg/Schwab/Gottwald

Rossi, Matthias — Beschränkungen der Ausreisefreiheit im Lichte des Verfassungs- und Europarechts
in: Archiv des öffentlichen Rechts Bd. 127 (2002), S. 612ff.
zit.: Rossi AöR 127 (2002)

Roth, Wulf-Henning — Das Allgemeininteresse im europäischen Internationalen Versicherungsvertragsrecht
in: Versicherungsrecht 1993, 129ff.
zit.: Roth VersR 1993

Roth, Wulf-Henning — Die Niederlassungsfreiheit zwischen Beschränkungs- und Diskriminierungsverbot
in: Gedächtnisschrift für Brigitte Knobbe-Keuk, S. 729ff.
Köln 1997
zit.: Roth in Gedächtnisschrift Knobbe-Keuk 1997

Roth, Wulf-Henning — Methoden der Rechtsfindung und Rechtsanwendung im Europäischen Kollisionsrecht
in: Praxis des internationalen Privat- und Verfahrensrechts 2006, S. 338ff.
zit.: Roth IPRax 2006

Röthel, Anne — Anerkennung gleichgeschlechtlicher Ehen nach deutschem und europäischem Recht
in: Praxis des internationalen Privat- und Verfahrensrechts 2006, S. 250ff.
zit.: Röthel IPRax 2006

Röthel, Anne — Gleichgeschlechtliche Ehe und ordre public
in: Praxis des internationalen Privat- und Verfahrensrechts 2002, S. 496ff.
zit.: Röthel IPRax 2002

Röthel, Anne — Registrierte Partnerschaften im internationalen Privatrecht
in: Praxis des internationalen Privat- und Verfahrensrechts 2000, S. 74ff.
zit.: Röthel IPRax 2000

Rüberg, Sinja — Auf dem Weg zu einem europäischen Scheidungskollisionsrecht
Diss. iur. Kostanz 2005
zit.: Rüberg

Rupp, Marina (Hrsg.)	Die Lebenssituation von Kindern in gleichgeschlechtlichen Lebenspartnerschaften Köln 2009 zit.: Rupp
Sachs, Michael	Rechtsförmliche Lebenspartnerschaften für Menschen gleichen Geschlechts – Verfassungsgebot oder Verfassungsverstoß in: Juritische Rundschau 2001, S. 45ff. zit.: Sachs JR 2001
Sachs, Michael (Hrsg.)	Grundgesetz – Kommentar 5. Auflage München 2009 zit.: Sachs/Bearbeiter
Sachsen Gessaphe, Karl August von	Le partenariat enregistré en droit international privé allemand in: Aspects de droit international privé des partenariats enregistrés en Europe, S. 9ff. Genf/Zürich/Basel 2004 zit.: von Sachsen Gessaphe in Aspects de droit international privé des partenariats enregistrés en Europe 2004
Sack, Rolf	Die Beurteilung irreführender Werbung für Importfahrzeuge aus EG-Staaten nach EG-Recht in: Wettbewerb in Recht und Praxis 2000, S. 23ff. zit.: Sack WRP 2000
Sack, Rolf	Staatliche Werbebeschränkungen und die Art. 30 und 59 EG-Vertrag in: Wettbewerb in Recht und Praxis 1998, S. 103ff. zit.: Sack WRP 1998
Samtleben, Jürgen	Zur kollisionsrechtlichen „Vorfrage" im öffentlichen Recht in: Rabels Zeitschrift für ausländisches und internationales Privatrecht Bd. 52 (1988), S. 466ff. zit.: Samtleben RabelsZ 52 (1988)
Schack, Haimo	Internationales Zivilverfahrensrecht 5. Auflage München 2010 zit.: Schack IZPR

Scherpe, Jens M.	Buchbesprechung – Johan Meeusen, International Family Law for the European Union in: Zeitschrift für das gesamte Familienrecht 2007, S. 1526 zit.: Scherpe FamRZ 2007
Scheuing, Dieter H.	Freedom of Movement as a Union Citizens' Right in: Europäisches öffentliches Recht – Ausgewählte Beiträge, Peter-Christian Müller-Graff/Christoph Ritzer (Hrsg.), S. 145ff. 1. Auflage Baden-Baden 2006 zit.: Scheuing Freedom of Movement
Scheuing, Dieter H.	Freizügigkeit als Unionsbürgerrecht in: Europarecht 2003, S. 744ff. zit.: Scheuing EuR 2003
Schilken, Eberhard	Zivilprozessrecht 5. Auflage Köln/Berlin/München 2006 zit.: Schilken
Schlenker, Susanne	Die Stellung gleichgeschlechtlicher Lebensgemeinschaften in Spanien und den spanischen Teilrechtsordnungen in: Die Rechtsstellung gleichgeschlechtlicher Lebensgemeinschaften, Jürgen Basedow/Klaus J. Hopt/Heinz Kötz/Peter Dopffel (Hrsg.), S. 145ff. Tübingen 2000 zit.: Schlenker in Die Rechtsstellung gleichgeschlechtlicher Lebensgemeinschaften
Schmidt-Bleibtreu, Bruno/ Hofmann, Hans/ Hopfauf, Axel	GG – Kommentar zum Grundgesetz 11. Auflage Köln/München 2008 zit.: Schmidt-Bleibtreu/Hofmann/Hopfauf/Bearbeiter
Schmidt-Kessel, Martin	Entscheidung über Homo-Ehe vertagt in: Ecolex 2006, S. 532f. zit.: Schmidt-Kessel ecolex 2006
Scholz, Rupert/ Uhle, Arnd	„Eingetragene Lebenspartnerschaft" und Grundgesetz in: Neue Juristische Wochenschrift 2001, S. 393ff. zit.: Scholz/Uhle NJW 2001

Schönberger, Christoph	Unionsbürger – Europas föderales Bürgerrecht in vergleichender Sicht Tübingen 2005 zit.: Schönberger
Schümann, Kirsten	Nichteheliche Lebensgemeinschaften und ihre Einordnung im Internationalen Privatrecht Diss. iur. Dresden 2000 zit.: Schümann
Schulz, Guido	Freizügigkeit für Unionsbürger Diss. iur. Osnabrück 1996 zit.: Schulz
Schwab, Dieter	Familienrecht 17. Auflage München 2009 zit.: Schwab
Schwarze, Jürgen	EU-Kommentar 2. Auflage Baden-Baden 2009 zit.: Schwarze/Bearbeiter
Schwenzer, Ingeborg	Convergence and divergence in the law on same-sex partnerships in: Convergence and divergence of family law in Europe, Masha Antokolskaia (Hrsg.), S. 145ff. Antwerpen/Oxford 2007 zit.: Schwenzer in Convergence and divergence of family law in Europe
Seyr, Sibylle/ Rümke, Hans-Christian	Das grenzüberschreitende Element in der Rechtsprechung des EuGH zur Unionsbürgerschaft in: Europarecht 2005, S. 667ff. zit.: Seyr/Rümke EuR 2005
Sieberichs, Wolf	Qualifikation der deutschen Lebenspartnerschaft als Ehe in Belgien in: Praxis des internationalen Privat- und Verfahrensrechts 2008, S. 277f. zit.: Sieberichs IPRax 2008

Siehr, Kurt | Das Internationale Privatrecht der Schweiz
Zürich 2002
zit.: Siehr IPR Schweiz

Siehr, Kurt | General Problems of private international law in modern codifications – de lege lata and de lege europea ferenda –
in: Yearbook of Private International Law, Vol. 7 (2005), S. 17ff.
zit.: Siehr Yearbook of PIL 2005

Siehr, Kurt | Paolo Picone: Gesammelte Aufsätze zum Kollisionsrecht und die Blockverweisung auf die „zuständige Rechtsordnung" im IPR
in: Praxis des internationalen Privat- und Verfahrensrechts 2005, S. 155ff.
zit.: Siehr IPRax 2005

Siehr, Kurt | Renvoi und wohlerworbene Rechte
in: Festschrift für Anton Heini zum 65. Geburtstag, S. 407ff.
Zürich 1995
zit.: Siehr in Festschrift Heini 1995

Smith, Bradley S./ Robinson J.A. | The South African Civil Union Act 17 of 2006: A good example of the dangers of rushing the legislative process
in: BYU Journal of Public Law 2008, S. 419ff.
zit.: Smith/Robinson 22 BYU J. Pub. L. 419 (2008)

Sommer, Erik | Der Einfluss der Freizügigkeit auf Namen und Status von Unionsbürgern – Zu den Auswirkungen des Gemeinschaftsrechts auf hinkende Rechtslagen im Internationalen Familien- und Namensrecht
Diss. iur. Jena 2008/2009
zit.: Sommer

Sonnenberger, Hans Jürgen | Europarecht und Internationales Privatrecht
in: Zeitschrift für Vergleichende Rechtswissenschaft 95 (1996), S. 3ff.
zit.: Sonnenberger ZVglRWiss 95 (1996)

Sonnenberger, Hans Jürgen — Wandlungen und Perspektiven des familienrechtlichen ordre public
in: Internationales Familienrecht für das 21. Jahrhundert – Symposium zum 65. Geburtstag von Ulrich Spellenberg, S. 29ff.
München 2006
zit.: Sonnenberger in Symposium Spellenberg 2006

Sonnentag, Michael — Der Renvoi im internationalen Privatrecht
Diss. iur. Frankfurt a.M. 2000
zit.: Sonnentag

Soto Moya, Mercedes — Las situaciones conyugales en el tráfico intracomunitario: un modelo de relación entre el DIPr y el derecho de extranjería
Diss. iur. Granada 2006
zit.: Soto Moya

Spaventa, Eleanor — Seeing the wood despite the trees? On the Scope of Union citizenship and its constituional effects
in: Common Market Law Review Bd. 45 (2008), S. 13ff.
zit.: Spaventa CML Rev. 45 (2008)

Spickhoff, Andreas — Der ordre public im internationalen Privatrecht
Entwicklung – Struktur – Konkretisierung
Neuwied/Frankfurt 1989
zit.: Spickhoff

Spickhoff, Andreas — Eheschließung, Ehescheidung und ordre public
in: Juristenzeitung 1991, S. 323ff.
zit.: Spickhoff JZ 1991

Spiro, Erwin — Law of Parent and Child
4. Auflage Cape Town/Wetton/Johannesburg 1985
zit.: Spiro Law of Parent and Child

Staeglich, Simone — Rechte und Pflichten aus der Unionsbürgerschaft
in: Zeitschrift für Europarechtliche Studien 2003, S. 485ff.
zit.: Staeglich ZEuS 2003

Staudinger, Julius von

Kommentar zum Bürgerlichen Gesetzbuch mit Einführungsgesetzen und Nebengesetzen
Einführungsgesetz zum Bürgerlichen Gesetzbuche/IPR
Einleitung zum IPR; Art. 3 - 6 EGBGB (Internationales Privatrecht – Allgemeiner Teil)
14. Auflage Berlin 2003
Art. 7, 9 - 12, 47 EGBGB (Internationales Recht der natürlichen Personen und der Rechtsgeschäfte)
14. Auflage Berlin 2007
zit.: Staudinger/Bearbeiter
Art. 13 - 18 EGBGB; Anhang zu Art. 13 EGBGB; Anhang I - III zu Art. 18 EGBGB
13. Auflage Berlin 1996
zit.: Staudinger^{13}/Bearbeiter
Art 13 - 17b EGBGB; Anhang zu Art 13 EGBGB: Verlöbnis und nichteheliche Lebensgemeinschaft (Internationales Eherecht)
14. Auflage Berlin 2003
Art. 18 EGBGB; Anhang I zu Art 18 EGBGB: Haager Unterhaltsübereinkommen 1973; Anhang II zu Art. 18 EGBGB: Haager Kindesunterhaltsübereinkommen 1956; Anhang III zu Art 18 EGBGB: Internationales Unterhaltsverfahrensrecht;
Vorbem zu Art 19 EGBGB: Das Internationale Kindschaftsrecht der Übereinkommen und EG-Verordnungen
14. Auflage Berlin 2003
zit.: Staudinger/Bearbeiter
Kindschaftsrechtliche Übereinkommen; Art 19 EGBGB Minderjährigenschutzabkommen 1961; Sorgerechtsübereinkommen 1980
13. Auflage Berlin 1994
zit.: Staudinger^{13}/Bearbeiter
Art. 19 - 24 EGBGB
14. Auflage Berlin 2002
zit.: Staudinger^{14}/Bearbeiter
Art. 19 - 24 EGBGB; ErwSÜ (Internationales Kindschaftsrecht 3 – Vormundschaft, Rechtliche Betreuung, Pflegschaft)

	15. Auflage Berlin 2008 zit.: Staudinger/Bearbeiter Art. 25, 26 EGBGB (Internationales Erbrecht) 15. Auflage Berlin 2007 zit.: Staudinger[15]/Bearbeiter
Stein, Friedrich/ Jonas, Martin	Kommentar zur Zivilprozessordnung Band 4: §§ 253 - 327 22. Auflage Tübingen 2008 Band 5: §§ 328 - 510b 22. Auflage Tübingen 2006 zit.: Stein/Jonas/Bearbeiter
Stern, Claudia	Das Staatsangehörigkeitsprinzip in Europa – Die Vereinbarkeit der kollisionsrechtlichen Staatsangehörigkeitsanknüpfung mit dem gemeinschaftsrechtlichen Diskriminierungsverbot Diss. iur. Köln 2006 zit.: Stern
Streinz, Rudolf	EUV/EGV Vertrag über die Europäische Union und Vertrag zur Gründung der Europäischen Gemeinschaft 1. Auflage München 2003 zit.: Streinz/Bearbeiter
Stüber, Stephan	Gesetz zur Überarbeitung des Lebenspartnerschaftsrechts in: Zeitschrift für das gesamte Familienrecht 2005, S. 574ff. zit.: Stüber FamRZ 2005
Stüber, Stephan	Gleichstellung homosexueller Lebensgemeinschaften als „Eingetragene Lebenspartnerschaft" mit der Ehe verfassungsgemäß? in: Kritische Justiz 2000, S. 594ff. zit.: Stüber KritJ 2000
Süß, Rembert	Notarieller Gestaltungsbedarf bei Eingetragenen Lebenspartnerschaften mit Ausländern in: Deutsche Notar-Zeitschrift 2001, S. 168ff. zit.: Süß DNotZ 2001

Süß, Rembert/ Ring, Gerhard	Eherecht in Europa Angelbachtal 2006 zit.: Süß/Ring/Bearbeiter
Swennen, Frederik	Atypical families in EU (Private International Family Law) in: International Family Law for the European Union, Johan Meeusen/Marta Pertegás/Gert Straetmans/Frederik Swennen (Hrsg.), S. 389ff. Antwerpen/Oxford 2007 zit.: Swennen in International Family Law for the European Union
Tassikas, Apostolos	Dispositives Recht und Rechtswahlfreiheit als Ausnahmebereiche der EG-Grundfreiheiten Diss. iur. Frankfurt a.M. 2002 zit.: Tassikas
Tesauro, Giuseppe	The Community's Internal Market in the light of the Recent Case-law of the Court of Justice in: Yearbook of European Law Bd. 15 (1995), S. 1ff. zit.: Tesauro Yearbook of European Law 1995
Tettinger, Peter J.	Kein Ruhmesblatt für die „Hüter der Verfassung" in: Juristenzeitung 2002, S. 1146ff. zit.: Tettinger JZ 2002
Tettinger, Peter/ Stern, Klaus (Hrsg.)	Kölner Gemeinschaftskommentar zur Europäischen Grundrechte-Charta München 2006 zit.: Tettinger/Stern/Bearbeiter
Thomas, Caroline A.	The Roles of Registered Partnerships and Conjugality in Canadian Family Law in: Canadian Journal of Family Law 2006, S. 223ff. zit.: Thomas 22 Can. J. Fam. L. (2006)
Thorn, Karsten	Besondere Kollisionsnormen und allgemeine Lehren des IPR in: Festschrift für Erik Jayme Band I, S. 955ff. München 2004 zit.: Thorn in Festschrift Jayme Bd. I 2004

Thorn, Karsten — Entwicklungen des internationalen Privatrechts 2000-2001
in: Praxis des internationalen Privat- und Verfahrensrechts 2002, S. 349ff.
zit.: Thorn IPRax 2002

Thorn, Karsten — The German Conflict of Laws Rules on Registered Partnerships
in: Legal Recognition of Same-Sex Couples in Europe, Katharina Boele-Woelki/Angelika Fuchs (Hrsg.), S. 159ff.
Antwerpen/Oxford/New York 2003
zit.: Thorn in Legal Recognition of Same-Sex Couples in Europe

Toner, Helen — Case Comment – Passport controls at borders between member states
in: European Law Review 2000, S. 415ff.
zit.: Toner E.L.Rev. 2000

Toner, Helen — Non-Discriminatory Obstacles to the Exercise of Treaty Rights – Articles 39, 43, 49, and 18 EC
in: Yearbook of European Law Bd. 23 (2004), S. 275ff.
zit.: Toner Yearbook of European Law 2004

Toner, Helen — Partnership Rights, Free Movement, and EU Law
Oxford and Portland Oregon 2004
zit.: Toner

Umbach, Dieter C./ Clemens, Thomas (Hrsg.) — Grundgesetz – Mitarbeiterkommentar und Handbuch, Band I
1. Auflage Heidelberg 2002
zit.: Umbach/Clemens/Bearbeiter

Vogel, Klaus — Der räumliche Anwendungsbereich der Verwaltungsrechtsnorm
Frankfurt a.M./Berlin 1965
zit.: Vogel

Vonk, Machteld — Parent-Child Relationships in Dutch Family Law
in: Tensions Between Legal, Biological and Social Conceptions of Parentage, Ingeborg Schwenzer (Hrsg.), S. 279ff.
zit.: Vonk in Tensions Between Legal, Biological and Social Conceptions of Parentage

Waaldijk, Kees — Others may follow: The introduction of marriage, quasi-marriage and semi-marriage for same-sex couples in European countries
in: New England Law Review Vol. 38 (2004), S. 569ff.
zit.: Waaldijk New Eng. L. Rev. 38 (2004)

Wagner, Rolf — Das neue Internationale Privat- und Verfahrensrecht zur eingetragenen Lebenspartnerschaft
in: Praxis des internationalen Privat- und Verfahrensrechts 2001, S. 290ff.
zit.: Wagner IPRax 2001

Wardle, Lynn D. — A Response to the „Conservative Case“ for same-sex marriage: Same-sex marriage and “the tragedy of the commons”
in: BYU Journal of Public Law 2008, S. 441ff.
zit.: Wardle 22 BYU J. Pub. L. 441 (2008)

Wasmuth, Johannes — Eheschließung unter Gleichgeschlechtlichen in den Niederlanden und deutscher ordre public
in: Liber Amicorum Gerhard Kegel, S. 237ff.
München 2002
zit.: Wasmuth in Liber Amicorum Gerhard Kegel 2002

Wasmuth, Johannes — Zur Verfassungsmäßigkeit der eingetragenen Lebenspartnerschaft
in: Der Staat 2002, S. 47ff.
zit.: Wasmuth Der Staat 2002

Wautelet, Patrick — „Belgian Report“ zur Session on Private international law aspects of homosexual couples in XVIIth Congress of the International Academy of Comparative Law, 16th-22nd July 2006, Utrecht, The Netherlands
zit.: Wautelet „Belgian Report“

Wautelet, Patrick — Le Code de droit international privé
in: Chronique de droit à l'usage du notariat Bd. 41 (2005), S. 5ff.
zit.: Wautelet Chronique de droit à l'usage du notariat 41(2005)

Weatherill, Stephen — After Keck: Some thoughts on how to clarify the clarification
in: Common Market Law Review Bd. 33 (1996), S. 885ff.
zit.: Weatherill CML Rev. 33 (1996)

Webb, P.R.H./ Brown D.J.L. — A casebook on the conflict of laws
London 1960
zit.: Webb/Brown

Wellenhofer, Marina — Das neue Recht für eingetragene Lebenspartnerschaften
in: Neue Juristische Wochenschrift 2005, S. 705ff.
zit.: Wellenhofer NJW 2005

Wellenhofer-Klein, Marina — Die eingetragene Lebenspartnerschaft
München 2003
zit.: Wellenhofer-Klein

Wengler, Wilhelm — Rechtsgleichheit und Vielheit der Rechte
in: Hundert Jahre Deutsches Rechtsleben – Festschrift zum Hundertjährigen Bestehen des deutschen Juristentages 1860 - 1960, Band I, S. 239ff.
Karlsruhe 1960
zit.: Wengler in Festschrift zum Hundertjährigen Bestehen des deutschen Juristentages Bd. I 1960

Wieczorek, Bernhard/ Schütze Rolf A. — Zivilprozessordnung und Nebengesetze – Großkommentar
Zweiter Band §§ 128 - 541, 3. Teilband, 1. Teil §§ 300 - 354
3. Auflage Berlin 2007
zit.: Wieczorek/Schütze/Bearbeiter

Wilmowsky, Peter von — Ausnahmebereiche gegenüber EG-Grundfreiheiten?
in: Europarecht 1996, S. 362ff.
zit.: Wilmowsky EuR 1996

Wilmowsky, Peter von	EG-Freiheiten und Vertragsrecht in: Juristenzeitung 1996, S. 590ff. zit.: Wilmowsky JZ 1996
Winkler von Mohrenfels, Peter	Die gleichgeschlechtliche Ehe im deutschen IPR und im europäischen Verfahrensrecht in: Liber Amicorum Tuğrul Ansay, S. 527ff. Alphen aan den Rijn 2006 zit.: Winkler v. Mohrenfels in Liber Amicorum Tuğrul Ansay 2006
Winkler von Mohrenfels, Peter	Kollisionsrechtliche Vorfrage und materielles Recht in: Rabels Zeitschrift für ausländisches und internationales Privatrecht Bd. 51 (1987), S. 20ff. zit.: Winkler v. Mohrenfels RabelsZ 51 (1987)
Wollenschläger, Ferdinand	Grundfreiheit ohne Markt – Die Herausbildung der Unionsbürgerschaft im unionsrechtlichen Freizügigkeitsregime Diss. iur. München 2006 zit.: Wollenschläger
Wright, Wade K.	The tide in favour of equality: Same-sex marriage in Canada and England and Wales in: International Journal of Law, Policy and the Family 20 (2006), S. 249ff. zit.: Wright 20 Int'l J.L. & Pol'y & Fam. 249 (2006)
Ziekow, Jan	Die Freizügigkeit des Unionsbürgers in: Ein Rechtslehrer in Berlin – Symposium für Albrecht Randelzhofer, S. 101ff. Berlin/Heidelberg/New York 2004 zit.: Ziekow in Symposium Randelzhofer 2004

Gesetzesanhang: Stand 31.07.2010

A) Argentinien
1) Ley 26.618 (Boletín Oficial de la República Argentina, Año CXVII, núm. 31.949, 22.07.2010, S. 1ff.
Art. 42
ARTICULO 42. — *Aplicación.*
Todas las referencias a la institución del matrimonio que contiene nuestro ordenamiento jurídico se entenderán aplicables tanto al matrimonio constituido por DOS (2) personas del mismo sexo como al constituido por DOS (2) personas de distinto sexo.
Los integrantes de las familias cuyo origen sea un matrimonio constituido por DOS (2) personas del mismo sexo, así como un matrimonio constituido por personas de distinto sexo, tendrán los mismos derechos y obligaciones.
Ninguna norma del ordenamiento jurídico argentino podrá ser interpretada ni aplicada en el sentido de limitar, restringir, excluir o suprimir el ejercicio o goce de los mismos derechos y obligaciones, tanto al matrimonio constituido por personas del mismo sexo como al formado por DOS (2) personas de distinto sexo.

B) Belgien:
1) Code Civil
Art. 143.
Deux personnes de sexe différent ou de même sexe peuvent contracter mariage.
Si le mariage a été contracté entre des personnes de même sexe, l'article 315 n'est pas applicable.

Art. 144.
Nul ne peut contracter mariage avant dix-huit ans.

Art. 145.
Le tribunal de la jeunesse peut, pour motifs graves, lever la prohibition de l'article précédent. (La demande est introduite par requête soit par les père et mère, soit par l'un d'entre eux, soit par le tuteur, soit par le mineur à défaut de consentement des parents ou du tuteur.)
La procédure est introduite à jour fixe. Le tribunal statue dans la quinzaine, les père et mère(ou le tuteur), le mineur et le futur conjoint convonqués et le procureur du Roi entendu.
L'appel doit être introduit (dans la huitaine de la notification par pli judiciaire du jugement) et la Cour statue dans la quinzaine. (Le jugement est également communiqué par le greffier au ministère public compétent.) Ni le jugement ni l'arrêt ne sont susceptibles d'opposition

Art. 163.
Le mariage est encore prohibé entre l'oncle et la nièce ou le neveu, ou entre la tante et la nièce ou le neveu.

Art. 184.
Tout mariage contracté en contravention (aux dispositions contenues aux articles 144, 146bis, 146ter, 147, 161, 162, 163, 341 ou 353-13,) peut être attaqué soit par les epoux eux-mêmes, soit par tous ceux qui y ont intérêt, soit par le ministère public.

Art. 185.
Néanmoins, le mariage contracté par un ou des époux mineurs qui n'ont pas recu l'autorisation du tribunal de la jeunesse de contracter mariage ne peut plus être attaqué lorsqu'il s'est écoulé six mois depuis que cet époux ou les époux ont atteint l'âge de dix-huit ans.

Art. 201.
Le mariage qui a été déclaré nul produit néanmoins ses effets à l'égard des époux lorsqu'il a été contracté de bonne foi.
Si la bonne foi n'existe que de la part de l'un des deux époux, le mariage ne produit ses effets qu'en faveur de cet époux.

Art. 318.
§ 1er A moins que l'enfant ait la possession d'état à l'égard du mari, la présomption de paternité peut être contestée par la mère, l'enfant, l'homme à l'égard duquel la filiation est établie et par la personne qui revendique la paternité de l'enfant.
§ 2. (L'action de la mère doit être intentée dans l'année de la naissance.) L'action du mari doit être intentée dans l'année de la découverte du fait qu'il n'est pas le pere de l'enfant, celle de celui qui revendique la paternité de l'enfant doit être intentée dans l'année de la découverte qu'il est le père de l'enfant et celle de l'enfant doit être intentée au plus tôt le jour où il a atteint l'âge de douze ans et au plus tard le jour où il atteint l'âge de vingt-deux ans (ou dans l'année de la découverte du fait que le mari n'est pas son père). Si le mari est décédé sans avoir agi, mais étant encore dans le délai utile pour le faire, sa paternité peut être contestée, dans l'année de son décès ou de la naissance, par ses ascendants et par ses descendants. La paternité établie en vertu de l'article 317 peut en outre être contestée par le précédent mari.
§ 3. Sans préjudice des §§ 1er et 2, la présomption de paternité du mari est mise à néant s'il est prouvé par toutes voies de droit que l'intéressé n'est pas le père. La contestation de la présomption de paternité du mari est en outre déclarée fondée, sauf preuve contraire :
1° dans les cas visés à l'article 316bis ;
2° lorsque la filiation maternelle est établie par reconnaissance ou par décision judiciaire;
3° lorsque l'action est introduite avant que la filiation maternelle ne soit établie.
§ 4. La demande en contestation de la présomption de paternité n'est pas recevable si le mari a consenti à l'insémination artificielle ou à un autre acte ayant la procréation pour but, sauf si la conception de l'enfant ne peut en être la conséquence.
§ 5. La demande en contestation introduite par la personne qui se prétend le père biologique de l'enfant n'est fondée que si sa paternité est établie. La décision faisant droit à cette action en contestation entraîne de plein droit l'établissement de la filiation du demandeur. Le tribunal vérifie que les conditions de l'article 332quinquies sont respectées. A défaut, l'action est rejetée.

Art. 343. § 1er. On entend par :
a) adoptant : une personne, des époux (...), ou des cohabitants (...);
b) (cohabitants : deux personnes (...) ayant fait une déclaration de cohabitation légale ou deux personnes de sexe différent qui vivent ensemble de façon permanente et affective depuis au moins trois ans au moment de l'introduction de la demande en adoption, pour autant qu 'elles ne soient pas unies par un lien de parenté (…) entraînant une prohibition de mariage dont elles ne peuvent être dispensées par le Roi;

Art. 1475.
§ 1er. Par «cohabitation légale», il y a lieu d'entendre la situation de vie commune de deux personnes ayant fait une déclaration au sens de l'article 1476.
§ 2. Pour pouvoir faire une déclaration de cohabitation légale, les deux parties doivent satisfaire aux conditions suivantes :
1° ne pas être liées par un mariage ou par une autre cohabitation légale;
2° être capables de contracter conformément aux articles 1123 et 1124.

Art. 1476.
§ 1er. Une déclaration de cohabitation légale est faite au moyen d'un écrit remis contre récépissé à l'officier de l'état civil du domicile commun.
Cet écrit contient les informations suivantes :
1° la date de la déclaration;
2° les noms, prénoms, lieu et date de naissance et signatures des deux parties;
3° le domicile commun;
4° la mention de la volonté des parties de cohabiter légalement;
5° la mention de ce que les deux parties ont pris connaissance préalablement du contenu des articles 1475 à 1479;
6° le cas échéant, la mention de la convention visée à l'article 1478, conclue entre les parties.
L'officier de l'état civil vérifie si les deux parties satisfont aux conditions légales regissant la cohabitation légale et acte, dans l'affirmative, la déclaration dans le registre de la population.
(L'article 64, §§ 3 et 4, s'applique par analogie aux actes de l'état civil et aux preuves qui, le cas échéant, sont demandées afin de justifier qu'il est satisfait aux conditions légales
§ 2. La cohabitation légale prend fin lorsqu'une des parties se marie, décède ou lorsqu'il y est mis fin conformément au présent paragraphe.
Il peut être mis fin à la cohabitation légale, soit de commun accord par les cohabitants, soit unilatéralement par l'un des cohabitants au moyen d'une déclaration écrite qui est remise contre récépissé à l'officier de l'état civil conformément aux dispositions de l'alinéa suivant. Cet écrit contient les informations suivantes :
1° la date de la declaration;
2° les noms, prénoms, lieux et dates de naissance des deux parties et les signatures des deux parties ou de la partie qui fait la déclaration;
3° le domicile des deux parties;
4° la mention de la volonté de mettre fin à la cohabitation légale.
La déclaration de cessation par consentement mutuel est remise à l'officier de l'état civil de la commune du domicile des deux parties ou, dans le cas où les parties ne sont pas domiciliées dans la même commune, à l'officier de l'état civil de la commune du domicile de l'une d'elles. Dans ce cas, l'officier de l'état civil notifie la cessation, dans les huit jours et par lettre recommandée, à l'officier de l'état civil de la commune du domicile de l'autre partie.
La déclaration unilatérale de cessation est remise à l'officier de l'état civil de la commune du domicile des deux parties ou, lorsque les parties ne sont pas domiciliées dans la même commune, à l'officier de l'état civil de la commune du domicile de la partie qui fait la déclaration. L'officier de l'état civil signifie la cessation à l'autre partie dans les huit jours et par exploit d'huissier de justice et, le cas échéant, il la notifie, dans le même délai et par lettre recommandée, à l'officier de l'état civil de la commune du domicile de l'autre partie.
En tout état de cause, les frais de la signification et de la notification doivent être payés

préalablement par ceux qui font la déclaration.
L'officier de l'état civil acte la cessation de la cohabitation légale dans le registre de la population.

Art. 1477.
§ 1er. Les dispositions du présent article qui règlent les droits, obligations et pouvoirs des cohabitants légaux sont applicables par le seul fait de la cohabitation légale.
§ 2. Les articles 215, 220, § 1er, et 224, § 1er, 1, s'appliquent par analogie à la cohabitation légale.
§ 3. Les cohabitants légaux contribuent aux charges de la vie commune en proportion de leurs facultés.
§ 4. Toute dette contractée par l'un des cohabitants légaux pour les besoins de la vie commune et des enfants qu'ils éduquent oblige solidairement l'autre cohabitant. Toutefois, celui-ci n'est pas tenu des dettes excessives eu égard aux ressources des cohabitants.
(§ 5. Dans les limites de ce que le cohabitant légal survivant a recueilli dans la succession de son cohabitant légal prédécédé en vertu de l'article 745octies, § 1er, et des avantages que celui-ci lui aurait consentis par donation, testament ou convention visée à l'article 1478, le cohabitant légal survivant est tenu de l'obligation établie à l'article 203, § 1er, envers les enfants du cohabitant légal prédécédé dont il n'est pas lui-même le père ou la mère.)
(§ 6. La succession du cohabitant légal prédécédé sans laisser de postérité doit des aliments aux ascendants du défunt qui sont dans le besoin au moment du décès, à concurrence des droits successoraux dont ils sont privés par des libéralités au profit du cohabitant légal survivant.)

Art. 1478.
Chacun des cohabitants légaux conserve les biens dont il peut prouver qu'ils lui appartiennent, les revenus que procurent ces biens et les revenus du travail.
Les biens dont aucun des cohabitants légaux ne peut prouver qu'ils lui appartiennent et les revenus que ceux-ci procurent sont réputés être en indivision.
Si le cohabitant légal survivant est un héritier du cohabitant prémourant, l'indivision visée à l'alinéa précédent sera tenue, à l'égard des héritiers réservataires du prémourant, comme une libéralité, sauf preuve du contraire.
En outre, les cohabitants règlent les modalités de leur cohabitation légale par convention comme ils le jugent à propos, pour autant que celle-ci ne contienne aucune clause contraire à l'article 1477, à l'ordre public, aux bonnes moeurs, ou aux règles relatives à l'autorité parentale, a la tutelle et aux règles déterminant l'ordre légal de la succession. Cette convention est passée en la forme authentique devant notaire, et fait l'objet d'une mention au registre de la population.

Art. 1479.
Si l'entente entre les cohabitants légaux est sérieusement perturbée, le juge de paix ordonne, à la demande d'une des parties, les mesures urgentes et provisoires relatives a l'occupation de la résidence commune, à la personne et aux biens des cohabitants et des enfants, et aux obligations légales et contractuelles des deux cohabitants.
Le juge de paix fixe la durée de validité des mesures qu'il ordonne. En toute hypothèse, ces mesures cessent de produire leurs effets au jour de la cessation de la cohabitation légale, telle que prévue à l'article 1476, § 2, alinéa 6.
Après la cessation de la cohabitation légale, et pour autant que la demande ait été introduite dans les trois mois de cette cessation, le juge de paix ordonne les mesures urgentes et provisoires justifiées par cette cessation. Il fixe la durée de validité des mesures qu'il ordonne. Cette durée de validité ne peut excéder un an.
Le juge de paix ordonne ces mesures conformément aux dispositions des articles 1253ter à

1253octies du Code judiciaire.
(Si un cohabitant légal a commis à l'encontre de l'autre un fait visé aux articles 375, 398 à 400, 402, 403 ou 405 du Code pénal ou a tente de commettre un fait visé aux articles 375, 393, 394 ou 397 du même Code, ou s'il existe des indices sérieux de tels comportements, ce dernier se verra attribuer, sauf circonstances exceptionnelles, la jouissance de la résidence commune s'il en fait la demande.)

2) Le Code de droit international privé
Art. 11.
Nonobstant les autres dispositions de la présente loi, les juridictions belges sont exceptionnellement compétentes lorsque la cause présente des liens étroits avec la Belgique et qu'une procédure à l'étranger se révèle impossible ou qu'on ne peut raisonnablement exiger que la demande soit formée à l'étranger.

Art. 42.
Les juridictions belges sont compétentes pour connaître de toute demande concernant le mariage ou ses effets, le régime matrimonial, le divorce ou la séparation de corps, outre dans les cas prévus par les dispositions générales de la présente loi, si :
1° en cas de demande conjointe, l'un des époux a sa résidence habituelle en Belgique lors de l'introduction de la demande;
2° la dernière résidence habituelle commune des époux se situait en Belgique moins de douze mois avant l'introduction de la demande;
3° l'époux demandeur a sa résidence habituelle depuis douze mois au moins en Belgique lors de l'introduction de la demande; ou
4° les époux sont belges lors de l'introduction de la demande.

Art. 44.
Le mariage peut être célébré en Belgique lorsque l'un des futurs époux est belge, est domicilié en Belgique ou a depuis plus de trois mois sa résidence habituelle en Belgique, lors de la célébration.

Art. 46.
Sous réserve de l'article 47, les conditions de validité du mariage sont régies, pour chacun des époux, par le droit de l'Etat dont il a la nationalité au moment de la célébration du mariage.

L'application d'une disposition du droit désigné en vertu de l'alinéa 1er est écartée si cette disposition prohibe le mariage de personnes de même sexe, lorsque l'une d'elles a la nationalité d'un Etat ou a sa résidence habituelle sur le territoire d'un Etat dont le droit permet un tel mariage.

Art. 61.
Les juridictions belges sont compétentes pour connaître de toute demande concernant l'établissement ou la contestation de paternité ou de maternité, outre dans les cas prévus par les dispositions générales de la présente loi, si :
1° l'enfant a sa résidence habituelle en Belgique lors de l'introduction de la demande;
2° la personne dont la paternité ou la maternité est invoquée ou contestée a sa résidence habituelle en Belgique lors de l'introduction de la demande; ou
3° l'enfant et la personne dont la paternité ou la maternité est invoquée ou contestée sont belges lors de l'introduction de la demande.

Art. 66.
Par dérogation aux dispositions générales de la présente loi, les juridictions belges ne sont compétentes pour prononcer une adoption que si l'adoptant, l'un des adoptants ou l'adopté est belge ou a sa résidence habituelle en Belgique lors de l'introduction de la demande.
Les juridictions belges sont compétentes pour prononcer la conversion d'une adoption qui n'a pas eu pour effet de rompre le lien préexistant de filiation en une adoption plénière aux conditions visées à l'alinéa 1er ou si l'adoption a été établie en Belgique.
Les juridictions belges sont compétentes pour prononcer la révocation d'une adoption aux conditions visées à l'alinéa 1er ou si l'adoption a été établie en Belgique.
Les juridictions belges sont compétentes pour prononcer la révision d'une adoption aux conditions visées à l'alinéa 1er, si l'adoption a été établie en Belgique ou si une décision judiciaire établissant l'adoption a été reconnue ou déclarée exécutoire en Belgique.

Art. 73.
§ 1er. Les juridictions belges sont compétentes pour connaître de toute demande concernant une obligation alimentaire, outre dans les cas prévus aux dispositions générales de la présente loi, si :
1° le créancier d'aliments a sa résidence habituelle en Belgique lors de l'introduction de la demande; ou
2° le créancier et le débiteur d'aliments sont belges lors de l'introduction de la demande.
§ 2. S'il s'agit d'une demande accessoire à une action concernant l'état des personnes, le juge belge compétent pour connaître de cett e action l'est également pour connaître de la demande d'aliments.

Art. 77.
Les juridictions belges sont compétentes pour connaître de toute demande en matière successorale, outre dans les cas prévus par les dispositions générales de la présente loi à l'exclusion de l'article 5, si :
1° le défunt avait sa résidence habituelle en Belgique au moment de son décès; ou
2° la demande porte sur des biens situés en Belgique lors de son introduction.

C) Kanada
I) Bundesweite Gesetze
1) Canadian Charter of Rights and Freedoms
sec.15(1)
Every individual is equal before and under the law and has the right to the equal protection and equal benefit of the law without discrimination and, in particular, without discrimination based on race, national or ethnic origin, colour, religion, sex, age or mental or physical disability.

2) Civil Marriage Act (2005, chapter 33)
Sec. 2
Marriage, for civil purposes, is the lawful union of two persons to the exclusion of all others.

3) Divorce Act (1985, c.3 (2nd supp.))
sec.8
(1) A court of competent jurisdiction may, on application by either or both spouses, grant a divorce to the spouse or spouses on the ground that there has been a breakdown of their marriage.
(2) Breakdown of a marriage is established only if
(a) the spouses have lived separate and apart for at least one year immediately preceding the determination of the divorce proceeding and were living separate and apart at the commencement of the proceeding; or
(b) the spouse against whom the divorce proceeding is brought has, since celebration of the marriage,

(i) committed adultery, or
(ii) treated the other spouse with physical or mental cruelty of such a kind as to render intolerable the continued cohabitation of the spouses.
(3) For the purposes of paragraph (2)(a),
(a) spouses shall be deemed to have lived separate and apart for any period during which they lived apart and either of them had the intention to live separate and apart from the other; and
(b) a period during which spouses have lived separate and apart shall not be considered to have been interrupted or terminated
(i) by reason only that either spouse has become incapable of forming or having an intention to continue to live separate and apart or of continuing to live separate and apart of the spouse's own volition, if it appears to the court that the separation would probably have continued if the spouse had not become so incapable, or
(ii) by reason only that the spouses have resumed cohabitation during a period of, or periods totalling, not more than ninety days with reconciliation as its primary purpose.

II) Québec: Civil Code of Québec
Art. 521.6
The spouses in a civil union have the same rights and obligations.
They owe each other respect, fidelity, succour and assistance.
They are bound to live together.
The effects of the civil union as regards the direction of the family, the exercise of parental authority, contribution towards expenses, the family residence, the family patrimony and the compensatory allowance are the same as the effects of marriage, with the necessary modifications.
Whatever their civil union regime, the spouses may not derogate from the provisions of this article.

Art. 521.7
A civil union creates a family connection between each spouse and the relatives of his or her spouse..

Art. 521.8
A civil union regime may be created by and any kind of stipulation may be made in a civil union contract, subject to the imperative provisions of law and public order.
Spouses who, before the solemnization of their civil union, have not so fixed their civil union regime are subject to the regime of partnership of acquests.
Civil union regimes, whether legal or conventional, and civil union contracts are subject to the same rules as are applicable to matrimonial regimes and marriage contracts, with the necessary modifications.

Art. 521.9
If spouses cannot agree as to the exercise of their rights and the performance of their duties, they or either of them may apply to the court, which will decide in the best interests of the family after fostering conciliation of the parties

Art. 521.12
A civil union is dissolved by the death of either spouse. It is also dissolved by a court judgment or by a notarized joint declaration where the spouses' will to live together is irretrievably undermined.

A civil union is also dissolved by the marriage of the spouses to one another. The sole consequence of the dissolution is the severing of the bond of civil union. The effects of the civil union are maintained and are considered to be effects of the marriage from the date of the civil union, and the civil union regime of the spouses becomes the marriage regime, unless they have made changes to it by marriage contract.

Art. 525
If a child is born during a marriage or a civil union between persons of opposite sex, or within 300 days after its dissolution or annulment, the spouse of the child's mother is presumed to be the father.

The presumption of paternity is rebutted if the child is born more than 300 days after the judgment ordering separation from bed and board of married spouses, unless the spouses have voluntarily resumed living together before the birth.

The presumption is also rebutted in respect of the former spouse if the child born is within 300 days of the dissolution or annulment of the marriage or civil union, but after a subsequent marriage or civil union of the child's mother.

Art. 538.3
If a child is born of a parental project involving assisted procreation between married or civil union spouses during the marriage or the civil union or within 300 days after its dissolution or annulment, the spouse of the woman who gave birth to the child is presumed to be the child's other parent.

The presumption is rebutted if the child is born more than 300 days after the judgment ordering separation from bed and board of the married spouses, unless they have voluntarily resumed living together before the birth.

The presumption is also rebutted in respect of the former spouse if the child is born within 300 days of the termination of the marriage or civil union, but after a subsequent marriage or civil union of the woman who gave birth to the child.

Art. 539.1
If both parents are women, the rights and obligations assigned by law to the father, insofar as they differ from the mother's, are assigned to the mother who did not give birth to the child.

Art. 546
Any person of full age may, alone or jointly with another person, adopt a child

Art. 3080
Where, under the provisions of this Book, the law of a foreign country applies, the law in question is the internal law of that country, but not its rules governing conflict of laws.

III) Alberta:
1) Family Law Act, chapter F-4.5
Assisted conception
sec.13
(1) In this section, "assisted conception" means the fertilization by a male person's sperm of a female person's egg by means other than sexual intercourse and includes fertilization of a female person's egg outside of her uterus and subsequent implantation of the fertilized egg into her uterus.
(2) A male person is the father of the resulting child if at the time of an assisted conception he was

the spouse of or in a relationship of interdependence of some permanence with the female person and
(a) his sperm was used in the assisted conception, even if it was mixed with the sperm of another male person, or
(b) his sperm was not used in the assisted conception, but he consented in advance of the conception to being a parent of the resulting child.
(3) Subject to the exceptions in the regulations, a male person whose sperm is used in an assisted conception involving an egg of a female person who is neither his spouse nor a person with whom he is in a relationship of interdependence of some permanence is not the father of the resulting child and acquires no parental or guardianship rights or responsibilities of any kind as a result of the use of his sperm.

2) Youth and Family Enhancement Act, R.S.A. 2000, chapter C-12
sec.62
(1) Subject to this section, an adult who
(a) maintains the adult's usual residence in Alberta, or
(b) maintained the adult's usual residence in Alberta at the time the adult received custody of a child under this Division, may petition the Court in the prescribed form for an adoption order.

3) Adult Interdependent Relationships Act, chapter A-4.5
sec.10
(1) Unless another enactment provides otherwise, an adult interdependent partner becomes the former adult interdependent partner of another person when the earliest of the following ccurs:
(a) the adult interdependent partners enter into a written agreement that provides evidence that the adult interdependent partners intend to live separate and apart without the possibility of reconciliation;
(b) the adult interdependent partners live separate and apart for more than one year and one or both of the adult interdependent partners intend that the adult interdependent relationship not continue;
(c) the adult interdependent partners marry each other or one of the adult interdependent partners marries a third party;
(d) in the case of an adult interdependent partner referred to in section 3(1)(a), the adult interdependent partner enters into an adult interdependent partner agreement with a third party;
(e) one or both of the adult interdependent partners have obtained a declaration of irreconcilability under section 83 of the Family Law Act.

IV) British Columbia:
1) Family Relations Act [R.S.B.C. 1996] chapter 128
Presumptions of paternity
sec.95
(1) If a male person denies responsibility under section 88 (1) on the basis that he is not the father of the child, the court must, unless the contrary is proved on a balance of probabilities, presume that the male person is the father of the child in any one of the following circumstances:
(a) the person is married to the mother of the child at the time of the birth of the child;

2) Adoption Act [R.S.B.C. 1996], chapter 5
Who may receive a child for adoption
sec.5
(1) A child may be placed for adoption with one adult or 2 adults jointly.
(2) Each prospective adoptive parent must be a resident of British Columbia.

V) Ontario:
1) Children's Law Reform Act, R.S.O. 1990, c. C.12
sec.8.
(1) Unless the contrary is proven on a balance of probabilities, there is a presumption that a male person is, and he shall be recognized in law to be, the father of a child in any one of the following circumstances:
1. The person is married to the mother of the child at the time of the birth of the child.

2) Child and Family Services Act R.S.O. 1990, chapter C.11
Orders for adoption
Adoption of child
sec.146
(1) The court may make an order for the adoption of a child who is less than sixteen years of age, or is sixteen years of age or more but has not withdrawn from parental control, and,
(a) has been placed for adoption by a society or licensee; or
(b) has been placed for adoption by a person other than a society or licensee and has resided with the applicant for at least two years,
in the child's best interests, on the application of the person with whom the child is placed.
Family adoption
(2) The court may make an order for the adoption of a child, in the child's best interests, on the application of,
(a) a relative of the child;
(b) the child's parent; or
(c) the spouse of the child's parent.
Adoption of adult, etc.
(3) The court may make an order for the adoption of,
(a) a person eighteen years of age or more; or
(b) a child who is sixteen years of age or more and has withdrawn from parental control,
on another person's application.
Who may apply
(4) An application under this section may only be made,
(a) by one individual; or
(b) jointly, by two individuals who are spouses of one another.
(c) Repealed: 2005, c. 5, s. 7 (1).

VI) Saskatchewan:
1) Children's Law Act, 1997, chapter C-8.2 S.S. 1997
sec.45
(1) Unless the contrary is proven on a balance of probabilities, there is a presumption that a man is, and that a man is to be recognized in law to be, the father of a child in any one of the following circumstances:
(a) at the time of the child's birth or conception the man was cohabiting with the mother, whether or not they were married to each other;

2) The Adoption Act, 1998, chapter A-5.2 S.S. 1998
sec.16
(1) The court may, on application pursuant to this section or section 23, grant
an order of adoption of a child only if, in the opinion of the court, it is in the best
interests of the child.
(2) Subject to subsection (3), an application to the court for an order of adoption of
a child may be made pursuant to this section by:
(a) married adults jointly;
(b) an unmarried adult; or
(c) any other person or persons that the court may allow, having regard to
the best interests of the child.

Step-parent adoption
sec. 23
(1) A resident of Saskatchewan may, with the consent of his or her spouse, apply to the court to adopt
a child of the spouse if the child is:
(a) living with the applicant; and
(b) being cared for by the applicant.

VII) New Foundland and Labrador: *Adoption Act, S.N.L. 1999, c. A-2.1*
Who may apply to adopt
sec.20
(1) One adult alone or 2 adults jointly may apply to a court to adopt a child under this Act.
(2) One adult may apply to a court to jointly become a parent of a child with a parent of that child.
(3) A person shall
(a) be a resident of the province for at least 6 months; and
(b) have had a child placed and residing in his or her home for at least 6 months immediately before making an application under this Act to adopt that child.
(4) For the purpose of this Part, an applicant is a person who may apply to adopt a child under this section.

VIII) Northwest Territories/Nunavut: Adoption Act S.N.W.T. 1998, chapter 9
scc.5
(1) Subject to subsection (2), the following persons may petition to adopt a child under this Act:
(a) an unmarried person who has attained the age of majority and ist not the spouse of a person who is married;
(b) spouses jointly, where at least one of them has attained the age of majority and neither of them ist married to another person;
(c) a spouse, where the child is the child of his or her spouse and neither spouse is married to another person.
(2) Each person who petitions to adopt a child under this Act must be ordinarily resident in the Territories.

IX) New Brunswick: Family Services Act 1983, chapter 16
sec.66
(1) Subject to the provisions of this Part, any adult may apply to adopt a child.
(2) An adoption order shall not be made on the application of a person who is a spouse or

common-law partner without the other spouse or common-law partner joining in the application, unless the person is adopting the child of his or her spouse or common-law partner.

X) Prince Edward Islands: Adoption Act, R.S.P.E.I. 1988, chapter A-4.1
sec. 15
An order shall not be made for the adoption of a child by more than one person, except in the case of a joint application by spouses.

sec.16
(1) Spouses may together make a joint application.
(2) Subsection (1) does not apply where one of the spouses is the parent of and has guardianship of the child, and in that case the adoption order does not affect the parental relationship of that person to the child.

XI) Yukon: Child and Family Services Act, S.Y. 2008, chapter 1
sec.96
A child may be placed for adoption with one adult or two adults jointly.

XII) Nova Scotia
1) Children and Family Services Act, chapter 5 of the acts of 1990
Right to adopt
sec.72
(1) A person of the age of majority may, in the manner herein provided, adopt as that person's child another person younger than that person where
(a) the applicant resides or is domiciled in the Province; or
(b) the person proposed to be adopted was born, resides or is domiciled in the Province or is a child in care.
(2) Subject to this Section, if the applicant has a husband or wife, who is over the age of majority and is of sound mind, the husband or wife shall join in the application.
(3) If the husband or wife of the applicant is the father or mother of the person proposed to be adopted, although not over the age of majority, he or she may join in the application.
(4) The husband or wife of the applicant if he or she is also the legitimate parent of the person proposed to be adopted, need not join in the application, and in that case the relationship of such husband or wife or of his or her kindred with the person proposed to be adopted continues and is in no way altered by any order for adoption made in favour of the applicant, who becomes the other parent of the person proposed to be adopted by such an order.
(5) Where one of the applicants for an adoption dies after notice of the proposed adoption has been given to the Minister, the surviving applicant may proceed with the application and an order for adoption by the surviving applicant alone may be made.
(6) A person whose consent to an adoption is required by this Act is not prohibited from becoming a father or mother by adoption of the person in respect of whom the person has given consent to adopt.

2) Vital Statistics Act (1989, chapter 494)
Registration and rights and obligations
sec.54
(1) In accordance with this Act, either of two individuals who are cohabiting in a conjugal relationship may submit a domestic-partner declaration made under Section 53 to the Registrar for registration together with

(a) prescribed registration fees; and
(b) such proof as the Registrar may require that the parties are eligible to make a domestic-partner declaration, and the Registrar shall, if satisfied of its truth and sufficiency, register the domestic partner [domestic-partner] declaration.(2) Upon registration of a domestic-partner declaration, domestic partners, as between themselves and with respect to any person, have as of the date of the registration the same rights and obligations as
(a) a spouse under Section 45A of the Assessment Act;
(aa) a spouse under the Fatal Injuries Act;
(ab) a spouse under the Fatality Investigations Act;
(ac) a spouse under Section 14A of the Assessment Act;
(b) a spouse under the Health Act;
(c) a spouse under the Hospitals Act;
(d) a spouse under the Insurance Act;
(e) a spouse under the Intestate Succession Act;
(ea) an employee with respect to a spouse under Sections 60A, 60E and 60F of the Labour Standards Code;
(f) a spouse under the Maintenance and Custody Act;
(g) a spouse under the Matrimonial Property Act;
(h) a spouse under the Members' Retiring Allowances Act;
(i) a spouse or a person who is married under the Municipal Government Act;
(j) a spouse under the Pension Benefits Act;
(k) a spouse under the Probate Act;
(l) a spouse under the Provincial Court Act;
(m) a spouse under the Public Service Superannuation Act;
(n) a spouse under the Teachers' Pension Act;
(o) a widow or widower under the Testators' Family Maintenance Act;
(p) a wife or husband under the Wills Act;
(q) a spouse under the Workers' Compensation Act,
and the domestic partners, the registration of their domestic-partner declaration and their domestic partnership are subject to and give rise to the same operations of law that relate to those classes of persons under those Acts and those Acts apply mutatis mutandis with respect to the domestic partners, the registration of their domestic-partner declaration and their domestic partnership.
(3) The Governor in Council may make regulations adding to the list in subsection (2) of classes of persons under Provincial statutes to which domestic partners have rights and obligations upon registration of a domestic-partner declaration and specifying those rights and obligations.

sec.55
(1) A domestic partner becomes the former domestic partner of another person after the earliest of the following events occur:
(a) the parties file with the Registrar an executed statement of termination in the prescribed form,
(b) the parties live separate and apart for more than one year and one or both parties has the intention that the relationship not continue;
(c) one of the domestic partners marries another person; and
(d) the parties have an agreement registered with the court pursuant to Section 52 of the Maintenance and Custody Act.

XIII) Manitoba: Adoption Act (AA) C.C.S.M., chapter A2.
sec.10
An adult who resides in Manitoba may apply to adopt a person in accordance with this Act.

sec.31(5)

Where the adoptive parent has a spouse or common-law partner who is a parent of the person to be adopted and that parent chooses not to apply for the adoption jointly with the adoptive parent, the relationship of that parent and of his or her kindred with the adoptee shall continue and shall not be altered in any way by the order for adoption.

sec.88
A person who
(a) is married to the parent of a child; or
(b) is a common-law partner of the parent of a child;
may, together with that parent or alone but with the consent of that parent, apply to the court in the prescribed form to adopt the child if the child is living with the applicants and is being cared for by them.

D) Mexiko-Stadt – Distrito Federal
1) Código Civil para el Distrito Federal
Artículo 146
Matrimonio es la unión libre de dos personas para realizar la comunidad de vida, en donde ambos se procuran respeto, igualdad y ayuda mutua. Debe celebrarse ante el Juez del Registro Civil y con las formalidades que estipule el presente código.

E) Niederlande:
1) Burgerlijk Wetboek Boek 1
Artikel 30
1.Een huwelijk kan worden aangegaan door twee personen van verschillend of van gelijk geslacht.
2.De wet beschouwt het huwelijk alleen in zijn burgerlijke betrekkingen.

Artikel 33
Een persoon kan tegelijkertijd slechts met één andere persoon door het huwelijk verbonden zijn.

Artikel 41
1.Een huwelijk mag niet worden gesloten tussen hen die elkander, hetzij van nature hetzij familierechtelijk, bestaan in de opgaande en in de nederdalende lijn of als broeders, zusters of broeder en zuster.
2.Onze Minister van Justitie kan om gewichtige redenen ontheffing van het verbod verlenen aan hen die broeders, zusters of broeder en zuster door adoptie zijn.

Artikel 43
1.Zij die met elkaar een huwelijk willen aangaan, moeten daarvan onder overlegging van de in artikel 44 van dit boek genoemde bescheiden, aangifte doen bij de ambtenaar van de burgerlijke stand van de woonplaats van één der partijen. Wanneer de aanstaande echtgenoten, van wie ten minste één de Nederlandse nationaliteit bezit, buiten Nederland woonplaats hebben en in een Nederlandse gemeente

een huwelijk met elkaar willen aangaan, geschiedt de aangifte bij de ambtenaar van de burgerlijke stand te ,s-Gravenhage.

Artikel 67
1.De aanstaande echtgenoten moeten ten overstaan van de ambtenaar van de burgerlijke stand en in tegenwoordigheid van de getuigen verklaren, dat zij elkander aannemen tot echtgenoten en dat zij getrouw alle plichten zullen vervullen, die door de wet aan de huwelijkse staat worden verbonden.
2.Terstond nadat deze verklaring is afgelegd, verklaart de ambtenaar van de burgerlijke stand, dat partijen door de echt aan elkander zijn verbonden, en maakt hij daarvan in het daartoe bestemde register een akte op.

Artikel 80a
1.Een persoon kan tegelijkertijd slechts met één andere persoon van hetzelfde of andere geslacht een geregistreerd partnerschap aangaan.
2.Zij die een geregistreerd partnerschap aangaan, mogen niet tegelijkertijd gehuwd zijn.
3.Registratie van partnerschap geschiedt bij een akte van registratie van partnerschap opgemaakt door een ambtenaar van de burgerlijke stand.
4.Zij die een geregistreerd partnerschap willen aangaan, moeten daarvan onder overlegging van gegevens omtrent hun burgerlijke staat, en indien zij eerder een partnerschap hadden laten registreren of gehuwd zijn geweest, met vermelding van de namen van de vroegere partner dan wel van de namen van de vroegere echtgenoot, aangifte doen bij de ambtenaar van de burgerlijke stand van de woonplaats van één der partijen. Wanneer de aanstaande geregistreerde partners, van wie ten minste één de Nederlandse nationaliteit bezit, buiten Nederland woonplaats hebben en in een Nederlandse gemeente een geregistreerd partnerschap met elkaar willen aangaan, geschiedt de aangifte bij de ambtenaar van de burgerlijke stand te ,s-Gravenhage. De artikelen 43, tweede tot en met vierde lid, en 46 zijn van overeenkomstige toepassing.
5.Een partnerschapsregistratie kan worden gestuit, indien partijen niet de vereisten in zich verenigen om de registratie aan te gaan, dan wel wanneer het oogmerk van de aanstaande geregistreerde partners, of één hunner, niet is gericht op de vervulling van de door de wet aan de partnerschapsregistratie verbonden plichten, doch op het verkrijgen van toelating tot Nederland. Op een stuiting zijn de artikelen 51, 52, 53, tweede en derde lid, en 54 tot en met 56 van overeenkomstige toepassing. Het openbaar ministerie is verplicht een partnerschapsregistratie te stuiten, indien het met een van de in de artikelen 31, 32, 41 en in het eerste en tweede lid van dit artikel omschreven beletselen bekend is. Indien aan de ambtenaar van de burgerlijke stand een van de in de vorige zin genoemde beletselen bekend is, mag hij niet tot een aangifte of registratie meewerken, ook al zou geen stuiting hebben plaatsgehad.
6.Ter zake van de partnerschapsregistratie zijn de artikelen 31, 32, 35 tot en met 39, 41, 44 tot en met 49, 58, en 62 tot en met 66 van overeenkomstige toepassing.
7.Op de nietigverklaring van een partnerschapsregistratie zijn van overeenkomstige toepassing de artikelen 69 tot en met 73, 74, 75 tot en met 77, eerste lid en tweede lid.
8.Op het bewijs van het bestaan van de partnerschapsregistratie zijn de artikelen 78 en 79 van overeenkomstige toepassing.

Artikel 80c
1.Het geregistreerd partnerschap eindigt:
a. door de dood;
b. indien de vermiste, die overeenkomstig de bepalingen van de tweede of derde afdeling van de achttiende titel van dit boek vermoedelijk overleden dan wel overleden is verklaard, nog in leven is

op de dag waarop de achtergebleven geregistreerde partner een nieuw geregistreerd partnerschap of huwelijk is aangegaan: door de voltrekking van dit geregistreerd partnerschap of huwelijk;
c. met wederzijds goedvinden door inschrijving door de ambtenaar van de burgerlijke stand van een door beide partners en een of meer advocaten of notarissen ondertekende en gedateerde verklaring waaruit blijkt dat en op welk tijdstip de partners omtrent de beëindiging van het geregistreerd partnerschap een overeenkomst hebben gesloten.
d. door ontbinding op verzoek van de partners of een van hen;
e. door omzetting van een geregistreerd partnerschap in een huwelijk.
2.Tot inschrijving van verklaringen als bedoeld in het eerste lid, onder c, is de ambtenaar van de burgerlijke stand steeds bevoegd indien het geregistreerd partnerschap in Nederland is aangegaan. Indien het partnerschap buiten Nederland is aangegaan, is de ambtenaar van de burgerlijke stand tot inschrijving van verklaringen als bedoeld in het eerste lid, onder c, bevoegd indien voldaan is aan de voorwaarden van artikel 4, vierde lid, van het Wetboek van Burgerlijke Rechtsvordering voor de bevoegdheid van de rechter in geval van de ontbinding van het geregistreerd partnerschap.
3.Een geregistreerd partnerschap kan niet met wederzijds goedvinden als bedoeld in het eerste lid, onder c, worden beëindigd indien de partners:
a. al dan niet gezamenlijk het gezag uitoefenen over een of meer van hun gezamenlijke kinderen;
b. ingevolge artikel 253sa of 253t het gezag gezamenlijk uitoefenen over een of meer kinderen.

Artikel 80d
1.De in artikel 80c, onder c, bedoelde overeenkomst betreft ten minste de verklaring van beide partners dat hun geregistreerd partnerschap duurzaam ontwricht is en dat zij het willen beëindigen. Voorts betreft de overeenkomst, evenwel niet op straffe van nietigheid:
a. de uitkering tot levensonderhoud ten behoeve van de geregistreerde partner die niet voldoende inkomsten tot zijn levensonderhoud heeft, noch zich in redelijkheid kan verwerven;
b. wie van de geregistreerde partners huurder van de woonruimte die hen tot hoofdverblijf dient, zal zijn of wie van de geregistreerde partners gedurende een bij de overeenkomst te bepalen termijn het gebruik zal hebben van de woning en de inboedel die een van hen of hen beiden toebehoren dan wel ten gebruike toekomen;
c. de verdeling van enige gemeenschap waarin de partners de registratie zijn aangegaan dan wel de verrekening die bij voorwaarden als bedoeld in titel 8 is overeengekomen;
d. de verevening of verrekening van pensioenrechten.
2.Op een beëindiging van het geregistreerd partnerschap met wederzijds goedvinden zijn de artikelen 155, 157, vierde en zesde lid, 158, 159, eerste en derde lid, 159a, 160 en 164 van overeenkomstige toepassing.
3.De verklaring, bedoeld in artikel 80c, onder c, wordt slechts ingeschreven in de registers van de burgerlijke stand, indien zij de ambtenaar van de burgerlijke stand uiterlijk drie maanden na het sluiten van de overeenkomst heeft bereikt.

Artikel 80g
1.Indien twee personen aan de ambtenaar van de burgerlijke stand kenbaar maken dat zij het geregistreerd partnerschap dat zij zijn aangegaan, omgezet wensen te zien in een huwelijk, kan de ambtenaar van de burgerlijke stand van de woonplaats van één der partijen ter zake een akte van omzetting opmaken. Indien de geregistreerde partners van wie ten minste één de Nederlandse nationaliteit bezit, buiten Nederland woonplaats hebben en in Nederland hun geregistreerd partnerschap in een huwelijk willen omzetten, geschiedt de omzetting bij de ambtenaar van de burgerlijke stand te ,s-Gravenhage.
2.De artikelen 65 en 66 zijn van overeenkomstige toepassing.

3.Een omzetting doet het geregistreerd partnerschap eindigen en het huwelijk aanvangen op het tijdstip dat de akte van omzetting in het register van huwelijken is opgemaakt. De omzetting brengt geen wijziging in de al dan niet bestaande familierechtelijke betrekkingen met kinderen die voor de omzetting zijn geboren.

Artikel 199
Vader van een kind is de man:
a. die op het tijdstip van de geboorte van het kind met de vrouw uit wie het kind is geboren, is gehuwd, tenzij onderdeel b geldt;
b. wiens huwelijk met de vrouw uit wie het kind is geboren, binnen 306 dagen voor de geboorte van het kind door zijn dood is ontbonden, zelfs indien de moeder was hertrouwd; indien echter de vrouw sedert de 306de dag voor de geboorte van het kind was gescheiden van tafel en bed of zij en haar echtgenoot sedert dat tijdstip gescheiden hebben geleefd, kan de vrouw binnen een jaar na de geboorte van het kind ten overstaan van de ambtenaar van de burgerlijke stand verklaren dat haar overleden echtgenoot niet de vader is van het kind, van welke verklaring een akte wordt opgemaakt; was de moeder op het tijdstip van de geboorte hertrouwd dan is in dat geval de huidige echtgenoot de vader van het kind;
c. die het kind heeft erkend;
d. wiens vaderschap gerechtelijk is vastgesteld; of
e. die het kind heeft geadopteerd.

Artikel 200
1. Het in artikel 199, onder a en b, bedoelde vaderschap kan, op de grond dat de man niet de biologische vader van het kind is, worden ontkend:
a. door de vader of de moeder van het kind;
b. door het kind zelf.
2. De vader of moeder kan het in artikel 199, onder a en b, bedoelde vaderschap niet ontkennen, indien de man vóór het huwelijk heeft kennis gedragen van de zwangerschap.
3. De vader of moeder kan het in artikel 199, onder a en b, bedoelde vaderschap evenmin ontkennen, indien de man heeft ingestemd met een daad die de verwekking van het kind tot gevolg kan hebben gehad.
4. Het tweede en derde lid zijn niet van toepassing ten aanzien van de vader, indien de moeder hem heeft bedrogen omtrent de verwekker.
5. Het verzoek tot gegrondverklaring van de ontkenning wordt door de moeder bij de rechtbank ingediend binnen een jaar na de geboorte van het kind. Een zodanig verzoek wordt door de vader ingediend binnen een jaar nadat hij bekend is geworden met het feit dat hij vermoedelijk niet de biologische vader is van het kind.
6. Het verzoek tot gegrondverklaring van de ontkenning wordt door het kind bij de rechtbank ingediend binnen drie jaren nadat het kind bekend is geworden met het feit dat de man vermoedelijk niet zijn biologische vader is. Indien het kind evenwel gedurende zijn minderjarigheid bekend is geworden met dit feit, kan het verzoek tot uiterlijk drie jaren nadat het kind meerderjarig is geworden, worden ingediend.

Artikel 227
1.Adoptie geschiedt door een uitspraak van de rechtbank op verzoek van twee personen tezamen of op verzoek van één persoon alleen. Twee personen tezamen kunnen geen verzoek tot adoptie doen, indien zij krachtens artikel 41 geen huwelijk met elkaar zouden mogen aangaan.
2.Het verzoek door twee personen tezamen kan slechts worden gedaan, indien zij ten minste drie

aaneengesloten jaren onmiddellijk voorafgaande aan de indiening van het verzoek met elkaar hebben samengeleefd. Het verzoek door de adoptant die echtgenoot, geregistreerde partner of andere levensgezel van de ouder is, kan slechts worden gedaan, indien hij ten minste drie aaneengesloten jaren onmiddellijk voorafgaande aan de indiening van het verzoek met die ouder heeft samengeleefd. De in de tweede zin bedoelde voorwaarde geldt evenwel niet indien het kind is of wordt geboren binnen de relatie van de adoptant en die ouder.
3.Het verzoek kan alleen worden toegewezen, indien de adoptie in het kennelijk belang van het kind is, op het tijdstip van het verzoek tot adoptie vaststaat en voor de toekomst redelijkerwijs te voorzien is dat het kind niets meer van zijn ouder of ouders in de hoedanigheid van ouder te verwachten heeft, en aan de voorwaarden, genoemd in artikel 228, wordt voldaan.
4.Indien het kind is of wordt geboren binnen de relatie van de adoptant en de ouder en het kind door en tengevolge van kunstmatige donorbevruchting als bedoeld in artikel 1, onder c, van de Wet donorgegevens kunstmatige bevruchting is verwekt en een door de stichting, bedoeld in die wet, ter bevestiging hiervan afgegeven verklaring wordt overgelegd, wordt het verzoek toegewezen, tenzij de adoptie kennelijk niet in het belang van het kind is, of niet is voldaan aan de voorwaarden, genoemd in artikel 228.
5.Zijn de voornamen van het kind niet bekend, dan stelt de rechter, nadat hij de adoptant of adoptanten en het kind, indien dat twaalf jaren of ouder is, heeft gehoord, bij de adoptiebeschikking tevens een of meer voornamen vast.
6.In zaken van adoptie is de minderjarige ouder bekwaam in rechte op te treden.

Artikel 253sa
1.Over het staande hun huwelijk of geregistreerd partnerschap geboren kind oefenen een ouder en zijn echtgenoot of geregistreerde partner die niet de ouder is, gezamenlijk het gezag uit, tenzij het kind tevens in familierechtelijke betrekking staat tot een andere ouder.
2.De bepalingen met betrekking tot het gezamenlijk gezag zijn hierop van toepassing, met uitzondering van de artikelen 251, tweede lid, en 251a, tweede en derde lid.

2) Wet conflictenrecht huwelijk

Artikel 2
Het huwelijk wordt voltrokken
a. indien ieder der aanstaande echtgenoten voldoet aan de vereisten tot het aangaan van een huwelijk van het Nederlandse recht en een van hen de Nederlandse nationaliteit bezit of in Nederland zijn gewone verblijfplaats heeft; of
b. indien ieder der aanstaande echtgenoten voldoet aan de vereisten tot het aangaan van een huwelijk van de Staat waarvan hij de nationaliteit bezit. Bij het bezit van meer dan een nationaliteit geldt het recht van de Staat waarvan de betrokkene de nationaliteit bezit, waarmee hij alle omstandigheden in aanmerking genomen, de sterkste band heeft.

Artikel 5
1. Een buiten Nederland gesloten huwelijk dat ingevolge het recht van de Staat waar van de huwelijksvoltrekking plaatsvond rechtsgeldig is of nadien rechtsgeldig is geworden, wordt als zodanig erkend.

F) Österreich:
1) Bundesgesetz vom 15. Juni 1978 über das internationale Privatrecht

§ 17. (1) Die Voraussetzungen der Eheschließung sowie die der Ehenichtigkeit und der Aufhebung sind für jeden der Verlobten nach seinem Personalstatut zu beurteilen

2) Ehegesetz
§ 6: Eine Ehe darf nicht geschlossen werden zwischen Blutsverwandten gerader Linie und zwischen voll- oder halbbürtigen Geschwistern, gleichgültig ob die Blutsverwandtschaft auf ehelicher oder unehelicher Geburt beruht.

G) Portugal
I) Lei n.° 9/2010, de 31 de Maio, Permite o casamento civil entre pessoas do mesmo sexo (Diário da República, 1.a série – n.° 105 – 31 de Maio de 2010, S. 1853)
Artigo 3.ºAdopção
1 — As alterações introduzidas pela presente lei não implicam a admissibilidade legal da adopção, em qualquer das suas modalidades, por pessoas casadas com cônjuge do mesmo sexo.
2 — Nenhuma disposição legal em matéria de adopção pode ser interpretada em sentido contrário ao disposto no número anterior.

H) Spanien
I) Bundesweite Gesetze
1) Constitución Española 1978

Artículo 1.
1. España se constituye en un Estado social y democrático de Derecho, que propugna como valores superiores de su ordenamiento jurídico la libertad, la justicia, la igualdad y el pluralismo político.
2. La soberanía nacional reside en el pueblo español, del que emanan los poderes del Estado.
3. La forma política del Estado español es la Monarquía parlamentaria.

Artículo 9.
1. Los ciudadanos y los poderes públicos están sujetos a la Constitución y al resto del ordenamiento jurídico.
2. Corresponde a los poderes públicos promover las condiciones para que la libertad y la igualdad del individuo y de los grupos en que se integra sean reales y efectivas; remover los obstáculos que impidan o dificulten su plenitud y facilitar la participación de todos los ciudadanos en la vida política, económica, cultural y social.
3. La Constitución garantiza el principio de legalidad, la jerarquía normativa, la publicidad de las normas, la irretroactividad de las disposiciones sancionadoras no favorables o restrictivas de derechos individuales, la seguridad jurídica, la responsabilidad y la interdicción de la arbitrariedad de los poderes públicos.

Artículo 10.
1. La dignidad de la persona, los derechos inviolables que le son inherentes, el libre desarrollo de la personalidad, el respeto a la Ley y a los derechos de los demás son fundamento del orden político y de la paz social.
2. Las normas relativas a los derechos fundamentales y a las libertades que la Constitución reconoce se interpretarán de conformidad con la Declaración Universal de Derechos Humanos y los Tratados y acuerdos internacionales sobre las mismas materias ratificados por España.

Artículo 14
Los españoles son iguales ante la Ley, sin que pueda prevalecer discriminación alguna por razón de nacimiento, raza, sexo, religión, opinión o cualquier otra condición o circunstancia personal o social.

Artículo 24
1. Todas las personas tienen derecho a obtener la tutela efectiva de los que jueces y tribunales en el ejercicio de sus derechos e intereses legítimos, sin que, en ningún caso, pueda producirse indefensión.
2. Asimismo, todos tienen derecho al Juez ordinario predeterminado por la Ley, a la defensa y a la asistencia de letrado, a ser informados de la acusación formulada contra ellos, a un proceso público sin dilaciones indebidas y con todas las garantías, a utilizar los medios de prueba pertinentes para su defensa, a no declarar contra sí mismos, a no confesarse culpables y a la presunción de inocencia.
La Ley regulará los casos en que, por razón de parentesco o de secreto profesional, no se estará obligado a declarar sobre hechos presuntamente delictivos.

Artículo 32
1. El hombre y la mujer tienen derecho a contraer matrimonio con plena igualdad jurídica.
2. La Ley regulará las formas de matrimonio, la edad y capacidad para contraerlo, los derechos y deberes de los cónyuges, las causas de separación y disolución y sus efectos.

2) Código Civil Español

Artículo 9

1. La ley personal correspondiente a las personas físicas es la determinada por su nacionalidad. Dicha ley regirá la capacidad y el estado civil, los derechos y deberes de familia y la sucesión por causa de muerte.
El cambio de ley personal no afectará a la mayoría de edad adquirida de conformidad con la ley personal anterior.
2. Los efectos del matrimonio se regirán por la ley personal común de los cónyuges al tiempo de contraerlo; en defecto de esta ley, por la ley personal o de la residencia habitual de cualquiera de ellos, elegida por ambos en documento auténtico otorgado antes de la celebración del matrimonio; a falta de esta elección, por la ley de la residencia habitual común inmediatamente posterior a la celebración, y, a falta de dicha residencia, por la del lugar de celebración del matrimonio.
La nulidad, la separación y el divorcio se regirán por la ley que determina el artículo 107.
3. Los pactos o capitulaciones por los que se estipule, modifique o sustituya el régimen económico del matrimonio serán válidos cuando sean conformes bien a la ley que rija los efectos del matrimonio, bien a la ley de la nacionalidad o de la residencia habitual de cualquiera de las partes al tiempo del otorgamiento.
4. El carácter y contenido de la filiación, incluida la adoptiva y las relaciones paterno-filiales, se regirán por la Ley personal del hijo y si no pudiera determinarse ésta, se estará a la de la residencia habitual del hijo.
5. La adopción internacional se regirá por las normas contenidas en la Ley de Adopción Internacional.
Igualmente, las adopciones constituidas por autoridades extranjeras surtirán efectos en España con arreglo a las disposiciones de la citada Ley de Adopción Internacional.

Artículo 17
1. Son españoles de origen:

a) Los nacidos de padre o madre españoles.
b) Los nacidos en España de padres extranjeros si, al menos, uno de ellos hubiera nacido también en España. Se exceptúan los hijos de funcionario diplomático o consular acreditado en España.
c) Los nacidos en España de padres extranjeros, si ambos carecieren de nacionalidad o si la legislación de ninguno de ellos atribuye al hijo una nacionalidad.
d) Los nacidos en España cuya filiación no resulte determinada. A estos efectos se presumen nacidos en territorio español los menores de edad cuyo primer lugar conocido de estancia sea territorio español.
2. La filiación o el nacimiento en España, cuya determinación se produzca después de los dieciocho años de edad, no son por sí solos causa de adquisición de la nacionalidad española. El interesado tiene entonces derecho a optar por la nacionalidad española de origen en el plazo de dos años a contar desde aquella determinación.

Artículo 44
El hombre y la mujer tienen derecho a contraer matrimonio conforme a las disposiciones de este Código.
El matrimonio tendrá los mismos requisitos y efectos cuando ambos contrayentes sean del mismo o de diferente sexo.

Artículo 47
Tampoco pueden contraer matrimonio entre sí:
1. Los parientes en línea recta por consanguinidad o adopción.
2. Los colaterales por consanguinidad hasta el tercer grado.
3. Los condenados como autores o cómplices de la muerte dolosa del cónyuge de cualquiera de ellos.

Artículo 73
Es nulo, cualquiera que sea la forma de su celebración:
1. El matrimonio celebrado sin consentimiento matrimonial.
2. El matrimonio celebrado entre las personas a que se refieren los artículos 46 y 47 salvo los casos de dispensa conforme al artículo 48.
3. El que se contraiga sin la intervención del Juez, Alcalde o funcionario ante quien deba celebrarse, o sin la de los testigos.
4. El celebrado por error en la identidad de la persona del otro contrayente o en aquellas cualidades personales que, por su entidad, hubieren sido determinantes de la prestación del consentimiento.
5. El contraído por coacción o miedo grave.

Artículo 81
Se decretará judicialmente la separación, cualquiera que sea la forma de celebración del matrimonio.

1.° A petición de ambos cónyuges o de uno con el consentimiento del otro, una vez transcurridos tres meses desde la celebración del matrimonio. A la demanda se acompañará una propuesta de convenio regulador redactada conforme al artículo 90 de este Código

2.° A petición de uno solo de los cónyuges, una vez transcurridos tres meses desde la celebración del matrimonio. No será preciso el transcurso de este plazo para la interposición de la demanda cuando se acredite la existencia de un riesgo para la vida, la integridad física, la libertad, la integridad moral o libertad e indemnidad sexual del cónyuge demandante o de los hijos de ambos o de cualquiera de los miembros del matrimonio.

A la demanda se acompañará propuesta fundada de las medidas que hayan de regular los efectos derivados de la separación.

Artículo 86
Se decretará judicialmente el divorcio, cualquiera que sea la forma de celebración del matrimonio, la petición de uno solo de los cónyuges, de ambos o de uno con el consentimiento del otro, cuando concurran los requisitos y circunstancias exigidos en el artículo 81.

Artículo 116
Se presumen hijos del marido los nacidos después de la celebración del matrimonio y antes de los trescientos días siguientes a su disolución o a la separación legal o de hecho de los cónyuges.

Artículo 117
Nacido el hijo dentro de los cientos ochenta días siguientes a la celebración del matrimonio, podrá el marido destruir la presunción mediante declaración auténtica en contrario formalizada dentro de los seis meses siguientes al conocimiento del parto. Se exceptúan los casos en que hubiere reconocido la paternidad expresa o tácitamente o hubiese conocido el embarazo de la mujer con anterioridad a la celebración del matrimonio, salvo que, en este último supuesto, la declaración auténtica se hubiera formalizado, con el consentimiento de ambos, antes del matrimonio o después del mismo, dentro de los seis meses siguientes al nacimiento del hijo.

Artículo 118
Aún faltando la presunción de paternidad del marido por causa de la separación legal o de hecho de los cónyuges, podrá inscribirse la filiación como matrimonial si concurre el consentimiento de ambos.

Artículo 154
Los hijos no emancipados están bajo la potestad de los padres.
La patria potestad se ejercerá siempre en beneficio de los hijos, de acuerdo con su personalidad, y con respeto a su integridad física y psicológica.
Esta potestad comprende los siguientes deberes y facultades:
1.° Velar por ellos, tenerlos en su compañía, alimentarlos, educarlos y procurarles una formación integral.
2.° Representarlos y administrar sus bienes.
Si los hijos tuvieren suficiente juicio deberán ser oídos siempre antes de adoptar decisiones que les afecten.
Los padres podrán, en el ejercicio de su potestad, recabar el auxilio de la autoridad.

Artículo 160
Los progenitores, aunque no ejerzan la patria potestad, tienen el derecho de relacionarse con sus hijos menores, excepto con los adoptados por otro o conforme a lo dispuesto en resolución judicial.
No podrán impedirse sin justa causa las relaciones personales del hijo con sus abuelos y otros parientes y allegados.
En caso de oposición, el juez, a petición del menor, abuelos, parientes o allegados, resolverá atendidas las circunstancias. Especialmente deberá asegurar que las medidas que se puedan fijar para favorecer las relaciones entre abuelos y nietos, no faculten la infracción de las resoluciones judiciales que restrinjan o suspendan las relaciones de los menores con alguno de sus progenitores.

Artículo 175
1. La adopción requiere que el adoptante sea mayor de veinticinco años. En la adopción por ambos cónyuges basta que uno de ellos haya alcanzado dicha edad. En todo caso, el adoptante habrá de tener, por lo menos, catorce años más que el adoptado.
2. Unicamente podrán ser adoptados los menores no emancipados. Por excepción, será posible la adopción de un mayor de edad o de un menor emancipado cuando, inmediatamente antes de la emancipación, hubiere existido una situación no interrumpida de acogimiento o convivencia, iniciada antes de que el adoptando hubiere cumplido los catorce años.
3. No puede adoptarse:
   1. A un descendiente.
   2. A un pariente en segundo grado de la línea colateral por consanguinidad o afinidad.
   3. A un pupilo por su tutor hasta que haya sido aprobada definitivamente la cuenta general justificada de la tutela.
4. Nadie puede ser adoptado por más de una persona, salvo que la adopción se realice conjunta o sucesivamente por ambos cónyuges. El matrimonio celebrado con posterioridad a la adopción permite al cónyuge la adopción de los hijos de su consorte. En caso de muerte del adoptante, o cuando el adoptante sufra la exclusión prevista en el artículo 179, es posible una nueva adopción del adoptado.

Artículo 944
En defecto de ascendientes y descendientes, y antes que los colaterales, sucederá en todos los bienes del difunto el cónyuge sobreviviente.

Artículo 1316
A falta de capitulaciones o cuando éstas sean ineficaces, el régimen será el de la sociedad de gananciales.

Artículo 1319
Cualquiera de los cónyuges podrá realizar los actos encaminados a atender las necesidades ordinarias de la familia, encomendadas a su cuidado, conforme al uso del lugar y a las circunstancias de la misma.
De las deudas contraídas en el ejercicio de esta potestad responderán solidariamente los bienes comunes y los del cónyuge que contraiga la deuda y, subsidiariamente, los del otro cónyuge.
El que hubiere aportado caudales propios para satisfacción de tales necesidades tendrá derecho a ser reintegrado de conformidad con su régimen matrimonial.

Artículo 1320
Para disponer de los derechos sobre la vivienda habitual y los muebles de uso ordinario de la familia, aunque tales derechos pertenezcan a uno solo de los cónyuges, se requerirá el consentimiento de ambos o, en su caso, autorización judicial.
La manifestación errónea o falsa del disponente sobre el carácter de la vivienda no perjudicará al adquirente de buena fe.

Artículo 1344
Mediante la sociedad de gananciales se hacen comunes para los cónyuges las ganancias o beneficios obtenidos indistintamente por cualquiera de ellos, que les serán atribuidos por mitad al disolverse aquella.

Artículo 1375
En defecto de pacto en capitulaciones, la gestión y disposiciones de los bienes gananciales corresponde conjuntamente a los cónyuges, sin perjuicio de lo que se determina en los artículos siguientes.

Artículo 1378
Serán nulos los actos a título gratuito si no concurre el consentimiento de ambos cónyuges. Sin embargo, podrá cada uno de ellos realizar con los bienes gananciales liberalidades de uso.

Artículo 1381
Los frutos y ganancias de los patrimonios privativos y las ganancias de cualquiera de los cónyuges forman parte del haber de la sociedad y están sujetos a las cargas y responsabilidades de la sociedad de gananciales. Sin embargo, cada cónyuge, como administrador de su patrimonio privativo, podrá a este solo efecto disponer de los frutos y productos de sus bienes.

Artículo 1382
Cada cónyuge podrá, sin el consentimiento del otro, pero siempre con su conocimiento tomar como anticipo el numerario ganancial que le sea necesario, de acuerdo con los usos y circunstancias de la familia, para el ejercicio de su profesión o la administración ordinaria de sus bienes.

Artículo 1384
Serán válidos los actos de administración de bienes y los de disposición de dinero o títulos valores realizados por el cónyuge a cuyo nombre figuren o en cuyo poder se encuentren.

Artículo 1385
Los derechos de crédito, cualquiera que sea su naturaleza, serán ejercitados por aquel de los cónyuges a cuyo nombre aparezcan constituidos.
Cualquiera de los cónyuges podrá ejercitar la defensa de los bienes y derechos comunes por vía de acción o de excepción.

Artículo 1386
Para realizar gastos urgentes de carácter necesario, aun cuando sean extraordinarios, bastará el consentimiento de uno solo de los cónyuges.

3) Ley Orgánica 6/1985, de 1 de julio, del Poder Judicial
Artículo 22.
En el orden civil, los juzgados y tribunales españoles serán competentes:
1. Con carácter exclusivo, en materia de derechos reales y arrendamientos de inmuebles que se hallen en España; en materia de constitución, validez, nulidad o disolución de sociedades o personas jurídicas que tengan su domicilio en territorio español, así como respecto de los acuerdos y decisiones de sus órganos; en materia de validez o nulidad de las inscripciones practicadas en un registro español; en materia de inscripciones o de validez de patente y otros derechos sometidos a deposito o registro cuando se hubiere solicitado o efectuado en España el deposito o registro; en materia de reconocimiento y ejecución en territorio español de resoluciones judiciales y decisiones arbitrales dictadas en el extranjero.
2. Con carácter general, cuando las partes se hayan sometido expresa o tácitamente a los juzgados o tribunales españoles, así como cuando el demandado tenga su domicilio en España.
3. En defecto de los criterios precedentes y en materia de declaración de ausencia o fallecimiento,

cuando el desaparecido hubiere tenido su último domicilio en territorio español; en materia de incapacitación y de medidas de protección de la persona o de los bienes de los menores o incapacitados, cuando estos tuviesen su residencia habitual en España; en materia de relaciones personales y patrimoniales entre cónyuges, nulidad matrimonial, separación y divorcio, cuando ambos cónyuges posean residencia habitual en España al tiempo de la demanda o el demandante sea español y tenga su residencia habitual en España, así como cuando ambos cónyuges tengan la nacionalidad española, cualquiera que sea su lugar de residencia siempre que promuevan su petición de mutuo acuerdo o uno con el consentimiento del otro; en materia de filiación y de relaciones paterno-filiales, cuando el hijo tenga su residencia habitual en España al tiempo de la demanda o el demandante sea español o resida habitualmente en España; para la constitución de la adopción, cuando el adoptante o el adoptado sea español o resida habitualmente en España; en materia de alimentos, cuando el acreedor de los mismos tenga su residencia habitual en territorio español; en materia de obligaciones contractuales, cuando estas hayan nacido o deban cumplirse en España; en materia de obligaciones extracontractuales, cuando el hecho del que deriven haya ocurrido en territorio español o el autor del daño y la víctima tengan su residencia habitual común en España; en las acciones relativas a bienes muebles, si estos se encuentran en territorio español al tiempo de la demanda; en materia de sucesiones, cuando el causante haya tenido su ultimo domicilio en territorio español o posea bienes inmuebles en España.
4. Asimismo, en materia de contratos de consumidores, cuando el comprador tenga su domicilio en España si se trata de una venta a plazos de objetos muebles corporales o de prestamos destinados a financiar su adquisición; y en el caso de cualquier otro contrato de prestación de servicio o relativo a bienes muebles, cuando la celebración del contrato hubiere sido precedida por oferta personal o de publicidad realizada en España o el consumidor hubiera llevado a cabo en territorio español los actos necesarios para la celebración del contrato; en materia de seguros, cuando el asegurado y el asegurador tengan su domicilio en España; y en los litigios relativos a la explotación de una sucursal, agencia o establecimiento mercantil, cuando este se encuentre en territorio español. En materia concursal se estará a lo dispuesto en su Ley reguladora.
5. Cuando se trate de adoptar medidas provisionales o de aseguramiento respecto de personas o bienes que se hallen en territorio español y deban cumplirse en España.

4) Ley 14/2006, de 26 de mayo, sobre técnicas de reproducción humana asistida (BOE núm. 126, 27.05.2006)
Artículo 6. Usuarios de las técnicas.
1. Toda mujer mayor de 18 años y con plena capacidad de obrar podrá ser receptora o usuaria de las técnicas reguladas en esta Ley, siempre que haya prestado su consentimiento escrito a su utilización de manera libre, consciente y expresa.
La mujer podrá ser usuaria o receptora de las técnicas reguladas en esta Ley con independencia de su estado civil y orientación sexual.
2. Entre la información proporcionada a la mujer, de manera previa a la firma de su consentimiento, para la aplicación de estas técnicas se incluirá, en todo caso, la de los posibles riesgos, para ella misma durante el tratamiento y el embarazo y para la descendencia, que se puedan derivar de la maternidad a una edad clínicamente inadecuada.
3. Si la mujer estuviera casada, se precisará, además, el consentimiento de su marido, a menos que estuvieran separados legalmente o de hecho y así conste de manera fehaciente. El consentimiento del cónyuge, prestado antes de la utilización de las técnicas, deberá reunir idénticos requisitos de expresión libre, consciente y formal.
4. En la aplicación de las técnicas de reproducción asistida, la elección del donante de semen sólo podrá realizarse por el equipo médico que aplica la técnica, que deberá preservar las condiciones de

anonimato de la donación. En ningún caso podrá seleccionarse personalmente el donante a petición de la receptora. En todo caso, el equipo médico correspondiente deberá procurar garantizar la mayor similitud fenotípica e inmunológica posible de las muestras disponibles con la mujer receptora.

Artículo 8. Determinación legal de la filiación.
1. Ni la mujer progenitora ni el marido, cuando hayan prestado su consentimiento formal, previo y expreso a determinada fecundación con contribución de donante o donantes, podrán impugnar la filiación matrimonial del hijo nacido como consecuencia de tal fecundación.

5) Ley 3/2007, de 15 de marzo, reguladora de la rectificación registral de la mención relativa al sexo de las personas (BOE núm. 65, 16.03.2007)

Disposición adicional primera. Adición de un apartado 3 al artículo 7 de la Ley 14/2006, de 26 de mayo, sobre técnicas de reproducción humana asistida.
Se modifica el artículo 7 de la Ley 14/2006, de 26 de mayo, sobre Técnicas de reproducción humana asistida, que queda redactado como sigue:

«Artículo 7. Filiación de los hijos nacidos mediante técnicas de reproducción asistida.
1. La filiación de los nacidos con las técnicas de reproducción asistida se regulará por las leyes civiles, a salvo de las especificaciones establecidas en los tres siguientes artículos.
2. En ningún caso, la inscripción en el Registro Civil reflejará datos de los que se pueda inferir el carácter de la generación.
3. Cuando la mujer estuviere casada, y no separada legalmente o de hecho, con otra mujer, esta última podrá manifestar ante el Encargado del Registro Civil del domicilio conyugal, que consiente en que cuando nazca el hijo de su cónyuge, se determine a su favor la filiación respecto del nacido.»

6) Ley 21/1987, de 11 de noviembre, por la que se modifican determinados artículos del código civil en materia de adopción
Disposiciones adicionales
Tercera
Las referencias de esta Ley a la capacidad de los cónyuges para adoptar simultineamente a un menor será también aplicables al hombre y la mujer integrantes de una pareja unida de forma permanente por relación de efectividad andloga a la conyugal .

7) Ley 54/2007, de 28 de diciembre, de Adopción internacional
Artículo 14. Competencia judicial internacional para la constitución de adopción en supuestos internacionales.
1. Con carácter general, los Juzgados y Tribunales españoles serán competentes para la constitución de la adopción en los siguientes casos:
a) Cuando el adoptando sea español o tenga su residencia habitual en España.
b) Cuando el adoptante sea español o tenga su residencia habitual en España.
2. La nacionalidad española y la residencia habitual en España se apreciarán, en todo caso, en el momento de la presentación de la solicitud de adopción a la Entidad Pública competente.

Artículo 21. Ley aplicable a la constitución de la adopción.
1. Cuando el adoptando no tenga su residencia habitual en España, y además no haya sido o no vaya a ser trasladado a España con la finalidad de establecer su residencia habitual en España, la

constitución de la adopción se regirá:
a) Por la ley del país al que ha sido o al que va a ser trasladado el adoptando con la finalidad de establecer su residencia habitual en dicho país.
b) En defecto del criterio anterior, por la ley del país de la residencia habitual del adoptando.

8) Ley de 8 de junio de 1957, sobre el Registro Civil
Artículo 2.
El Registro Civil constituye la prueba de los hechos inscritos. Sólo en los casos de falta de inscripción o en los que no fuere posible certificar del asiento se admitirán otros medios de prueba; pero en el primer supuesto será requisito indispensable para su admisión que, previa o simultáneamente, se haya instado la inscripción omitida o la reconstitución del asiento.

Artículo 3.
No podrán impugnarse en juicio los hechos inscritos en el Registro sin que a la vez se inste la rectificación del asiento correspondiente.

Artículo 4.
La inexactitud de un asiento en el Registro Civil se podrá plantear como cuestión prejudicial a la vista de la certificación admitida en cualquier juicio.
El juez, oídos la parte contraria y el Ministerio fiscal, sólo admitirá la cuestión perjudicial cuando, a su criterio, pueda tener influencia decisiva en el pleito entablado y se aporte un principio de prueba de la inexactitud alegada. La admisión no interrumpirá el procedimiento, pero suspenderá el fallo hasta que recaiga sentencia o resolución firme sobre la inexactitud. Dicha suspensión quedará sin efecto si al mes siguiente de ser notificada no se acredita que se ha promovido el procedimiento adecuado para resolver la inexactitud alegada.
Cuando la naturaleza y estado del proceso lo consientan, se ventilará la cuestión prejudicial en el mismo.
Para el procedimiento criminal rige lo dispuesto en sus leyes especiales.

II) Autonome Gemeinschaften
1) Katalonien: Ley 10/1998, de 15 de julio, de uniones estables de pareja
PREÁMBULO:
El artículo 32 de la Constitución Española proclama el derecho del hombre y de la mujer a contraer matrimonio con plena igualdad jurídica. También establece que la ley debe regular las formas del matrimonio, la capacidad para contraerlo, los derechos y los deberes de los cónyuges y las causas de separación y de disolución y sus efectos.
Pero, al margen del matrimonio, la sociedad catalana de hoy presenta otras formas de unión en convivencia de carácter estable, las unas formadas por parejas heterosexuales que, pudiendo contraer matrimonio, se abstienen de hacerlo, y aquellas otras integradas por personas del mismo sexo, que constitucionalmente tienen vedado el paso a aquella institución.
En estos últimos años se aprecia un aumento de las denominadas parejas de hecho estables, paralelo y coincidente, también, con el creciente nivel de la aceptación que tienen en el seno de nuestra sociedad, que abarca todas las parejas referidas, incluidas, por lo tanto, las formadas por personas del mismo sexo, hasta el punto de que se detecta entre la población catalana una opinión mayoritaria a favor de la regulación legal de estas formas de convivencia.
Por lo tanto, se considera que ha llegado la hora de emprender esta labor legislativa y de que nuestro ordenamiento jurídico se alinee, en este sentido, con las incipientes corrientes prelegislativas y legislativas que afloran en el seno del Estado y en los Estados de nuestro entorno geográfico y

cultural.
La pareja de hecho heterosexual ya ha merecido la atención de nuestra legislación en algunos aspectos parciales referentes a la filiación, a la adopción y a la tutela.
Efectivamente, sobre la base del profundo estudio jurídico que se ha llevado a cabo, utilizando datos estadísticos fiables y de carácter sociológico y las diversas soluciones que ofrece el derecho comparado, que se han analizado debidamente, y teniendo muy en cuenta los debates sobre estas cuestiones que han tenido y que tienen lugar en el Congreso de los Diputados y en el Parlamento de Cataluña, se llega al convencimiento de que es procedente establecer una regulación más completa y matizada sobre la convivencia de las parejas de hecho, con independencia de su orientación sexual.
En coherencia con todo lo que se ha dicho, la presente Ley agrupa y regula, separadamente del matrimonio, todas las demás formas de convivencia mencionadas, con una normativa también diferente de la que rige la unión matrimonial, específica para cada una de las situaciones indicadas.
Esta técnica legislativa encaja perfectamente con los principios constitucionales, según la línea jurisprudencial establecida por el Tribunal Constitucional.
De acuerdo con esta doctrina constitucional, el matrimonio es una realidad social garantizada por la Constitución, y el derecho del hombre y de la mujer de contraerlo es un derecho constitucional. El vínculo matrimonial genera ope legis en la mujer y el marido una pluralidad de derechos y de deberes que no se produce de una manera jurídicamente necesaria entre el hombre y la mujer que mantienen una unidad de convivencia estable no basada en el matrimonio. Estas consideraciones son aplicables, sin impedimento, a las parejas de homosexuales que conviven maritalmente, porque, de modo similar a la convivencia fáctica entre una pareja heterosexual, la unión entre personas del mismo sexo biológico no es una institución jurídicamente regulada, ni hay un derecho constitucional en relación con su establecimiento, bien al contrario del matrimonio entre hombre y mujer, que, como se ha señalado, constituye un derecho constitucional.
Por esta razón, las uniones matrimoniales son objeto de regulación en el Código de familia y las demás relaciones de convivencia diferentes del matrimonio, que constituye el elemento básico de la distinción constitucional, lo son en la presente Ley, en capítulos separados, respetando la especificidad de cada modalidad.
La pareja heterosexual que vive maritalmente, si no se casa, es por voluntad propia. La pareja homosexual no se puede casar aunque lo desee. La primera es capaz de engendrar descendencia biológica, la segunda no.
Y aún, dentro de las parejas heterosexuales que conviven more uxorio, es posible distinguir a aquellas que rehusan toda clase de formalismos y que, por razones de seguridad jurídica, son objeto de una mayor exigencia a la hora de hacer valer derechos.
En coherencia con las premisas expuestas, la presente Ley se articula en dos capítulos: el primero, dedicado a las uniones estables heterosexuales, y el segundo, a las uniones estables homosexuales.
Como es obligado, el trato legislativo de estas dos uniones en convivencia se ha ajustado al marco de las competencias autonómicas en la materia, razón por la cual ha sido preciso excluir las cuestiones propias del derecho penal, las de carácter laboral y las relativas a la seguridad social.
La Ley desarrolla básicamente las competencias de derecho civil que corresponden a la Generalidad, con abstracción de la reserva de competencia exclusiva del Estado en cuanto a las formas del matrimonio, porque la regulación de las parejas de hecho heterosexuales o de las homosexuales implica el reconocimiento de unas situaciones no necesariamente equiparables al matrimonio, según lo que ha reconocido expresamente la jurisprudencia constitucional, como se ha asegurado. La Ley contiene también preceptos que se dictan como desarrollo de las competencias relativas a la función pública de la Administración de la Generalidad.

2) Aragonien : Ley 6/1999, de 26 de marzo, relativa a parejas estables no casadas
PREÁMBULO
La sociedad española en general, y la aragonesa en particular, viene demandando, desde hace tiempo, la regulación normativa de las llamadas parejas de hecho.
Desde que en 1982, y auspiciado por el Consejo de Europa, se celebró el primer y único Congreso sobre parejas no casadas, son muchos los países de la Unión Europea que, de una forma u otra, han ido adaptando sus respectivas legislaciones a este fenómeno convivencial, tendiendo a equiparar, total o parcialmente, a estas parejas con los matrimonios.
En España, aunque ya existe alguna tímida regulación normativa al respecto, como es el caso de la nueva Ley de Arrendamientos Urbanos, en los últimos años están siendo los tribunales de justicia, y, en especial, el Tribunal Constitucional, quienes vienen aplicando soluciones coyunturales o de emergencia a los casos concretos que se les plantean; soluciones que no acaban de satisfacer por entero a nadie. Porque no parece que haya de ser la Justicia la que deba sustituir en este aspecto al legislador, que es a quien constitucionalmente le viene atribuida la facultad normativa y a quien compete resolver, mediante el oportuno tratamiento legislativo, las cuestiones que estos tipos de convivencias provocan.
Por otra parte, junto a la pareja estable heterosexual, otro fenómeno similar, aunque de naturaleza y consecuencias bien diferentes, el de la pareja homosexual en convivencia marital estable, está dejando de ser también algo extraño y marginal. El principio de libertad individual que fundamenta la propia Constitución, y que tradicionalmente ha constituido la esencia y base del Derecho civil aragonés, obliga al legislador a aceptar que toda persona tiene derecho a establecer la relación de convivencia afectiva más acorde con su propia sexualidad.
Se trata en ambos casos de un fenómeno creciente, generalmente aceptado y asumido por la sociedad, cuya marginación legislativa no hace sino generar problemas de muy difícil solución, cuando no, provocar importantes injusticias: en unos casos, para los propios miembros de la pareja; en otros, y esto es mucho más grave, para la prole nacida de la misma.
Desconocer el fenómeno desde el punto de vista legislativo no conlleva sino agravar esas situaciones de desamparo e injusticia que hoy sólo tratan de atajar los Tribunales de Justicia.
Por otra parte, y aun cuando el legislador español trata de regular el fenómeno desde un punto de vista general, dadas las singularidades que el ordenamiento civil aragonés tiene, parece que las Cortes de Aragón no pueden en estos momentos orillar el especial tratamiento que estos tipos de convivencias han de tener en nuestra Comunidad. Ello es lo que de forma especial justifica esta Ley.

Artículo 3.- *Existencia de pareja estable no casada.*
1. Se considera que hay pareja estable no casada cuando se haya producido la convivencia marital durante un período ininterrumpido de dos años, como mínimo, o se haya manifestado la voluntad de constituirla mediante escritura pública.
2. Podrá acreditarse la existencia de pareja estable no casada y el transcurso de los dos años de referencia, si no existiera escritura pública, mediante cualquiera de los medios de prueba admitidos en derecho, especialmente, a través de acta de notoriedad o documento judicial que acredite la convivencia.

3) Navarra : Ley 6/2000, de 3 de julio, para la igualdad jurídica de las parejas estables de Navarra

Artículo 2. Concepto de pareja estable.
1. A efectos de la aplicación de esta Ley Foral, se considera pareja estable la unión libre y pública, en una relación de afectividad análoga a la conyugal, con independencia de su orientación sexual, de dos personas mayores de edad o menores emancipadas sin vínculo de parentesco por consanguinidad

o adopción en línea recta o colateral hasta el segundo grado, siempre que ninguna de ellas esté unida por un vínculo matrimonial o forme pareja estable con otra persona.
2. Se entenderá que la unión es estable cuando los miembros de la pareja hayan convivido maritalmente, como mínimo, un período ininterrumpido de un año, salvo que tuvieran descendencia común, en cuyo caso bastará la mera convivencia, o salvo que hayan expresado su voluntad de constituir una pareja estable en documento público.
En el caso de que un miembro de la pareja o ambos estén ligados por vínculo matrimonial, el tiempo de convivencia transcurrido hasta el momento en que el último de ellos obtenga la disolución o, en su caso, la nulidad, se tendrá en cuenta en el cómputo del período indicado de un año.
3. Las disposiciones de la presente Ley Foral se aplicarán a las parejas estables cuando, al menos, uno de sus miembros tenga la vecindad civil navarra.

Artículo 8. Adopción.
1. Los miembros de la pareja estable podrán adoptar de forma conjunta con iguales derechos y deberes que las parejas unidas por matrimonio.

4) Galicien : Ley 2/2006, de 14 de junio, de derecho civil de Galicia
Disposición adicional tercera.
1. A los efectos de la aplicación de la presente Ley, se equiparan al matrimonio las relaciones maritales mantenidas con intención o vocación de permanencia, con lo que se extienden a los miembros de la pareja los derechos y las obligaciones que la presente Ley reconoce a los cónyuges.
2. Tendrán la condición de parejas de hecho las uniones de dos personas mayores de edad, capaces, que convivan con la intención o vocación de permanencia en una relación de afectividad análoga a la conyugal y que la inscriban en el Registro de Parejas de Hecho de Galicia, expresando su voluntad de equiparar sus efectos a los del matrimonio.
No pueden constituir parejas de hecho:
a. Los familiares en línea recta por consanguinidad o adopción.
b. Los colaterales por consanguinidad o adopción hasta el tercer grado.
c. Los que estén ligados por matrimonio o formen pareja de hecho debidamente formalizada con otra persona.
3. Los miembros de la unión de hecho podrán establecer válidamente en escritura pública los pactos que estimen convenientes para regir sus relaciones económicas durante la convivencia y para liquidarlas tras su extinción, siempre que no sean contrarios a las leyes, limitativos de la igualdad de derechos que corresponden a cada conviviente o gravemente perjudiciales para cada uno de los mismos.
Serán nulos los pactos que contravengan la anterior prohibición.

5) Baskenland : Ley 2/2003, de 7 de mayo, reguladora de las parejas de hecho del País Vasco
Artículo 8. De la adopción.
1. Los miembros de parejas formadas por dos personas del mismo sexo podrán adoptar de forma conjunta, con iguales derechos y deberes que las parejas formadas por dos personas de distinto sexo y las parejas unidas por matrimonio.
2. La hija o hijo adoptivo o biológico de una de las partes de la pareja tendrá derecho a ser adoptado por la otra parte.

J) Südafrika:
1) Constitution of the Republic of South Africa
Sec. 9. Equality

1. Everyone is equal before the law and has the right to equal protection and benefit of the law.
2. Equality includes the full and equal enjoyment of all rights and freedoms. To promote the achievement of equality, legislative and other measures designed to protect or advance persons, or categories of persons, disadvantaged by unfair discrimination may be taken.
3. The state may not unfairly discriminate directly or indirectly against anyone on one or more grounds, including race, gender, sex, pregnancy, marital status, ethnic or social origin, colour, sexual orientation, age, disability, religion, conscience, belief, culture, language and birth.
4. No person may unfairly discriminate directly or indirectly against anyone on one or more grounds in terms of subsection (3). National legislation must be enacted to prevent or prohibit unfair discrimination.
5. Discrimination on one or more of the grounds listed in subsection (3) is unfair unless it is established that the discrimination is fair.

Sec. 10. Human dignity
Everyone has inherent dignity and the right to have their dignity respected and protected.

2) Marriage Act, No. 25 of 1961
Sec. 30. Marriage formula.
(1) In solemnizing any marriage any marriage officer designated under section 3 may follow the marriage formula usually observed by his religious denomination or organization if such marriage formula has been approved by the Minister, but if such marriage formula has not been approved by the Minister, or in the case of any other marriage officer, the marriage officer concerned shall put the following questions to each of the parties separately, each of whom shall reply thereto in the affirmative:

"Do you, A.B., declare that as far as you know there is no lawful impediment to your proposed marriage with C.D here present, and that you call all here present to witness that you take C.D. as your lawful wife (or husband)?",

and thereupon the parties shall give each other the right hand and the marriage officer concerned shall declare the marriage solemnized in the following words:

"I declare that A.B. and C.D. here present have been lawfully married.".

3) Civil Union Act, No. 17 of 2006
Sec. 13. Legal consequences of civil union.
(1) The legal consequences of a marriage contemplated in the Marriage Act apply, with such changes as may be required by the context, to a civil union.
(2) With the exception of the Marriage Act and the Customary Marriages Act, any reference to -
(a) marriage in any other law, including the common law, includes, with such changes as may be required by the context, a civil union; and
(b) husband, wife or spouse in any other law, including the common law, includes a civil union partner.

4) Children's Act, No. 38 of 2005
Sec. 40 Rights of child conceived by artificial fertilisation.
(1) (a) Whenever the gamete or gametes of any person other than a married person or his or her spouse have been used with the consent of both such spouses for the artificial fertilisation of one

spouse, any child born of that spouse as a result of such artificial fertilisation must for all purposes be regarded to be the child of those spouses as if the gamete or gametes of those spouses had been used for such artificial fertilisation.

Sec. 231 Persons who may adopt child.
(1) A child may be adopted -
(a) jointly by -
(i) a husband and wife;
(ii) partners in a permanent domestic life - partnership; or
(iii) other persons sharing a common household and forming a permanent family unit;

Sec. 292. Surrogate motherhood agreement must be in writing and confirmed by High Court.
(1) No surrogate motherhood agreement is valid unless -
(a) the agreement is in writing and is signed by all the parties thereto;
(b) the agreement is entered into in the Republic;
(c) at least one of the commissioning parents, or where the commissioning parent is a single person, that person, is at the time of entering into the agreement domiciled in the Republic;
(d) the surrogate mother and her husband or partner, if any, are at the time of entering into the agreement domiciled in the Republic; and
(e) the agreement is confirmed by the High Court within whose area of jurisdiction the commissioning parent or parents are domiciled or habitually resident.

(2) A court may, on good cause shown, dispose with the requirement set out in subsection (1) (d).

Sec. 293. Consent of husband, wife or partner.
(1) Where a commissioning parent is married or involved in a permanent relationship, the court may not confirm the agreement unless the husband, wife or partner of the commissioning parent has given his or her written consent to the agreement and has become a party to the agreement.

(2) Where the surrogate mother is married or involved in a permanent relationship, the court may not confirm the agreement unless her husband or partner has given his or her written consent to the agreement and has become a party to the agreement.

(3) Where a husband or partner of a surrogate mother who is not the genetic parent of the child unreasonably withholds his or her consent, the court may confirm the agreement.

Sec. 294. Genetic origin of child.
No surrogate motherhood agreement is valid unless the conception of the child contemplated in the agreement is to be effected by the use of the gametes of both commissioning parents or, if that is not possible due to biological, medical or other valid reasons, the gamete of at least one of the commissioning parents or, where the commissioning parent is a single person, the gamete of that person.

Sec. 295. Confirmation by court.
A court may not confirm a surrogate motherhood agreement unless -
(a) the commissioning parent or parents are not able to give birth to a child and that the condition is permanent and irreversible;

(b) the commissioning parent or parents -
(i) are in terms of this Act competent to enter into the agreement;
(ii) are in all respects suitable persons to accept the parenthood of the child that is to be conceived; and
(iii) understand and accept the legal consequences of the agreement and this Act and their rights and obligations in terms thereof;
(c) the surrogate mother -
(i) is in terms of this Act competent to enter into the agreement;
(ii) is in all respects a suitable person to act as surrogate mother;
(iii) understands and accepts the legal consequences of the agreement and this Act and her rights and obligations in terms thereof;
(iv) is not using surrogacy as a source of income;
(v) has entered into the agreement for altruistic reasons and not for commercial purposes;
(vi) has a documented history of at least one pregnancy and viable delivery; and
(vii) has a living child of her own;
(d) the agreement includes adequate provisions for the contact, care, upbringing and general welfare of the child that is to be born in a stable home environment, including the child's position in the event of the death of the commissioning parents or one of them, or their divorce or separation before the birth of the child; and
(e) in general, having regard to the personal circumstances and family situations of all the parties concerned, but above all the interests of the child that is to be born, the agreement should be confirmed.

Sec. 296. Artificial fertilisation of surrogate mother.
(1) No artificial fertilisation of the surrogate mother may take place -
(a) before the surrogate motherhood agreement is confirmed by the court;
(b) after the lapse of 18 months from the date of the confirmation of the agreement in question by the court.
(2) Any artificial fertilisation of a surrogate mother in the execution of an agreement contemplated in this Act must be done in accordance with the provisions of the National Health Act, 2003 (Act No. 61 of 2003).

Sec. 297. Effect of surrogate motherhood agreement on status of child.
(1) The effect of a valid surrogate motherhood agreement is that -
(a) any child born of a surrogate mother in accordance with the agreement is for all purposes the child of the commissioning parent or parents from the moment of the birth of the child concerned;
(b) the surrogate mother is obliged to hand the child over to the commissioning parent or parents as soon as is reasonably possible after the birth;
(c) the surrogate mother or her husband, partner or relatives has no rights of parenthood or care of the child;
(d) the surrogate mother or her husband, partner or relatives have no right of contact with the child unless provided for in the agreement between the parties;
(e) subject to sections 292 and 293, the surrogate motherhood agreement may not be terminated after the artificial fertilisation of the surrogate mother has taken place; and
(f) the child will have no claim for maintenance or of succession against the surrogate mother, her husband or partner or any of their relatives.

K) USA
I) Massachusetts, General Laws of Massachusetts

Chapter 46: Section 4B. Artificial insemination
Section 4B. Any child born to a married woman as a result of artificial insemination with the consent of her husband, shall be considered the legitimate child of the mother and such husband.

Chapter 207: Section 1. Marriage of man to certain relatives
No man shall marry his mother, grandmother, daughter, granddaughter, sister, stepmother, grandfather's wife, grandson's wife, wife's mother, wife's grandmother, wife's daughter, wife's granddaughter, brother's daughter, sister's daughter, father's sister or mother's sister.

Chapter 207: Section 2. Marriage of woman to certain relatives
No woman shall marry her father, grandfather, son, grandson, brother, stepfather, grandmother's husband, daughter's husband, granddaughter's husband, husband's grandfather, husband's son, husband's grandson, brother's son, sister's son, father's brother or mother's brother.

Chapter 209C: Section 6. Presumption of paternity; mandatory joinder
(a) In all actions under this chapter a man is presumed to be the father of a child and must be joined as a party if:
(1) he is or has been married to the mother and the child was born during the marriage, or within three hundred days after the marriage was terminated by death, annulment or divorce; or
(2) before the child's birth, he married or attempted to marry the mother by a marriage solemnized in apparent compliance with law, although the attempted marriage is or could be declared invalid, and the child was born during the attempted marriage or within three hundred days after its termination; or
(3) after the child's birth, he married or attempted to marry the mother by a marriage solemnized in apparent compliance with law, although the attempted marriage is or could be declared invalid, and
(i) he agreed to support the child under a written voluntary promise, or
(ii) he has engaged in any other conduct which can be construed as an acknowledgment of paternity; or
(4) while the child is under the age of majority, he, jointly with the mother, received the child into their home and openly held out the child as their child; or
(5) he has acknowledged paternity in a parental responsibility claim as provided in section four A of chapter two hundred and ten and the mother, having received actual notice thereof, has failed within a reasonable time, to object thereto; or
(6) with respect to a child born before April 13, 1994, with his consent and the consent of the child's mother, he is named as the child's father on the birth certificate as provided in section one of chapter forty-six.
(b) Notwithstanding the provisions of subsection (a), a husband or former husband shall not be required to be joined as a party if non-paternity of the child has previously been adjudicated in a proceeding between the husband and the mother of such child in a court or administrative agency of competent jurisdiction.
(c) Notice to a party joined as herein provided shall be sufficient if the summons is mailed to the last known address by a form of mail requiring a receipt and, if actual notice shall not be made as aforesaid, by publishing a copy of the notice once in each of three successive weeks in a newspaper designated by the court.

II) Kalifornien: California Family Code
Sec. 300
(a) Marriage is a personal relation arising out of a civil contract between a man and a woman, to which the consent of the parties capable of making that contract is necessary. Consent alone does not constitute marriage. Consent must be followed by the issuance of a license and solemnization as authorized by this division, except as provided by Section 425 and Part 4 (commencing with Section 500).
(b) For purposes of this part, the document issued by the county clerk is a marriage license until it is registered with the county recorder, at which time the license becomes a marriage certificate.

Sec. 308.5
Only marriage between a man and a woman is valid or recognized in California.

L) Convention sur la loi applicable aux noms et prénoms signée à Munich le 5 septembre 1980 (Übereinkommen von München über das auf Namen anzuwendende Recht)
Article 1er
Les noms et prénoms d'une personne sont déterminés par la loi de l'Etat dont elle est ressortissante. A ce seul effet, les situations dont dépendent les noms et prénoms sont appréciées selon la loi de cet Etat.
En cas de changement de nationalité, la loi de l'Etat de la nouvelle nationalité s'applique.

M) Convention sur la reconnaissance des partenariats enregistrés (Übereinkommen über die Anerkennung eingetragener Lebenspartnerschaften)
Article 9
L'Etat contractant dans lequel un partenariat est enregistré délivre à chacun des partenaires un certificat établi conformément à l'article 13 mentionnant l'enregistrement de ce partenariat.
L'Etat contractant dans lequel un partenariat enregistré est dissous ou annulé délivre à chacun des ex-partenaires un certificat établi conformément à l'article 13 mentionnant sa dissolution ou son annulation.
L'Etat contractant dans lequel un partenariat est enregistré peut délivrer à chacun des ex-partenaires un certificat établi conformément à l'article 13 attestant que la dissolution ou l'annulation de ce partenariat est reconnue dans cet Etat.

Article 13
Les certificats mentionnés à l'article 9 sont établis conformément aux modèles figurant à l'annexe 1 de la présente Convention. Les énonciations invariables figurant sur les certificats sont pourvues des codes numériques dont la liste est donnée à l'annexe 2 de la présente Convention. Les annexes 1, 2 et 3 pourront être modifiées par une résolution votée à la majorité simple par les représentants des Etats membres de la Commission Internationale de l'Etat Civil et des Etat contractants non membres. Cette résolution sera déposée auprès du Conseil fédéral suisse et prendra effet, dans les rapports entre les Etat contractants, à compter du premier jour du sixième mois suivant ce dépôt.

STUDIEN ZUM VERGLEICHENDEN UND INTERNATIONALEN RECHT

Herausgeber: Bernd von Hoffmann, Erik Jayme und Heinz-Peter Mansel

Band 1 Ferdinand Henke: Die Datenschutzkonvention des Europarates. 1986.

Band 2 Peter Czermak: Der express trust im internationalen Privatrecht. 1986.

Band 3 Peter Kindler: Der Ausgleichsanspruch des Handelsvertreters im deutsch-italienischen Warenverkehr. Eine rechtsvergleichende und kollisionsrechtliche Untersuchung. 1987.

Band 4 Wilhelm Denzer: Stellung und Bedeutung des Engineers in den FIDIC-Bauvertragsbedingungen. 1988.

Band 5 Marijan-Maximilian Lederer: Die internationale Enteignung von Mitgliedschaftsrechten unter besonderer Berücksichtigung der französischen Enteignungen 1982. 1989.

Band 6 Rainer Esser: Klagen gegen ausländische Staaten. 1990.

Band 7 Chang Jae-Ok: Auf dem Weg zu einer Materialisierung des Immateriellen? Personen-, Persönlichkeitsschutz und Geldersatz des immateriellen Schadens in rechtsvergleichender Hinsicht am Beispiel des koreanischen und japanischen Zivilrechts unter besonderer Berücksichtigung des deutschen Rechts. 1990.

Band 8 Paul-Frank Weise: Lex mercatoria. Materielles Recht vor der internationalen Handelsschiedsgerichtbarkeit.1990.

Band 9 Werner Born: Der Auftrittsvertrag für Musikgruppen im Bereich der Rock- und Popmusik. 1990.

Band 10 Ralf Erich Jürgens: IPR und Verfassung in Italien und in der Bundesrepublik Deutschland. 1990.

Band 11 Rainer Gildeggen: Internationale Schieds- und Schiedsverfahrensvereinbarungen in Allgemeinen Geschäftsbedingungen vor deutschen Gerichten. 1991.

Band 12 Klaus Grabinski: Die kollisionsrechtliche Behandlung des Durchgriffs bei rechtlich verselbständigten Unternehmen in privater oder öffentlicher Hand. 1991.

Band 13 Dieter Stummel: Konkurs und Integration. Konventionsrechtliche Wege zur Bewältigung grenzüberschreitender Insolvenzverfahren. 1991.

Band 14 Joachim Güntzer: Die Rechtsstellung des Geschäftsführers im spanischen Aktienrecht. Die Neuregelung des spanischen Aktienrechts nach dem Beitritt Spaniens zur EG. 1991.

Band 15 Sabine Isenburg-Epple: Die Berücksichtigung ausländischer Rechtshängigkeit nach dem Europäischen Gerichtsstands- und Vollstreckungsübereinkommen vom 27.9.1968. Untersuchungen zum Anwendungsbereich von Art. 21 EuGVÜ unter schwerpunktmäßiger Behandlung der Frage nach der Bestimmung eines europäischen Streitgegenstandsbegriffs. 1992.

Band 16 Ulrich Nickl: Die Qualifikation der culpa in contrahendo im Internationalen Privatrecht. 1992.

Band 17 Theo Rauh: Leistungserschwerungen im Schuldvertrag. Eine rechtsvergleichende Untersuchung des englischen, US-amerikanischen, französischen und deutschen Rechts unter besonderer Berücksichtigung der gerichtlichen Praxis. 1992.

Band 18 Bernadette Chaussade-Klein: Vorvertragliche "obligation de renseignements" im französischen Recht. 1992.

Band 19 Josef Sievers: Verbraucherschutz gegen unlautere Vertragsbedingungen im französischen Recht. Vom Code civil zum "Code de la consommation" – die Entstehung eines Sonderprivatrechts für Verbraucher. 1993.

Band 20 Achim Schäfer: Grenzüberschreitende Kreditsicherung an Grundstücken, unter besonderer Berücksichtigung des deutschen und italienischen Rechts. 1993.

Band 21 Eugenio Hernández-Breton: Internationale Gerichtsstandsklauseln in Allgemeinen Geschäftsbedingungen. Unter besonderer Berücksichtigung des deutsch-südamerikanischen Rechtsverkehrs (dargestellt am Beispiel Argentinien, Brasilien und Venezuela). 1993.

Band 22 Ingo Reng: Unterhaltsansprüche aufgrund nichtehelicher Lebensgemeinschaft – Internationales Privatrecht und ausländisches materielles Recht. 1994.

Band 23 Stefanie Roloff: Die Geltendmachung ausländischer öffentlicher Ansprüche im Inland. 1994.

Band 24 Katharina Ludwig: Der Vertragsschluß nach UN-Kaufrecht im Spannungsverhältnis von Common Law und Civil Law. Dargestellt auf der Grundlage der Rechtsordnungen Englands und Deutschlands. 1994.

Band 25 Malte Diesselhorst: Mehrparteienschiedsverfahren. Internationale Schiedsverfahren unter Beteiligung von mehr als zwei Parteien. 1994.

Band 26 Manfred Kost: Konsensprobleme im internationalen Schuldvertragsrecht. 1995.

Band 27 Wolff-Heinrich Fleischer: Das italienische Wettbewerbsrecht und die Probleme des selektiven Parfümvertriebs unter Berücksichtigung der Rechtslage in Frankreich und Deutschland. 1995.

Band 28 Angelika Fuchs: Lateinamerikanische Devisenkontrollen in der internationalen Schuldenkrise und Art. VIII Abschn. 2 b) IWF-Abkommen. 1995.

Band 29 Jacques Matthias Aull: Der Geltungsanspruch des EuGVÜ: "Binnensachverhalte" und Internationales Zivilverfahrensrecht in der Europäischen Union. Zur Auslegung von Art. 17 Abs. 1 S. 1 EuGVÜ. 1996.

Band 30 Hartmut Ost: EVÜ und fact doctrine. Konflikte zwischen europäischer IPR-Vereinheitlichung und der Stellung ausländischen Rechts im angelsächsischen Zivilprozeß. 1996.

Band 31 Stefan Wagner: Die Testierfähigkeit im Internationalen Privatrecht. 1996.

Band 32 Wolfgang Jakob Hau: Positive Kompetenzkonflikte im Internationalen Zivilprozeßrecht. Überlegungen zur Bewältigung von *multi-fora disputes*. 1996.

Band 33 Markus Schütz: UN-Kaufrecht und *Culpa in contrahendo*. 1996.

Band 34 Volker Geyrhalter: Das Lösungsrecht des gutgläubigen Erwerbers. Ein "vergessener" Kompromiß und die Auswirkungen auf das heutige deutsche Recht unter besonderer Berücksichtigung des internationalen Sachenrechts. 1996.

Band 35 Andreas Kramer: Abwicklungsstörungen bei Kaufverträgen. Die Lieferung vertragswidriger Sachen im deutschen und italienischen Recht. 1996.

Band 36 Petra Krings: Erfüllungsmodalitäten im internationalen Schuldvertragsrecht. 1997.

Band 37 Tonja Gaibler: Der rechtsgeschäftliche Irrtum im französischen Recht. 1997.

Band 38 Dirk Otto: Rechtsspaltung im indischen Erbrecht. Bedeutung und Auswirkungen auf deutsch-indische Nachlaßfälle. 1997.

Band 39 Gregor W. Decku: Zwischen Vertrag und Delikt. Grenzfälle vertraglicher und deliktischer Haftung dargestellt am Beispiel der Berufs- und Expertenhaftung zum Schutze des Vermögens Dritter im deutschen und englischen Recht. 1997.

Band 40 Gregor W. Decku: Zwischen Vertrag und Delikt. Grenzfälle vertraglicher und deliktischer Haftung dargestellt am Beispiel der Berufs- und Expertenhaftung zum Schutze des Vermögens Dritter im deutschen und englischen Recht. 1997.

Band 41 Ulrike Höpping: Auswirkungen der Warenverkehrsfreiheit auf das IPR unter besonderer Berücksichtigung des Internationalen Produkthaftungsrechts und des Internationalen Vertragsrechts. 1997.

Band 42 Helene Boriths Müller: Die Umsetzung der europäischen Übereinkommen von Rom und Brüssel in das Recht der Mitgliedstaaten. Dargestellt am Beispiel Deutschlands und Dänemarks. 1997.

Band 43 Bernd von Hoffmann / Myong-Chang Hwang (eds.): The Public Concept of Land Ownership. Reports and Discussions of a German-Korean Symposium held in Seoul on October 7-9, 1996. 1997.

Band 44 Oliver Heeder: Fraus legis. Eine rechtsvergleichende Untersuchung über den Vorbehalt der Gesetzesumgehung in Deutschland, Österreich, der Schweiz, Frankreich und Belgien unter besonderer Berücksichtigung des Internationalen Privatrechts. 1998.

Band 45 Heinrich Schütt: Deliktstyp und Internationales Privatrecht. Dargestellt an grenzüberschreitenden Problemen der Arzthaftung. 1998.

Band 46 Axel Steiner: Die stillschweigende Rechtswahl im Prozeß im System der subjektiven Anknüpfungen im deutschen Internationalen Privatrecht. 1998.

Band 47 Martina Schulz: Der Eigentumsvorbehalt in europäischen Rechtsordnungen. Rechtsvergleichende Untersuchung des deutschen, englischen und französischen Rechts unter besonderer Berücksichtigung von Erweiterungen und Verlängerungen. 1998.

Band 48 Karin Dreher: Die Rechtswahl im internationalen Erbrecht. Unter besonderer Berücksichtigung des italienischen IPR-Reformgesetzes N. 218 vom 31. Mai 1995. 1999.

Band 49 Giuliano Gabrielli: Das Verhältnis zwischen der Anfechtung wegen Eigenschaftsirrtums und den Gewährleistungsansprüchen im deutschen, österreichischen und italienischen Recht. 1999.

Band 50 Bernd von Hoffmann / Myong-Chan Hwang (eds.): Developments in Land Law. Reports and Discussions of a German-Korean Symposium held in Berlin and Trier on July 21-24, 1997. 1999.

Band 51 Volker Heidbüchel: Das UNCITRAL-Übereinkommen über unabhängige Garantien und Standby Letters of Credit. Vergleiche mit den Richtlinien der Internationalen Handelskammer, dem deutschen, englischen und US-amerikanischen Recht. 1999.

Band 52 Jan Christoph Nordmeyer: Pflichtteilsansprüche und Wiedervereinigung. Eine systematische Analyse der Ausgleichsansprüche nach BGB-Pflichtteilsrecht unter besonderer Berücksichtigung der durch den Wiedervereinigungsprozeß eingetretenen Wertveränderungen. 1999.

Band 53 Bettina Linder: Vertragsabschluß beim grenzüberschreitenden Verbraucherleasing. 1999.

Band 54 Almontasser Fetih: Die zivilrechtliche Haftung bei Vertragsverhandlungen. Eine rechtsvergleichende Studie zum deutschen, französischen, ägyptischen und islamischen Recht. 2000.

Band 55 Sona Rajani: Die Geltung und Anwendung des Gemeinschaftsrechts im Vereinigten Königreich von Großbritannien und Nordirland. Der Grundsatz der Parlamentssouveränität im Wandel. 2000.

Band 56 Joachim Kayser: Gegenmaßnahmen im Außenwirtschaftsrecht und das System des europäischen Kollisionsrechts. Eine Analyse der EU-Abwehrverordnung gegen die Auswirkungen extraterritorialer Rechtserstreckung eines Drittlandes. 2001.

Band 57 Albrecht Conrad: Qualifikationsfragen des Trust im Europäischen Zivilprozeßrecht. 2001.

Band 58 Bernd Borgmann: Die Entsendung von Arbeitnehmern in der Europäischen Gemeinschaft. Wechselwirkungen zwischen Kollisionsrecht, Grundfreiheiten und Spezialgesetzen. 2001.

Band 59 Aleksandar Jaksic: Arbitration and Human Rights. 2002.

Band 60 Islamisches und arabisches Recht als Problem der Rechtsanwendung. Symposium zu Ehren von Professor Emeritus Dr. iur. Omaia Elwan. Veranstaltet vom Institut für ausländisches und internationales Privat- und Wirtschaftsrecht der Universität Heidelberg und der Gesellschaft für Arabisches und Islamisches Recht e.V. Herausgegeben von Herbert Kronke, Gert Reinhart und Nika Witteborg. 2001.

Band 61 Patrick Fiedler: Stabilisierungsklauseln und materielle Verweisung im internationalen Vertragsrecht. 2001.

Band 62 Werner Mangold: Die Abtretung im Europäischen Kollisionsrecht. Unter besonderer Berücksichtigung des spanischen Rechts. 2001.

Band 63 Eike Dirk Eschenfelder: Beweiserhebung im Ausland und ihre Verwertung im inländischen Zivilprozess. Zur Bedeutung des US-amerikanischen discovery-Verfahrens für das deutsche Erkenntnisverfahren. 2002.

Band 64 Bernd Ehle: Wege zu einer Kohärenz der Rechtsquellen im Europäischen Kollisionsrecht der Verbraucherverträge. 2002.

Band 65 Heiko Lehmkuhl: Das Nacherfüllungsrecht des Verkäufers im UN-Kaufrecht. 2002.

Band 66 Jochen Nikolaus Schlotter: Erbrechtliche Probleme in der Société Privée Européenne. IPR-Harmonisierung im einheitlichen Europäischen Rechtsraum. 2002.

Band 67 Konrad Ost: Doppelrelevante Tatsachen im Internationalen Zivilverfahrensrecht. Zur Prüfung der internationalen Zuständigkeit bei den Gerichtsständen des Erfüllungsortes und der unerlaubten Handlung. 2002.

Band 68 Tobias Bosch: Die Durchbrechungen des Gesamtstatuts im internationalen Ehegüterrecht. Unter besonderer Berücksichtigung deutsch-französischer Rechtsfälle. 2002.

Band 69 Ursula Philipp: Form im amerikanischen Erbrecht. Zwischen Formalismus und harmless error. 2002.

Band 70 Christian Stefan Wolf: Der Begriff der wesentlich engeren Verbindung im Internationalen Sachenrecht. 2002.

Band 71 André Fomferek: Der Schutz des Vermögens Minderjähriger. Ein Vergleich des deutschen und des englischen Rechts unter Berücksichtigung des schottischen und irischen Rechts. 2002.

Band 72 nicht erschienen

Band 73 Markus Dreißigacker: Sprachenfreiheit im Verbrauchervertragsrecht. Der Verbraucher im Spannungsfeld zwischen kultureller Identität und Privatautonomie. 2002.

Band 74 Vassiliki Myller-Igknay: Auskunftsansprüche im griechischen Zivilrecht. Auswirkungen im deutsch-griechischen Rechtsverkehr sowie im deutschen internationalen Privat- und Verfahrensrecht. 2003.

Band 75 Stefan Bruinier: Der Einfluss der Grundfreiheiten auf das Internationale Privatrecht. 2003.

Band 76 Nika Witteborg: Das gemeinsame Sorgerecht nichtverheirateter Eltern. Eine Untersuchung im soziologischen, rechtsgeschichtlichen, verfassungsrechtlichen, rechtsvergleichenden und internationalen Kontext. 2003.

Band 77 Peter Stankewitsch: Entscheidungsnormen im IPR als Wirksamkeitsvoraussetzungen der Rechtswahl. 2003.

Band 78 Jan Wilhelm Ritter: Euro-Einführung und IPR unter besonderer Berücksichtigung nachehelicher Unterhaltsverträge. Eine Untersuchung mit Blick auf das deutsche, französische und schweizerische Recht. 2003.

Band 79 Wolf Richard Herkner: Die Grenzen der Rechtswahl im internationalen Deliktsrecht. 2003.

Band 80 Ira Ditandy: Internationale Zuständigkeit. Neuregelung durch die LOPJ 1985. Vergleich mit dem europäischen Vorbild und Auswirkungen auf das spanische internationale Zivilverfahrensrecht. 2003.

Band 81 Andrea Verena Schefold: Werbung im Internet und das deutsche Internationale Privatrecht. 2004.

Band 82 Klaus Herkenrath: Die Umsetzung der Richtlinie 93/13/EWG über missbräuliche Klauseln in Verbraucherverträgen in Deutschland, dem Vereinigten Königreich, Frankreich und Italien. Auswirkungen nationaler Umsetzungstechniken auf dem Harmonisierungserfolg. 2003.

Band 83 Alexander Thünken: Das kollisionsrechtliche Herkunftslandprinzip. 2003.

Band 84 Barbara v. Daumiller: Die Rechtswahl im italienischen internationalen Erbrecht: und ihre Auswirkungen im deutsch-italienischen Rechtsverkehr. 2003.

Band 85 Robert Mödl: Macht, Verantwortlichkeit und Zurechnung im Konzern. Eine rechtsvergleichende Untersuchung auf der Grundlage des deutschen, spanischen und US-amerikanischen Rechts. 2003.

Band 86 Ursula Kerpen: Das Internationale Privatrecht der Persönlichkeitsrechtsverletzungen. Eine Untersuchung auf rechtsvergleichender Grundlage. 2003.

Band 87 Barbara Ploeckl: Umgangsrechtsstreitigkeiten im deutsch-französischen Rechtsverkehr. Bestehende internationale und nationale Regelungen und der geplante *europäische Besuchstitel*. 2003.

Band 88 Katrin Wannemacher: Die Außenkompetenzen der EG im Bereich des Internationalen Zivilverfahrensrechts. Der räumliche Anwendungsbereich des Art. 65 EGV am Beispiel der EuGVO und der EheVO. 2003.

Band 89 Maren B. Eilinghoff: Das Kollisionsrecht der ungerechtfertigten Bereicherung nach dem IPR-Reformgesetz von 1999. 2004.

Band 90 Patrick Niehr: Die zivilprozessuale Dokumentenvorlegung im deutsch-englischen Rechtshilfeverkehr nach der deutschen und der englischen Prozessrechtsreform. 2004.

Band 91 Anna Christina Gördes: Internationale Zuständigkeit, Anerkennung und Vollstreckung von Entscheidungen über die elterliche Verantwortung. Die VO(EG) Nr. 1347/2000, ihre geplanten Änderungen und das Verhältnis beider zum Minderjährigen- und Kinderschutzabkommen. 2004.

Band 92 Martin Rädler: Rechtsbehelfe des Käufers eines Unternehmens oder einer unternehmerischen Beteiligung gegen den Verkäufer im deutschen und französischen Recht. 2004.

Band 93 Marc-Yngve Dietrich: Rechtsstellung und Beteiligung der Gläubiger im französischen Insolvenzverfahren. 2004.

Band 94 Katia Niemann: Die rechtsgeschäftliche und organschaftliche Stellvertretung und deren kollisionsrechtliche Einordnung. Deutschland und England im Vergleich. 2004.

Band 95 Daniel Ludwig: Neuregelungen des deutschen Internationalen Insolvenzverfahrensrechts. Eine Untersuchung unter vergleichender Heranziehung der Europäischen Insolvenzverordnung. 2004.

Band 96 Cordelia Faulenbach: Der gemeinschaftsrechtliche Vorbehalt im europäischen Wettbewerbsrecht. Die Herkunftslandanknüpfung der E-Commerce-Richtlinie unter dem Einfluss der Grundfreiheiten. 2004.

Band 97 Ulf Dörner: Der Vertragsgerichtsstand nach dem Protokoll von Buenos Aires. 2004.

Band 98 Martin Schmidhuber: Verhaltenskodizes im nationalen und grenzüberschreitenden elektronischen Geschäftsverkehr. Zur Frage der Integration der Selbstregulierung durch Private in die staatliche Rechtsordnung. 2004.

Band 99 Florian Kienle: Die fehlerhafte Banküberweisung im internationalen Rechtsverkehr. Unter besonderer Berücksichtigung des Artikels 4A US Uniform Commercial Code. 2004.

Band 100 Thomas Alexander Brandt: Die Adoption durch eingetragene Lebenspartner im internationalen Privat- und Verfahrensrecht. 2004.

Band 101 Florian Pulkowski: Subunternehmer und Internationales Privatrecht. Der Subunternehmer als Quasi-Verbraucher im Europäischen Kollisionsrecht. 2004.

Band 102 Ulrich Becker: Grundrechtsschutz bei der Anerkennung und Vollstreckbarerklärung im europäischen Zivilverfahrensrecht. Bestimmung der Grenzen für die Einführung eines europäischen Vollstreckungstitels. 2004.

Band 103 Thomas Badelt: Aufrechnung und internationale Zuständigkeit unter besonderer Berücksichtigung des deutsch-spanischen Rechtsverkehrs. 2005.

Band 104 Florian D. Wagner: Vorvertragliche Aufklärungspflichten im internationalen Franchising. Zur Harmonisierung von Delikts- und Vertragsstatut im internationalen Privatrecht unter besonderer Berücksichtigung der Franchise-Gesetzgebung des US-Bundesstaates Kalifornien. 2005.

Band 105 Vera Heine: Die Umsetzung der *EG-Richtlinie über missbräuchliche Klauseln in Verbraucherverträgen* im englischen und deutschen Recht. 2005.

Band 106 Alexander Franz: Überregionale Effektentransaktionen und anwendbares Recht. Eine kollisionsrechtliche Untersuchung unter besonderer Berücksichtigung der Vorschrift des § 17 a DepotG. 2005.

Band 107 Hanna-Maria Uhlenbrock: Gesetzliche Regelungen für nichteheliche Lebensgemeinschaften in Deutschland und Frankreich. Ein Vergleich des Unterhaltsrechts bei der eingetragenen Lebenspartnerschaft und beim Pacte civil de Solidarité. 2005.

Band 108 Katrin Stieß: Anknüpfungen im internationalen Urheberrecht unter Berücksichtigung der neuen Informationstechnologien. 2005.

Band 109 Hendrik Otto: Der gesetzliche Abschlussprüfer im italienischen Recht. Eine rechtsvergleichende Untersuchung unter besonderer Berücksichtigung der zivilrechtlichen Haftung. 2005.

Band 110 Frauke Stuphorn: Bankhaftung für Kreditauskünfte im deutschen und französischen Recht. 2005.

Band 111 Nina Fürer: Die zivilrechtliche Haftung für Raucherschäden. 2005.

Band 112 Giovanni B. Barillà: *Contratto autonomo di garanzia* e *Garantievertrag*. Categorie civilistiche e prassi del commercio. 2005.

Band 113 Timo Torz: Gerichtsstände im Internationalen Insolvenzrecht zur Eröffnung von Partikularinsolvenzverfahren. 2005.

Band 114 Martina Schmid: Die Grenzen der Auslegungskompetenz des EuGH im Vorabentscheidungsverfahren nach Art. 234 EG. Dargestellt am Beispiel der überschießenden Richtlinienumsetzung. 2005.

Band 115 Stephan Lesage-Mathieu: Dispositives Kollisionsrecht im prozessualen Kontext. 2005.

Band 116 Jürgen Görtz: Die subjektiven Grenzen der Rechtskraft US-amerikanischer Urteile. 2005.

Band 117 Vera Hoppe: Die Einbeziehung ausländischer Beteiligter in US-amerikanische class actions. Unter Berücksichtigung des Class Action Fairness Act 2005. 2005.

Band 118 Silke Pütz: Parteiautonomie im internationalen Urhebervertragsrecht – Eine rechtsdogmatische und rechtspolitische Betrachtung der Grenzen freier Rechtswahl im internationalen Urhebervertragsrecht unter besonderer Berücksichtigung des neuen deutschen Urhebervertragsrechts. 2005.

Band 119 Alice Nieroba: Die europäische Rechtshängigkeit nach der EuGVVO (Verordnung (EG) Nr. 44/2001) an der Schnittstelle zum nationalen Zivilprozessrecht. 2006.

Band 120 Jan Kayser: Alternative Formen gerichtlicher und außergerichtlicher Streitbeilegung im deutschen und französischen Zivilprozess. Les modes alternatifs judiciaires et extrajudiciaires de résolution des conflits en procédure civile allemande et française. 2006.

Band 121 Mirko Ehrich: Der internationale Anwendungsbereich des deutschen und französischen Rechts gegen irreführende Werbung. Freie Wahl von Form und Mittel, Rom II und Herkunftslandprinzip. 2006.

Band 122 Daniel Thelen: Die Haftung des Sekundärschädigers für Gewalttaten anderer im US-amerikanischen Deliktsrecht ausgehend von dem Problem rechtsextremistisch motivierter Gewalttaten. 2006.

Band 123 Anne Winterling: Die Entscheidungszuständigkeit in Arbeitssachen im europäischen Zivilverfahrensrecht. 2006.

Band 124 Sarah Gerling: Die Gleichstellung ausländischer mit inländischen Vollstreckungstiteln durch die Verordnung zur Einführung eines Europäischen Vollstreckungstitels für unbestrittene Forderungen. Im Vergleich zum bisherigen Recht und zur Rechtslage in den USA. 2006.

Band 125 Christian Bank: Präventivmaßnahmen börsennotierter Gesellschaften zur Abwehr feindlicher Übernahmeversuche in Deutschland und Großbritannien. Eine rechtsvergleichende Untersuchung des deutschen und britischen Rechts unter Berücksichtigung der Europäischen Übernahmerichtlinie. 2006.

Band 126 Christian Weis: Kaufrechtliche Gewährleistung und Garantievergabe in Deutschland und Spanien. Unter besonderer Berücksichtigung des Unternehmenskaufs. 2006.

Band 127 Emilio Maus Ratz: Der Nacherfüllungsanspruch nach UN-Kaufrecht. Im Lichte der deutschen, spanisch-mexikanischen und US-amerikanischen Rechtswissenschaft. 2006.

Band 128 Constanze Jacobs: Die Sachmängelgewähr im deutschen und belgischen Kaufrecht nach Umsetzung der Verbrauchsgüterkauf-Richtlinie. 2006.

Band 129 Ulrike Teichert: Lückenfüllung im CISG mittels UNIDROIT-Prinzipien – Zugleich ein Beitrag zur Wählbarkeit nichtstaatlichen Rechts. 2007.

Band 130 Sascha Reichardt: Internationale Zuständigkeit im Gerichtsstand der unerlaubten Handlung bei Verletzung europäischer Patente. 2006.

Band 131 Bilgehan Cetiner: Die Sachmängelhaftung des Verkäufers im UN-Kaufrecht und im neuen deutschen Schuldrecht. Eine rechtsvergleichende Studie. 2006.

Band 132 Jan Streer: Die Umsetzung der Verbrauchsgüterkaufrichtlinie im englischen Recht durch die Sale and Supply of Goods to Consumer Regulations 2002. 2007.

Band 133 Kathrin Wannenmacher: Einstweilige Maßnahmen im Anwendungsbereich von Art. 31 EuGVVO in Frankreich und Deutschland: Eine Betrachtung ausgesuchter Verfahren des einstweiligen Rechtsschutzes im internationalen Zivilverfahrensrecht – gerichtliche Zuständigkeit, Anerkennung und Vollstreckung. 2007.

Band 134 Wim Kreytenberg: Die individuelle Schwerpunktbestimmung internationaler Schuldverträge nach der Ausweichklausel des Artikel 4 Absatz 5 Satz 2 EVÜ. Ein Beitrag zur Förderung von Rechtssicherheit und Einzelfallgerechtigkeit im europäischen Kollisionsrecht der Schuldverträge. 2007.

Band 135 Nikolaus Geiben: Der Vorvertrag im Internationalen Privatrecht. Unter besonderer Berücksichtigung des Immobilienerwerbs im portugiesischen und brasilianischen Recht. 2007.

Band 136 Predrag Maksimovic: Der Kapitalschutz im europäischen, serbischen und deutschen Recht der Gesellschaft mit beschränkter Haftung. 2007.

Band 137 Alexander Rathenau: Die Anwendung des EuGVÜ durch portugiesische Gerichte unter Berücksichtigung des autonomen internationalen Zivilverfahrensrechts. 2007.

Band 138 Matthias Creydt: Die Besicherung von Weltraumvermögenswerten. Ein neues einheitliches internationales Sicherungsrecht und dessen Vergleich zum US-amerikanischen Mobiliarsicherungsrecht. 2007.

Band 139 Oliver Borkhardt: Registerpublizität und Kollisionsrecht besitzloser Mobiliarsicherheiten nach dem neuen Art. 9 UCC. 2007.

Band 140 Jens Engelmann-Pilger: Deliktische Haftung für das Fehlverhalten Dritter im Common Law. 2007.

Band 141 Bastian Rotmann: Der Schutz des Dritten in der europäischen Mobiliarzwangsvollstreckung. Eine rechtsvergleichende Untersuchung vor dem Hintergrund der Verordnung (EG) Nr. 805/2004 zur Einführung eines Europäischen Vollstreckungstitels für unbestrittene Forderungen. 2007.

Band 142 Oliver Ratzel: Die Präklusion isolierter Unterhaltsverfahren durch den ausländischen Scheidungsverbund. Zugleich ein Beitrag zur internationalen Verbundszuständigkeit im Lichte der Quellenveränderung. 2007.

Band 143 Bettina Maria Stade: Die Konstitutionalisierung des Zivilprozessrechts in Spanien und Deutschland vor dem Hintergrund der Europäisierung des Zivilprozessrechts. 2007.

Band 144 Julia El-Bitar: Der deutsche und der französische Kulturgüterschutz nach der Umsetzung der Kulturgüterrückgaberichtlinie. Eine materiellrechtliche und kollisionsrechtliche Untersuchung. 2007.

Band 145 Aris Kaschefi: Sachmängelhaftung im französischen Kaufrecht vor und nach Umsetzung der Verbrauchsgüterkaufrichtlinie. Mit rechtsvergleichenden Hinweisen zum deutschen Recht unter besonderer Berücksichtigung von Weiterfressersachverhalten. 2007.

Band 146 Isabel Roth: Die internationale Zuständigkeit deutscher Gerichte bei Persönlichkeitsrechtsverletzungen im Internet. 2007.

Band 147 Theresa Wilhelmi: Das Weltrechtsprinzip im internationalen Privat- und Strafrecht. Zugleich eine Untersuchung zu Parallelitäten, Divergenzen und Interdependenzen von internationalem Privatrecht und internationalem Strafrecht. 2007.

Band 148 Alice Halsdorfer: Privat- und kollisionsrechtliche Folgen der Verletzung von Kulturgüterschutznormen auf der Grundlage des UNESCO-Kulturgutübereinkommens 1970. 2008.

Band 149 Thomas Müller-Froelich: Der Gerichtsstand der Niederlassung im deutsch-amerikanischen Rechtsverkehr. Eine Untersuchung zu Fragen der Entscheidungs- und Anerkennungszuständigkeit. 2008.

Band 150 Christopher Luhn: Privatautonomie und Inhaltskontrolle von Eheverträgen. Ein kritischer Vergleich des deutschen und des australischen Rechts mit Bezügen zum Internationalen Privatrecht. 2008.

Band 151 Kristin Kohler: Die grenzüberschreitende Verbraucherverbandsklage nach dem Unterlassungsklagengesetz im Binnenmarkt. 2008.

Band 152 Dorothee Maria Kaulen: Die Anerkennung von Gesellschaften unter Artikel XXV Abs. 5 S. 2 des deutsch-US-amerikanischen Freundschafts-, Handels- und Schifffahrtsvertrags von 1954. 2008.

Band 153 Birka Vanessa Stroschein: Parteizustellung im Ausland. Eine systemvergleichende Untersuchung des Gemeinschafts- und Staatsvertragsrechts unter Einbeziehung des deutschen, französischen, englischen und US-amerikanischen Zustellungsrechts. 2008.

Band 154 Nancy Gruschinkse: Das europäische Kollisionsrecht der Aufrechnung unter besonderer Beachtung des Insolvenzfalles. 2008.

Band 155 Hans-Christian Frick: Sprachrisiko im Zeitalter des Ethnomarketings. US-amerikanische Erfahrungen und europäische Rechtsentwicklung. 2009.

Band 156 Stephan Mangold: Verbraucherschutz und Kunstkauf im deutschen und europäischen Recht. 2009.

Band 157 Robert Beier: Die gesetzlichen Rechte des überlebenden Ehegatten nach dem deutschen und spanischen Kollisionsrecht. Unter besonderer Berücksichtigung der *viudedad aragonesa*. 2009.

Band 158 Julia-Marie Oppermann: Internationale Handelsschiedsgerichtsbarkeit und Verjährung. 2009.

Band 159 Stephan Boese: Strukturprinzipien im Gläubigerschutz. Eine rechtsvergleichende Untersuchung zur GmbH und zur englischen Limited Company. 2009.

Band 160 Thomas Rosa: Das Kaufrecht nach dem Zivilgesetzbuch der Tschechischen und Slowakischen Republik. Eine rechtsvergleichende Darstellung im Lichte des deutschen Bürgerlichen Gesetzbuches. 2009.

Band 161 Roland Weis: Rechnungslegungspflichten von EU-Scheinauslandsgesellschaften im Land ihrer tatsächlichen wirtschaftlichen Betätigung. Insbesondere im Hinblick auf in Deutschland tätige englische Limiteds. 2009.

Band 162 Henning Frase: "Leoninische Vereinbarungen" und Ergebnisbeteiligungspflicht im deutschen und italienischen Gesellschaftsrecht. Zum *patto leonino* des italienischen Rechts und möglichen Entsprechungen im deutschen Recht. 2010.

Band 163 Christiane Tödter: Europäisches Kindschaftsrecht. Nach der Verordnung (EG) Nr. 2201/2003. 2010.

Band 164 Edda Gampp: *Perpetuatio fori internationalis* im Zivilprozeß und im Verfahren der freiwilligen Gerichtsbarkeit. 2010.

Band 165 Mei Wu: Die Reform des chinesischen Beweisrechts vor dem Hintergrund deutscher und US-amerikanischer Regelungsmodelle. 2010.

Band 166 Corina Leimert: Stand und Entwicklung des italienischen Rechts der Unternehmenszusammenschlüsse (gruppi di società / gruppi di imprese). 2010.

Band 167 Kasim Özen: Die Scheidungsgründe im türkischen Zivilgesetzbuch. 2010.

Band 168 Helena Isabel Maier: Marktortanknüpfung im internationalen Kartelldeliktsrecht. Eine internationalzuständigkeits- und kollisionsrechtliche Untersuchung unter Einbeziehung rechtsvergleichender Überlegungen zum englischen Recht. 2011.

Band 169 Thomas Spernat: Die gleichgeschlechtliche Ehe im Internationalen Privatrecht. Unter besonderer Berücksichtigung des Einflusses des EG-Vertrags. 2011.

Band 170 Max Johann Lipsky: Statutenwechsel im italienischen Sachenrecht – Auswirkungen auf den Im- und Export von Mobiliarsicherheiten. Eine Untersuchung der rechtlichen Beständigkeit dinglicher Kreditsicherheiten im deutsch-italienischen Rechtsverkehr. 2011.

Band 171 Silvia Karolina Seilstorfer: Die Umsetzung der Verbrauchsgüterkaufrichtlinie in Portugal mit rechtsvergleichenden Hinweisen zum deutschen Recht. 2011.

www.peterlang.de